文科基础学科拔尖人才培养的中国思考

张　亮　施佳欢等　著

南京大学出版社

前 言

　　《教育强国建设规划纲要(2024—2035年)》把"人才自主培养质量全面提高,拔尖创新人才不断涌现"作为教育强国建设的重要阶段性成效,聚焦全面构建自强卓越的高等教育体系,提出要加强基础学科建设,完善拔尖创新人才发现和培养机制,探索国家拔尖创新人才培养新模式,打造战略引领力量。

　　构建高质量人才自主培养体系,特别是加强基础学科建设和拔尖创新人才培养,是全面推进教育强国建设的重要战略任务。基础学科是国家创新发展的源泉、先导和后盾,关系到国家的核心竞争力。拔尖人才是自主创新与未来发展的战略力量,坚定走好拔尖创新人才自主培养之路是教育强国建设的必然选择。

　　文科基础学科是人类认识自我、认识世界并推动历史发展、社会进步的思想动力,对传承中华优秀传统文化,提升全社会文明程度,增强中华文明传播力、影响力具有重要作用,是国家文化软实力和中华文化影响力的重要基础。一个国家、一个民族不能没有灵魂。在快速变化的时代,在世界历史发展的十字路口,文科基础学科肩负着创造新知识、新思想、新文化的历史使命。在哲学社会科学工作座谈会上,习近平总书记指出,"社会大变革的时代,一定是哲学社会科学大发展的时代"。人类文明的重大发展都离不开哲学社会科学的知识变革和思想先导。

　　但是,当前高校的文科发展普遍面临困境,呈现边缘化的趋势,西方高校如美国哈佛大学、英国肯特大学、荷兰莱顿大学等都在减少文科专业或课程。在全球政治经济环境和整体就业环境的影响下,缺乏"硬实力"、"不适应市场需求"让文科教育的价值受到质疑,"文科危机"也成为公众热议的话题。

　　在更加注重技术导向、实用导向的背景下,文科基础学科与社会现实之间存在巨大张力,面临着极大挑战。从学科自身来看,文科基础学科受到快速演进的科技革命的深刻影响。人工智能等技术快速发展,其影响深入知识生产领域,不断开辟人类的认知疆域,改变知识获取方式和思想承载形态,也冲击着传统学术共同体的价值共识、知识创新、积累和传播的路径以及行为规范等。从外部环境来看,在世界百年未有之大变局下,迫切需要加快建构中国自主知识体系。可以看到,在全球治理陷入困境的局面下,西方中心主义的知识体系不仅存在意识形态的偏见,还存在以西方模式及经验为主导的认知偏差,对各类社会现实特别是中国实践的解释力存在明显不足。同时,我国哲学社会科学领域仍存在学术原创能力不强等问题,特别是基础研究相对薄弱,在发现和提出重大理论问题、现实问题,创新思想、概念和方法,以及体现主体性、原创性等方面仍有待提升。构建中国特色哲学社会科学的创新动力来自人才,需要源源不断的具有中国灵魂、世界眼光的拔尖人才,而拔尖人才的培养离不开高质量的育人体系与科学合理的育人模式。习近平总书记在哲学社会科学工作座谈会上指出,"总的看,我国哲学社会科学还处于有数量缺质量、有专家缺大师的状况,作用没有充分发挥出来"。因此,必须加快培养高质量的文科基础学科拔尖人才。

从历史来看,新中国成立以后,一直到 20 世纪 70 年代末,文科基础学科未被重视。20 世纪 80 年代中期,伴随高等教育发展的整体提速和经济社会发展对人才需求的增大,文科基础学科实现了大发展,几乎每一所综合性大学都有文科基础学科硕、博士点,甚至专科学校、夜校、进修学校等也以数万规模体量招收文科基础学科学生。经历快速扩张的热潮后,一方面,高校基础条件、培养能力跟不上;另一方面,伴随经济迅速增长,"学好数理化,走遍天下都不怕"的观念盛行,社会对文科基础学科人才培养的质量产生了质疑,甚至认为应当彻底转向实用,由市场来调节,文科基础学科发展面临"招生难、就业难"等问题。1994 年底,国家开始建立"文科基础学科人才培养和科学研究基地",保护基础学科,培养高层次人才。之后,在高等教育规模扩张的同时,依托"新世纪高等教育教学改革工程""高等学校本科教学质量与教学改革工程""本科教学工程"等计划,文科基础学科围绕专业、课程、实践教学条件等方面加强建设。这一时期,高校开展了多样化的探索,但也逐渐暴露出一些问题:第一,培养目标与定位不清晰,"国家文科基地"政策之后,高校长期处于自主探索的状态,对于培养什么人及其具体的知识、能力、素质要求缺少整体层面的共识;第二,培养模式存在"同质化"倾向,参照基础理科"拔尖班"的方式,遴选优秀考生或竞赛获奖者进入实验班开展强化学习;第三,在教学方式上,以知识传授为主,在将科研优势转化为教学资源,推动学生参与科研实践等方面的探索较少,缺少综合性育人环境的营造。

2018 年,教育部等六部门出台《关于实施基础学科拔尖学生培养计划 2.0 的意见》,哲学、经济学、中国语言文学、历史学等文科基础学科被纳入。教育部已经分 3 批遴选了 70 个文科基础学科拔尖学生培养基地。同时,还启动了"新文科"建设,在《新文科建设宣言》中提出,要坚持走中国特色的文科教育发展之路,通过守正创新、分类发展夯实基础学科,构建以育人、育才为中心的哲学社会科学发展新格局,建立健全学生、学术、学科一体的综合发展体系。2020 年,教育部在部分高校开展基础学科招生改革试点,文科的历史、哲学、古文字学等专业进入"强基计划"试点范围。2022 年,中央全面深化改革委员会第二十四次会议审议通过了《关于加强基础学科人才培养的意见》,首次以中央文件形式明确提出要大力培养基础学科研究人才,强调要走好基础学科人才自主培养之路,加快建设高质量基础学科人才培养体系。

拔尖人才肩负服务国家重大需求、应对人类未来重大挑战等使命责任,这就决定了拔尖不仅仅是学生个体禀赋能力与成就的表征,更是社会预期的体现。拔尖人才是对学生发展的未来目标定位和水平程度的描述,既是学生个体奋斗的方向,也反映了社会期待,要求学生基于个体与发展环境并且在个人和专业领域相互作用中不断发展能力与成就。当前,高校文科基础学科拔尖人才培养的改革实践正在持续进行,系统开展相关研究既是国家重大战略需求,也是高校改革实践的现实需要。

"真知即所以为行,不行不足谓之知。"一直以来,南京大学高度重视教育教学研究,坚持顺应时代发展、探索教学规律、把握学生成长特点,更新教育教学理念,凝练形成"三个融为一体""四个融通"等人才培养理念,以理念为指引,主动变革教学模式,探索形成了"三元结构""三三制""三元四维"等培养模式及育人体系。在"拔尖计划 2.0 基地"申报之初,南京大学以追求卓越为目标,以体系创新为先导,以优质资源建设为抓手,以机制完善为保障,以评价改革为动力,系统构建了"拔尖计划 2.0"总体实施框架。同时,为更好地把握国内外高校文科基础学科拔尖人才培养的实践经验与发展态势，揭示文科基础学科拔尖人才的内涵要素，拓展和提升规律性认识，为人才培养改革的实践改进提供方向，我们启动实施了本项研究，主要从四个方面展开：

第一，厘清新时代背景下文科基础学科拔尖人才的内涵要素。当前拔尖人才培养的研究主要以理科基础学科为主，面向文科基础学科特质的内涵分析相对较少，研究对拔尖人才培养的相关理论视角与模型进行了全面梳理，并且基于新科技革命和产业变革背景下全球治理体系变革、伦理风险与价值重塑的要求，基于中国式现代化建设背景下文化软实力提升、中华民族现代文明建设的要求，基于教育强国建设背景下高等教育高质量发展、全面提高拔尖人才自主培养能力的要求，从创新知识观和文科基础学科知识生产逻辑出发，解析文科基础学科拔尖人才的内涵要素、核心特征以及价值指向，为学生选拔标准、培养目标、培养方式、育人载体设计等奠定基础。第二，探查文科拔尖人才成长发展的影响因素。开展文科拔尖人才的早期特质与成长经历个案研究，选取35位20世纪具有代表性的西方著名思想家作为研究对象，基于传记文本分析其在家庭教育、学校教育、社会熏陶等方面的情况。第三，提炼国外文科基础学科拔尖人才培养的基本经验。对美国、英国、德国、法国文科基础学科拔尖人才培养关键举措进行分析，考察荣誉教育、通识教育、书院制、导师制、科教融合、学段贯通衔接等模式与制度，总结发展趋势和具有可操作性、可借鉴性、可推广性的实践范式，回答"可以何为"的问题。此外，在中西方比较的基础上，探讨中国特色的教育要素及其实现载体与路径。第四，考察我国文科基础学科拔尖人才培养的政策进程与实践进程，调查分析当前高校实践者对文科基础学科拔尖人才培养的理念认知情况以及高校的实践举措、培养现状，总结分析各基地教育实践的共性特征、特色做法与差异；同时，结合案例研究，总结可供推广的实践模式，反思与探讨当前文科拔尖人才培养的主要问题。主要通过两条路径：一是面向教育部2019年至2021年遴选建设的70个文科基础学科拔尖学生培养基地的教师和管理者开展问卷调查，二是对70个文科拔尖基地培养方案中的培养目标、培养定位、学分结构、科研实践等情况进行内容分析。最后，对如何进一步提升文科基础学科拔尖人才培养质量进行讨论。围绕"谁来学""学什么""怎么学"等问题进一步讨论文科拔尖人才培养的发展路径，包括：如何进一步拓展早期识别与选拔的政策空间；如何加强学科支撑,强化学习过程与知识生产过程之间的紧密联系,实现从传统的专业课程教学体系向多要素融合的学科育人体系的转变;如何变革学习方式,从结构严密的知识接受转变为知识能力自主构建发展;如何改进学校管理,结合长周期贯通培养以及通专融合需要,优化育人组织模式,更好地支撑学生成长发展;等等。

在梳理国内外文科拔尖培养项目案例与经验的过程中,我们不断总结分析、研究讨论,优化实践框架、创新培养机制,制定并实施改进措施,持续改善学生的学习过程和学习体验,努力提升育人质量。希望本书也能为教育主管部门出台相关政策提供参考;为高校谋划校本实施方案、优化教育教学活动和管理制度设计提供方向;为一线教师推进课程改革、改进教育教学方法、探索特色模式提供借鉴。

党的二十大吹响了加快建设教育强国的号角。没有高水平的文科基础学科拔尖人才自主培养能力,就没有高等教育高质量发展。让我们用担当实干响应党中央号召,锐意改革、守正创新、引领未来,共同开拓中国特色文科基础学科拔尖人才培养之道,培养能够根据时代变化和世界发展要求,孕育产生新思想、新理论,领跑国家发展与人类进步、破解人类发展难题的人,培养能够面向国家战略、人类未来发展、思想文化创新和基础学科前沿,"立时代之潮头、通古今之变化、发思想之先声"的人,让我们携手为哲学社会科学中国学派播撒火种。

目 录

I 基本理论编

II 国外经验编

III 中国实践编

I 基本理论编

第一章
文科基础学科拔尖人才培养的时代要求

　　文科基础学科是推动历史发展和社会进步的重要力量，人类社会每一次重大跃进，人类文明每一次重大发展，都离不开哲学社会科学的知识变革和思想先导。党的二十大报告指出，"坚持为党育人、为国育才，全面提高人才自主培养质量，着力造就拔尖创新人才"。全面提高文科拔尖人才自主培养能力是落实习近平总书记"有的放矢培养国家战略人才和急需紧缺人才"的应有之义和关键举措，是教育强国建设的核心任务。当前，世界之变、时代之变、历史之变正以前所未有的方式展开，世界多极化、经济全球化、社会信息化、文化多样化持续演进。文科基础学科拔尖人才培养为什么必须主动求变进行改革？归根结底，这是新科技革命和产业变革、中国式现代化建设、教育强国建设对文科基础学科拔尖人才培养提出的时代要求。

第一节　新科技革命和产业变革带来新挑战

　　就像习近平总书记指出的，"科技创新能够催生新产业、新模式、新动能，是发展新质生产力的核心要素"。近代科学诞生以来，每一次科学技术革命都以不同的方式催生了新的产业变革和社会变革。当前，新一轮科技革命和产业变革深入发展，世界呈现大发展、大调整、大变革的态势，在为人类社会发展注入新动力、新动能的同时，也引发人类生产生活方式、价值理念的深刻变革，驱动着全球治理体系与运行机制的变革，基础文科教育面临着全方位的改革需求。本节结合对人与技术关系的思考，从技术变革与时代发展、知识生产与教育方式、伦理风险与价值重塑三个方面探讨技术化、全球化、个性化生存背景下,文科基础学科拔尖人才培养所面临的挑战。

一、技术变革与时代发展

人类社会进步是科技和人文互融交汇、协同发展的产物。在古代,四大文明古国作为当时的科学活动中心,缔造了辉煌的技术创新成就,更孕育了灿烂的文明成果;近代工业革命作为人类历史上的重要转折点,其科学理论的创新和科学技术的突破,也离不开文艺复兴、启蒙运动推动的社会思想变革和孕育的人文精神;在 20 世纪初,德国逐步成为世界科学中心,很大程度上得益于其辩证法和唯物论哲学的发展,以及长期形成的尊重知识、尊重科学的传统。[①]同样,新的生产方式也伴随着新的生产关系和存在方式,成为推动文化形态、社会结构变革的重要力量。第一次工业革命带来了大规模集中生产,人类迈入"蒸汽时代",大机器生产逐渐取代工厂手工业,极大地促进了资本主义的发展;第二次工业革命则引领人类进入"电气时代",世界各地的联系与沟通变得更加紧密,促进了经济全球化和国际分工合作;第三次工业革命让信息科技的触角伸向社会生活的各个领域,人类社会步入以电子信息技术为基础的"信息时代",互联网成为人类社会基本结构的一部分,全球产业组织模式等发生深刻变革,社会需求转向个性化、定制化和多元化。当前,新一轮科技革命加速演进,人工智能、大数据、区块链、基因工程、虚拟技术、5G 技术等新技术日新月异,在经济社会需求的牵引下,这些新技术正驱动产业变革,催生大批新产品、新业态和新模式,促进社会生产力的周期性跨越式发展,[②]为人类社会发展注入新动力、新动能,引发人类生产生活方式、价值理念的深刻变革,驱动着全球治理体系与运行机制的变革。在此背景下,基础文科教育面临着全方位的改革需求。

科技革命的影响力不仅作用于个人,还涉及人际互动、社会结构及国际交流等方面。作为驱动国际秩序演变的核心因素之一,自近代民族国家的世界体系形成以来,科学技术就一直在国家关系中扮演着重要角色,并且其影响范围与力度持续扩大。

---

① 周光召.历史的启迪和重大科学发现产生的条件[J].科技导报,2000(1):3-9.
② 白春礼.科技革命与产业变革:趋势与启示[J].科技导报,2021,39(2):11-14.

当前,主要国家已深度融入全球生产与创新网络,在新兴技术治理上激烈博弈。一方面,围绕着5G、人工智能等领域的技术标准和治理规则的竞争日趋加剧;另一方面,伴随着人类活动逐步向深海、极地、外空、网络等新疆域的延伸,这些领域规则制定的话语权、主导权的争夺也在愈演愈烈。由于国家之间科技创新实力的差异,技术的鸿沟进一步加剧国家权力分配的不均等,在科技创新治理的泛政治化、泛意识形态化、泛安全化的影响下,传统的社会制度和大众文化受到冲击和挑战,国际力量对比格局加速调整变化,激发和催生了新兴的政治样态和治理结构,带来了更多的不确定性,治理环境进一步复杂。与此同时,人类还共同面临着许多严峻挑战,如和平赤字、发展赤字、安全赤字、治理赤字……特别是全球气候异常、全球性疫病大流行等巨大风险严重威胁着人类的生存和发展,需要基于可持续、包容性原则探寻人类文明的发展方向。

科技革命大大降低了人员、服务、商品、资本、技术等生产要素在全球范围内流动与扩散的成本,为跨国合作提供了新的可能性,改变了原有的国际分工体系。虽然一些国家高筑壁垒,大力推行政治单边主义、贸易保护主义、文化民族主义,但是经济全球化浪潮无法回避,各国相互联系和相互依存日益加深,不同文明之间的交流融合、互学互鉴是不可逆转的趋势。人文社会科学植根于特定的社会情境和历史阶段,从民族、国家和社会发展中汲取活力、创造价值,在相互交流中获得理解和启发,也必须承担起维护社会稳定、引领社会主流价值观、弘扬优秀文化、强化国家和民族认同的职责。[①]

面对各种不稳定、不确定、难预料因素,人类社会面临前所未有的挑战,传统理论越来越难以解释今天的世界,也无法破解人类面临的困局,亟须符合时代特征、顺应历史潮流的新理念。因此,文科基础学科面临着尤为紧迫的任务,就是要本着对人类命运的终极关怀,提升学术原创能力,探寻人类文明永续发展的精神指引。

此外,中国在积极履行国际义务、推进全球治理、推动构建人类命运共同体的同时,还面对着世界范围内各种思想文化的交流、交融、交锋,迫切需要人文社会科学更好地发挥作用,重新构建学科体系、学术体系、话语体系,真正形

---

①　托尼·比彻,保罗·特罗勒尔.学术部落与学术领地[M].北京:北京大学出版社,2018:38.

成中国主张、推广中国经验、传播中国价值、形成中国影响,增强我国的文化软实力,提高我国在国际上的话语权和影响力。

二、知识生产与教育方式

科学技术的快速发展,不仅丰富了知识传播的媒介和载体,还深入知识生产领域,影响知识的存储、整合和问题的理解与解决,促成知识内容的涌现与生产效率提升,[①]不断拓展人类认识边界、开辟认知疆域。

科学与技术快速发展带来的最直接的影响是新知识的迅速增加和知识结构的不断扩大,新技术和新理论逐步渗透到人类社会各个层面,极大地拓宽了文科基础学科的学术视野,并持续催生出新的研究问题。特别是"互联网＋""大数据＋""人工智能＋""基因技术＋"等以跨界融合为特征的新产业新业态奔腾而至,传统文科持续遭到来自经验世界"有用性"的质疑和挑战。[②] 知识是新思想产生的土壤,随着知识谱系的不断演进,文科基础学科也需要主动地、动态地吸纳与整合,探寻在社会文化、科学技术与日常生活,学科知识之间、科学与技术之间、自然科学与人文科学之间的融合之道。[③]

同时,科技革命与产业变革创造的新方法新手段也推动着思维方式和研究方法的变化。传统基于文本的理解、阐释、整合等方式向以预测和因果推断为导向的大规模文本挖掘转变,数据采集方式、分析工具不断变化,现实世界的数字化转换、包含海量实时数据的物联网、即时可用的云计算环境、基于智能手机和终端的移动泛在信息行为、融合时空属性的 GIS 技术、融合数字与现实世界的 VR/AR 技术等新的技术环境构筑了文科研究的新场景,也提供了问题解决的新路径。[④] 但是,如同 15 世纪印刷术的发明改变了欧洲的社会轮廓和学术空间、革新了学科研究范式一样,人工智能、大数据等技术在改变

---

① 刘永谋,王春丽.积极应对生成式人工智能对文科教育的挑战[J].南京社会科学,2023(6):119-128.
② 刘坤,李龙.重构与推进:新文科背景下的高校哲学社会科学变革[J].学位与研究生教育,2022(1):21-30.
③ 张福贵.技术主义道路与传统文科的发展路向[J].山东大学学报(哲学社会科学版),2021(5):149-156.
④ 马费成.推进大数据、人工智能等信息技术与人文社会科学研究深度融合[N].光明日报,2018-07-29(6).

知识获取方式和思想承载形态的同时,对学术共同体所遵循的价值共识、研究方法和行为规范也产生了冲击,文科基础学科需要深入思考与新技术的工具价值的整合,①从而明晰新的历史条件下文科基础学科的功能与定位,探讨以更加多元的方法手段创造新的思想和新的观念的可能。

当代大学生群体是数字时代的"原住民",对数字技术具有极高的依赖性,对个性化学习、学习资源的丰富性等具有更高需求。因此,传统基于"输入—过程—输出"的工业时代教育机制不断受到冲击,需要形成系统的教育制度安排,重新确立满足个体独特发展需要的新方案新模式,并深化供给侧结构性改革,如重新定位新时代背景下的培养目标、精心选择课程与教学内容、改革评价方式等。② 同时,也要促进学生认知水平和情感状态的转变,注重培养学生高阶思维,优化师生的教育过程参与,进而形成新的学习形态。此外,还要增强学生理解本土化教育实践的能力,教育引导学生服务于中国社会发展,在具体研究领域形成现实认知能力、解释能力、引领能力;直面人类生存境况,走进人们的生活世界,致力于启迪人心;参与并促进全球化时代的学术对话,推动世界学术的发展。③

三、伦理风险与价值重塑

科技发展也会带来未知和不确定性,引发新的风险和伦理问题。新技术渗入了人们的身体、思想和社会交往,打破了个体内在与外在的界限,改变了人类的生活空间与社会结构,影响了人与其他人和非人的关系。④ 特别是人工智能等技术的飞速发展,不断侵蚀着人的主体性,突破传统社会发展形成的伦理标准,引发新的社会伦理问题,⑤迫切需要伦理体系与新科技的共同演进。

---

① 公钦正,周光礼,张海生.知识转型与组织应对:文科见长大学改进发展研究:以耶鲁大学为例[J].现代大学教育,2022,38(6):65-74,113.
② 操太圣.知识、生活与教育的辩证:关于新文科建设之内在逻辑的思考[J].南京社会科学,2020(2):130-136.
③ 谭好哲.新时代中国人文社会科学话语体系建设应有的三个追求:以文艺理论话语体系建构为例[J].山东社会科学,2019(1):18-24.
④ 希拉·贾萨诺夫.发明的伦理:技术与人类未来[M].北京:中国人民大学出版社,2018.
⑤ 李秋甫,张慧,李正风.科技伦理治理的新型发展观探析[J].中国行政管理,2022(3):74-81.

2021 年 11 月，联合国教科文组织第四十一届会议通过了《人工智能伦理问题建议书》，指出人工智能从正负两方面对社会、环境、生态系统和人类生活包括人类思想具有深刻而动态的影响，部分原因在于人工智能的使用以新的方式影响着人类的思维、互动和决策，并且波及教育、人文科学、社会科学、自然科学、文化、传播和信息，人工智能技术也会引发根本性的伦理关切，协议包含人工智能发展的规范以及相关应用领域的政策建议，旨在最大限度发挥人工智能的优势并降低其风险。① 2023 年 3 月，埃隆·马斯克(Elon Musk)和一群人工智能专家、行业高管联名发表了公开信，呼吁暂停开发比 OpenAI 新推出的 GPT - 4 更强大的系统，暂停 6 个月，并指出对社会和人类存在潜在风险。② 2023 年 7 月，联合国安理会首次就人工智能问题举行高级别公开会议，讨论 AI 风险，避免这一技术成为"脱缰的野马"，减轻新兴人工智能技术带来的潜在危险。③ 2023 年 11 月，中国在第三届"一带一路"国际合作高峰论坛期间提出《全球人工智能治理倡议》，围绕人工智能发展、安全、治理三方面系统阐述了人工智能治理的中国方案。④

科技和人文是一体两面，技术进步不断挑战传统历史观、感知方式和存在形态，将人类推到了新的伦理边界，需要人文在精神和价值观的塑造方面发挥作用，揭示理性背后的正当性和正义性、弘扬知性美德和善意，提供思想指引与价值选择，⑤重新思考人类地位的必要性、思考重塑人的主体性的重要性、研发符合时代复杂性的伦理关系与价值观，⑥为科技发展设置"护栏"⑦。因

---

① UNESCO. 人工智能伦理问题建议书［EB/OL］. (2022)［2024 - 11 - 21］. https://unesdoc. unesco. org/ark:/48223/pf0000381137_chi.

② 马斯克等. 千名全球科技人士联名发表公开信，呼吁暂停推出更强大的 AI 系统［EB/OL］. (2023 - 03 - 29)［2024 - 10 - 23］. https://cn. chinadaily. com. cn/a/202303/29/WS642409fba3102 ada8b235e93. html.

③ 张军. 安理会首次就人工智能问题举行会议　中方提治理五原则［EB/OL］. (2023 - 07 - 18)［2024 - 11 - 21］. https://www. chinanews. com. cn/gj/2023/07 - 19/10045726. shtml.

④ 全球人工智能治理倡议［EB/OL］. (2023 - 11 - 03)［2024 - 11 - 02］. https://www. yidaiyilu. gov. cn/p/045EPHC8. html.

⑤ 徐飞，辛бор. 新文科的体系建设及"钻石模型"［J］. 新文科理论与实践，2022(1):48 - 60,125.

⑥ 米歇尔·福柯. 词与物：人文科学考古学［M］. 莫伟民，译. 上海:上海三联书店,2002.

⑦ 彭青龙. 资本、技术与人文危机反思:访谈西班牙皇家科学院外籍通讯院士陈众议［J］. 上海交通大学学报(哲学社会科学版),2022,30(1):1 - 11.

此,如何保持人的理性反思能力不变成"单向度的人",防止"由于工具理性、技术控制的发展,整个社会无一例外地只存在单一的价值取向,单一的判断标准;文化与现实的距离消失了,文化也在适应社会的需要面前变得商业化、世俗化、物质化、标准化、大众化,成了现存社会秩序和社会观念的复制品"[①];如何能将人文精神灌注于理性主导的科技发展中,在发展科技的同时建立并完善伦理准则、规范,守护全人类共同价值,[②]这些都是文科基础学科在当前新一轮科技革命浪潮中所面临的重要议题。

第二节　中国式现代化建设赋予新使命

党的二十大报告指出,"从现在起,中国共产党的中心任务就是团结带领全国各族人民全面建成社会主义现代化强国、实现第二个百年奋斗目标,以中国式现代化全面推进中华民族伟大复兴"[③]。如果一个国家没有哲学社会科学的兴盛与人才辈出,没有思想理论文化上的塑造力、影响力、感召力,这个国家就不是一个真正的大国,更不是一个真正的强国。没有人文社科的繁荣,中华民族伟大复兴就不是真正的复兴,[④]实现"强国建设、民族复兴"的美好愿景,离不开文科基础学科的支撑。中国式现代化建设提供了广阔的舞台,文科基础学科要找准定位与方向,在遵循客观规律、传承和弘扬中华优秀传统文化的基础上开展新探索、形成新作为和新气象,更好地承担创新性发展、创造性实践的时代使命。

一、支撑文化软实力提升

中国式现代化是经济、社会、政治、文化等各方面协调发展的现代化,推进

---

①　赫伯特·马尔库塞. 单向度的人:发达工业社会意识形态研究[M]. 刘继,译. 上海:上海译文出版社,2006.

②　陈静. 新一轮科技革命与新文科发展[N]. 中国社会科学报,2020-08-28(A06).

③　习近平. 高举中国特色社会主义伟大旗帜为全面建设社会主义现代化国家而团结奋斗:在中国共产党第二十次全国代表大会上的报告[M]. 北京:人民出版社,2022.

④　吴岩. 中国式现代化与高等教育改革创新发展[J]. 中国高教研究,2022(11):21-29.

中国式现代化需要科技创新支撑,不断增强国家战略科技力量,也需要人文社会科学提供持久的动力,不断提升文化对经济社会各个领域的渗透力、影响力、引领力,使文化建设与各个领域的工作紧密结合,打开新的发展空间。[①]

当前,中华民族伟大复兴战略全局和世界百年未有之大变局交汇,中国正经历广泛而深刻的变革,面临诸多新形势:"社会思想观念和价值取向日趋活跃、主流和非主流同时并存、社会思潮纷纭激荡……经济发展进入新常态、国际发展环境深刻变化……改革进入攻坚期和深水区、各种深层次矛盾和问题不断呈现、各类风险和挑战不断增多……世界范围内各种思想文化交流交融交锋……"[②]提高国家文化软实力,事关社会主义文化强国建设,事关中华民族伟大复兴。世界主要大国也都将提升文化软实力作为主要发展战略以赢得综合国力竞争的主动权。

人文社会科学作为上层建筑和社会意识形态,体现了一个国家和民族的思维能力、精神力量和文明素质,发挥着传承文明、创新理论、咨政育人、服务社会等作用,承载着提升国家文化软实力的时代使命。在哲学社会科学工作座谈会上,习近平总书记指出,"一个没有发达的自然科学的国家不可能走在世界前列,一个没有繁荣的哲学社会科学的国家也不可能走在世界前列……坚持和发展中国特色社会主义必须高度重视哲学社会科学"[③]。在中央人才工作会议上,习近平总书记从全面建设社会主义现代化强国的高度出发指出:要培养造就大批哲学家、社会科学家、文学艺术家等各方面人才,培养造就一批善于思考和研究中国问题的人才,立足当代中国正在经历的社会变革和创新实践,发现新问题、提出新观点、构建新理论,推进马克思主义中国化、时代化,回答好中国共产党为什么能、马克思主义为什么行、中国特色社会主义为什么好的问题;培养造就一批善于传播中华优秀文化的人才,发出中国声音、讲好中国故事,不断提高国际传播影响力、中华文化感召力、中国形象亲和力、中国话语说服力和国际舆论引导力。2022年,习近平总书记在中国人民大学考察时指出,"坚持和发展中国特色社会主义理论和实践提出了大量亟待

---

① 辛向阳. 更好担负起新时代新的文化使命[N]. 经济日报,2023-07-27(10).
② 习近平. 在哲学社会科学工作座谈会上的讲话[M]. 北京:人民出版社,2016.
③ 习近平. 在哲学社会科学工作座谈会上的讲话[M]. 北京:人民出版社,2016.

解决的新问题,世界百年未有之大变局加速演进,世界进入新的动荡变革期,迫切需要回答好'世界怎么了''人类向何处去'的时代之题。……要以中国为观照、以时代为观照,立足中国实际,解决中国问题,不断推动中华优秀传统文化创造性转化、创新性发展,不断推进知识创新、理论创新、方法创新,使中国特色哲学社会科学真正屹立于世界学术之林"。

　　面对新形势新要求,我国哲学社会科学领域还存在一些亟待解决的问题,例如,发展战略不十分明确,学科体系、学术体系、话语体系建设水平总体不高,学术原创能力还不强,哲学社会科学训练培养教育体系不健全等,特别是哲学社会科学基础研究仍相对薄弱,在发现和提出重大理论、现实问题,创新思想、概念和方法,体现主体性、原创性等方面有待提升。[①] 迫切需要实施以育人育才为中心的哲学社会科学整体发展战略,构筑学生、学术、学科一体的综合发展体系,构建种类齐全、梯队衔接的哲学社会科学人才体系。

　　文科基础学科还需要进一步提升服务大局的能力,回答实践问题、引领实践发展,围绕举旗帜、聚民心、育新人、兴文化、展形象,不断推进知识创新、理论创新、方法创新,提升原创性、主体性、系统性、集成性、专业性、理论性、实践性,形成新思想、新视野、新观点、新方法,增强国家战略思想力量,更好地实现"'润物细无声'地融入经济力量、政治力量、社会力量之中,成为经济发展的'助推器'、政治文明的'导航灯'、社会和谐的'黏合剂'"[②]。

二、建设中华民族现代文明

　　习近平总书记在文化传承发展座谈会上指出:"中国式现代化赋予中华文明以现代力量,中华文明赋予中国式现代化以深厚底蕴。中国式现代化是赓续古老文明的现代化,而不是消灭古老文明的现代化;是从中华大地长出来的现代化,不是照搬照抄其他国家的现代化;是文明更新的结果,不是文明断裂的产物。中国式现代化是中华民族的旧邦新命,必将推动中华文明重焕荣光。"[③]现代化的发展过程也是现代文明兴起和演进的过程,如何在守正创新

---

①　贺来.哲学社会科学研究中的"基础理论"[N].中国社会科学报,2021-10-12(1).
②　习近平.之江新语[M].杭州:浙江人民出版社,2007:149.
③　习近平.在文化传承发展座谈会上的讲话[M].北京:人民出版社,2023.

中建设中华民族现代文明是人文社会科学所面临的重要课题。

建设中华民族现代文明离不开中国特色哲学社会科学的支撑作用,核心是要建构自主知识体系和话语体系。因此,要立足中华民族伟大历史实践和中国式现代化实践,以"两个结合"系统推进中国自主知识体系的建构,[①]将马克思主义基本原理同中国具体实际相结合、同中华优秀传统文化相结合,融合古往今来各种知识、观念、理论、方法,从马克思主义、中华优秀传统文化、国外哲学社会科学等汲取养分,[②]不忘本来、吸收外来、面向未来,传承中华优秀传统文化、延续文化基因,对中华优秀传统文化进行深度挖掘并融合现代文明,不断推动中华优秀传统文化创造性转化与创新性发展。同时,植根于新时代中国特色社会主义实践,把握我国社会政治经济文化发展的新要求和人民群众的现实需要,运用新时代治国理政的实践经验,围绕中国式现代化这一实践主题展开知识体系创新,对中华民族文明史上的知识体系和文化观念进行继承与超越、转化与发展,探索面向未来的理论和制度创新,解答中国之问、世界之问、人民之问和时代之问。[③]

第三节　教育强国建设呼唤新作为

教育在一个国家发展中具有基础性、先导性、全局性地位和作用。到2035年建成教育强国,是党中央作出的重要决策部署。教育强国建设是一个复杂的系统工程,其中高等教育是龙头。新时代高等教育发展要锚定目标,主动对接国家战略和时代发展需要,加快成为拔尖人才培养的主阵地和经济社会发展、人类进步的内生性推动力。因此,深化拔尖人才培养供给侧改革,坚持走拔尖创新人才自主培养之路,不断在新赛道新领域寻求新突破,是中国式现代化道路的必然要求,也是建成教育强国的战略选择。

---

① 孙乐强."两个结合"与中国自主知识体系的建构[J].南京社会科学,2023(7):10-18.

② 刘同舫.在自主知识体系建构中谱写中华民族现代文明新华章[N].光明日报,2024-01-26(11).

③ 孙正聿.中华民族现代文明与中国自主哲学知识体系[J].中国社会科学,2023(8):22-27,204-205.

一、把握高等教育高质量发展大势

当前,我国已经建成世界最大规模的高等教育体系,高等教育已经进入普及化阶段,2023 年毛入学率为 60.2%,在学总规模为 4 763.19 万人,位居世界第一。[①] 根据 QS、THE、U. S. News、软科的数据,我国高水平大学群体实力、高等理科、工科、农科、文科的教育水平以及人力资源开发水平均位列世界前三,位居世界前 2%。[②]

但高等教育普及化并不仅仅是数量与规模,还涉及结构体系以及形态、性质、内涵、标准、作用等多个方面,在关注硬指标显性增长的同时,还需要关注软实力的内在提升,特别是服务国家重大战略能力的提升。这就要求高等教育要进一步从内涵式发展向高质量发展转变,更加主动地承担起破解"卡脖子""卡脑子""卡嗓子"问题的重任,强化基础学科对教育强国的战略支撑作用,让高等教育成为高质量发展的最大红利和牵引动力。

推进高校文科基础学科高质量发展,加强文科基础学科人才培养是解决"培养什么人、怎样培养人、为谁培养人"这一教育的根本问题、回答"强国建设、高教何为"的时代命题的内在要求,是强化高等教育龙头作用的重要体现,也是高质量教育体系建设的重要任务。从教育体系结构来看,高质量发展必须处理好教育子系统与整体之间的融合以及子系统之间的相互关系,共同服务于强国建设的总体目标。文科基础学科是高等教育体系的重要组成部分,教育强国离不开卓有成效的文科基础学科的支撑。从知识属性来看,文科基础学科是现代知识体系的重要组成部分,长期以来,西方知识体系对中国产生了较大影响,我们自身在学术命题、学术思想、学术观点、学术标准、学术话语上的能力和水平还亟待提升,[③]构建中国特色哲学社会科学学科体系、学术体系、话语体系离不开文科基础学科的创新发展。从质量内涵来看,基础学科人才培养质量是高质量发展的优先要素、基本要素和动力要素,但是当前基础研究人才还面临数量不足、质量不高等问题。

---

① 中华人民共和国教育部. 2023 年全国教育事业发展统计公报[EB/OL]. (2024 - 10 - 24)[2025 - 1 - 25]. http://www. moe. gov. cn/jyb_sjzl/sjzl_fztjgb/202410/t20241024_1159002. html.

② 吴岩. 中国式现代化与高等教育改革创新发展[J]. 中国高教研究,2022(11):21 - 29.

③ 习近平. 在哲学社会科学工作座谈会上的讲话[M]. 北京:人民出版社,2016.

事实上，面对全球性的生态危机、不稳定的世界局势、社会数字化转型、劳动力市场转型等外部世界的易变（Volatile）、不确定（Uncertain）、复杂（Complex）与模糊性（Ambiguous），持续依靠规模扩张发展教育面临着资源、手段有限等困难，而真正的挑战来自未来的不可预测性和各种复杂问题的挑战，亟须重新思考我们为什么学习、怎样学习、在哪里学习、何时学习，以必要的知识和创新重建人与人、人与自然、人与技术之间的关系。[①] 文科基础学科主要围绕人以及由人组成的社会的运行和变迁而展开，目的在于认识、揭示人和由人所组成的"属人的世界"的发展规律，根植于生活世界，同时对生活世界和其中的个体的更新起教养培育作用，[②]可以在教育与它所培养的知识、能力和价值观之间建立一种新的关系。文科基础学科应当成为中国高等教育面向世界、面向未来的关键力量，在持续进行知识创造的同时，加快提升拔尖人才自主能力，打造文科基础学科学术人才培养基地，培育更多的国家文化强国战略人才力量中的"关键少数"，培养更多加快构建中国特色哲学社会科学的"领路人"，这需要准确主动变革、积极作为，把握好推进高等教育高质量发展过程中的变与不变。

第一，"变"的是坐标方位，"不变"的是初心使命。新时代是当代中国的大背景、大环境，也是高等教育高质量发展的宏观坐标方位。从国内情况看，当前已经踏上决胜全面建成小康社会、全面建设社会主义现代化强国的新征程，高等教育强国建设进入改革攻坚、奋力突破的关键阶段。从国际局势看，外部环境复杂严峻，科技革命和产业变革突飞猛进、数字技术日新月异，深刻变革着人类生存和生产方式，全球竞争日趋激烈，全球化深入发展但遭遇新的挑战，全球治理体系产生新的发展演变。但是，我们为党育人、为国育才，培养和造就中华英才的初心使命没有改变和动摇。

第二，"变"的是实践要求，"不变"的是基本逻辑。习近平总书记指出，要形成更高水平的人才培养体系，把立德树人融入思想道德教育、文化知识教育、社会实践教育各环节。总书记的重要指示，为我们提出了新的实践要求，

---

① UNESCO. Reimagining our futures together: a new social contract for education executive summary[R]. Paris: UNESCO, 2021.

② 奎纳尔·希尔贝克. 人文学科的危机？[J]. 华东师范大学学报（哲学社会科学版），1998（3）：27-35.

也拓展了人才培养的新课题新领域。我们要奋力答好"好不好""优不优"的时代考卷,最终指向都要回归到"培养什么人、怎样培养人、为谁培养人"这一根本问题上,都要归结于教育的基本逻辑,就是既要与时代互动、处理好教育与社会其他子系统之间的关系,又要以学生为本、以教师为要,处理好教育内部诸多因素的关系。

第三,"变"的是教育样态,"不变"的是本质追求。教育不断突破时空界限,迈向更深层次、更高维度,知识获取的方式、教与学的关系发生深刻变革,教育教学的结构形态正在加快重塑,课程及学习资源、学习场景正被重新定义,一场更加注重个性化、多样化、智能化和终身化的教育革命正如火如荼展开。但是归根结底,教育的本质追求还是落在促进人的全面发展上。因此,我们必须坚持以人为本,以学生的成长与发展为出发点和立足点,将知识技能、思维和价值观有机融合,更大力度激励学生自主探索、自主选择、自主学习、自主管理,进一步丰富学生成长体验。

二、全面提高拔尖人才自主培养能力

习近平总书记在二十届中央政治局第三次集体学习时强调,要坚持走基础研究人才自主培养之路,深入实施"基础学科拔尖学生培养计划"[①]。拔尖人才是自主创新的动力源泉和未来发展的战略力量。推动中国式现代化、加快实现高水平科技自立自强、建设中华民族现代文明都离不开拔尖人才。坚定走好拔尖创新人才自主培养之路是强国建设的必然选择,也是高质量教育体系建设必须回答的重大现实问题。[②]

在 2021 年召开的中央人才工作会议上,习近平总书记指出,要走好人才自主培养之路,高校特别是"双一流"大学要发挥培养基础研究人才主力军的作用,全方位谋划基础学科人才培养,要建设一批基础学科培养基地,吸引最优秀的学生立志投身基础研究,加大重大原始创新人才培养力度。要培养造就大批哲学家、社会科学家、文学艺术家等各方面人才。[③] 国家"十四五"规

---

① 习近平.加强基础研究　实现高水平科技自立自强[J].求是,2023(15).

② 钟秉林.提高拔尖创新人才自主培养质量[J].重庆高教研究,2023,11(1):3.

③ 习近平.深入实施新时代人才强国战略加快建设世界重要人才中心和创新高地[J].求是,2021(24).

划,《中国教育现代化 2035》也明确提出要推进高层次人才培养改革,加强创新人才,特别是拔尖创新人才的培养。2022 年,中央全面深化改革委员会第二十四次会议审议通过了《关于加强基础学科人才培养的意见》,首次以中央文件形式对基础学科人才培养进行谋划和设计,强调要优化结构布局,在选拔、培养、评价、使用、保障等方面进行体系化、链条式设计,推进实施教育教学改革"101 计划",加强核心课程、核心教材、核心实践项目和核心师资队伍建设,大力培养造就一大批国家创新发展急需的基础研究人才。

在拔尖创新人才培养方面,基础理科相对较早开启实践探索,1990 年召开的"兰州会议"掀开了"少而精、高层次"理科基础性人才培养的改革实践。之后,教育部分批启动了"国家基础学科人才培养基地"建设,为 21 世纪我国优秀科学人才的脱颖而出奠定了重要基础。20 世纪 90 年代中期,针对当时高校文科基础学科专业发展所面临的困境,借鉴"理科基地"建设经验,启动国家级"文科基础学科人才培养和科学研究基地"建设,通过扶强保重、择优设立,建设培养和造就文学家、历史学家、哲学家和经济学家的摇篮。[①] 进入 21 世纪,教育部与中组部、财政部推出"基础学科拔尖学生培养计划",依托高水平研究型大学、科研院所的优势基础学科建设青年英才培养基地,探索拔尖创新人才培养机制改革,主要在数学、物理、化学、生物科学、计算机科学等领域进行试点,探索实施"一制三化"模式,即导师制、小班化、个性化、国际化。2018 年,"拔尖计划 2.0"启动,哲学、经济学、中国语言文学、历史学等文科基础学科被列入其中,旨在为新时代哲学社会科学发展播种火种,引导学生面向国家战略、人类未来发展、思想文化创新和基础学科前沿,树立破解人类发展难题的远大志向,孕育产生新思想、新理论,着力培养未来杰出的哲学社会科学家,为形成中国特色、中国风格、中国气派的哲学社会科学奠定基础。2019年,随着一流本科专业建设"双万计划"的实施,新文科建设被提到新高度,强调要坚持走中国特色的文科教育发展之路,坚持守正创新、分类推进,夯实基础学科,围绕学生选拔、个性化培养、一体化管理等探索实践经验,深化培养机制和培养模式改革。2023 年,教育部出台《关于深入推进学术学位与专业学位研究生教育分类发展的意见》,提出要立足培养未来学术领军人才,支持具

---

① 刘凤泰.全面推进文科教育教学的改革与发展[J].中国高等教育,2000(3):11-12,35.

备条件的高水平研究型大学开展基础学科人才培养改革试点,加强与强基计划、基础学科拔尖学生培养计划等的衔接,吸引优秀本科毕业生攻读基础学科的硕士、博士。

人才是核心竞争力,人才的高度影响甚至决定着国家发展的高度。长期以来,我国拔尖人才的自主培养能力相对较弱且存在较强的外部依赖性,自主培养体系不完善、培养质量不高仍然是比较突出的问题,"基础学科拔尖人才缺口如何弥补""高校何以拔尖"[①]"基础学科人才不是不够多,而是不够强"[②]等质疑也时常出现在公众视野。当前,我国文科发展还远远不能满足国家发展需求和时代需要,与世界一流文科还有差距,培养具备世界眼光、解决知识生产和学术发展中的瓶颈问题的战略性文科人才尤其紧迫,特别是要培养具有世界影响力的思想家、学术大师、学术领袖、掌握学术话语权。[③]

拔尖创新人才自主培养是教育强国建设必须攻克的核心任务,站在新的历史方位,我们必须有强烈的责任感、使命感和紧迫感,牢牢掌握主动权,以更大的勇气、更大的魄力、更大的智慧,强化前瞻性的顶层设计,结合文科基础学科特点深入研究拔尖人才成长规律,以问题为导向,培植优质育人环境与成长土壤,深化教育教学理念变革、体系变革、方法变革,让更多拔尖人才涌现出来,形成中国特色、世界水平的文科拔尖人才自主培养体系,形成中国特色社会主义伟大实践的高质量人才供给体系,为培养发展新质生产力、实现中国式现代化提供战略支撑和先导力量。

① 王莹,萧海川,俞菀,等.基础学科人才,高校何以拔尖?[J].半月谈,2021(6):51-53.
② 叶雨婷,樊未晨.基础学科拔尖人才缺口如何弥补[N].中国青年报.2021-04-12(5).
③ 陈恒.世界知识生产视角下的新文科建设[J].探索与争鸣,2021(10):9-12.

第二章
文科基础学科拔尖人才的内涵特征

在深入探讨文科基础学科拔尖人才的培养时，其内涵特征是最为核心的议题。这一群体的成长与贡献不仅仅关乎学生个体的发展，更承载着服务国家重大需求、应对人类未来重大挑战的重要使命。他们不仅是各自学科领域的佼佼者，更是推动社会进步与文化繁荣的关键力量，深刻反映了社会对于高端人才的期待与需求。拔尖，既是对学生个体禀赋能力的描述，更是对其未来发展的目标定位和水平程度的高度概括，它指明了学生个体奋斗的方向，也映射出社会对这一群体的期待。创新，作为文科基础学科拔尖人才的本质属性，不仅仅是知识或技能的简单累积，而且是基于深厚的人文素养、敏锐的批判性思维以及广阔的全球视野，在不断探索与实践中孕育出的新思想、新观点和新方法。探索文科基础学科拔尖人才的内涵特征，不仅是对当前教育体系中人才培养模式的深度剖析，更是对未来社会发展趋势与人才需求的前瞻预判。

第一节 文科基础学科的特点

文科基础学科在人类智慧与知识的深厚积淀的基础上，致力于探索人类社会的基本原理、基本规律，拓展人类对于个体和社会的认知边界。它们为解决人类社会发展过程中面临的诸多复杂问题提供了必要的理论支撑和科学的方法论基础，是推动人类思想进步和精神解放不可或缺的强大动力。文科基础学科以追求知识本身为主要目的，强调"纯粹性"和"理论性"①。它们不仅是人类文明得以传承与创新的重要平台，也是孕育拔尖人才的重要"土壤"。

一、学科的演变与人才培养

学科是大学组织结构和制度安排的重要依据，是知识在大学的具体表现形式，代表了知识发展过程中自然形成的知识分类体系，反映了人类认识世界、改造世界的历程，是社会分工逐步细化、不断调整的产物。②

伴随着现代知识的不断实践和创新，学科在知识的分化与综合中不断变化和拓展。17、18 世纪形成的学科体系代表了人类认识世界的主要知识大类，数、理、化、天、地、生、文、史、哲等学科反映了人类智慧的基本认知模式和思维方式，被称为"基础学科"。新的学科以此为基本架构不断延伸。19 世纪以后，经济学、计算机科学等新学科逐步出现在大学，这些学科多被称为"应用基础学科"。二战以后，在高等教育大众化浪潮中，商学、法学、农学、医学等应用性专业学科在研究型大学大量出现。基础学科提供对自然和社会的知识与理解，在认知上揭示自然和社会的深层结构和基本规律；应用学科则提供能够直接运用于实践或技术的知识，在认知上的普遍性较低而具体性很强，是任务取向解决实用问题的。③

当然，知识分类的标准和维度也是动态发展和多样的。亚里士多德将科学分为理论的科学（数学、自然科学、第一哲学）、实践的科学（伦理学、政治学、经济学、战略学、修饰学）和创造的科学（诗学）。文艺复兴时期，罗杰·培根将知识分为五类，包括语言学、数学、光学、实验科学、道德哲学。17 世纪，弗朗西斯·培根以思维方式为分类标准，将知识分为历史学（记忆型）、诗歌（想象型）、哲学与科学（推理型）。18 世纪，边沁和安培尔以研究对象为分类标准，将科学分为物质科学（天文、地质、物理、化学、生物等）和精神科学（历史学、语

①　托尼·比彻，保罗·特罗勒尔.学术部落及其领地：知识探索与学科文化［M］.北京：北京大学出版社，2008：40.

②　克拉克.高等教育系统：学术组织的跨国研究［M］.王承旭，译.杭州：杭州大学出版社，1994：11－18.

③　李醒民.基础科学和应用科学的界定及其相互关联［J］.上海大学学报（社会科学版），2011，18（2）：45－62.

言学、法律学、经济学等)。19 世纪,孔德将科学分为无机(天文学、几何学、力学、物理学、化学)与有机("关于个体的"生物学、动物学、植物学和"关于集体的"社会学)两类。斯宾塞在孔德的基础上,将科学分为抽象科学(逻辑学、数学)、抽象—具体科学(力学、物理学、化学)和具体科学(天文学、地质学、生物学、心理学、社会学)。20 世纪,科南特将知识分为可累积的知识(自然科学知识和社会科学知识)和非累积的知识(哲学、诗与艺术)。科尔伯(D. Kolb)基于基础与应用、硬与软两个维度对学科进行了分类,基础硬学科包括数、理、化,基础软学科包括文、史、哲,应用硬学科包括材料科学、生物工程,应用软学科包括新闻、管理、社会学。[①]

各国教育主管部门也会发布学科分类的标准与目录(见表 2-1)。我国教育部先后发布了 4 版《学位授予和人才培养学科目录》,2022 年在原《学位授予和人才培养学科目录》(2011 年颁布,2018 年修订)的基础上编制形成的《研究生教育学科专业目录》,包含哲学、经济学、法学、教育学、文学、历史学、理学、工学、农学、医学、军事学、管理学、艺术学、交叉学科等 14 个学科门类,每个学科门类下分若干一级学科与专业学位、二级学科与专业领域。美国教育部国家教育统计中心(National Center for Education Statistics,NCES)于 1980 年开发了学科分类编码方案(The Classification of Instructional Programs,CIP),并于 1985 年、1990 年、2000 年、2010 年、2020 年进行了修订。CIP 2020 包含学科群、学科类别、具体学科三个层级,其中学科群共 48 个、学科类别共 464 个、具体学科共 2 140 个。[②]

表 2-1 我国学科专业目录调整情况

版本	学科门类	一级学科
《学位授予和人才培养学科目录(1983 年)》	10	63
《学位授予和人才培养学科目录(1990 年)》	11	72
《学位授予和人才培养学科目录(1997 年)》	12	89

① 张红霞,吕林海,孙志凤. 大学课程与教学:原理与问题[M]. 北京:教育科学出版社,2015:43-52.
② National Center for Education Statistics. Introduction to the classification of instructional programs:2020 edition[EB/OL]. [2024-04-03]. https://nces. ed. gov/ipeds/cipcode/Files/2020_CIP_Introduction. pdf.

（续表）

版本	学科门类	一级学科
《学位授予和人才培养学科目录(2011 年)》	13	110
《研究生教育学科专业目录(2022 年)》	14	117

基础学科具有不可替代的基础性地位。从知识分类来看,基础学科包括自然科学和人文社会科学,[①]是对自然、社会以及人类自身规律的认知。其中,自然科学主要关注自然现象和物质世界的规律(如数学、物理、化学、生物)等;人文社会科学主要关注人类的思想、文化以及人类社会的结构、行为(如哲学、文学、历史、经济学)等。[②] 基础学科是开展前沿探索、催生原始创新成果、促进社会发展的土壤,也是应用性学科、专业性学科创新发展的基石,以及拔尖人才培养的主阵地。尤其是基础学科的前沿领域,它们与经济社会发展最深层、最前沿的变革与创新紧密相连,因此对研究人员提出了更高要求:既要具备扎实深厚的基础知识,又要拥有敏锐卓越的创新能力。

在伯顿·克拉克看来,学科由知识和组织两方面构成。一方面,围绕知识,学科建立起相应的学科组织,[③]这在很大程度上影响了教学系统,包括教学模式、组织方式等,从一流大学的教学组织来看,哈佛学院以文、史、哲、数、理、化等基础学科为主,基础学科是哈佛大学本科教育的基本专业类型(Academic Programs)和"通识教育计划"(The General Education Program)课程大类的设计依据;基础学科的专家学者在进行知识创新的同时,也承担着本科生通识教育、本科生科研项目指导、研究生培养等多重任务。另一方面,知识包含了学科内容、思想风格和理智技能,其分类方式反映了人在认知模式、思维方式上的不同,因此,不同学科类型的知识性质特点不同,要求的教育教学方式方法就不同。学生学习的关键是弄清楚知识的形式、特点及其局限性,不能采用千篇一律的教学法。[④] 基础学科长期的历史积累性决定了其课

---

① 钱颖一. 谈大学学科布局[J]. 清华大学教育研究,2003(6):1-11.
② 钟秉林,苏原正. 基础学科对教育强国的战略支撑及其实现路径[J]. 重庆高教研究,2024,12(1):3-9.
③ 克拉克. 高等教育系统:学术组织的跨国研究[M]. 王承绪,译. 杭州:杭州大学出版社,1994:63.
④ 张红霞,吕林海,孙志凤. 大学课程与教学:原理与问题[M]. 北京:教育科学出版社,2015:43-52.

程设计往往无法让学生亲自动手探究所有教学内容,或全面采用结构松散的案例教学法;鉴于基础研究课题与学生专业课程学习内容之间存在更为直接的联系,相较于应用研究课题,基础研究课题更适合一流大学本科生参加。[①]

二、文科基础学科的特点

文科是人文学科和社会科学的总称,又称"人文社会科学"或"哲学社会科学"。古希腊时代,人类的知识统称为"自由教育",其内容是文理科都涉及的文法、修辞、逻辑、算术、几何、天文、音乐"七艺";步入中世纪后期,人文学科与自然科学分化,人文学科主要是指经典著作、哲学和当时的文学;及至 19 世纪,随着近代自然科学的发展,人类开始用自然科学的方法研究人与人类群体,从原先的关注个体的情感、价值和品质,转向对社会群体或人类社会发展规律的关注,近代社会科学由此产生。文科基础学科则专注于讨论和揭示人类社会的普遍性问题及其运行规律,一方面研究人类的信仰、道德、情感和审美,以实现教化人心、净化灵魂的目标;另一方面研究人类社会规律、调节人们关系、建立秩序和整合力量,文科基础学科在促进人类自身发展、引领社会进步、协调人与社会之关系方面具有不可替代的作用。[②]

文科基础学科具有反思性。文科基础学科通过不断深入地反思"思维和存在的关系问题",揭示和阐发科学成果所蕴含的变革人类思维方式和价值观念的哲学意义,提出诸如科学成果中蕴含着怎样的解释原则和价值观念,从何种角度推进了对思维与存在以及人与世界相互关系的理解,怎样变革了人类的世界图景、思维方式和价值观念,表达着怎样的时代精神等问题。[③] 文科基础学科以严肃、诚实的态度不断地从现在拷问过去,通过回到根性和制度性质疑的方式获得知识能量,从而使人们对现在的理解建立在过去之上,避免陷入

---

① 张红霞. 从近现代大学组织特点看科教融合体系建设之逻辑[J]. 苏州大学学报(教育科学版),2020,8(4):21 - 29.

② 操太圣. 知识、生活与教育的辩证:关于新文科建设之内在逻辑的思考[J]. 南京社会科学,2020(2):130 - 136.

③ 孙正聿. 论哲学对科学的反思关系[J]. 哲学研究,1998(5):27 - 35.

去道德化的相对主义窠臼。① 特别是在公认的危机时期,科学家常常转向哲学分析,以作为解开学科领域中谜思的工具。②

文科基础学科具有时代性。文科基础学科在其形成和发展过程中积淀形成了一系列"核心理论问题",同时也要在特定的社会情境、历史阶段,概括、提炼和回应人与社会发展进程中的重大现实问题,从重大理论问题的视野中回应和破解重大现实问题,从重大现实问题的挑战中生成、总结和升华出重大理论问题。③ 文科基础学科的发展应扎根于时代的脉络之中,以勇于探索的精神回答新时代的重大理论和现实问题。④

文科基础学科具有价值性。文科基础学科是对人类自身存在的关切,是以人为中心对人本身的理性、思想以及人与人之间的关系和社会属性的规律性探索,⑤围绕价值与意义开展追问和思索,明确现有价值及目的的局限性,通过批判、反思创造新价值的知识活动。⑥ 文科基础学科既是事实科学,又是价值科学,追求具有主观标准的美和善,是客观和主观、事实和价值、真理和规范的统一,具有典型的人文特质和社会品性,具有树立正确的人生观价值观、增强社会责任感、涵养人文精神等独特的育人功能。

三、我国文科基础学科的发展

我国文科基础学科的发展经历了多个阶段。新中国成立以后,一直到 20 世纪 70 年代末,文科基础学科未被重视。1952 年,所有文科在校学生数占高等教育学生总数的比例为 20.6%,1957 年为 9.0%,1962 年为 7.8%,到 1979 年,仅占 8%。20 世纪 80 年代中期,伴随高等教育发展的整体提速和经济社会发展对人才需求的增加,文科基础学科也开始加速发展,出现了几乎每一所

① 迈克尔·吉本斯,卡米耶·利摩日,黑尔佳·诺沃茨. 知识生产的新模式[M]. 陈洪捷,沈文钦,译. 北京:北京大学出版社,2011:90.
② 托马斯·库恩. 科学革命的结构[M]. 金吾伦,胡新和,译. 北京:北京大学出版社,2012:75.
③ 贺来. 哲学社会科学研究中的"基础理论"[N]. 中国社会科学报,2021-10-12(1).
④ 全国新文科教育研究中心. 新文科建设年度发展报告 2020[M]. 济南:山东大学出版社,2021:1-75.
⑤ 公钦正,周光礼,张海生. 知识转型与组织应对:文科见长大学改进发展研究:以耶鲁大学为例[J]. 现代大学教育,2022,38(6):65-74,113.
⑥ 吉见俊哉. "废除文科学部"的冲击[M]. 王京,史歌,译. 上海:上海译文出版社,2022.

综合性大学都有几个文科基础学科硕、博士点，专科学校、夜校、进修学校、电视大学等一哄而起，以数万规模体量招收文科基础学科学生的局面。现实状况却是：文科基础学科的师资、图书资料短缺，发展能力和水平跟不上，培养的学生不能满足社会现实的需求，逐步出现"招生难、就业难"的局面。①

1994 年底，针对文科基础学科专业面临的困境与挑战，原国家教委决定建立国家级"文科基础学科人才培养和科学研究基地"，在全国 31 所高校建立 51 个"文科基地"，其中中文 23 个、历史 21 个、哲学 7 个，为国家培养从事文科基础学科教学和科学研究的高层次人才。② 1995 年开始，原国家教委分别围绕中国语言文学、历史学、哲学、经济学等学科开展"面向 21 世纪教学内容和课程体系改革"项目立项工作，其中文史哲经共立项 38 个大项目（含 160 个子项目）。1997 年，原国家教委发布《关于深化文科教育改革的意见》，明确了文科教育的重要作用，提出要把发展文科教育放在重要的战略地位，意见指出：文科既是一个科学知识体系，又是一个反映着一定民族、一定阶级和一定国家的历史传统和思想观念的价值体系，要正确处理知识体系和价值体系的关系；正确处理弘扬民族优秀传统文化与吸收外国优秀文化成果的关系，发展中国特色的文科教育；正确处理学术研究与教学的关系；正确处理文科教育与其他学科教育的关系，促进文理结合，大力加强学生文化素质教育；正确处理理论与实践的关系；正确处理基础学科和应用学科的关系，重视基础学科、基础理论人才的培养，探索基础学科人才培养的新模式，抓好基础学科人才培养和科学研究基地的建设，使之成为培养高质量人才的基地和社会主义精神文明的辐射源，在建设好文、史、哲基础学科人才培养基地的同时，还应考虑建设若干个经济学等理论学科的人才培养基地。③ 之后，设立了 13 个"国家经济学基础人才培养基地"。2000 年以后，在高等教育规模扩张的同时，"新世纪高等教育教学改革工程""高等学校本科教学质量与教学改革工程""本科教学工程"等计划推动了文科基础学科围绕专业、课程、实践教学条件等方面加强

---

① 潘懋元，王伟廉. 高等学校文理基础学科课程与教学改革研究[M]. 厦门：厦门大学出版社，1996.

② 阎志坚. 重视文科教育深化文科教育改革：高等学校文科教育改革座谈会综述[J]. 中国高等教育，1996(9)：8 - 9.

③ 全国人大常委会法制工作委员会研究室. 中华人民共和国行政法律法规全书：第 5 册[M]. 北京：中国民主法制出版社，2000：10.

建设,保障和提升培养质量。2007 年,教育部发布《关于加快研究型大学建设增强高等学校自主创新能力的若干意见》,提出要以培养拔尖创新人才和提高原始性创新能力为中心,使研究型大学成为培养高素质创新型人才的中心、知识创新的源头和创新文化的重要发源地,繁荣发展哲学社会科学,全面提升人才培养质量。

2018 年,教育部启动"拔尖计划 2.0",哲学、经济学、中国语言文学、历史学等文科基础学科被纳入其中,旨在培养未来杰出的哲学社会科学家,为新时代哲学社会科学发展播种火种,教育部分 3 批共遴选了 70 个文科基础学科拔尖学生培养基地。同时,教育部还启动了"新文科"建设,《新文科建设宣言》提出,要坚持走中国特色的文科教育发展之路,通过守正创新、分类发展夯实基础学科,构建以育人、育才为中心的哲学社会科学发展新格局,建立健全学生、学术、学科一体的综合发展体系。2020 年,教育部在部分高校开展基础学科招生改革试点,文科的历史、哲学、古文字学等专业进入"强基计划"试点范围。本研究中的文科基础学科主要包含中国语言文学、历史学、哲学、经济学四个学科。

从近十年文学、历史学、哲学、经济学四个学科门类的招生规模来看,本科生层面,哲学、历史学的招生体量相对较小,经济学和文学的招生体量相对较大。如图 2-1 至图 2-4 所示,过去十年间,文史哲经本科生招生规模分别增长了 20%、35%、23%、4%,且占招生总数的比例总体相对稳定,但经济学的占比在逐年下降。在本科专业数量方面,近十年文学、历史学、哲学、经济学四个学科中,文学学科共撤销了 282 个专业,其次是经济学 111 个,尤其是自 2019 年以来,文史经哲本科专业的撤销数量急剧增长,非双一流大学撤销的专业数远大于双一流大学。在硕士研究生层面,招生规模总体呈上升趋势。值得注意的是,尽管哲学和历史的招生规模仍然较小,但与本科不同的是,经济学硕士的招生规模在 2018 年已经超越了文学,且两者之间的差距在逐步拉大。此外,这四个学科在招生总数中的占比总体呈下降趋势。作为学术创新的主力军,在博士生研究生层面,哲学、历史学的招生规模依然较小,但它们的总体规模增幅较大,十年间,文史哲经的招生规模分别增加了 43%、59%、26%、28%,但从在招生总数中的占比来看,呈现比较明显的下降趋势。

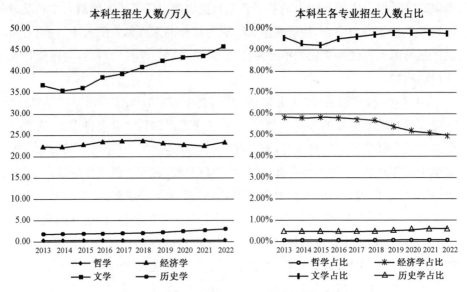

图 2-1 2013—2022 文史哲经本科生招生情况

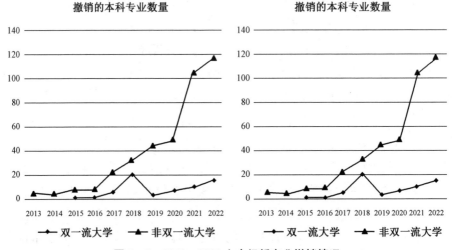

图 2-2 2013—2022 文史经哲专业撤销情况

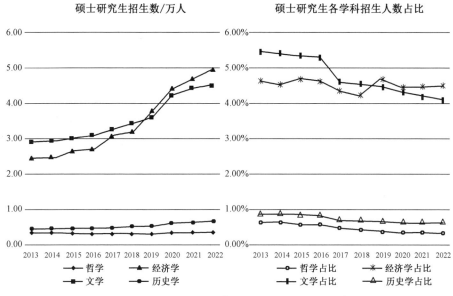

图 2－3　2013—2022 文史哲经硕士研究生招生情况

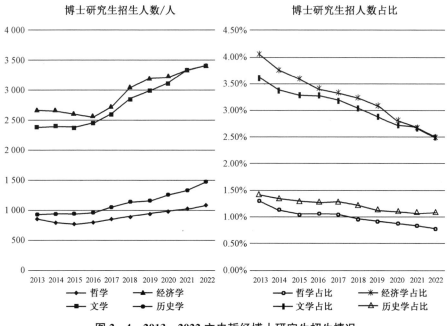

图 2－4　2013—2022 文史哲经博士研究生招生情况

第二节　拔尖人才的概念内涵

党的二十大提出,要"全面提高人才自主培养质量,着力造就拔尖创新人才"。拔尖人才是推动社会进步、引领行业发展的关键力量,不仅能够在各自领域内取得卓越成就,还能够带动整个团队乃至整个行业的创新发展,是最重要、最稀缺的人力资源。拔尖人才的概念内涵涵盖了多种要素,且相互交织、共同作用,构成了拔尖人才独特的素质结构。对其进行深入剖析,不仅有助于我们更好地理解这一群体的本质特征,更能够为制定有效的人才培养策略提供科学依据。

一、什么是拔尖人才

"拔尖人才"一词最早于2002年在我国政策文本中出现,党的十六大报告提出要造就"一大批拔尖创新人才"。2003年,在党中央、国务院召开的新中国成立以来第一次全国人才工作会议上将拔尖人才培养明确为人才强国战略的重要目标。2005年以来,"钱学森之问"引起了整个教育界乃至社会各界关于拔尖人才培养的持续关注和讨论。2010年颁布的《国家中长期人才发展规划纲要(2010—2020)》和《国家中长期教育改革和发展规划纲要》都将拔尖人才培养作为我国教育发展战略的重要组成部分。进入新时代,习近平总书记在中国科学院第十七次院士大会、中国工程院第十二次院士大会上指出,要"为拔尖创新人才脱颖而出铺路搭桥"。党的二十大报告提出要"全面提高人才自主培养质量,着力造就拔尖创新人才,聚天下英才而用之"。在十九届中共中央政治局第五次集体学习时,习近平总书记又一次强调要"加强拔尖创新人才自主培养"。

拔尖人才的概念内涵是学生选拔以及培养目标、培养方式、育人载体设计的基础。学界围绕拔尖人才的概念内涵已经展开了大量的讨论,主要观点如表2-2。

表2-2　拔尖人才概念内涵

机构/学者	概念内涵
U. S. Commissioner of Education(1972)	在智商、学业、创新与创造思维、领导、美术、表演、运动等方面能够展示超强能力。①
STERNBERG & ZHANG(1995)	个体应达到卓越(excellence)、稀缺(rarity)、产出(productivity)、展示(demonstrability)和社会价值(value)五个方面的标准。②
陈希(2002)	各自专业领域的佼佼者,对探索未知世界具有浓厚的兴趣和丰富的想象力,具有创新的勇气和思维方式、强烈的创新意识,有全面、完善、合理的素质结构和知识结构,有宽广的国际视野,能够站在科学的前沿、跟踪世界先进水平,有很强的国际竞争意识,必须德才兼备。③
Heller(2000)	在某一学科领域有突出的表现,可以综合使用有创意的和创新的方式来解决复杂的问题,他们所取得的成绩能够被公认,且具有一定的国际竞争力的人才。④
郝克明(2003)	在各个领域特别是科学、技术和管理领域,有强烈的事业心和社会责任感,有创新精神和能力,为国家发展做出重大贡献,在我国特别是在世界领先的带头人和杰出人才。⑤
张秀萍(2005)	包括具有雄厚基础的学术研究型的高层次创新人才、应用研究领域的高层次技术创新人才、某一专业领域具有专长的高级专门人才,一般说来,应具有合理的知识结构、能力结构及良好的个性品质和素质特征。⑥

①　MARLAND S P. Education of the Gifted and Talented-Volume I: Report to the Congress of the United States by the U. S. Commissioner of Education［R］. Washington, D. C.: Office of Education,1972:8.

②　STERNBERG R J, ZHANG L F. What do we Mean by Giftedness? A Pentagonal Implicit Theory,. Gifted Child Quarterly,1995,39:88.

③　陈希. 按照党的教育方针培养拔尖创新人才［J］. 中国高等教育,2002(23):7-9.

④　HELLER K A. High Ability and Creativity: Conceptual and Developmental Perspectives［M］// Ed. A. G. Tan. Creativity: A Handbook for Teachers. Singapore: World Scientific Publishing Co. Ptc. Ltd,2007:47-64.

⑤　郝克明. 造就拔尖创新人才与高等教育改革［J］. 中国高教研究,2003(11):8-13.

⑥　张秀萍. 拔尖创新人才的培养与大学教育创新［J］. 大连理工大学学报(社会科学版),2005(1): 9-15.

（续表）

机构/学者	概念内涵
刘彭芝(2010)	一般都不是面面俱到的人才,而是在某一方面有特长的人才,是创新精神、创新能力和创新成果的结合体,既包括杰出的科技人才,也包括社会科学、人文科学、文学艺术等方方面面的拔尖创新人才和在各种工作岗位上的技术革新能手。①
丁钢(2010)	包含创造型(creativity)与革新型(innovation)两类,创造型是以某一学科为基础的知识生产并在学术背景中形成和解决问题,取得以科学规则为基础的新的知识贡献,以及强调遵照科学规范的稳定的研究实践,具有半永久性的、以建制为基础的团队;革新型则是涉及多个专家领域的跨学科的知识生产,注重在以应用为基础的背景中确立和解决问题,在交互作用、不断协商的情境中进行知识改造,强调承担社会责任的动态的研究实践,具有问题取向的、非建制性的团队。②
包水梅、李世萍(2012)	在各行各业为整个社会的发展做出突出贡献的杰出人物,具有精深的专业造诣、强烈的社会责任感以及勇于批判和变革的勇气,包括理论型、应用技术型、复合型等类型。③
阎琨(2013)	可以兼顾技能和革新,在效率(完全掌握和自动熟练)和革新(技术转移和总结)中寻找平衡的人才,能够不走寻常之路,去实践新的技能、拓宽新的思路,与根深蒂固的想法保持理智的距离,寻求创新。④
阎琨、段江飞、黄潇剑(2019)	具有学术能力、创新创造能力、领导力、艺术或体育才能等个体本身的能力、成就,以及在各领域中体现的创新精神、谋求共同利益的同理心甚至为人类福祉而奋斗的情怀。⑤

---

① 刘彭芝.关于培养拔尖创新人才的几点思考[J].教育研究,2010,31(7):104-107.

② 丁钢.杰出人才培养:一个制度文化的分析视角[J].探索与争鸣,2010(3):4-5.

③ 包水梅、李世萍.我国拔尖创新人才培养的困境及其根源与出路[J].现代教育管理,2012(8):83-89.

④ 阎琨.拔尖人才培养的国际论争及其启示[J].复旦教育论坛,2013,11(4):5-11.

⑤ 阎琨,段江飞,黄潇剑.拔尖人才培养的国际范式和理论模型[J].清华大学教育研究,2019,40(5):32-39.

（续表）

机构/学者	概念内涵
钟秉林、陈枫、王新凤（2023）	包括智力水平、创新性、综合素质和家国情怀四个维度：有优异的学业表现；有创新性潜质；有涵盖认知因素和非认知因素的综合素质，德智体美劳全面发展并且有强烈的求知欲、好奇心、成就动机、心理韧性等；有坚定的学科志向以及为国家和人类社会发展做出重要贡献的理想抱负。①
陆一、卜尚聪（2023）	在成就层面，须兼具"拔尖"与"创新"两种不同的素质，"拔尖"指在特定领域表现优异、杰出，能在给定目标与路径下获取机会、资源，在竞争中体现出别人没有的优势才干；"创新"即开拓、创造、突破，能提出问题、反思目标与方法，甚至重塑路径与规则、做出创造性的成果。在动力层面，应将"志"与"趣"融合，"志"即志向，指的是通过破解国家重大难题、攻克科技重要难关，实现个人价值的抱负；"趣"即兴趣，指的是促使人的自然禀赋得到培育发展，在清晰的自我认知的基础上，形成不知疲倦、乐在其中的内驱力。
常桐善（2023）	除了在专业领域应该具备超越普通人才的知识和实践能力外，还应该具备未来领导本领域全球创新发展方向、致力于领导解决全人类面临的问题和挑战等方面的愿望和潜力。②
戴耘（2024）	分为理念创新人才和技术创新人才两类，前者的核心是思想和理念的前沿性，后者则是技术上的突破。

从词义关系来看，有学者将"拔尖"与"创新"并列看待，认为"拔尖"体现在基于特别定标准的选拔，"创新"则体现学生在创新方面的具体素质；③有学者认为可分为拔尖人才与创新人才两类；也有学者将"拔尖创新"作为一个整体概念，拔尖作为创新人才的修饰语，强调在创新方面的出类拔萃与卓尔不群。④ 进一步考察拔尖人才的内涵，可以看到：第一，关注个体，即关注学生的能力范畴，既有认知因素，也有非认知因素；既有先天的天赋能力，也有后天的

---

①　钟秉林，陈枫，王新凤. 我国拔尖创新人才培养体系的本土经验与理论构建[J]. 中国远程教育，2023，43（12）：1 - 9.

②　常桐善. 拔尖创新人才培养的四个要点[J]. 重庆高教研究，2023，11（1）：3 - 13.

③　史静寰. 以更宽广的视野培养拔尖创新人才[EB/OL].（2024 - 05 - 18）. https://www.tsinghua.edu.cn/info/2034/70710.htm.

④　褚宏启. 如何看待拔尖创新人才培养及路径[J]. 教育科学研究，2023（9）：1.

培养获得;既有关注静态的能力结构,也关注发展的潜在可能;既有卓越性的追求,也有基本性的约束。第二,关注专业,即关注专业领域的发展,总体来看,更加聚焦科学技术领域的创新性成就,但也涉及社会科学、人文科学、文学艺术等方方面面,既包含思想理念层面,也涉及高层次技术创新。第三,关注环境,即关注个体与环境的互动,学生的成长发展在具体的情景及文化背景中,同时强调要面向全人类面临的问题和挑战承担责任,体现社会价值,特别是对社会的创造性贡献。第四,关注水平,即关注学生的发展层次,突出前沿性、先进性、变革性,强调世界范围内的竞争力。

基于拔尖人才的战略意义和不可替代性,拔尖人才培养一直以来受到高度重视,作为一项战略性任务推进实施。从发展目标来看,拔尖人才必然肩负服务国家重大需求、应对人类未来重大挑战等使命责任,这就决定了拔尖不仅仅是学生个体禀赋能力与成就的表征,更是社会预期的体现。因此,拔尖是对学生发展的未来目标定位和水平程度的描述,既是学生个体奋斗的方向也反映了社会期待;创新则是内涵于"拔尖"要求的学生发展的本质属性,是基于学生个体与发展环境并且在个人和专业领域相互作用中的发展变化的能力与成就。因此,本研究中主要以"拔尖人才"来指称这一概念。

二、拔尖人才的素质特征

个体在先天生理基础上,通过后天学习和社会化,形成基本稳定的生理特征和思维、行为方式以及潜在能力,素质可以分为生理素质、心理素质、思想政治素质、能力素质、知识素质等。[①] 对美国高等教育产生了长远影响的《1828年耶鲁报告》曾提出要"让学生从纯数学中学习论证推理的艺术;从物质科学中了解事实、归纳过程和可能证据的多重性;在古典文学中发现一些最有品位的完美的典范;通过英语阅读学会运用自己语言讲与写的能力;通过逻辑和思想哲学学习思维的艺术;通过修辞和辩论术,学习讲话的艺术;通过不断地练习写作掌握准确表达的能力;通过即席的讨论,成为果断的、语言流畅的和朝

---

① 陈权,温亚,施国洪.拔尖创新人才内涵、特征及其测度:一个理论模型[J].科学管理研究,2015,33(4):106-109.

气勃勃的人"①。不同类型人才的素质结构具有差异性,拔尖人才有着特殊的素质结构。当前研究主要从以下几个方面展开:

一是以回溯的方式对顶尖人才的成长历程和个人成就进行解析。如林崇德等研究发现,自然科学拔尖人才具有内部驱动的动机形式、面向问题解决的知识构架、自主牵引性格、开放深刻的思维与研究风格、强基础智力,成长过程中主要受导师或类似于导师的人指引、交流与合作的气氛、父母积极鼓励的作用、中小学以及大学教师的作用、多样化的经历、挑战性的经历、青少年时期爱好广泛、有利于个体主动性发展的成长环境以及有利于产生创造性观点的研究环境等影响;哲学社会科学和艺术领域的拔尖人才的心理特征突出表现在人格方面,成长过程中主要受政治人物、思想引领者、虚体人物、教师、家庭成员和密切交往对象等影响。② 马尔姆·格拉德威尔将顶尖人才的成功归结于家庭、机遇、种族、文化、地域、时代等后天因素。③

二是基于高校拔尖人才培养实践来总结归纳。如郑泉水基于清华大学钱学森班的实践提炼出拔尖人才"MOGWL"五大素质,包括:内生动力(Motivation),即对科学发现或技术创新有着迷般的极强志趣和不断追求卓越的内在力量;开放性(Openness),有强烈的求知欲、好奇心,具有批判性思维和提出有意义问题的习惯,能从多角度看问题,有很好的观察力,有思维的深度等;坚毅力(Grit),开始和改变的勇气,拥抱失败、屡败屡战,对目标锲而不舍的追求和专注、耐得住寂寞、坚持到底等;智慧(Wisdom),括智商、学有余力,以及从他人、从失败、从实践中学习和领悟的能力;领导力(Leadership),远见卓识、正能量价值观、奉献精神、表达能力、动员追随者和资源的能力、团队合作能力等。④ 张天舒基于针对文科拔尖人才的调研指出,文科拔尖人才应重视对多元文化的认知能力和对国家、社会的认知能力,敢于挑战既定的结论与权威,具有独立思考能力、创新思维能力和不畏艰险的品质。⑤ 李硕豪等基于"拔尖计划"首届500名毕业生去向分析的研究指出,拔

① The Yale Daily News. The Insider's Guide to the Colleges[N]. 1981—1982:299.
② 林崇德. 从创新拔尖人才的特征看青少年创新能力培养的途径[J]. 北京教育(德育),2011(1):9-11.
③ 马尔科姆·格拉德威尔. 异类:不一样的成功启示录[M]. 季礼娜,译. 北京:中信出版社,2009.
④ 郑泉水. "多维测评"招生:破解钱学森之问的最大挑战[J]. 中国教育学刊,2018(5):36-45.
⑤ 张天舒. "新文科"拔尖人才培养质量的实证研究[J]. 中国大学教学,2020(7):71-75.

尖人才关键的素质要素应包括:健康的情感,个体以一定标准面对各种环境时所感受到的放松、乐观、自豪、精神饱满等积极情绪的心理体验;科学思维和科学气质,不是为追求功利,而是为追求纯粹知识而学习,有探索自然界奥秘的强烈好奇心;理性思维能力,追求思维的严谨性和精确性;合理的怀疑和批判精神,有独立思考能力;重视运用逻辑和实验方法对知识进行检验和论证等;爱国主义情感和价值观,对自己祖国有强烈的国家认同、民族认同和文化认同。①

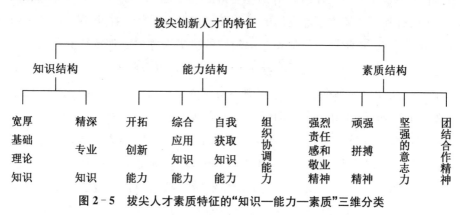

图 2-5 拔尖人才素质特征的"知识—能力—素质"三维分类

同时,研究者从知识结构、思维方式、价值取向等角度对拔尖人才在心智及人格发展方面的特征进行理论探讨。较为常见的是从知识、能力、素质三个维度来进行讨论,如图 2-5 所示。② 程黎等认为认知因素、非认知因素及其交互作用下产生的创造力构成了拔尖人才的素质内核,并且对每个构成要素进行了多层级的因素分解,如图 2-6 所示。③

陈权等在文献梳理的基础上,提炼出了 42 种素质特征,并进一步归纳为人格(个性)素养、创新素养、情商素养、领导和管理素养、科学素养五个方面,

① 李硕豪,李文平. 我国"基础学科拔尖学生培养试验计划"实施效果评价:基于对该计划首届 500 名毕业生去向的分析[J]. 高等教育研究,2014,35(7):51-61.
② 张秀萍. 拔尖创新人才的培养与大学教育创新[J]. 大连理工大学学报(社会科学版),2005(1):9-15.
③ 程黎,陈啸宇,刘玉娟,等. 我国拔尖创新人才成长模型的建构[J]. 中国远程教育,2023,43(12):10-20.

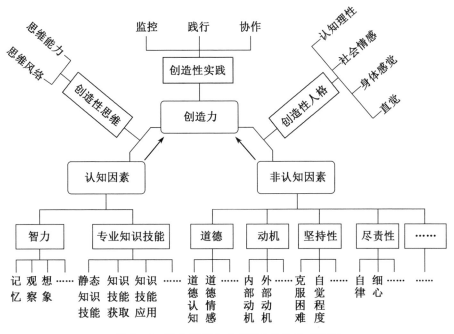

图 2-6　拔尖创新人才素质内核的构成要素

具体见表 2-3。[①] 阎琨等认为,社会责任感是拔尖人才的核心素养,社会责任感与认知特质相互依赖、互为前提。[②] 也有学者从一般和具体领域的角度来探讨,一般素养是拔尖人才所需具备的共性特征,如创造力等特殊的思维方式、思维技巧等;领域具体素养则是不同领域和专业的拔尖人才所需具备的差异性特征,不同领域的具体的情境、条件、任务、目标、标准、文化等差异决定了不同的关键素质要求。[③]

① 陈权,温亚,施国洪. 拔尖创新人才内涵、特征及其测度:一个理论模型[J]. 科学管理研究,2015,33(4):106-109.

② 阎琨,吴菡,张雨颀. 社会责任感:拔尖人才的核心素养[J]. 华东师范大学学报(教育科学版),2021,39(12):28-41.

③ 杜彬恒. 基础学科拔尖创新人才自主培养的实践经验[J]. 北京教育(高教),2023(12):21-25.

表 2 - 3　拔尖人才素质特征

维度	内涵
完善的人格和独特的个性素养	• 独立性和批判性思维 • 强烈的好奇心 • 求知欲与浓厚的兴趣 • 高度的社会责任感和强烈的事业心 • 执着的追求和坚忍不拔的毅力 • 敢于质疑、勇于探索和冒险 • 求实的态度和务实的作风
创新素养	• 创新思维 • 创新精神 • 创新意识 • 创新能力
情商素养	• 情绪感知 • 情绪表达 • 情绪调控 • 情绪运用
领导和管理素养	• 前瞻力和愿景力 • 战略思考和规划能力 • 沟通力 • 冲突管理能力 • 应变协调能力 • 团队协作力
科学素养	• 对于科学知识达到基本的了解程度 • 对科学的研究过程和方法达到基本的了解程度 • 对于科学技术对社会和个人所产生的影响达到基本的了解程度

当前,关于拔尖人才的成功是依靠个体与生俱来的"天赋才能"还是依靠"后天培养"的争论在持续展开。[1] 如静态特质理论认为个体发展、成就的可能性和限度是结构性的、固定的,很大程度上取决于遗传,后天经验是对固定潜能的释放,代表人物包括高尔顿(Francis Galton)、特曼(Lewis Terman)、伦科(Mark Runco)、加理(Françoys Gagné)等,戴耘梳理现有研究后提炼出五个方面的特点,包括独特的对世界的感知能力和逻辑思考能力;兴趣广泛,眼

---

① 阎琨. 拔尖人才培养的国际论争及其启示[J]. 复旦教育论坛,2013,11(4):5 - 11.

界开阔;很强的自学能力;强烈的探索热情和不懈的钻研精神;敢为人先、不惧失败的冒险精神和抗挫折能力。而动态系统论则强调个体与环境互动中的变化与适应,个体发展是自我选择、自主参与的生成过程,是非线性的、突变的、涌现的,代表人物包括兰祖利(Renzulli)、契克森米哈顿(Csikszentmihalyi)、斯滕伯格(Stern berg)、格鲁伯(Gruber)等。[①]

　　总的来看,拔尖人才素质是一个复杂结构,是综合个性特质、认知能力、成长路径、所处时代及场域等多方面因素动态建构形成的,离不开个体努力以及个体与环境交互的影响。

---

① 戴耘.拔尖创新人才培养的理论基础和实践思路[J].华东师范大学学报(教育科学版),2024,42(1):1-23.

第三章
拔尖人才培养的一般规律

　　拔尖人才成长规律与培养模式是国内外共同关注的热门话题。当前,国内各高校结合"拔尖计划 2.0"的实施,积极深化改革,开展了多样化的实践探索。研究者也从不同的视角出发,开展了大量深入细致的研究,形成了丰富的研究成果,具有重要的理论价值和实践引导作用。但是,拔尖人才成长的过程具有高度的复杂性,与此同时,不同的文化传统、教育体系以及经济社会发展状况,也会导致拔尖人才培养模式与路径选择的多样性。因此,深入探究拔尖人才成长的规律性,解析其一般特征及发展机制是非常有必要的。本章首先对拔尖人才培养研究的理论视角进行梳理和总结,在把握普遍性的特征规律的基础上,将拔尖人才成长与制度环境等要素结合起来,考察拔尖人才培养的相关模型,进一步把握其成长机制。

第一节　拔尖人才培养研究的理论视角

　　依托教育学、社会学、心理学、管理学等多学科理论,已有很多学者开展了拔尖人才培养的理论研究,深入剖析拔尖人才成长的内在机制、发展规律及其与社会环境的互动关系,为教育实践提供科学的理论支撑和指导框架。已有研究从学科性质、学生特点、学习参与等方面,对拔尖人才的特质需求、成长路径、培养策略等进行了深入探讨,为教育政策的制定与实施提供坚实的理论依据,确保人才培养工作既符合个体成长规律,又能有效服务于国家长远发展,为社会的持续创新与繁荣注入不竭动力。

一、学科性质：知识观与思维方式

学科是知识在大学的具体表现形式，学科代表了知识发展过程中自然形成的知识分类体系，其演变过程代表了知识的发展过程。知识包含了学科内容、思想风格和理智技能，其分类方式反映了人在认知模式、思维方式上的不同，因此在教学上也应采用不同的方法。正如赫斯特(P. H. Hirst)所指出的，学生学习的关键是弄清楚知识的形式、特点及其局限性。而反观我们当前的教育教学，更倾向于采用千篇一律的教学法。[①] 此外，学科也是大学组织结构和制度安排的重要依据。大学教学、科研这些基本任务既由学科划分，也由学科联系，根据知识领域而组合，虽然知识日益专门化，数量越来越多，密集性、广博性、自主性程度越来越高，但仍然是实现大学功能的基础。[②] 张红霞研究发现，20世纪西方研究型大学的学科重组很快就反馈到教学系统，本科教学模式及组织机构也发生了变革，如哈佛大学首创了全校通修的通识教育"核心课程"，重新定位本科教育学院等。[③] 杜育红等人的研究也发现了哈佛大学学院设置与人才培养所遵循的学科逻辑，其中，哈佛学院以文、史、哲、数、理、化等基础学科为主，这些学科主要是对自然及人类社会规律认识和知识体系的建构。[④]

1. "发现知识是一项无止境的任务"

张红霞研究发现，17至18世纪所形成的包含数、理、化、天、地、生等在内的学科代表着人类认识世界的主要知识大类，其他学科的发展大多在此基础上进行延伸。今天的知识已经远远超越了18世纪"僧侣村庄"状态下的内涵，新学科、新研究领域、新方法持续涌现，学科高度分化又走向交叉融合，但其不懈探索自然和社会规律的知识观，自由探索、不畏权威、与社会实践紧密结合

---

① 张红霞,吕林海,孙志凤.大学课程与教学：原理与问题[M].北京：教育科学出版社,2015：43-52.
② 克拉克.高等教育系统：学术组织的跨国研究[M].王承旭,译.杭州：杭州大学出版社,1994：11-18.
③ 张红霞,高抒.国际比较视野下中国研究型大学学科建设的全面反思[J].中国高教研究,2013(4)：11-20.
④ 杜育红,臧林.学科分类与教育量化研究质量的提升[J].华东师范大学学报（教育科学版）,2019,37(4)：38-46.

的学术信念没有变。①

知识是人类在与环境互动过程中积累起来的,基于实验、来自实践、不断更新。"纯科学"致力于发展概念体系,本质上是一种建立暂定"真理"无尽的过程,"应用科学"则用这些概念体系为其他社会目的服务。② 知识的累积可以将认知水平推向新高度,某一项突破可能会促使创新"鱼贯而出",形成"组合效应"。③ 因此,要求研究人员拥有扎实深厚的基础,厚积而薄发。物理学家玻尔曾指出"要不断吸收相当数量的年轻人,帮助他们熟悉科学研究方法,这样才能不断地提出新的问题"④,丘成桐呼吁科技人才的培养"更需要长期的训练"⑤。对包括定律、理论、应用以及仪器设备等在内的规范的学习,可以让一个新手做好参与到未来即将工作于其中的科学共同体的准备,基于共同规范进行研究,受科学实践规则和标准制约。⑥

作为历史发展的产物,知识在发展中也逐渐从单一走向多元,既包含对特定的工作所需的特殊事实信息和技能("职业知识"),也包括人类积累起来的科学、美学和哲学智慧的理论认识("通识知识"),以及掌握知识增进的方法和促使批判性思维与评价能力的发展("方法和概念知识")。⑦ 王洪才研究指出,传统教学建立在"宏大知识"观基础上,缺少对在社会团体中所获得"中观知识"和学生自我探索生成"微观知识"的关注,应当以知识观念转变为中介,达成教学观念变革,把批判性思维能力培养作为大学教学的中心任务。⑧

① 张红霞. 从近现代大学组织特点看科教融合体系建设之逻辑[J]. 苏州大学学报(教育科学版),2020,8(4):21 - 29.
② 巴伯. 科学与社会秩序[M]. 北京:生活·读书·新知三联书店,1991:113.
③ 赵兰香,李培楠,万劲波. 科技强国基础科学研究的主要矛盾与问题[J]. 科技导报,2018,36(21):76 - 80.
④ 林建华. 卓越的学术从哪儿来?[N]. 人民日报,2017 - 10 - 09(5).
⑤ 王丽娜. 如何培养一流创新学者:访哈佛大学教授丘成桐[J]. 科技导报,2021,39(3):108 - 112.
⑥ 托马斯·库恩. 科学革命的结构[M]. 李宝恒,纪树立,译. 上海:上海科学技术出版社,1980.
⑦ 克拉克. 高等教育系统:学术组织的跨国研究[M]. 王承绪,译. 杭州:杭州大学出版社,1994.
⑧ 王洪才. 大学创新教学:缘起·现状·趋向[J]. 四川师范大学学报(社会科学版),2017,44(6):71 - 79.

2. "好奇心驱动"

当前科学技术发展所面临的"卡脖子"问题①、"增长极限"问题②,本质上反映了人类底层认知的局限。丁肇中认为,好奇心是科学研究的原动力,好奇心与创造力是关系到个体能否顺利解决"卡脑子"问题的两大维度,对好奇心的认识极大地影响了科学政策制定的风格取向与工具选择。③ 钱颖一指出,好奇心是学生和研究人员最重要的素质,好玩(fun)和有趣(interesting)可以是研究人员最大的满足。④ 而早在 1942 年,默顿(Robert King Merton)提出的"默顿规范"就突出强调了科学应该保持其目的的纯洁性,科学家应该具备"求知的热情"和"莫名其妙的好奇心"。⑤

约翰·齐曼(John Ziman)认为,好奇心无疑是杰出科学家的重要品质,研究作为一种探究活动,必然要求研究者具有强烈的求知欲;但好奇心是一种易变化的个体心理特质,仅有好奇心搞不好科学,要有效地促进科学家的个体特质融入可靠的知识的集体生产中,需要精致的智识和制度框架(institutional frameworks)。⑥ 董妍等人的研究也发现,科学好奇心是激发个体创造力的重要因素,好奇心与创造力共同影响了个体在发现问题、认识问题与解决问题上的"绩效表现",好奇心更侧重于个体认知层面的基本偏好与心理状态。⑦ 因此,营造鼓励追求科学发现、尊重科学的创新文化和开放的学术氛围是非常重要的。⑧

3. "独立思考并享有创造的自由"

对真理的执着追求和对未知世界的探索精神,往往要坚守"孤独":一方面

① 杨柳春,赵军,刘天星,高福.释放创造力解决"卡脖子"与"卡脑子"问题[J].中国科学院院刊,2019,34(5):597-602.
② BLOOM N, JONES C I, VAN REENEN J, et al. Are Ideas Getting Harder to Find? [J]. American Economic Review,2020,110(4):41.
③ 丁肇中.论科学研究的原动力:好奇心是科学研究的原动力[J].上海交通大学学报(哲学社会科学版),2002,10(4):3-5.
④ 钱颖一.谈大学学科布局[J].清华大学教育研究,2003(6):1-11.
⑤ R.K.默顿.科学社会学[M].鲁旭东,林聚任,译.北京:商务印书馆,2003:373.
⑥ 约翰·齐曼.真科学:它是什么,它指什么[M].曾国屏,等,译.上海:上海科技教育出版社,2002.
⑦ 董妍,陈勉宏,俞国良.科学好奇心:研究进展与培养途径[J].教育科学研究,2017(9):78-82,89.
⑧ 林建华.卓越的学术从哪儿来?[N].人民日报,2017-10-09(5).

要和社会保持距离,另一方面要有一种淡泊和超然的情怀,学术态度亦必须是严肃且客观的。① 雅斯贝尔斯在《什么是教育》中指出,只有当他将追求绝对真理、追求心灵满足当作一种内在唯一的需要时,才算是真正进行、参与了他的学术与事业。② 龚旭的研究指出了个人思想的创造力,不同的学术思想来源于各个学科学派,更来自每个能够独立开展科研的科学家个人。③ 张睦楚基于对普林斯顿高等研究院的考察发现,研究人员首先应塑造一种观念,把自己看作天资倾向、智力、智识气质抑或是创造力等素质的最优者,把研究视为自己独一无二的使命。④ 约翰·齐曼突出了自主(autonomy)的重要性,应自由地选择感兴趣的问题,自由地思考并深入探究。⑤ 此外,建立包容和支持"非共识"创新项目制度,宽容失败,奖掖成功,建立符合学科特点的评价机制也尤为关键。⑥

二、学生特点:特殊人才成长规律

受遗传、环境、教育等因素影响,不同学生在能力、性格、气质、认知风格等方面存在个体差异。从群体视角来看,研究已经发现中外学生的特征差异,张红霞指出,西方人所重视的学生的个性品质首先是良好的心智条件,其次是天生的好奇心和乐观愉悦的个性,把探索世界、掌握世界当作学习的终极目标,具有一种向外开拓的思维方式;而中国传统的教育理论所依据的是集体主义价值体系,中国学生往往将学习当成对家庭和国家的责任和义务,通过勤奋的学习逐渐立志向学,沿着修、齐、治、平的社会化路径不断修炼自我。⑦ 日本的调查结果显示,学生特性对从大学教育中受到的影响、大学生活以及对大学的

① 陈兴德. 大学,所为何事?:弗莱克斯纳大学理念评析[J]. 外国教育研究,2004(12):18-22.
② 卡尔·雅斯贝尔斯. 什么是教育[M]. 邹进,译. 北京:生活·读书·新知三联书店,1991:141.
③ 龚旭. 我国基础研究需要增进多样性[J]. 科学与社会,2017,7(4):20-23.
④ 张睦楚. 纯粹精神在普林斯顿高等研究院的坚守与价值[J]. 高教发展与评估,2021,37(2):81-91,119.
⑤ 约翰·齐曼. 真科学:它是什么,它指什么[M]. 曾国屏等,译. 上海:上海科技教育出版社,2002.
⑥ 袁广林. 基础科学研究乃世界一流大学建设之要:罗兰《为纯科学呼吁》的解读与启示[J]. 学位与研究生教育,2021(5):80-86.
⑦ 张红霞. "美德导向"的根源与前途:"中国学习者悖论"再考查[J]. 复旦教育论坛,2019,17(1):53-60,67.

满意度和成就感的形成都发挥着极其重要的作用。[①] 适应学生不同的兴趣、志向、能力倾向与个性化需求,尊重学生特点和个性差异,是拔尖人才培养的未来趋势和现实选择。围绕学生群体特性,研究者对杰出创新人才经历和天才教育等进行了深入的探索。

1. 关于杰出创新人才成长经历的研究

研究者通过履历分析法(curriculum vitae)、集体传记法(prosopography)等研究方法,对诺贝尔奖获得者、院士、国家杰出青年基金获得者等高层次人才的成长经历进行考察,发现高等教育经历是影响杰出人才成长成才的主要因素,为科技精英成长发展提供了"土壤"和"滋养"。[②③] 具体来看,高等教育经历的主要作用包括:① 夯实知识基础、形成丰富多样的知识结构、提升综合能力。如李素矿等人对地质学青年拔尖人才的研究发现,知识结构应当合理且全面,要具备扎实的数、理、化、生等知识基础,以及跨学科、多学科交叉、边缘学科和综合学科的知识,此外,还应具备较好的叙述与表达、分析、综合能力,以及建立联系、迁移应用的能力,等等。[④] ② 培育科学精神,形成刻苦勤奋、坚持不懈、敢于质疑等品质。薛其坤院士就曾指出,大力培养科学精神是加强基础研究人才培养的应有之义,科学精神的培养需要日积月累,高强度的反复训练和意志的磨炼,需要坚持精益求精、脚踏实地、不断冲击新的极限。[⑤] 李祖超等人对 24 位国家最高科学技术奖获得者成才因素的研究发现,志存高远的理想信念、勤奋刻苦的学习态度、敢于质疑的科学精神、坚持不懈的顽强毅力和科技强国的爱国热情是主要因素。[⑥] ③ 注重激发兴趣,发挥自主性,鼓励独立探索。田起宏等人对 2003—2011 年杰青获得者的研究发现,鼓励自由

① 金子元久.大学教育力[M].徐国兴,译.上海:华东师范大学出版社,2009.
② 哈里特·朱克曼.科学界的精英:美国的诺贝尔奖金获得者[M].北京:商务印书馆,1979:155 - 289.
③ 白春礼.杰出科技人才的成长历程:中国科学院科技人才成长规律研究[M].周叶谦,冯世则,译.北京:科学出版社,2007:9 - 34.
④ 李素矿,王焰新.我国地质学青年拔尖人才特征分析[J].中国地质大学学报(社会科学版),2008,8(6):54 - 57.
⑤ 薛其坤.基础研究突破与杰出人才培养[J].清华大学教育研究,2021,42(3):1 - 6.
⑥ 李祖超,李蔚然,王天娥.24 位国家最高科学技术奖获得者成才因素分析[J].教育研究,2014,35(12):61 - 71.

探索是求学阶段影响最大的教学方式。① ④ 名师引导与朋辈影响。②③ 黄涛、黄文龙对 23 位"两弹一星"功勋科学家的研究发现,优秀名校名师的培育是重要的成长环境之一。④ 钱学森先生就常说,"我若能为国家为人民做点事,皆与老师教育不可分"。良师可以为学生提供最高的科学标准和范例,把学生引向科学之巅,⑤ 开阔学生视野、培养学生的思维方法、在人格品质等方面影响和熏陶学生,⑥ 培养杰出科学人才。此外,朋辈影响对素质的养成也有重要作用。⑦ ⑤ 参与国际交流,形成全球视野等。瞿振元等人对年轻院士的高等教育经历研究发现,多数具有出国留学经历。⑧ 杨芳娟等人研究也表明,中国高被引学者中有三分之二的人拥有科技发达国家求学、研修或工作的经历。⑨

2. 关于天才教育的研究

西方发达国家非常重视"天才教育"(gifted education)。美国在 19 世纪末 20 世纪初便开展了探索,20 世纪 70 年代出台法案为天才教育提供资金与政策保障,约翰·霍普金斯大学还专门开展了"超常青年中心项目"。英国把天才教育作为"城市卓越计划"的一部分,在所有学校中全面推进,在日常教学中融入天才教育。⑩ 荷兰公立研究型大学专门设置"天才教育项目",通过单学科课程(按专业或科系组织)、跨学科课程(将不同的科系组合在一起或在整

---

① 田起宏,刘正奎. 国家杰出青年科学基金获得者的一般特征和早期成长因素探析[J]. 中国高教研究,2012(10):21-24.

② 郭美荣,彭洁,赵伟,等. 中国高层次科技人才成长过程及特征分析:以"国家杰出青年科学基金"获得者为例[J]. 科技管理研究,2011,31(1):135-138.

③ 哈里特·朱克曼. 科学界的精英:美国的诺贝尔奖金获得者[M]. 周叶谦,冯世则,译. 北京:商务印书馆,1979.

④ 黄涛,黄文龙. 杰出科技人才成长的"四优环境":以 23 位"两弹一星"功勋科学家群体为例[J]. 自然辩证法研究,2015,31(7):59-64.

⑤ 罗兰. 为纯科学呼吁[J]. 科技导报,2005(9):74-79.

⑥ 程方荣,袁广林. 优秀的研究者是培养拔尖创新人才的良师[J]. 高校教育管理,2017(1):87-91.

⑦ 黄岚,蒋彦龙,孔垂谦. 科技拔尖人才的素质特征与大学教育生态优化:基于 N 大学杰出校友调查数据的层次分析[J]. 高等教育研究,2017,38(1):55-61.

⑧ 瞿振元,韩晓燕,韩振海,等. 高校如何成为拔尖创新人才培养的基地:从年轻院士当年的高等教育经历谈起[J]. 中国高教研究,2008(2):7-11.

⑨ 李忠云,樊鹏,陈新忠. 农业领域拔尖创新人才的特点及启示:以中国工程院农业学部 71 位院士为例[J]. 高等工程教育研究,2013(5):31-35.

⑩ 张景斌. 拔尖创新人才早期培养机制研究:以北京市为例[J]. 教育科学研究,2014(6):43-48.

个学院范围内提供)和多学科课程("荣誉学院"),为优秀学生提供额外的教育。[①]

一直以来,对于究竟是先天因素还是后天因素的作用更大,研究者持有不同的观点,这也影响着天才教育的实践。强调"先天因素"的学者,如杨德广等人将高智商、高情商和高创造力的学生界定为超常学生,应当用超常的方式早发现、早培养,中国不缺"千里马",而缺识"千里马"的"伯乐",[②]因此,学生的甄别与选拔尤为重要。强调"后天因素"的学者,如齐勒(Ziegler)提出的"行动模型"(the Actiotope Model of Giftedness)强调个体行为与生长环境的互动,将个体特性拓展到立体的生活系统;应当结合学生各方面的特性来配置合适的师资、课程、培养计划和整体培养战略,从教育生态构建出发为拔尖人才成长创造有利条件;[③]海勒(Heller)等提出的"慕尼黑模型"(the Munich Model of Giftedness)将资优生成长视为天赋因素、非认知因素、环境因素及行为表现的综合过程,[④]天赋因素具有预测价值,包括智力、创造力、社交能力、心智技能等;非认知因素和环境因素具有调节作用,其中非认知因素包括调节压力的能力、成就动机、学习和工作策略、预期管理等,环境因素包括熟悉的学习环境、家庭氛围、教学质量、教室氛围以及偶然性因素等;行为表现是结果和标准,如 GPA 以及各类学业表现等。[⑤]

戴耘(David Yun Dai)等学者系统回顾了天才教育的理念、目标及实践策略等,提出了天才教育的三种范式:① 天才儿童范式(The Gifted Child Paradigm),特曼(Terman)和霍林沃斯(Hollingworth)是这一范式的代表人物,"天赋"被认为是一种基本素质,可以通过智力测试等手段来鉴别,超常儿

① 吕云震,张令昊,董文康.欧洲国家天才教育实施现状与发展趋势研究(一):荷兰天才教育:欧洲天才教育的领军者[J].世界教育信息,2021,34(7):12-17.

② 杨德广,宋丽丽.我国应着力于"超常"学生的选拔和培养:兼论"钱学森之问"的破解[J].教育发展研究,2019,39(22):1-9.

③ PANG W G. The actiotope model of giftedness: a useful model for examining gifted education in Chinese universities [J]. High Ability Studies, 2012, 23(1): 89-91.

④ HELLER K A, PERLETH C, LIM T K. The Munich model of giftedness designed to identify and promote gifted students[M]//Conceptions of Giftedness. Edited by R. J. Sternberg & J. E. Davidson. Cambridge: Cambridge University Press, 2005: 147-170.

⑤ 郑永和,王晶莹,李西营,等.我国科技创新后备人才培养的理性审视[J].中国科学院院刊,2021,36(7):757-764.

童在思维方式、情感特征、教育需求、发展轨迹等方面与一般人存在本质差异，因此，往往通过选拔式、特别设置的培养项目来增强学生的创造力、领导力以及高阶思维。② 才能发展范式(The Talent Development Paradigm)，兰祖利是这一范式的代表人物，他首先提出了天赋的发展性概念，强调在智力水平之外，还应关注任务承诺和创造力等。随着多元智能理论的发展，学生的甄别从传统的测试转向关注真实表现，"才能"被认为是有可延展的能力和潜力，学生培养的内涵变得更为多元。因此，应为学生提供丰富的机会，学生可以在自己选择的领域追求卓越。③ 差异化范式(The Differentiation Paradigm)，基于对抽离式培养项目(pull-out program)以及缺少系统设计的叠加课程方案的质疑，这一范式强调关注学生的个体需求，对于能力较强的学生，应当配套优化的培养方案和持续性的学习经历。因此，不再关注如何甄别学生是否"资优"或者是选拔一部分学生参与特殊培养计划，而是判断学生在当前状态下，学习需求是否被满足以及如何改进。① 基于此，阎琨等人认为天才教育呈现出人才识别和选拔标准从天赋智商向成功智能发展、培养方式从超常儿童范式向才能范式和差异化范式发展，课程重心从同质性向异质性发展，培养理念从外在设定目标向内外目标协同发展，评价体系从一元智能向多元智能、从领域专属向领域通用与领域专属并重发展等趋势，②③④培养模式逐步从封闭向无序叠加式地开放、系统有序地开放转变。李颖等基于"大鱼小池塘"效应(Big-Fish-Little-Pond Effect，BFLPE)的研究，指出天才教育应当注重发展与其能力水平相符合的自我概念，防止教育安置所带来的学习热情、成就动机的降低；⑤马什(Marsh)等人基于在香港的研究发现，进入学业选择性学校所带来的荣誉感并没有对比效应的消极结果强，最终还是表现出了消极的"大鱼

① DAI D Y, CHEN F. Three Paradigms of Gifted Education[J]. Gifted Child Quarterly, 2013, 57 (3)：151-168.

② 阎琨. 拔尖人才培养的国际论争及其启示[J]. 复旦教育论坛,2013,11(4):5-11.

③ 阎琨,吴菡. 拔尖人才培养的国际趋势及其对我国的启示[J]. 教育研究,2020,41(6):78-91.

④ 阎琨,段江飞,黄潇剑. 拔尖人才培养的国际范式和理论模型[J]. 清华大学教育研究,2019,40 (5):32-39.

⑤ 李颖,施建农. 大鱼小池塘效应：对超常儿童教育安置的思考[J]. 心理科学进展,2005(5):623-628.

小池塘"效应。^①

　　曾任美国心理协会主席的斯滕伯格(Robert J. Stemberg)提出了拔尖人才 WICS 模型,指智慧、智能、创造力,以及三因素的综合作用。^②《博耶报告》指出,研究型大学应该"造就一种特殊的人才,这样的人将是下一个世纪技术、学术、科学、政治和富于创造性的领袖"。所以,研究型大学培养的拔尖人才,应将"创造性"作为重要标准,并能适应社会发展需求。^③ 特别是对于文科拔尖人才来说,智能不是单一维度,甚至不是最重要的维度。文科拔尖人才,是在具有全面知识基础上具备突出创新素养,对国家、社会文化发展作出突出贡献的人才。

三、学习参与:拔尖学生学习与发展

　　大学生的学习与发展水平是人才培养质量的核心体现。阿斯汀(Astin)在 *Achieving Educational Excellence* 中对传统用来评估高等教育质量的维度进行了梳理,包括声誉(reputational),如大学排行榜等;资源(resources),如教师、学生、物资设备、资金等;产出(outcomes);教育内容(content),如课程、教学等。基于对传统方式的反思,提出了"才智增值"的质量观,认为高等教育质量表现在高校在学生才智发展过程中是否产生积极的影响,体现在学习的投入、活动、环境等教育"过程性"维度。^④ 吕林海认为,"拔尖计划"改革与实践应实现"学习转向",形成对拔尖学生学习质量的"内源性关注"。^⑤ 众多学者围绕学生学习与发展的机制及其影响因素进行了深入研究。

① MARSH H W, KONG C K, HAU K T. Longitudinal multilevel modeling of the big fish little pond effect on academic self-concept: Counterbalancing social comparison and reflected glory effects in Hong Kong high schools[J]. Journal of Personality and Social Psychology, 2000, 78: 337-349.

② STEMBERG R J. WICS: A Model of Positive Educational Leadership Comprising Wisdom, Intelligence, and Creativity Synthesized[J]. Educational Psychology Review, 2005(3).

③ The Boyer Commission on Educating Undergraduates in the Research university. Reinventing Undergraduate Education: A Blueprint for America's Research Universities[R]. New York: The Boyer Commission of Educating Undergraduates in the Research University, 1998.

④ ASTIN A W. Achieving Educational Excellence: A Critical Assessment of Priorities and Practices in Higher Education[M]. San Francisco:Jossey-Bass Publishers, 1985.

⑤ 吕林海."拔尖计划"本科生的深度学习及其影响机制研究:基于全国 12 所"拔尖计划"高校的问卷调查[J]. 中国高教研究,2020(3):30-38.

1. 学习动机

学习动机是个人学习行为活动的内驱力,对学习行为具有唤醒、激发、指向、调节、维持等功能,是影响学习的情感因素。伍尔福克(A. E. Woolfolk)将学习动机定义为"寻求学习活动的意义并努力从这些活动中获得益处的倾向",除了学生要学或想学之外,学习动机还包含了计划、目标导向、对所要学习与如何学习的任务的反省认知意识、主动寻求新信息、对反馈的清晰知觉、对成就的自豪与满意和不怕失败等,学习动机与学生的学习目标、兴趣、自信心和自效能感等密不可分。[①]

根据自主性水平不同,可以将学习动机分为内在学习动机和外在学习动机。内在学习动机由学习活动本身产生的快乐和满足引起,如兴趣、好奇心、成就需要等。张红霞的研究发现,内在动机是学生渴望认知、理解和掌握知识,以及提出和解决问题的倾向,影响中国学生内在学习动机的最主要因素不在于教育理念、教学方法、教学条件设备,而是更基础的教学内容因素。[②] 外在学习动机则是学习活动外部的因素引起的,如外在的奖励或者惩罚等。以德韦克(Dweck)、埃利奥特(Elliot A. J.)、平特里奇(Printrich P. R.)等为代表的研究者,则将动机研究和认知研究整合了起来,提出了成就目标理论,其中掌握趋近、掌握回避、成绩趋近和成绩回避四分类最具有代表性。

李硕豪的研究发现,拔尖学生虽对学习有一定内部动机,但还不够强烈;[③]拔尖学生成就动机水平高于普通学生。[④] 施林淼基于对南京大学拔尖班学生四年的跟踪调查发现,学生同时具有较高的内在学习动机和外在学习动机。[⑤] 梁慧云等研究发现,"拔尖计划"学生有较高的掌握趋近目标,掌握趋近目标、掌握回避目标、成绩趋近目标对学生批判性思维均有显著的正向影

① 皮连生.教育心理学[M].4版.上海:上海教育出版社,2011.
② 张红霞,吕林海.中国学生的知识结构脱节及其改造[J].教育发展研究,2014,34(21):13-17.
③ 李硕豪."拔尖计划"学生创造力发展影响因素实证研究[J].中国高教研究,2020(4):51-58.
④ 李硕豪,王改改."拔尖计划"学生成就动机及其影响因素的实证研究[J].高等教育研究,2019,40(8):63-76,106.
⑤ 施林淼."拔尖计划"人才培养模式四年跟踪调查:南京大学案例[D].南京大学,2016.

响。[1] 针对拔尖学生学习的特殊性,陆一等认为,学习动力对"拔尖学生"培养具有决定性的作用,并提出了统摄古典的志向与现代的兴趣的概念——"志趣"[2],基于清华大学生命科学专业学生的调查进一步发现,学术志趣与师生人际互动因素特别是学界领袖榜样作用高度相关。[3] 沈悦青等则抓取了内部动机中的"好奇心"这一要素,认为拔尖人才培养应当激发学生的好奇心,激发学生的成就动机,使学生的好奇心转化为积极的学习和探索行为。[4] 吕林海将"兴趣"作为拔尖学生学习的动机要素进行了研究,发现拔尖学生在"学习兴趣"和"求知旨趣"上表现较好,"优质讲授"完全通过"两种兴趣的激活"影响学生深度学习,"互动教学"则是部分地通过"求知旨趣的激活"影响深度学习。[5]

2. 学习方式

不同的学习方式在学习投入程度、思维层次等方面存在明显的差异,影响着学生的学习成效。学习方式的研究可以追溯至瑞典哥德堡大学马顿(F. Marton)和萨尔乔(R. Saljo)的研究,他们运用"现象描述分析"(phenomenography)对学生如何感知特定的学习任务进行了研究并区分出两种不同的学习方式:深度学习方法(deep approach)和浅层学习方法(surface approach)。Svensson 进一步提出了"原子化(atomistic)"和"整体化(holistic)"两种方式,原子化是学生不加批判地接受、记忆学习内容中的某一部分,记忆其中的细节;整体化是学生理解学习内容的整体结构并探究作者的意图,建立内容之间的联系。[6] 比格斯(Biggs)认为,学习方式是学生在完成学习任务过程中的基本行为和认知的取向,在他提出的学习过程 3P 模式中,

① 梁慧云,吕林海."拔尖计划"学生学习动机、学习参与与批判性思维的关系研究[J].教学研究,2019,42(2):1-8.
② 陆一,史静寰.志趣:大学拔尖创新人才培养的基础[J].教育研究,2014,35(3):48-54.
③ 陆一,史静寰.拔尖创新人才培养中影响学术志趣的教育因素探析:以清华大学生命科学专业本科生为例[J].教育研究,2015,36(5):38-47.
④ 沈悦青,叶曦,章俊良,等."好奇心驱动"拔尖人才培养模式的经验与思考[J].中国大学教学,2019(Z1):30-35,71.
⑤ 吕林海.聚焦"两种兴趣":"拔尖生"深度学习的动力机制研究:基于全国 12 所"拔尖计划"高校的问卷调查[J].南京师大学报(社会科学版),2021(2):76-88.
⑥ SVENSSON L. On Qualitative Differences in Learning:Ⅲ-Study Skills in Learning[J]. British Journal of Educational Psychology, 1977, 47(3):233-243.

学生个体因素和教学情境因素对学习结果的影响是以包括价值、动机与策略的学习过程为中介的；比格斯开发了"学习过程问卷"（Study Processes Questionnaire，SPQ），基于大量的研究发现，学生通常会选择与自己动机相一致的学习策略，他将学习动机与学习策略的组合称为学习方式。[①] 内维尔·恩特威斯尔（Entwistle）开发了"学习方式量表"（Approaches to Studying Inventory，ASI），从学习策略与学习过程的视角对深度学习与浅层学习进行了区分，他认为学习方式具有相对稳定性和情境相关性，学习方法的选择取决于学生对学习情境的感知。[②] 拉姆斯登（P. Ramsden）认为学生感知的教学情境对学习方式有显著影响，他开发了"课程学习经历问卷"（Course Experience Questionnaire，CEQ），其中，优质讲授（good teaching）、清晰的目标和标准（clear goals and standards）、适当的学习负荷（appropriate workload）、适当的评价方式（appropriate assessment）和强调自主性（independence）被证明与学生学习方式存在紧密联系。[③]

针对拔尖学生，孙冬梅等认为，深度学习突出启发与高阶思维运用，强调对知识的理解、反思与批判，关注知识之间的联系等，有助于发掘拔尖学生的科研潜质。[④] 于海琴等研究发现，拔尖班学生学习方式具有灵活高效的特征，将深度学习策略和表层学习策略结合，根据不同的学习内容采用不同的策略，学生的自主性相当强；[⑤]进一步的研究发现，拔尖班学习环境主要作用于表层学习方式，对深度学习方式没有显著影响，可能的原因是高强度的学习、粗放式的培养和淘汰制的评价威胁。[⑥] 陆根书的研究也发现，学生学习方式不能

① BIGGS J B. Student approaches to learning and studying[M]. Melbourne：Australian Council for Educational Research，1987.
② 吕林海，龚放. 大学学习方法研究：缘起、观点及发展趋势[J]. 高等教育研究，2012，33(2)：58－66.
③ RAMSDEN P. Student learning and perception of the academic environment[J]. Higher Education，1979(8)：411－428.
④ 孙冬梅，赵春晖，方艳，等. "拔尖计划"背景下课程与教学对教育收获的影响：基于深度学习的中介效应检验[J]. 兰州大学学报(社会科学版)，2018，46(5)：179－187.
⑤ 于海琴，李晨，石海梅. 学习环境对大学生学习方式、学业成就的影响：基于本科拔尖创新人才培养的实证研究[J]. 高等教育研究，2013，34(8)：62－70.
⑥ 于海琴，石海梅，孟艳华，等. 环境、人格对拔尖大学生学习的影响[J]. 高等教育研究，2014，35(7)：62－70.

简单地归结为深度学习和浅层学习两类,两者是并存的。^① 吕林海的研究发现,与美国一流大学本科生相比,中国拔尖学生在创造知识、融入新知等方面表现不佳,"拔尖学生"深度学习应包含"知识的理解和掌握"和"知识的综合与创新"两个层面,前者优质讲授比互动教学的影响效应大,后者则相反。^②

3. 学习参与

学习参与表征的是学生和学校的投入以及两者之间的互动情况,包括课堂讨论、主动学习、合作学习、师生互动、挑战性学习等,是学生学习经历的过程变量,是反映高校教育质量的重要指标,可以为高校教育质量诊断提供数据支持。^③ 学习参与概念内涵的发展演变大致可以分为"个体投入"和"个体投入＋院校环境"两个阶段。^{④⑤} 第一个阶段主要关注个体投入。泰勒(Ralph Taylor)的"任务时间(time on task)"被认为是学习参与概念的源头,他认为学习时间的投入是预测学习成效的重要因子,时间投入得越多,学习收获越大。佩斯(Pace)在 20 世纪 80 年代提出"努力质量"(quality of effort),指出学生投入学习时间的质量以及投入行为的性质对于大学生发展至关重要。^⑥ 之后,阿斯汀(Astin)立足"输入(Input)-环境(Environment)-输出(Output)"模型(I-E-O 模型),提出了"参与理论(involvement)",被认为是现代意义上学习参与理论的开端,他主张学生学习就是学习参与的整体过程,学习参与包括学业活动、社会性活动和课外活动,是物理和心理投入的总和,既是数量上的

---

① 陆根书. 大学生的课程学习经历、学习方式与教学质量满意度的关系分析[J]. 西安交通大学学报(社会科学版),2013,33(2):96-103.
② 吕林海. "拔尖计划"本科生的深度学习及其影响机制研究:基于全国 12 所"拔尖计划"高校的问卷调查[J]. 中国高教研究,2020(3):30-38.
③ 史静寰,王文. 以学为本,提高质量,内涵发展:中国大学生学情研究的学术涵义与政策价值[J]. 华东师范大学学报(教育科学版),2018,36(4):18-27,162.
④ 吕林海. 大学生学习参与的理论缘起、概念延展及测量方法争议[J]. 教育发展研究,2016,36(21):70-77.
⑤ 吕林海. "拔尖计划"本科生的"学习参与"及其发展效应研究:基于全国 12 所"拔尖计划"高校的问卷调查[J]. 教育发展研究,2020,40(Z1):26-38.
⑥ PACE C R. Measuring the Quality of Student Effort[J]. Current Issues in Higher Education,1980(2):10-16.

投入,也是质量上的投入;①他认为学生的发展过程是以往经验与大学经历相互整合的过程,学生在学习过程中主动投入院校环境中,参与各种学术性和社会性活动。② 第二个阶段,在个体投入的基础上,研究者开始融入院校环境因素,关注环境与个体之间的交互关系。廷托(Tinto)提出了"融入(integration)"的概念,强调院校内部环境以及教师、同伴对学生参与行为的影响,并将学生对师生互动、同伴互动的认知称为社会融入,将学生通过课堂内外与教师或同伴互动所形成的正式或非正式学术体系中的经验认知称为学术融入。③ 帕斯卡雷拉(Parscarella)提出了"一般变化评定模型"(General Model for Accessing Change),对影响大学生发展的直接因素和间接因素进行了系统梳理,直接因素包括学生背景特征、社会性互动(师生互动、同伴互动)、个人努力质量等,间接因素包括学校组织特征和院校环境,院校环境通过影响学生的社会性互动和努力程度间接影响学生成就,组织特征通过院校环境、学生活动、学生努力质量间接促进学生发展。④ 乔治·库(Kuh. G)提出了"学习投入"(student engagement)理论,认为在关注学生学业和其他教育活动的时间、精力投入的同时,也应强调院校责任,即关注院校如何通过配置资源、组织课程、提供其他学习机会等为学生提供服务支持,以改善学生学习经历和期望成果,他提出的"高影响力教育实践"(high-impact educational practices, HIEP),包括新生研讨课、共通知识体验、学习社区、密集写作课、合作作业与合作项目、本科生科研、多样性和全球化学习、服务性学习与社区学习、实习、顶峰课程和项目等十项实践,为院校构建支撑学生发展的高质量环境提供了借鉴。⑤

近年来,基于"大学生学习投入调查"(National Survey of Student

---

① ASTIN A. Student Involvement: A Development Theory for Higher Education[J]. Journal of College Student Personnel,1984(25):297-308.

② AXELSON R D, FLICK A. Defining Student Engagement[J]. Change the Magazine of Higher Learning,2010,43(1):38-43.

③ 鲍威. 未完成的转型:高等教育影响力与学生发展[M]. 北京:教育科学出版社,2014.02.

④ PASCARELLA E T. College Environmental Influences on Learning and Cognitive Development: A Critical Review and Synthesis[M]//SMART J C. Higher Education: Handbook of Theory and ResearchM. New York:Agathon Press,1985:1-62.

⑤ 许丹东,吕林海,傅道麟. 中国研究型大学本科生高影响力教育活动特征探析[J]. 高等教育研究,2020,41(2):58-65.

Engagement, NSSE)、"研 究 型 大 学 本 科 生 学 习 经 历 调 查"(Student Experience in the Research University,SERU)等工具,国内研究者围绕学习参与开展了一系列的实证研究,研究发现学生在课堂参与、主动学习、合作学习、师生互动与交流、挑战性学习等方面表现不佳,[①②③]但在学业习惯、遵守规则、课堂学习时间投入等方面表现优异。[④]

　　在针对"拔尖计划"的研究中,学习参与的指向更加具体、与实践的结合更加紧密,其中课程学习与科研参与是两个重要的方面。如于海琴等研究发现项目与实践等对学业成就具有显著的预测作用,课程学习则没有正向促进作用;[⑤]梁慧云等研究发现,"拔尖计划"学生的课堂参与、生师互动以及学习习惯对批判性思维有显著的正向影响,其中课堂参与影响最大,而同伴互动则无显著影响;[⑥]吕林海将拔尖学生的学习参与拓展分为课业参与和学术参与两个维度,同时发现拔尖学生在"学术参与"的经历上总体较为匮乏,但学术参与显著地促进了学生能力素养的发展,并且呈现了"优势叠加效应",越是优秀的群体,发展收益也越大。[⑦]

　　进一步梳理已有研究,可以发现,在课程学习参与方面:拉姆斯登所编制的"课程学习经历问卷"所关注的主体就是课程学习经历,之后安利(J. Ainley)、威尔逊(K. L. Wilson)等人在此基础上作了进一步发展。研究发现,良好课堂体验,如清晰的目标、适当学业负担、适合的评价方式等,与深层学习

① 罗燕,史静寰,涂冬波.清华大学本科教育学情调查报告 2009:与美国顶尖研究型大学的比较[J]. 清华大学教育研究,2009,30(5):1-13.
② 史静寰,文雯.清华大学本科教育学情调查报告 2010[J].清华大学教育研究,2012,33(1):4-16.
③ 梁慧云,吕林海."拔尖计划"学生学习动机、学习参与与批判性思维的关系研究[J].教学研究, 2019,42(2):1-8.
④ 龚放,吕林海.中美研究型大学本科生学习参与差异的研究:基于南京大学和加州大学伯克利分校的问卷调查[J].高等教育研究,2012,33(9):90-100.
⑤ 于海琴,李晨,石海梅.学习环境对大学生学习方式、学业成就的影响:基于本科拔尖创新人才培养的实证研究[J].高等教育研究,2013,34(8):62-70.
⑥ 梁慧云,吕林海."拔尖计划"学生学习动机、学习参与与批判性思维的关系研究[J].教学研究, 2019,42(2):1-8.
⑦ 吕林海."拔尖计划"本科生的"学习参与"及其发展效应研究:基于全国 12 所"拔尖计划"高校的问卷调查[J].教育发展研究,2020,40(Z1):26-38.

方式和较高学业成就存在紧密联系。^① 陆根书应用威尔逊等人修订的调查问卷发现，学生对教师教学的总体水平、对课程评价的适当性感知较差，学生感知的课堂学习经历与其学习方式、对高校教学质量的满意度之间存在明显的联系。^② 屈廖健等人调查研究型大学本科生课程学习参与情况后发现，不同个体特征学生的课程学习参与度具有群体性的差异，具体表现在性别、年级等方面，课程条件的支撑度有助于学术志趣的形成和课程学习参与的提高。^③ 史秋衡等人研究发现，大学生的课堂体验对学习收获有影响，不同类型高校学生课堂体验和学习收获并无太大的差异；研究还发现，不少高校将人才培养等同于教学活动、等同于课堂教学，应当重视课堂外教学环境的设计，甚至以科研引领教学，将科研活动与教学活动充分融合以培养高质量创新人才。^④

在本科生科研参与方面，本科生科研被乔治·库列为"十大高影响力教育实践"，科研参与对于学术创新型人才培养具有正面、积极的推动作用。^⑤ Seymour 等对科研参与的收获进行了研究，发现包括个人及专业发展、像科学家一样思考和工作、多元技能的获得、职业规划的明确或确认、增强就业或读研的准备、对作为一个研究者进行学习和工作看法的转变等。^⑥ 郭卉等通过质性研究发现，学生的主要收获集中在技能方面，近 70% 的学生认为学习到了"运用知识和技能解决研究问题"以及"如何提出问题和做研究设计的科研方法"；^⑦问卷调查进一步发现，参与科研的学生在创新知识、创新能力、创

---

① DISETH A, PALLESEN S, BRUNBORG G S, et al. Academic Achievement among First Semester Undergraduate Psychology Students：The Role of Course Experience，Effort，Motives and Learning Strategies[J]. Higher Education，2010，59(3)，335 – 352.

② 陆根书. 大学生的课程学习经历、学习方式与教学质量满意度的关系分析[J]. 西安交通大学学报（社会科学版），2013，33(2)：96 – 103.

③ 屈廖健，孙靓. 研究型大学本科生课程学习参与度的影响因素及提升策略研究[J]. 高校教育管理，2019，13(1)：113 – 124.

④ 史秋衡，郭建鹏. 我国大学生学情状态与影响机制的实证分析[J]. 教育研究，2012，33(2)：109 – 121.

⑤ 范皑皑，王晶心，张东明. 本科期间科研参与情况对研究生类型选择的影响[J]. 中国高教研究，2017，(7)：68 – 73.

⑥ SEYMOUR E, HUNTER A B, LAURSEN S L, et al. Establishing the benefits of research experiences for undergraduates in the sciences：First findings from a three-year study[J]. Science Education，2010，88(4)：493 – 534.

⑦ 郭卉，韩婷，余秀平，等. 理工科大学生参与科研活动的收获的探索性研究：基于"国家大学生创新创业训练计划"项目负责人的个案调查[J]. 高等工程教育研究，2015(6)：59 – 66.

造性思维等方面与未参与的学生差异显著,科研参与频次和强度是创新素质的重要影响因素,但目前学生参与科研的次数非常有限;[①]郭卉等还考察了学生参与"大学生创新创业计划"项目、学科竞赛项目以及教师科研项目对学生研究能力、学术技能、专业社会化、自我效能感、职业意愿等方面的影响,[②]研究发现,虽然科研参与对学习收获影响显著,但是学术技能和研究能力两个因子的得分却是最少的。李湘萍认为科研参与直指学生能力发展核心的培养,通过对本科生科研行为及其效能进行实证研究发现,大学生整体的科研参与度偏低,参与主体是学业成绩更优、社会活动经历更丰富的"精英"群体,科研参与次数多的学生的认知能力和社会性能力自我评估更高。[③]

此外,还有大量关于"拔尖计划"人才培养模式、建设举措等经验性的研究。郝杰[④]、张建林[⑤]、叶俊飞[⑥]等对基础理科拔尖人才培养的历史进程及政策发展脉络进行梳理。李曼丽[⑦]等基于对"拔尖计划1.0"阶段试点高校培养举措的考察,发现高校在学生选拔、教师配备、课程建设、学术氛围营造、国际交流等方面开展了大量的探索。陆一等认为,高校借鉴中国特色发展改革的思路,通过组建专门学院、设立专门试验班设置改革的"实验区""特区",以空前的制度空间和资源投入培养拔尖人才。[⑧][⑨] 刘献君等认为,高校"拔尖计划"试

① 郭卉,刘琳,彭湃,等. 参与科研对理工科大学生创新素质影响的实证研究[J]. 高等工程教育研究,2014(2):106-111.

② 郭卉,韩婷,姚源,等. 本科生科研学习收获因子相互关系研究[J]. 高等教育研究,2018,39(9):73-82.

③ 李湘萍. 大学生科研参与与学生发展:来自中国案例高校的实证研究[J]. 北京大学教育评论,2015,13(1):129-147,191.

④ 郝杰. 新中国成立以来高等理科教育改革的探索与实践[J]. 黑龙江高教研究,2020,38(3):39-44.

⑤ 张建林. 模式优化:36年来本科拔尖创新人才培养工作改革与发展的轴心线[J]. 教育研究,2015,36(10):18-22.

⑥ 叶俊飞. 从"少年班""基地班"到"拔尖计划"的实施:35年来我国基础学科拔尖人才培养的回溯与前瞻[J]. 中国高教研究,2014(4):13-19.

⑦ 李曼丽,苏芃,吴凡,等. "基础学科拔尖学生培养计划"的培养与成效研究[J]. 清华大学教育研究,2019,40(1):31-39,96.

⑧ 陆一,史静寰,何雪冰. 封闭与开放之间:中国特色大学拔尖创新人才培养模式分类体系与特征研究[J]. 教育研究,2018,39(3):46-54.

⑨ 吴爱华,侯永峰,陈精锋,等. 深入实施"拔尖计划"探索拔尖创新人才培养机制[J]. 中国大学教学,2014(3):4-8.

点的主要逻辑是在教育政策推行下的办学资源依赖，因此，组织同形化趋势明显，各高校在人才选拔机制、课程体系、培养模式等方面趋于一致。[①]

综上，拔尖人才培养已积累了丰富的理论与实践经验，但在两个方面还有待深化：一是目前的研究以理科基础学科为主，基于文科基础学科特点的深入分析还较少，文科基础学科拔尖人才的内涵要素、主要特征等尚未形成共识，需要进一步挖掘文科拔尖人才的成长规律及培养机制等。二是理论和实践相对分离，一方面需要实现经验转化，在加强对国外文科拔尖人才培养的学习借鉴的同时，基于中国实践分析提炼本土规律；另一方面，要加强对已有拔尖人才培养基本理论的应用、实践、检验，特别是加强学习理论、天才教育等不同研究视角的理论成果的综合运用，加强国内外相关研究的衔接，在认识论、知识论方面建立更大的共识，在此基础上，结合时代特点和中国国情，探索文科基础学科拔尖人才培养的中国道路。

基于此，本研究在理论层面希望进一步拓展拔尖人才的概念内涵，强化其与学科特点之间的联系，进一步突破拔尖人才的普遍性、模糊化认识，深化拔尖培养的规律性认知；同时，希望通过对文科拔尖基地人才培养甄选效度、核心举措、学生成长效能等方面的观察，以及对学生学习参与、高校制度环境特征等方面的分析，进一步丰富拔尖学生培养过程质量的研究，发展拔尖人才培养的本土化经验，为探索构建具有中国特色的文科基础学科拔尖人才培养模式提供参考。在实际应用层面，希望能在对国内外文科拔尖培养项目的案例分析和经验总结的基础上，为教育主管部门出台相关政策提供依据，引导高校基于文科基础学科特点谋划校本实施方案、优化教育教学活动和管理制度设计，为一线教师推进课程改革、优化教育教学方法、探索特色模式提供参考。从而防止不同高校之间以及文、理科拔尖人才培养的"同质化"倾向，推动改善学生的学习过程和学习体验，真正提升文科基础学科拔尖人才培养质量。

---

① 刘献君，张晓冬."少年班"与"精英学院"：绩效诉求抑或制度合法化——基于组织理论的新制度主义分析[J].现代大学教育，2011(5)：8-15，111.

第二节　拔尖人才培养的模型构建

为了更有效地识别和培育拔尖人才,学术界已综合了天赋、素质、思维方式、外部环境等因素,提出了一系列具有影响力的拔尖人才培养的理论或实践模型,如天才三环模型、天赋—才能区分模型、天才行为—环境模型、慕尼黑天才模型、创造力 4C 模型、创造力系统模型、拔尖人才成长模型、创新人才培养整体实践模型等。这些模型为我们提供了理解拔尖人才成长规律的不同视角,为教育实践提供了科学的指导框架和实用的操作路径。

一、天才三环模型(3-Ring Conception of Giftedness)

该模型由美国心理学会原主席兰祖利提出,是超常儿童鉴定和培养的重要理论基础。[1] 他认为,平均水平以上能力、创造力以及完成任务的动机三种心理品质及其相互作用对超常才能具有决定性影响。[2] 其中,平均水平以上的能力(above-average abilities)是"门槛要求",一般和特殊能力在同龄人或同领域中处于前 15%～20%,这里的一般能力包括数字、记忆力、语言流畅等,可以通过传统智商测试、能力倾向测试等心理行为测量工具来甄别,特殊能力则是学习专业知识并融会贯通到真实生活中的能力;创造力是感知思维能力和创意(creativity),通过发散性思维创造出有趣的、实践性强、有价值的产品或者想法的能力;完成任务的强烈动机(task commitment)是个体对任务的投入和执着程度,是非认知因素,包括兴趣、毅力、热情、自信心、责任感等。[3] 前者是有别于他人的稳定的个体差异,后两者更多是通过教育形成的,而不是教育前就形成的品质,需要在真实情境中进行考察,是动态情境中的内

[1] RENZULLI J S. The three-ring conception of giftedness: A developmental model for promoting creative productivity. Conceptions of Giftedness, 2005(14): 247-278.

[2] RENZULLI J S. The three-ring conception of giftedness: A developmental model for promoting creative productivity. In R. J. Sternberg & J. E. Davidson (Eds.), Conceptions of giftedness (2 ed. pp. 98-119). Cambridge University Press, 2005.

[3] 程黎,王美玲. 国内外超常儿童概念的发展及启示[J]. 中国特殊教育,2021(10): 65-69,76.

生动力和认知水平(见图 3-1)。[①]

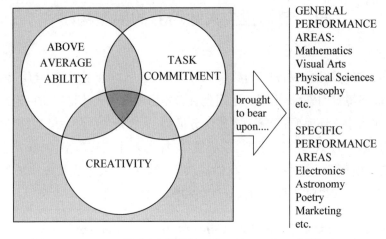

图 3-1 Renzulli 天才三环模型(3-Ring Conception of Giftedness)

二、天赋—才能区分模型(Differentiated Model of Giftedness and Talent)

加拿大心理学家加涅构建了天赋—才能区分模型,他对天赋(gift)与才能(talent)进行了区分,认为天资或天赋是才能的原材料(raw materials)、构成要素,才能的发展源于多样化的天赋,这些天赋通过学习行为转化为各领域的才能。模型由天资(aptitudes,G)、能力(competencies,T)、才能发展过程(developmental process,D)以及环境(environment,E)、个体(individuals,I)、机会(chance,C)三组催化剂等部分共同构成(见图 3-2)。

天资包含六个方面:心智层面的智力(intellectual)、创造性(creative)、社会性(social)、感知性(perceptual)、体能层面的肌肉力量(muscular)、运动控制力(motor control)。能力主要涉及九个领域。才能发展过程包括三个层面,活动(activities)、投入(investment)和过程(progress),才能的发展从个体通过识别或选拔进入一个系统性的培养计划开始,在特定的学习环境或学习模式下学习特定的内容;时间、资金、能量等投入是对发展过程强度的量化,随

---

① 戴耘. 拔尖创新人才培养的理论基础和实践思路[J]. 华东师范大学学报(教育科学版),2024,42(1):1-23.

着时间的推移,才能会动态地发展;才能从初级到巅峰的过程可以被分解成不同的状态,具体表现为新手、高级、精通、专家等阶段(stages),与同辈相比的节奏(pace)以及关键转折点(turning points)等。

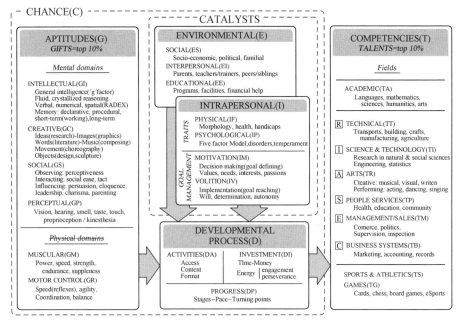

图 3-2　天赋—才能区分模型(Differentiated Model of Giftedness and Talent)2020 版①

才能发展是一个渐进的过程,受到个体与环境的催化影响。个体方面主要包括两个维度:一是个性特质,包括体态、健康、缺陷、气质等生理、心理因素;二是目标管理过程,包括动机和意志。拔尖人才的成长始于明确的价值取向和需求目标越高,往往需要付出的努力越多。当个体将长期目标设定在较高水平时,就更需要强大的意志力,克服障碍、枯燥以及偶尔的失败。环境因素往往隐藏在个体的背后,大部分环境因素通过与个人的需要、兴趣或个性特征等的交互产生影响,但类似规则或法律、社会压力等也会有直接影响。环境因素主要包括社会方面的社会经济、政治、家庭等多样化的环境,人际关系方

---

① Gagné, F. Differentiating Giftedness from Talent: The DMGT Perspective on Talent Development (1st ed.). Routledge, 2020. https://doi.org/10.4324/9781003088790.

面的父母、教师、同龄人、兄弟姐妹等重要人物的影响,教育资源方面的课程计划、教学策略、设施、经济支持等。机会则代表了对天赋、环境以及个体影响作用的限定。[①]

三、天才行为—环境模型(The Actiotope Model of Giftedness)

齐格勒(Ziegler)认为天赋是一种在环境背景下不断变化的特征,是个人与环境之间各种相互作用的结果。Ziegler 把个体、环境及其动态交互作为一个有机整体,各要素的相互作用导致个体对环境的平衡和渐进适应的不断追求,个体成长为拔尖人才是个体在与各要素复杂互动中不断调整行为的主体选择过程。[②] 行为(actions)由一系列局部行为组成,需要在多个层次上进行调节,当一个人想做、有能力去做并意识到是可以做到的,同时,该行为在特定的环境中被识别为超越常态的时候,天赋行为才能表现出来,为了达到不断进步发展所需的行为能力,需要持续的系统训练。[③]

齐格勒基于系统和动态的视角提出了天才行为—环境模型,用 actiotope 这一术语来表达行为生态系统,这个系统关注特定环境中的个体及其行为。模型由四个部分组成:行为库(action repertoire),即个体在特定时间点理论上可执行的所有行为,行为库是持续发展的,其大小因人而异并且会随着时间的变化而变化;目标(goals),即个人明确自己的行为想要达到的目的,目标决定行为选择,为行为的实施提供能量和动力,确定行为的方向及行为实施过程中的个人调节方向,每个人都有多个目标,对天才而言最重要的是卓越发展;环境(environment),个体在特定的才能领域走向卓越的发展过程反映了一个渐进的适应环境的过程;自主行为空间(subjective action space),即相信个体能做什么,是个体对自己行为的认识程度,在这样一个认知空间,个体感知各种行为选项,从行为库中选择哪些行为进入主观行为空间,确定在特定环境下

---

① Gagné, Françoys. From genes to talent: the DMGT/CMTD perspective. Revista de Educacion, 2015: 12-37. 10.4438/1988-592X-RE-2015-368-289.

② 阎琨,吴菡,张雨颀. 拔尖人才培养的要素、动态和系统视角:基于茨格勒理论[J]. 清华大学教育研究,2021,42(3):33-38.

③ ZIEGLER A, PHILLIPSON S N. Towards a Systemic Theory of Gifted Education-1-Towards a Systemic Theory of Gifted Education,2011.

实现某些目标的最适当的行为,所选择的行为选项是将当前情况转化为所期望的未来状态的一种手段(如图 3 - 3)。[①]

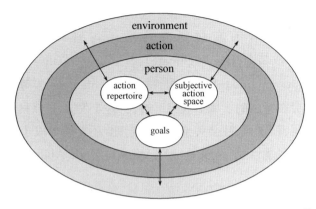

图 3 - 3　**Components of the Actiotope Model of Giftedness.** [②]

四、慕尼黑天才模型(The Munich Model of Giftedness)

德国著名教育学家海勒(Heller)等提出了慕尼黑天才模型,基于多维概念解释了天才及其发展过程,该模型基于四个相互依存的维度:天赋因素(talent factors,相对独立)、由此产生的实际表现领域(performance areas)、非认知人格因素(personality factors)和环境因素(environmental factors)。后两个维度对天赋向实际表现的转变起到了调节作用。模型注重个体学习与社会文化、家庭环境等方面的交互影响。[③]

天赋因素包含以下七种能力:智力(intellectual abilities)、创造力(creative abilities)、社交能力(social competence)、实用智能(practical intelligence)、艺术能力(artistic abilities)、音乐才能(musicality)和动作技能

① ZIEGLER A，STOEGER H，HARDER B，et al. Gender differences in mathematics and science: the role of the actiotope in determining individuals' achievements and confidence in their own abilities. High Ability Studies，2014：25. 10. 1080/13598139. 2014. 916092.

② ZIEGLER A. The Actiotope Model of Giftedness. Conceptions of Giftedness：Second Edition，2005. 10. 1017/CBO9780511610455. 024.

③ 郑永和,王晶莹,李西营,等. 我国科技创新后备人才培养的理性审视[J]. 中国科学院院刊,2021，36(7):757 - 764.

（psycho-motoric skills）。非认知人格因素包括对压力的处理（coping with stress）、成就激励（achievement motivation）、学习和工作策略（learning and working strategies）、测试焦虑（test anxiety）、对可控的期望（control expectation）等；环境因素包括熟悉的学习环境（familiar learning environment）、家庭氛围（family climate）、教学质量（quality of instruction）、班级氛围（classroom climate）、关键事件（critical life events）等，如图3-4所示。拔尖人才会在特定的领域形成突出的表现，如数学、自然科学、技术、计算机科学、艺术、语言、体育、社会关系等。基于此，还发展形成了鉴别天才儿童和青少年的"慕尼黑天才测验量表"（Munich High Ability Test Battery，MHBT）。

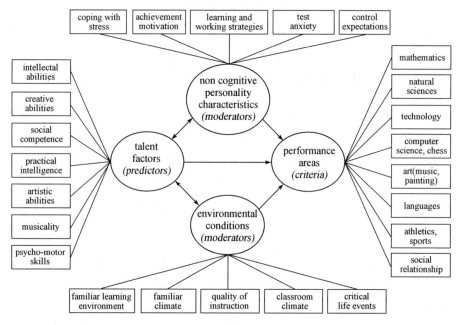

图3-4 The Munich Model of Giftedness（MMG）as an example of multidimensional，typological conceptions[①]

---

① HELLER K A. Identification of gifted and talented students. Psychology Science，2004，46（3）：302-323.

五、创造力 4C 模型（The Four C Model of Creativity）

考夫曼（Kaufman）& 贝格托（Beghetto）提出了创造力概念化、分类化的分析框架，将创造力依次分为 mini-C、little-C、Pro-C、Big-C 四种水平，代表了个体创造力的发展轨迹。mini-C 是对经验、行为和事件的新颖的和有个人意义的解释，是在特定的社会文化背景下构建个人知识和理解的动态的解释性过程；little-C 是在日常生活中表现出来的解决问题的能力及创造力；Pro-C 是具有某种专业或职业素养的人所展现出来的创造力；Big-C 是清晰的、具有杰出的创造性贡献（见图 3-5）。①

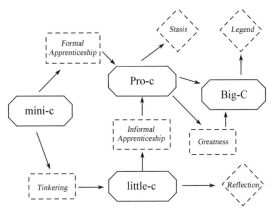

图 3-5 创造力 4C 模型（The Four C Model of Creativity）②

每个人都是从 mini-C 开始，极少数人可能实现直接跳跃。从 mini-C 到 Pro-C，大多数人循着两种路径：一是经历大约 10 年的正式学徒期达到 Pro-C，一般在学术机构完成；另一个则是在没有结构化的指导下，在某一领域实践个人的创新性，直接与真实的工具和材料打交道，在达到 little-C 之后，一部分人通过非正式学徒的方式达到 Pro-C，如与年长、更有经验的同事或导师一起工作，另一部分人则到达思考的终点。从 Pro-C 到 Big-C，部分特别有创造

① 甘秋玲，白新文，刘坚，等. 创新素养：21 世纪核心素养 5C 模型之三[J]. 华东师范大学学报（教育科学版），2020,38(2)：57-70.
② KAUFMAN J C, BEGHETTO R A. Beyond big and little：The four C model of creativity. Review of General Psychology, 2009, 13(1)：1-12.

力的人可能会达到一个顶峰,具有伟大的成就,可能会被后人认为已经达到了Big-C 水平;其他的则可能会陷入停滞,不再是一个有生产力的创造者,没有其他的重大贡献。

从教育实施来看,要保护学生的 mini-C 表现,以跨学科、通识性、多样性的教育方式营造文化,为人才涌现提供广阔基础;同时,注重引导 little-C,以贯通式、体验性的学习方式为学生提供加速发展的渠道,提升相关领域的创造性思维和能力;高中、大学教育要注重发现 Pro-C。[①]

六、创造力系统模型(A General Model of Creativity)

为更深入地理解和解释在创造过程中个体与社会因素、文化因素之间的互动关系,奇克森特米哈伊(Csikszentmihalyi)提出了创造力系统模型(图 3-6)。模型包含三个方面要素,每一个要素都是必要的,创造力来自它们之间的相互作用:

第一个要素是领域(domains),领域(domains)是文化规则系统(culture)的细分,是在与社会其他成员的互动中而吸收、习得的对人类思想意识的约束体系和规则系统,如思想、情感、有意识的行为以及与文化相适应的各类技术。一个领域是一组适用于具有相似特性内容的规则体系与实践方法。领域由专业知识构成,需要有意识的传承和学习,其结构的清晰性、文化的中心性、知识的可获得性对创新的实现具有重要影响。[②]

第二个要素是给某个领域带来创新的个体(individual),在整个系统中也被称为"新兵"(new recruits),要实现创新,个体需要在充分掌握该领域的规则、技术、价值观和实践做法以后,以有意义的方式转化这些内容,如开发新过程、提出新理论、新发现、新工具,或者是建立一个新领域的思想或行为规则,之后,相关领域的专家还要对其创造性进行评价和确认。[③] 因此,除非个体有

---

① 郑永和,王晶莹,李西营,等. 我国科技创新后备人才培养的理性审视[J]. 中国科学院院刊,2021,36(7):757-764.

② 米哈里·希斯赞特米哈伊. 创造力:心流与创新心理学[M]. 黄珏苹,译. 杭州:浙江人民出版社,2015.

③ 保罗·B. 保罗斯,伯纳德·A. 尼斯塔特. 团体创造力[M]. 沈阳:辽宁人民出版社,2008:310-311.

机会进入某个领域,否则不太可能对这个领域做出贡献,无论他们多么有天赋;同时,在这个领域获得信息的个体必须有动力并且能够改变它。

第三个要素是学界被认可的、能证实创新的专家(fields and gatekeepers),作为领域的守门人(gatekeeper),学界专家以领域中的共识为标准(criteria),对个人创新成果的新颖性与价值等进行评判,并尝试将其纳入领域中。当然,有时引入的创新成果在领域中是革命性的变化,也可能出现没有一个领域有能力评判并帮助改进的情况。创新需经过学界把关者的选择之后才能进入领域,创造力的水平不只取决于个体,还取决于创新与领域的关系以及学界专家的认可情况,学界的主动性、接受创新的标准以及与其他社会系统的联系在很大程度上影响创新。①

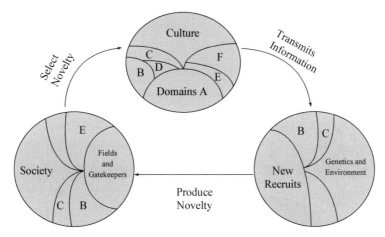

图 3-6　创造力系统模型 A general model of creativity②

①　张亚坤,陈龙安,张兴利,等.融合视角下的西方创造系统观[J].心理科学进展,2018,26(5):810-830.

②　CSIKSZENTMIHALYI M. The systems model of creativity and its applications. In D. K. Simonton (Ed.), The Wiley handbook of genius (pp. 533-545). Wiley Blackwell, 2014. https://doi.org/10.1002/9781118367377.ch25.

七、拔尖人才成长模型

程黎等基于对国内外相关理论研究的梳理,概括总结了拔尖人才成长模型。该模型将人才分为拔尖创新人才、创新人才、普通人才三级成长体系,拔尖创新人才是人才发展的高阶水平,与其他类型人才具有相同的成长基础。认知因素、非认知因素及其交互作用产生的创造力是拔尖人才的素质内涵,影响其成长路径与成才特征。拔尖人才的成长存在渐进式和跨越式两条路径,并表现出动态发展性、领域聚焦性、实践探索性三方面的特征,即由普通至卓越的动态发展历程、由一般到特殊的领域聚焦轨迹、由个体与环境之间低水平互动到深度探究高水平融合的实践探索过程。

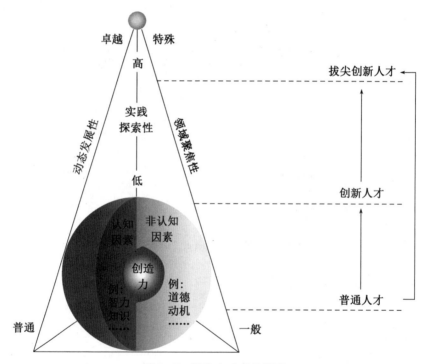

图 3-7　拔尖人才成长模型

八、创新人才培养整体实践模型

戴耘从个体创造力发展的潜能、发展、成就三个方面出发，提出了涵盖识别与选拔、培养、创新文化营造等方面的整体实践策略：在识别方面，潜能是个体发展、成就的可能性和限度，识别是对可能性的鉴别，个体的潜能在不断发展，因此，要将群体筛选和动态个体考察相结合探索灵活多样的人才识别模式；在培养方面，要在具体实践情境中干预个体价值取向、知识结构、思维方式等发展，突出"探索未知"和"开放性"，要兼顾成长阶段和领域具体性，增强个体创新的内生动力；在文化方面，要营造具有超越性、包容性、进取性的文化根基，以追寻生活意义、自我开拓为导向，创造更多"非传统""非常规"的成才路径，同时要建立更有利于思想交流和碰撞的话语氛围。在此基础上，提出了生成、自主、发展、利群等四项基本原则。①

---

① 戴耘.拔尖创新人才培养的理论基础和实践思路[J].华东师范大学学报(教育科学版),2024,42
(1):1-23.

第四章
文科拔尖人才的高等教育经历：
对 20 世纪西方代表性思想家的考察

在风云变幻的 20 世纪，西方高等教育快速发展，在现代大学理念和制度不断解构重组、寻求新突破的过程中，也诞生了一批星光璀璨、影响深远的思想家。考察这些代表性思想家在家庭教育、学校教育、社会熏陶等方面的情况，有利于归纳和总结文科拔尖人才的成长机制和发展规律。传记文本是思想家成长轨迹的缩影，对传记、履历的分析也是杰出人才研究中常采用的方式。本研究根据斯坦福哲学百科全书、劳特利奇哲学百科全书的收录情况，综合国籍、知名度、教育经历、学术领域、文献资料完备性等多方面因素，兼顾多元性与典型性，确定 35 位 20 世纪西方哲学学界具有代表性的著名思想家作为研究对象，从一个更为长期的、历史的视角来探寻影响文科基础学科拔尖人才成长的关键因素，挖掘个体遗传特征、成长经历表现特征等对拔尖人才发现与培养的意义。

第一节　20 世纪西方代表性思想家的基本情况

在探索文科拔尖人才培养的奥秘时，研究那些在历史长河中留下深刻印记的代表性成功人物，无疑是一条极具启发性的路径。20 世纪，西方世界涌现出了一批杰出的思想家，他们深邃的思想、独到的见解不仅深刻影响了当时的社会进程，更为后世留下了宝贵的精神财富。这些思想家各具特色，有的擅长哲学思辨，有的精于社会科学研究，还有的在文学艺术领域独树一帜。他们的高等教育经历，作为塑造其思想体系与学术风格的重要一环，无疑值得深入探究。

一、20 世纪西方代表性思想家概况

作为研究对象的 35 位思想家中,有 29 位都来自英国、法国、德国、美国 4 个西方主要发达国家,占比高达 88.57%,基本覆盖了 20 世纪西方学界的几个主流学术中心,也兼采部分非中心国家的典型样本,能够较为全面地反映 20 世纪西方思想发展格局(见图 4-1)。

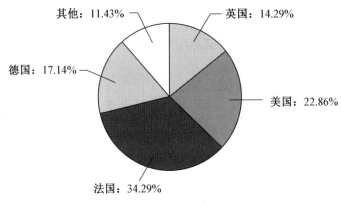

图 4-1 35 位思想家国籍情况

在学术领域方面,研究对象涵盖当代欧陆思潮、分析哲学、政治哲学、现象学等七大领域,涉及各大学术传统和流派代表人物,呈现出 20 世纪西方哲学活跃而多元的思想样态。研究对象大多具有较为丰富的高等教育经历,能够较为全面地反映 20 世纪西方高等教育的总体状况。具体来看:在学历情况上,35 位思想家中有 30 位取得了硕士、博士研究生学位(或取得当时各国教育体制中同等、类似学位);空间分布上,研究对象中在德国、法国接受高等教育的最多,各有 11 位,英国、美国等其他国家也均有分布。

在入学前的学习经历方面,29 位思想家在入学前表现出对所学专业的明确兴趣,22 位思想家曾阅读过较多相关专业书籍,这两项均超过半数,表明大多数著名思想家在入学前已经基本具备了相关专业的明确兴趣与知识基础。此外,与学界教师有过联系的有 9 人、参加过相关学习活动的有 7 人以及家长影响下的就读选择有 4 人(见图 4-2)。

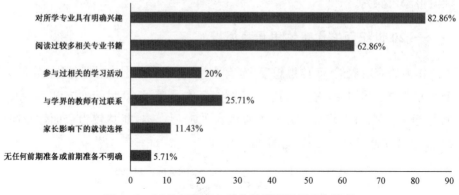

图 4-2　35 位思想家入学前的学习经历分布情况

　　为了对本书涉及的"拔尖人才成才影响因素"进行初步整理分析,以确定后续问卷题目涉及的内容,并形成研究的整体框架,本研究首先采用"扎根理论"中的"三级编码"研究方式。将收集的传记文本汇编为思想家小传,并对相关材料进行逐级编码——开放式编码、关联式编码和选择式编码三级。在原始文本的基础上,提炼、概括出与研究问题相关的初始概念,进而形成初始概念对应的相关范畴,最后进一步确定主范畴。之后,通过与独立文本的持续比较,达及理论饱和。完成编码,确立模型后,根据三级编码的内容制作了相关量表,并结合思想家传记,以"问卷代填"的方式进行了数据的收集和处理。

二、20 世纪西方代表性思想家高等教育经历的时代方位

　　19 世纪末 20 世纪初,西方主要国家的近代高等教育体系最终形成。进入 20 世纪以来,世界政治经济格局不断发生变化,科技发展也进入新的阶段,许多国家都在积极调整科技、教育、文化政策,制定创新发展战略,以应对新时期的挑战。"国际高等教育也处于新的改革进程之中,各国高等教育的功能与任务、内容与结构以及管理体制等都已经或继续发生变革。许多国家把高等教育的改革列为本国总体发展战略的重要内容和视作实现战略的重大支柱。"①西方主要国家的高等教育已经从面向少数人的"精英"教育发展到服务

---

① 国家教育委员会教育发展与政策研究中心. 当代国际高等教育改革的趋向[M]. 北京:高等教育出版社,1988:1.

于一般国民的"大众化"和"普及化"教育。[①]

为深入探究 20 世纪西方思想家的成才路径，需要首先对这 4 个国家在 20 世纪采取的高等教育制度进行梳理分析，并体会其中蕴含的人才培养理念和培养目标，并对照实际培养情况，开展进一步分析研究，为后续研究提供背景资料，帮助更好地理解个体经历体现的国家整体教育战略和高等教育政策。

（一）英国

19 世纪初期，英国政府对高等教育持不干预态度，高等教育发展进程缓慢。19 世纪中后期，城市大学出现，伦敦大学扩张并大量开设新学科，与地方工商业的联系加强，近代科学技术开始进入大学课程内容。到 19 世纪末，英国高等教育规模扩大、类型多样，趋于追求共同的教育价值观和教育理念。在发展过程中，英国高等教育体系表现出等级分明的层级化特征。英国近代大学发展出两种形式，一种是陶冶人格、贵族式的精英教育，另一种是适合专门的产业和中产阶级发展需要的实用主义教育。[②]

20 世纪初期，英国大学学生数量增长先快后慢、学校规模较小、文科发展突出，医学教育与研究受到重视。1919 年，大学拨款委员会的成立加强了国家对大学的资助与指导，提高了办学水平和质量，推动了英国高等教育体系建立。[③] 20 世纪中期，技术教育成为英国高等教育的重点课题。1945 年，英国政府公布《巴洛报告》，建议扩大科技人才的培养规模，此后，技术教育迅速发展，很快实现了"基础科学和工程科学毕业生增长一倍"的目标。20 世纪中后期，以《罗宾斯报告》为开端，英国大学受到源源不断的资助，学生规模扩大，高等教育由精英化朝着大众化迈进。《詹姆斯报告》的颁布推动了英国教师的在职培训，也促进了大众对于教师专业化的认知。开放大学也在这一时期出现，因其相对宽松的录取条件与较高的教学质量，为英国高等教育大众化做出巨大贡献。在高等教育体制方面，1965 年，英国高等教育实施"双重制"，将大学

---

① 黄福涛. 20 世纪西方高等教育发展的特征与趋势[J]. 厦门大学学报（哲学社会科学版），1999，（2）：103.

② ANDERSON R D. Universities and Elites in Britain since 1800[M]. The Economic History Society，1992：20 - 21.

③ 胡建华. 大学内部治理理论[M]. 南京：南京师范大学出版社，2018：231.

与学院分开管理和资助。高等教育办学质量的监督体系主要分为三部分：高等教育质量保障署主导的外部系统、高校自身内部系统、新闻媒介的监督与评估。

在选取的 20 世纪著名思想家代表中，路德维希·维特根斯坦、以赛亚·伯林、迈克尔·达米特、彼得·斯特劳森等都是在英国接受的高等教育。维特根斯坦在曼大研究航空学并获得奖学金，从事哲学研究。以赛亚·伯林、迈克尔·达米特、彼得·斯特劳森均求学于牛津大学，接受的仍是注重人文学科的传统精英式教育。牛津大学在英国极受重视，较早实行导师制，学生在校时能够接触到顶尖学术资源，自由选择学术方向，这段求学经历为这些思想家日后的研究探索打下了深厚的思想基础。

（二）美国

独立战争后，美国领土扩张，资本主义经济迅速发展，为高等教育的演进奠定了物质基础。之后，美国一方面向德国学习，建立以科学研究和研究生教育为主的研究型大学；另一方面，在土地赠予法案的引领下，大学不断强化为国家和地方经济发展服务的功能。

20 世纪初，美国形成了由研究生教育、本科教育、专科教育（副学士教育）构成的三级教育结构和由博士、硕士、学士、副学士构成的四级学位结构，近代高等教育体系得以建立。[1] 一批研究型大学成立并迅速成长为引领世界的一流大学，承担着为美国高速发展输送精英人才的重任。[2] 美国高等教育迅速发展的过程中，教育质量问题成为焦点。1918 年，美国教育理事会成立，意在通过广泛的合作与研究，促进教育事业的发展，提高教育质量，少数高校开始尝试设立通识教育课程。在思想上，实用主义教育思想引发争议，新人文主义兴起，两派激烈交锋，同时，保守主义与进步主义在学术自由方面也形成对立，这些讨论极大地丰富了美国高等教育思想。著名思想家纳尔逊·古德曼在这一时期进入哈佛大学，他见证了被称为"哲学的第二个黄金时代"的开始，据他

---

① 黄福涛. 外国高等教育史［M］. 北京：北京大学出版社，2021：132.

② 于天禾，张亮. 论美国研究型大学文科拔尖人才的培养方式及借鉴［J］. 中国大学教学，2024（Z1）：121 - 127.

回忆:学生时代的前几年,"几乎每天都在讨论伯克利的唯心主义、柏拉图的观念理论、怀特海德的广泛抽象以及逻辑问题"。

二战后,美国高等教育迎来"黄金时代"。这一时期,随着《国防教育法》的颁布与实施,政府向学校大量拨款,来自州政府、地方政府、个人、社会团体的拨款也大幅增加,共同推动了大学的科研经费的增长。在此背景下,研究型大学规模不断扩大,职能更加多样。大学不仅服务于各级政府与社会,与商界的联系也大大加强。研究生教育开始成为高等教育重点环节,高校设立大量新学科和课程,极大地拓宽了学生的选择范围。美国教育的全球性政策得以确立,国际教育迅速发展。20 世纪 70 年代,美国高等教育危机显现,财政入不敷出,学生增长速度缓慢,"学生消费者至上"观念甚嚣尘上,迫使高校不得不调整发展策略,在招生形式和课程设置上更加灵活。为满足学生的就业需求,"职业教育运动"兴起,职业教育加强。在思想方面,工具主义、存在主义、相对主义成为这时的代表性思潮,引发了关于教育的服务对象、目的的热烈讨论。

(三)德国

18 世纪,面临危机的德国大学进行改革,追求思想和教学自由,从而打破了神学院的统治地位,哲学院地位空前提高,现代科学、哲学和法学学科的地位也得到提升。德国教育史上的第一个研讨会(seminar)在哥廷根大学出现。在这一初创和改革阶段,德国大学主要面向贵族青年,其课程设置也因此具有一定局限性。19 世纪,德国大学发展进入黄金时代。受新人文思潮的影响,以柏林大学为代表的德国大学改革取得极大成功。这些大学追求"纯粹知识",将科学与研究相结合,从而推动了研究型大学的发展,并成为现代大学的发源地。工科大学和哲学、神学等专门学院也迅速发展,满足了工业化发展的需要。大学教学的民主性得到了显著增强,中产阶级开始进入大学,教育对象扩大。德国大学产生世界性影响,成为世界学术中心。

20 世纪初,德国大学最初完全继承洪堡等人的大学理念,强调自由和纯粹科学。思想家瓦尔特·本雅明在弗莱堡大学的第一学期听了不少哲学讲座,李凯尔特与赫尔曼·科恩的新康德主义思想,影响了他之后十年的哲学和美学探究。同期,海德格尔在弗莱堡大学攻读天主教神学,同时学习哲学,进行逻辑研究。在德国,大学尽量保持与政治的距离,较少关注社会发展要求。哈贝马斯在非政治传统色彩浓厚的哥廷根大学求学,这种传统也深深影响了他,使他在日后接受法兰克福学派思想并研究马克思主义经典的同时,保持了广泛的兴趣和宽容的态度,兼收并蓄欧洲大陆及英、美各派哲学传统,形成了博杂的思想体系。

从 20 世纪 60 年代开始,德国逐渐转向了雅斯贝尔斯的大学理念,强调专业知识和总体知识相统一,大学的培养目标是“全人”,大学规模扩大。1985 年,《高等教育总纲法》修订完成,大学的组织形式和管理体制更新。在《面向 90 年代的高等教育政策》《关于德国高等教育机构发展的构想》《关于高等教育政策的 10 个论题》等一系列政策的推动下,高校开始缩短修业年限,解决学生滞留问题,明确将本科生和研究生的培养区分开来。

(四) 法国

法国高等教育历史悠久。近代法国自拿破仑时代即采用中央集权教育领导体制下的大学院制和大学区制,奠定了法国的高等教育制度基础。二战前,法国高等教育已经形成了“大学”(综合大学)与“大学校”(高等专门院校)并行的双轨教育制度,“大学”主要从事理论教学和科研,培养教师、学者和研究人员,如历史悠久、负有盛名的巴黎高等师范学院,培养了米歇尔·福柯、让-保罗·萨特等哲学顶尖人才。相比之下,“大学校”主要进行实用性教学,培养各种专业技术人才。当时,要报考高等师范学院或高等理工学院,必须首先攻读大学预科,然后通过全国会考;只有成绩合格者,方被正式录取。在大学期间,学生不仅能听到各类哲学讲座,还有机会深入接触音乐、戏剧、文学创作。例如,萨特曾涉足电影剧本的创作,波伏娃、加缪在小说创作领域取得了显著成就。

1945 年至 1974 年间,法国经历了被誉为“辉煌的三十年”的发展时期。在此期间,高等教育改革强调国民参与和大学自治的重要性。特别是在 1968 年,随着《富尔法案》正式通过,法国公立大学确立了“自治”“参与”“多学科性”三大办学原则,在高等教育机制方面取得了重大创新。它不仅将大学的培养目标与社会的实际需求紧密联结,还扩大了通识培养的比例,并在组织机构方面取消原有院系建制,成立新的教学科研机构。

进入20世纪80年代，法国高等教育迎来了新一轮的改革浪潮，其核心在于权力的进一步下放以及高等教育的职业教育特征的增强。1984年颁布的《高等教育法》重申"自治、参与与多学科性"的原则，并明确提出了在高校管理中实施权力下放与民主管理的方针政策。该法案还突出强调了高等职业教育的重要性，意在改变以往将高等教育机构单纯视为纯学术机构的观念，通过强化大学的职业教育功能，加大对实用型人才的培育力度。

1989年，《教育方向指导法》的出台进一步要求高校保持创新。在全球高等教育国际化趋势的推动下，法国积极响应，大力发展留学教育，并广泛开展国际教育合作，以在全球化教育舞台上占据更加主动的位置。

第二节　20世纪西方代表性思想家高等教育经历

在考察文科拔尖人才的成长路径时，一个不可忽视的维度是其高等教育经历。20世纪西方代表性思想家在高等教育阶段的学习经历，包括他们选择的学府、师从的导师以及参与的学术活动等，都对其日后的学术成就和思想创新产生了深远影响。通过文本编码和问卷代填的方式，我们将35位著名思想家的传记文本规整为聚焦其教育经历的小传，梳理他们在学习历程、人际交往、课余活动以及身心健康等多方面的具体情况。在此基础上，依据预先设计的问卷题目框架，结合小传编码情况，对思想家们的高等教育经历及其所受社会因素的影响进行了深入分析。

一、名校培养

培养方式对学生的学习科研以及成长成才起着重要的作用。通过对35位思想家的学习成长轨迹进行深入分析，可以发现所有研究对象均拥有高等教育背景，大部分思想家的教育经历丰富，且他们的就读院校存在一定集中趋势，主要集中于当时享有盛誉的研究型大学（见表4-1）。具体而言，巴黎高等师范学院培养出6位思想家，维也纳大学则培养出5位，牛津大学培养出3位等。

表 4-1　20 世纪思想家的高等教育经历

姓名	毕业院校	主要学习学科	名师指导
米歇尔·福柯	巴黎高等师范学院	哲学	让·伊波利特、让·波弗莱、梅洛-庞蒂、路易·阿尔都塞
让-保罗·萨特	巴黎高等师范学院	文学、哲学	德拉克鲁瓦
路德维希·维特根斯坦	曼彻斯特大学	航空学、机械工程、哲学、数学	伯特兰·罗素
以赛亚·伯林	牛津大学	PPE(哲学、政治学、经济学）	弗兰克·哈代、莫里斯·鲍拉
西奥多·阿多诺	法兰克福大学	哲学、心理学和音乐社会学	汉斯·科内利乌斯
路易·皮埃尔·阿尔都塞	巴黎高等师范学院	哲学	让·吉东、约瑟夫·乌尔
汉娜·阿伦特	海德堡大学	希腊文、拉丁文、神学、哲学	埃得蒙德·胡塞尔、马丁·海德格尔
瓦尔特·本雅明	伯尔尼大学	文学、哲学	
西蒙娜·德·波伏娃	索邦大学	数学、文学、拉丁语、哲学	马德莱娜·达尼罗
卡尔·波普尔	维也纳大学	历史、文学、心理学、哲学、医学、数学、理论物理学	阿达尔伯特·波什
汉斯-格奥尔格·伽达默尔	马堡大学	文学、语言、艺术史、哲学	马丁·海德格尔
库尔特·哥德尔	维也纳大学	物理学、数学、哲学	海因里希·贡培兹、菲利普·富特文勒、汉斯·哈恩
弗里德里希·奥古斯特·冯·哈耶克	维也纳大学	经济学、法学、心理学、哲学	卡尔·门格尔
马丁·海德格尔	弗莱堡大学	天主教神学、数学、物理、化学、哲学	埃得蒙德·胡塞尔
阿尔贝·加缪	巴黎高等师范学院	社会伦理学、心理学、古典文学、哲学	热内·普瓦里耶、让·格勒尼埃

(续表)

姓名	毕业院校	主要学习学科	名师指导
鲁道夫·卡尔纳普	耶拿大学	数学、物理学、逻辑学、哲学	哥洛伯·弗莱格、伯特兰·罗素
克洛德·列维-斯特劳斯	索邦大学	心理学、伦理学与社会学、普通哲学与逻辑学、哲学史	安德烈·克莱松、乔治·仲马、塞莱斯坦·布格雷
格奥尔格·卢卡奇	布达佩斯大学	文学、法学、经济学、哲学	
约翰·罗尔斯	普林斯顿大学	尝试多种专业学习后选择哲学	沃尔特·斯台斯、戴维·鲍尔斯、诺曼·马尔科姆
罗兰·巴特	索邦大学	法语、古典文学、哲学	
保罗·费耶阿本德	维也纳大学	历史、社会学、物理学、哲学	卡尔·波普尔
乔治·阿甘本	罗马大学	法学、诗学、语言学、哲学	马丁·海德格尔
乔治·巴塔耶	巴黎文献学院	伦理学、神学、文学	亨利·柏格森
迈克尔·达米特	牛津大学	PPE(哲学、政治和经济)	伊里莎白·安斯康姆
唐纳德·戴维森	哈佛大学	英语、古典学与比较文学	罗斯韦尔·科尔、约翰·戈汉、W. V. 奎因
吉尔·德勒兹	索邦大学	哲学	
雅克·德里达	巴黎高等师范学院、哈佛大学	哲学	路易·阿尔都塞、米歇尔·福柯
艾瑞克·弗洛姆	海德堡大学	法学、心理学、社会运动、马克思主义理论	阿尔弗雷德·韦伯
赫伯特·费格尔	维也纳大学	数学、物理学、心理学、哲学	莫里茨·施利克

（续表）

姓名	毕业院校	主要学习学科	名师指导
纳尔逊·古德曼	哈佛大学	文学、数学、艺术学、哲学	克拉伦斯·欧文·刘易斯、阿尔弗雷德·诺思·怀特海德
亚历山大·科耶夫	海德堡大学	俄国文学、东方语言、哲学、数学、物理学	雅斯贝尔斯、李克尔特
雅克·拉康	巴黎大学	医学、哲学	克劳德
莫里斯·梅洛-庞蒂	巴黎高等师范学院	现象学、哲学	马塞尔·贝尔奈、皮埃尔·梯斯朗
艾弗拉姆·诺姆·乔姆斯基	宾夕法尼亚大学	语言学、逻辑学、哲学	泽林·哈里斯
彼得·斯特劳森	牛津大学圣约翰学院	英语、哲学、政治与经济（PPE）	马博特、格莱斯

为何这些名校能够培养出众多著名思想家？研究发现，名校对于学生成才的影响主要体现在以下三个方面：

1. 严格的教育制度

在入学与毕业制度方面，部分综合性大学秉持着较高的标准。以法国为例，预科班选拔制度是法国高等教育体制的一大特色，也是进入法国巴黎高等师范学院的必要条件。学生须经过预科班的学习，并成功通过全国会考，方能获得入学资格。相比之下，中学毕业生报考其他综合大学时，仅需出示中学业士毕业文凭，即可被录取。米歇尔·福柯、让-保罗·萨特等知名大思想家便是完成预科班学习之后，考入巴黎高等师范学院。

在毕业考核方面，法国高等教育文凭等级间的界限明确且严格，即便在巴黎高等师范学院获得高等教育文凭，也并不意味着直接具备中学哲学教师教学资格，还需通过中学哲学教师资格文凭考试，该文凭相当于一般的哲学博士学位。当时，法国高等教育的本科学历文凭要求在大学期间获得四个学科的资格证，通常学生需要花一年的时间才能获得一个学科的毕业证。法国知名哲学家、作家西蒙娜·德·波伏娃在圣玛丽学院以及索邦大学求学期间，一年内便取得了数学、法国文学和拉丁语三个高等教育资格证，并最终获得了教育学本科文凭。[①] 从这些实例可见当时法国高等教育培养的严格与卓越。

2. 多元的课程设置

在课程设置方面，20 世纪的西方知名高校提供了包括专业类课程、研讨类课程、跨专业课程与语言类课程等在内的多样化课程结构。在所研究的 35 位思想家的传记资料中，明确记载了他们选修哲学专业课程的经历。在这些课程涉及的专业领域上，呈现传统和现代并重的特征，现代哲学的思潮、方法在专业课程影响中得以体现。此外，研讨类课程为思想家与导师学者之间提供了相互交流、思想碰撞的机会，促进了灵感与启发的产生。在跨学科学习方面，思想家们的跨专业领域与哲学专业具有相关性，但不仅限于传统的人文科学领域，而是呈现出人文科学、社会科学与自然科学融合发展的特征。如科耶夫通过选修冯·布勃诺夫教授的俄国文学课程，不仅拓展了对本土文化的认识，还为其思想中注入了东方语言和思想的元素。[②] 总之，多元化的课程体系为思想家们在高等教育阶段的思想成长提供了重要支撑，是思想家构建知识基础、提升科研能力、确立学术方向的基本途径。

3. 专业的学术资源

众多思想家在回顾求学经历时，均提及了参与学校举办的讲座活动、组织读书会等研讨活动，以及学校提供的访学交流机会、知名导师的指导与奖助学金等资源与支持。这些活动为思想家们提供了接触学科发展动态、学界先锋思潮的宝贵机会，使他们得以采用新的方法、思维、视角关注理论问题，深化其思想内涵。同时，这些资源也为思想家们接触理论前沿，拓展学术方向提供了支持与保障（见图 4-3）。例如，以赛亚·伯林曾受到 R. G. 科林伍德关于历史哲学的系列讲座的深刻影响，这为他日后发展对历史哲学的兴趣，将历史作为其哲学研究方法提供了契机，而伯林的导师弗兰克·哈代同样对其学术方向产生了明确的影响，引导他走向后来成为其学术道德规范的英国经验主义。[③]

---

① 凯特·柯克帕特里克. 成为波伏瓦[M]. 刘海平，译. 北京：中信出版社，2021.

② 多米尼克·奥弗莱. 亚历山大·科耶夫：哲学、国家与历史的终结[M]. 张尧均，译. 北京：商务印书馆，2013：134.

③ 叶礼庭. 伯林传[M]. 罗妍莉，译. 南京：译林出版社，2019：72.

第18题：院校提供的学术培养方式 [多选题]

选项	小计	比例
开展讲座活动	17	48.57%
组织读书会等研讨活动	15	42.86%
提供访学交流机会	11	31.43%
安排导师指导	19	54.29%
提供奖学金/助学金	10	28.57%
其他	3	8.57%
本题有效填写人次	35	

图 4-3　院校提供的学术培养方式

二、名师指导

习近平总书记强调："教师要成为大先生，做学生为学、为事、为人的示范，促进学生成长为全面发展的人。"在科学发展史上，不乏师徒相继荣获诺贝尔奖的佳话。这一名师效应也同样出现在思想家的培养之中，在 35 位思想家的学习成长轨迹中都有名师的身影。例如，意大利政治思想家、哲学家乔治·阿甘本和德国哲学家汉斯-格奥尔格·伽达默尔，均曾受到德国哲学家马丁·海德格尔的指导。

首先，名师在不同学习阶段对学生产生的影响呈现出多样化的特征，其影响方式往往是潜移默化的，能够为学生指明学习研究的方向。以分析哲学的创始人、英国哲学家路德维希·维特根斯坦为例，他起初在曼彻斯特大学进行航空学的学习，后因对哲学的浓厚兴趣，他花了许多时间细致研习罗素的著作，并致力于解决逻辑学的悖论，为了弄清自己是否具有学习哲学的天赋，他曾拜访罗素，并最终成为罗素的学生。[1] 同样，法国哲学家米歇尔·福柯在中学预科班学习期间，受到了著名的黑格尔学者让·伊波利特的教导，从而踏上哲学之路，而在巴黎高等师范大学求学时，又受到梅洛-庞蒂等学者的影响，[2]逐渐成长为哲学家。

---

① 蒙克. 维特根斯坦传：天才之为责任[M]. 王宇光，译. 杭州：浙江大学出版社，2011.

② 迪迪埃·埃里蓬. 权力与反抗：米歇尔·福柯传[M]. 谢强，马月，译. 北京：北京大学出版社，1997.

其次,通过对研究对象的文本分析可知,导师制度在哲学领域内得到了广泛采纳与认可,对拔尖人才的培育具有显著且普遍的关键作用。思想家们通过"课堂教学"这一形式与教师进行互动,也表明在传统教育结构中,课堂教学仍然是知识传递和学术讨论的最主要的平台,也为学生提供了结构化的学习机会,使他们直接汲取教师的专业知识和经验,获得理论知识、筑牢学科基础。以卡尔·波普尔为例,汉斯·哈恩的数学课程为波普尔提供了丰富的跨学科理论资源,不仅为其日后的学术探索奠定了坚实基础,也激发了其浓厚的学术兴趣,最终促使波普尔在科学哲学领域做出伟大建树。[①]

此外,名师追求科学、探索知识的学术精神,能够通过言传身教的方式深刻影响学生、启发学生。以美国哲学家鲁道夫·卡尔纳普为例,弗莱格和罗素作为其在哲学学习上的两位重要导师,分别发挥了不同作用,弗莱格对他的启发和影响尤为深远,罗素则在一般的哲学思维方面让他受益匪浅。[②] 这表明,名师不仅要向学生传授具体知识,更要具备启迪学生心灵、引导学生持续开展思想研究的能力。

三、社会因素

从接受高等教育的学生向具有深远影响的思想家转变的过程中,发挥作用的不仅包括课程学习、导师指导、课题研讨等传统教学环节,还有家庭教育、人际交往、课外活动等社会活动。从 35 位思想家的传记或其他记叙文本中可以明显观察到,拔尖人才特别是文科领域人才的培养过程中往往不乏丰富多样的社会调查、艺术探索经历。尽管每位思想家探索世界的方式呈现出差异性和个性化特征,但总体上,他们的教育经历并不局限在传统课堂环境,而是广泛存在于生活的各个方面,这恰好印证了教育名言:"人人皆育人之人,时时皆育人之机,处处皆育人之地。"这些高等教育阶段的社会影响因素在思想家成长发展过程中发挥了无法替代的作用,同样值得高度关注和深入研究。

---

① 菲尔·帕尔文.卡尔·波普尔:理性与传统[M].莫昕,译.武汉:华中科技大学出版社,2019:37.
② 鲁道夫·卡尔纳普.卡尔纳普思想自述[M].陈晓山,涂敏,译.上海:上海译文出版社,1985.

（一）家庭教养

父母是孩子家庭教育的第一责任人。即使在同一个班级、由同一位老师指导，不同学生也能呈现出截然不同的表现。因为"教育"一词本身就包含着"教人"与"育人"的两个方面，父母在孩子教育过程中的参与度不够，也会影响孩子的成才与成长。鉴于此，本研究进一步分析了思想家的家庭教育文本材料（见表4－2），以期深入探究其影响机制。

表4－2　20世纪思想家的家庭背景情况

姓名	家庭背景
米歇尔·福柯	父亲：内科医生。
让-保罗·萨特	父亲：海军军官，英年早逝，在外祖父母家生活。外祖父是语言教授，存有大量书籍。
路德维希·维特根斯坦	父亲：奥地利著名钢铁工业企业家。母亲：家境宽裕。
西奥多·阿多诺	出生于一个酒商家庭。
路易·皮埃尔·阿尔都塞	父亲：银行职员。
瓦尔特·本雅明	犹太家庭；父亲：巴黎银行家、柏林古董商。
西蒙娜·德·波伏娃	巴黎比较守旧的富裕家庭；父亲：法院的辩护律师。母亲：虔诚的天主教信奉者。
卡尔·波普尔	犹太裔中产阶级家庭。
汉斯-格奥尔格·伽达默尔	父亲：大学化学教授。
弗里德里希·奥古斯特·冯·哈耶克	杰出知识分子家庭；父亲：医生。
马丁·海德格尔	父亲：天主教教堂任司事。母亲：虔诚的天主教徒。
阿尔贝·加缪	父亲：战争阵亡。随母亲移居阿尔及尔贫民区外祖母家，生活极为艰难。
鲁道夫·卡尔纳普	德裔美籍。
克洛德·列维-斯特劳斯	父亲：旅居比利时的法国犹太画家，后获得巴黎大学博士学位成为大学教授。母亲：犹太民族。
格奥尔格·卢卡奇	富有的犹太家庭；父亲：匈牙利综合信用银行的行长。
约翰·罗尔斯	富裕家庭。

（续表）

姓名	家庭背景
罗兰·巴特	父亲：海军军官。
保罗·费耶阿本德	父亲：公务员。母亲：裁缝。
乔治·巴塔耶	家庭条件贫困；父亲：残疾，最后疯癫去世。
吉尔·德勒兹	父母都是右倾的资产阶级。
赫伯特·费格尔	犹太家庭；父亲：无神论者，当地有影响力的织工。母亲：对艺术抱有终身兴趣。
亚历山大·科耶夫	父亲：富裕家庭出身，后在战争中阵亡。新兴资本家家庭，书香门第。
雅克·拉康	天主教传统的商人家庭，家庭生活条件优渥。
莫里斯·梅洛-庞蒂	早年丧父。
艾弗拉姆·诺姆·乔姆斯基	正统犹太教背景的移民家庭，母亲：教师和社会活动家。父亲：希伯来语学者。
彼得·斯特劳森	父母均为教师。

　　根据文本统计分析，以上 26 位家庭背景记载清晰的思想家中，其中 23 人的父母至少一方从事医生、企业家、公务员、教师或军官等社会地位较高的职业。这些思想家从小受到良好的家庭教育，其父母多来自中产阶级及以上阶层，故能为子女提供丰富的教育资源，并通过家庭教育施加积极影响。在这种家庭环境下，良好的学习习惯得以培养，为今后的成才奠定了基础。例如，法国哲学家亚历山大·科耶夫出生于富裕家庭，就读于莫斯科极其著名的梅德维尼科夫中学，[①]优越的家庭条件成为他持续学习研究的坚实后盾。再如，美国哲学家艾弗拉姆·诺姆·乔姆斯基，其母亲是一位教师兼社会活动家，父亲是一位希伯来语学者，家庭深受杜威教育学说的影响，对教育和社会问题的高度关注促进了乔姆斯基的思想发展，而父亲对语言的深入探索则进一步推动了他在哲学领域的发展。

　　然而，我们也注意到一些思想家的成长路径并非全然顺畅。表 4-2 中有

---

① 多米尼克·奥弗莱. 亚历山大·科耶夫：哲学、国家与历史的终结[M]. 张尧均，译. 北京：商务印书馆，2013.

3位思想家出身贫寒,但是他们的家庭成员或重要社会关系成员重视教育,仍然为他们的成才之路创造了有利条件。以法国作者、哲学家阿尔贝·加缪为例,其幼年丧父,与母亲相依为命,生活困苦。在乡村小学求学期间,教师路易·热尔曼发现了加缪的天赋,极力劝说加缪的家人让他继续上学,加之加缪自身的刻苦努力,他最终于1957年荣获诺贝尔文学奖。另一法国思想家乔治·巴塔耶,同样出身贫寒,早年学业表现平平,甚至在高中期间差点被开除。然而自17岁起,在教会和学校老师的引导下,学业与信仰逐渐成为他生活的主要内容。

综上所述,虽然优越的家庭教养方式能为思想家的成长与学习提供稳定的经济支持,创造良好的成才环境,但这并非成就思想家的必要条件。思想家凭借个人不懈努力与坚定信念,同样能够取得卓越成就。因此,在求学阶段,经济基础的保障固然重要,但个人的主观努力与奋斗精神对于思想家的成才而言,实则具有更为深远的影响。

(二) 人际关系

在思想家的学习历程中,人际关系也是非常重要的一部分。近年来,学术界在探讨中学生学业表现的解释性研究中,已积累了一定实证依据,指出人际关系会对学生学业成就产生影响。[①] 在这一背景下,思想家们所经历的师生关系与同伴关系也非常值得关注。

1. 师生关系

"师生关系是在教育和教学实践中,教师和学生通过相互理解、沟通和互动建立起来的一种人际关系,这种关系涵盖了教学、心理等四个重要层面内容的和谐关系。"[②]研究表明,师生关系与学生的创造性之间存在密切关联,"师生关系越好,学生的创造性能力越强"[③]。以阿尔贝·加缪为例,他与大学助教让·格勒尼埃建立了深厚的师生情谊。格勒尼埃不仅带领加缪了解印度哲

---

① 张凌. 中学生的人际关系及其对学业成绩的影响:基于中国教育追踪调查的实证研究[J]. 教育学报,2016,12(6):98-103.
② 李瑾瑜. 重新认识和建构良好的师生关系[J]. 新教师,2016(7):5-7.
③ 师保国,王黎静,徐丽,等. 师生关系对小学生创造性的作用:一个有调节的中介模型[J]. 心理发展与教育,2016,32(2):175-182.

学、柏拉图和舍斯托夫，还共同研读了斯宾诺莎、笛卡尔、克尔凯郭尔等哲学家的著作。他们俩无话不说，在课上、课后乃至晚间在依德阿公园边散步边讨论，且始终保持频繁的书信往来，交流学术和生活问题。①

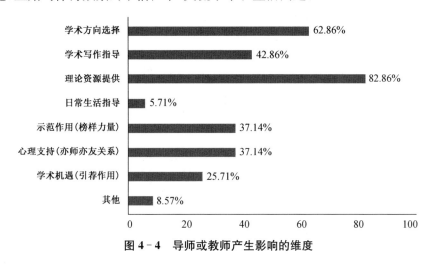

图4-4　导师或教师产生影响的维度

2. 朋辈交往

在学术生涯中，人们往往会结识志趣相投的朋友，形成密切同伴关系。这种关系相较于正式学术场合，具有更高的自由度与灵活性，为建立稳固的合作基础提供了有利条件，进而促进了更深入的学术合作。在同伴关系的非正式氛围中，人们更容易突破学科边界，接受跨领域的指导与启发，开展跨领域的讨论和合作，从而推动学科的创新和融合。以卡尔·波普尔为例，他因在科学与哲学领域的融合研究而著称，但在探索晦涩的数学领域时，也曾面临困境并接受了朋友的帮助。②此外，通过建立密切的个人私交，能够帮助人们在学术社区中树立良好的声誉，增加合作机会，甚至可能导向未来的学术合作项目。例如，阿多诺与克拉考尔的深厚友谊促使克拉考尔将阿多诺引荐给了瓦尔特·本雅明，阿多诺曾多次从本雅明的著作中汲取灵感与观点，直至1940年去世，本雅明都一直是阿多诺亲密的朋友与学术伙伴。③

①　赫伯特·R.洛特曼.加缪传[M].肖云上、陈良明、钱培鑫，等译.南京：南京大学出版社，1999：104.
②　菲尔·帕尔文.卡尔·波普尔：理性与传统[M].莫昕，译.武汉：华中科技大学出版社，2019：37.
③　黛博拉·库克.阿多诺：关键概念[M].唐文娟，译.重庆：重庆大学出版社，2017：24.

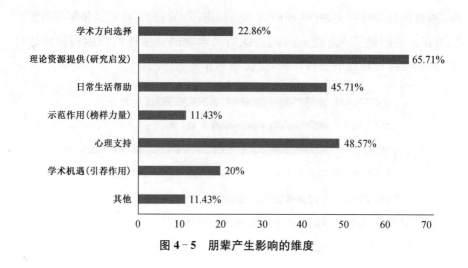

图 4-5 朋辈产生影响的维度

（三）课外活动

思想家的教育经历中也涉及不少课外活动,这些活动大致可划分为"社团活动""社会活动""休闲活动"等。社团活动通常指在老师或同学的组织下,于校内举行的集体活动;社会活动则侧重于校外的社会组织参与、实践活动等;而休闲活动则更多地以个人为主体,能够反映出思想家在求学期间的休闲偏好与方式。

1. 社团活动

思想家在大学期间倾向于加入学术社团、文艺社团或政治类社团。社团生活不仅对其价值观和行为习惯产生影响,还为他们提供了践行个人理念的平台。例如,卢卡奇与他人共同创立了塔利亚剧团,并将其视为自身学习的最重要方面之一。通过观察脚本怎样搬上舞台,卢卡奇在戏剧技术和形式方面学到了大量东西。[①] 此外,本雅明参与组织了柏林学校改革小组,并被选入更大的自由学生会的主席团或执委会。在社团期间,本雅明致力于推动学校制度的革新,倡导全新的"哲学教学法"与"学术共同体"理念,并将这些愿景融入

---

① 杜章智编. 卢卡奇自传[M]. 李渚青,莫立知,译. 北京:社会科学文献出版社,1986:60.

自己的学生工作之中。① 因此，社团活动作为思想家在课堂之外实现自我成长和发展的重要途径(尽管并非唯一途径)，有助于理论与实践的结合，并以潜移默化的方式影响着思想家们的未来走向。

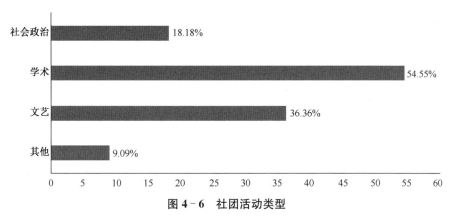

图 4-6　社团活动类型

2. 社会活动

研究对象中有 15 位思想家明确记载曾参与社会活动，进行社会层面的实践与政治参与。例如，加缪曾加入法国共产党，基于对法国共产党的认识，他希望通过参与社会活动减少人类的痛苦，这也是他的理想和信念。这段经历在他的学习和研究生涯中频繁地在作品中得到体现，成为青年时期的社会理想投射到现实活动中的典范。② 此外，也有社会活动的内容侧重于学术活动和文艺活动。阿甘本曾与马丁·海德格尔一起参与了于法国南部小镇勒托尔举行的两次公共性学术研讨活动(分别讨论赫拉克利特和黑格尔)，③这对他进入哲学领域产生了重要影响。因此，社会活动在实践层面对拔尖人才的培养起到了重要作用。积极参与社会活动较多的 10 余位思想家在拔尖人才能力方面均集中体现了"社会责任感"这一特质。

① 霍华德·艾兰，迈克尔·詹宁斯. 本雅明传[M]. 王璞，译. 上海：上海文艺出版社，2022：78.
② 赫伯特·R.洛特曼. 加缪传[M]. 肖云上，陈良明，钱培鑫，等译. 南京：南京大学出版社，1999：127-129.
③ JASINSKI I. Giorgio Agamben：Education Without Ends[M]. Montclair：Montclair State University Press，2018：12.

3. 休闲活动

相较于社团活动与社会活动，休闲活动更具有个体特色。这些休闲活动对于研究对象在大学求学期间的时间规划和劳逸结合调整具有一定帮助。休闲活动的范围广泛，涉及了音乐、文学、艺术、戏剧、旅游等多个领域。例如，阿伦特将诗歌视为自己精神的寄托，是消除压力和痛苦的良药；[①]列维斯特劳斯常常全身心地投入音乐中，甚至曾梦想成为一名作曲家。[②] 对于他们而言，音乐与艺术的意义已经不仅限于娱乐，而是成了生命的一部分。

第三节　20世纪西方代表性思想家成才经历的启示

通过分析20世纪西方思想家的高等教育经历，并深入了解其求学期间国家、社会及家庭等提供的受教育条件，结合其个性化的课外活动、人际交往及个人奋斗等因素对其最终成为卓越研究者和思想家的多维度影响，可以直观感受到这些思想家的成才往往不是某个单一方面因素作用的直接结果，而是宏观与微观多重因素共同作用的综合成果。人才培养事关国家发展和中华民族伟大复兴历史伟业，为加快拔尖人才培养，国家战略、教育理念、培养制度、个人努力等方面的前瞻性规划和全方位培养体系建设不可或缺。

一、基础因素：国家实力与发展水平

国家创新人才的规模和质量是衡量其综合实力的重要指标，这不仅因为创新人才培养是国家综合能力提升的必然要求，更在于强大的综合国力与发展水平为拔尖人才的成长提供了坚实基础。"20世纪上半叶工商业发展、新人文主义和功利主义思潮的冲击，改变了人类社会的结构和生活方式，促进了世界高等教育的变革，这种变革不仅促成了高等教育由传统向现代发展的重

---

① 阿洛伊斯·普林茨. 爱这个世界：汉娜·阿伦特传［M］. 焦洱，译. 北京：社会科学文献出版社，2001：36.

② 德尼·贝多莱. 列维-斯特劳斯传［M］. 于秀英，译. 北京：中国人民大学出版社，2007：12.

要转折,而且奠定了现代高等教育的制度基础和思想基础。"①

　　基于本章节研究对象所处的历史环境,20 世纪的西方国家都在竞争中寻求发展机遇,努力提升国家综合实力。在坚实的经济基础和社会文化环境的支撑下,更易于营造崇尚科学精神和文化价值的氛围,这种氛围投射到每一个家庭单元当中,使得父母得以在保障基本生活之外,能够为孩子获得良好教育奠定基础性条件,并为孩子长期发展提供有利条件。因此,影响特定时期青年群体成长成才,乃至培养成为拔尖人才的基础性因素实际是国家的综合实力和国际竞争力。当前,中国的综合国力、经济实力、科技实力和人民生活水平大幅提升,人类发展指数位居世界前列,中国成为世界第一大工业国和第二大经济实体,成功开创了中国式现代化道路,为进一步推动高等教育发展提升、促进拔尖人才发展提供了极佳的发展机遇。在以中国式现代化全面推进强国建设、民族复兴伟业的关键时期,提升人才培养质量,明确培养创新型人才对国家、民族长远发展的大计尤为重要。

二、关键因素:教育理念与发展战略

　　习近平总书记 2016 年在哲学社会科学工作座谈会上指出,"一个国家的发展水平,既取决于自然科学发展水平,也取决于哲学社会科学发展水平。一个没有发达的自然科学的国家不可能走在世界前列,一个没有繁荣的哲学社会科学的国家也不可能走在世界前列"。在本章研究中,35 位思想家大多来自当时发展实力强盛的西方发达国家,他们受益于国家教育政策,凭借个人努力抓住时代发展机遇,取得了学术研究和个人发展的重大突破。相应的,在他们成长为思想家后,也往往对所在国家的科学文化发展和长远的人才战略产生了十分深远的影响,甚至成为一个国家最为典型的精神指向和价值代表,可以说这些思想家的个人成长与国家发展是息息相关且相辅相成的。国家强大离不开教育兴盛,教育发展与人才培养是国家发展大局的重要组成部分,一个忽视教育规律的国家无法培养出引领时代发展的伟大思想家。回顾 20 世纪西方主要发达国家的教育政策变革历程,可以发现,这些国家顺应时代发展潮流和科技发展需求,适时调整国家教育政策,确保教育服务于国家与人民,为

---

① 潘懋元.潘懋元文集:卷2　理论研究(下)[M].广州:广东高等教育出版社,2020:186.

具有发展潜力的人才提供为国家发展、历史进程、人类进步产生明显积极影响的机会。对于我国而言,应将拔尖人才视为推动党和国家事业发展的关键力量,从宏观政策层面积极开展拔尖人才培养模式探索,积极向世界范围内在此方面有培养经验的国家和地区学习,选取与我国发展情况相适宜的发展经验进行深入研究,制定下一阶段的教育发展战略。

三、重要因素:培养制度与学术资源

高校作为拔尖人才培养的主力军,在国家教育政策和发展战略的指导下,深刻认识拔尖人才培养的重要性,积极探索创新培养机制,构建独特的拔尖人才发展路径,对拔尖人才的培养具有重要影响。"匹配学生发展的教育设计是拔尖人才培养中的关键环节。国际经典的人才培养理论,如兰祖利提出的'丰富三元模型'(Enrichment Triad Model)、贝茨(George Betts)倡导的'自主学习模式'均关注多层次充实教育。"①本章节研究的 35 位思想家在其传记性文本中普遍强调了大学提供的学术资源和特色培养制度对其成长的重要性。其中,30 位思想家在传记文本中明确提及选修哲学专业课程的经历,这些课程既涵盖传统领域,又重视现代哲学思潮与方法,超过半数(16 位)在其传记中体现了专业课程对其思想发展的深远影响。此外,院校组织的研讨活动或提供的访学交流机会对思想家拓展学术视野、提升能力具有关键作用,甚至在某些案例中,这些经历提供了特别的偶然机遇,成为思想家思想探索过程中突破和转变的关键契机。因此,作为高等教育制度改革和实践的关键主体,高校应当积极运用最新科学技术手段获取并广泛提供学术资源,通过国际化交流等方式邀请学术前沿的专家学者为学生开设课程、讲座或提供研讨交流机会。对于在基础文科拔尖人才培养有创新思路或有效机制的高校,应当主动介绍并推广实施方案和建设经验,在更大范围内发挥育人作用和辐射作用,助力国家拔尖人才培养走向新高度。

---

① 郑永和,杨宣洋,谢涌,等.我国拔尖创新人才的选拔与培养:基于教育实践的多案例循证研究[J].中国科学院院刊,2022,37(9):1314.

四、主观因素：个人努力与发展机遇

除去国家实力、社会环境、高校资源等外部客观条件，思想家在成才过程中所付出的个人努力同样值得关注。特定时代背景下，在同一高校就读的学生众多，但并非每位起点高、条件优越的学生都能抓住发展机遇，在高等教育中获得实质性成长，形成具有重大研究价值的学术成果，进而成为影响一个时代的思想家。在本章节研究的 35 位思想家成才经历中，或多或少都提及了个人自主学习和自发创作的经历，尤其是自主探索和自发请教的经历，在传记中被视为重要或至关重要的成才因素。自主探索是思想家丰富理论储备的基础，也是其实现自主思想发展的主要途径。带着问题意识和思想线索进行有针对性的拓展阅读，受到当时学术与思想界的理论思潮以及思想家所处社会现实的影响，构成了思想家在理论发展过程中与时代、与实际相结合的重要环节。对于我国的拔尖人才培养而言，首先应认识到拔尖人才并非等同于智力超群的"天才"，教育培养也非简单的输入程序即得到结果的过程。在整个培养过程中，激发学生的自主探索和主动学习意识十分重要。如今，大部分学生在校园内已可以通过课堂和导师获取大量学习资源与交流平台，但聚焦到每一位学生身上，个人的努力程度和学习态度差异显著，最终导致了在个人成长和学术发展道路上截然不同的结果。因此，除了设置科学的选材通道、有效的培养机制外，在培养过程中持续关注拔尖人才的学习状态与培养进度同样重要。在必要的时候给予学生学业、心理等方面的专业指导，引导学生积极发挥主观能动性，充分运用院校提供的平台进行学术探究和交流，将有助于拔尖人才的可持续发展。

II 国外经验编

第五章
英国研究型大学文科拔尖人才培养的
经验与启示

英国高等教育历史悠久,以其深厚的自由教育传统、浓厚的精英主义色彩、特有的组织形态,成为世界大学发展史上一种独特的范式。以牛津大学和剑桥大学为主要代表的欧洲中世纪大学,被认为是近现代大学的起源,一直主导着英国高等教育。在现代化进程中,英国大学在传统与现代、功利与保守、绅士与实用之间寻求平衡与发展。曾任剑桥大学副校长时阿里森·理查德就曾说过:"剑桥大学之所以能够成为世界一流大学,主要是因为其培养了无数的世界一流的学生。大学是因培养学生而存在的。"①在英国,重视理性训练与人格的塑造、严格的考试制度以及住宿学院制、导师制等优良传统得以持续传承与发展,孕育了众多著名的文学家、思想家、科学家、艺术家以及诺贝尔奖获得者。因此,深入探讨并借鉴英国大学的经验,对于深化我们对拔尖人才培养的认识具有重要意义。

第一节　英国研究型大学的自由教育传统

英国是一个历史悠久且极为注重传统的国家,这一特质在高等教育领域体现得尤为明显,即对自由教育传统的坚守,这在世界高等教育史上实属罕见。英国高等教育起源于中世纪,19 世纪之前,牛津与剑桥两所大学一直主导着英国的高等教育格局,对英国大学模式的价值塑造产生了深远影响。英

---

① 刘永章. 剑桥大学学生培养与服务的经验及启示[J]. 国家教育行政学院学报,2005(3):108 - 111.

国中世纪大学不仅为英国乃至全球培养了大量杰出人才,更对现代高等教育体系的建立和发展奠定了基础,其教育理念、管理模式和学术传统被后世大学所继承发扬。步入近代早期,英国大学的学生构成发生明显变化,贵族子弟逐渐成为主流。大学转向人文主义教育,致力于培养绅士、未来领袖,以及律师、医生、牧师等专业人才。这一转变更加契合社会发展的现实需求,激发了社会各界的教育热情,推动大学的多元化、世俗化发展。

一、经院主义的自由教育传统

英国高等教育起步较早,深受古希腊、罗马时期古典自由教育的影响,早在中世纪就孕育了牛津大学和剑桥大学这两所世界著名的古典大学。牛津大学创建于 1167 年之前,具体建校日期不详,但通常常认为其教学活动始于 1096 年左右。剑桥大学建立于 1209 年,由部分牛津大学的学者因与当地居民产生争议迁往剑桥而创立。剑桥大学与牛津大学并称为"牛桥",是英国乃至全球最顶尖的学府之一。

中世纪英国是一个典型的贵族社会。在很长一段时间内,英国高等教育带有浓厚的宗教性和贵族性,大学的主要任务是培养在教会和公共生活中享有优先权的牧师和国教派绅士。[1] 一方面,中世纪的英国教育致力于培养完美的绅士。[2] 中世纪的英国贵族讲究出身与门第,贵族的荣誉来自显赫的战功,通过子承爵位而得以延续,常常歧视文化知识的学习,认为子女只需要在进入社会之前接受绅士教育,掌握优雅的举止谈吐和娴熟的骑马打猎、放鹰养犬技能即可。因此,中世纪贵族重视骑士教育,忽视文化知识的学习。另一方面,中世纪的英国教育致力于培养虔诚的教士,传承与发展了古典自由教育。古典时代的自由教育主要包括修辞学、雄辩术,也包括文学、历史、地理、天文、几何等学科,注重培养学生的道德修养和演讲才能,教育内容涉及广泛,旨在培养能够适应特殊环境、有能力解决突发情况、能够掌握复杂的世俗事务,并能作出正确决断的人才。中世纪的英国保留了这些学科的

① 易红郡.英国近现代大学精神的创新[J].清华大学教育研究,2015,36(5):31-40.
② 易红郡,姜远谋.19 世纪英国古典大学自由教育传统的坚守与变革[J].高等教育研究,2019,40 (3):86-94.

名称,但其教育目标、内容和性质发生了非常大的变化。中世纪的英国大学课程主要包括"七艺"(文法、逻辑、修辞、算术、几何、天文、音乐)以及三门哲学课(道德哲学、自然哲学、形而上学),以逻辑学和哲学为主,采用逻辑推理的方法,传授文法知识和文法规则。古典文化知识有助于培养出虔诚的教士,实现人文主义的教育理想。以科利特、伊拉斯谟为代表的基督教人文主义者认为,熟知古典语言并善于运用人文主义方法,有利于深化对《圣经》和早期基督教作品的研究,把握基督教的本质精神,使得宗教信仰成为精神力量。同时,希腊罗马的古典文化中包含很多对基督教有益的内容,进一步强化了宗教信仰的作用。因此,相较于古典时期的自由教育而言,中世纪英国自由教育延续借用了古典文本,加入宗教和世俗知识,服务于基督教信仰目的,在修道院中得以保存和发展。[①]

二、人文主义教育的发展

文艺复兴时期,以人文性和批判性为特征的人文主义哲学逐步形成。人文主义思想反对以神学为中心,倡导以人为中心,人文主义教育的兴起和发展成为英国高等教育发展最具特色且最有影响力的一段时期。受意大利人文主义的渗透,以及当时社会政治、经济、文化等因素的影响,英国高等教育在都铎时期产生了人文主义教育思想,并迅速发展,推动了英国大学社会构成、课程设置及治理结构的变革,影响了英国社会的演变发展进程。

一是从宗教性转向世俗性,人文主义成为阶层上升的通行证。[②] 在人文主义教育思想的影响下,大学提供精英教育,旨在培养未来的统治者和完美的绅士,这种教育与阶层之间的正相关关系加强了社会凝聚力,有力推动了英国社会的变迁。在人文主义教育的推动下,中间阶层人士在大学接受了精英文化的熏陶,与绅士阶层一样接受同样的古典文化教育,一定程度上将各个阶层的力量集聚起来,实现了不同阶层的文化统一性,并维护了精英文化的优势地位,增强了社会凝聚力,也强化了绅士作为国家统治阶级的身份意识,促进了

---

① 易红郡. 从基督教人文主义到现实人文主义:文艺复兴时期英国人文主义教育思想的演进[J]. 教育文化论坛,2015,7(5):6-12.
② 贺国庆,王保星,朱文富. 外国高等教育史[M]. 北京:人民教育出版社,2006:62.

社会稳定。

二是从欧洲化到民族化,人文主义成为推动民族国家形成的重要力量。中世纪的英国官方语言是法语和拉丁语,没有自己的民族语言,大学是基督教世界的教育机构。在人文主义教育的推动下,英语成为大学教学的主要语言,并通过借用外来词汇、创造新词汇等方式进一步丰富英语词汇,推行英语与拉丁语"互译法",民族语言的统一增强了民族共同体意识。在教学内容上,除了讲授文艺复兴时期的古典人文学科,还讲授英国现代史、现代语言,以及天文、地理、航海等实用知识,让绅士了解本土文化传统,提升绅士的文化知识水平,进一步将绅士阶层塑造成知识精英阶层,取代了中世纪的封建贵族,加速了英国社会现代化发展和民族化发展进程。

三、独特的住宿学院制度

住宿学院制度是英国一流大学实现精英教育的一种独特的教育和管理模式,为学生提供了一个结合学术追求和个人发展的全面教育环境,这种模式在英国高等教育中占有重要地位,并为世界各地的大学所借鉴。

牛津大学的住宿学院可以追溯至 1489 年《寄宿生规约》确定的"委托管理"制度。[①] 住宿学院受捐赠人委托进行管理,拥有独特的章程,在行政管理、经济等方面保持自治,并拥有自主招生与教学的权力。早期的住宿学院是慈善性、宗教性社团,主要使命是培养神职人员,之后逐步转向以培养智力发达、情趣高雅的绅士为目标,牛津大学是由这些住宿学院组成松散的联合体。此后,大学通过考试、荣誉学位等制度设计不断重构与住宿学院的权力关系与分工。[②]

住宿学院始终坚守自由教育的传统,强调心智训练和人格养成,主要呈现出以下特征:一是将教学与生活结合起来,将显性教育与隐性教育相结合,学生在住宿学院共同用餐、共同参加活动、接受仪式教育、朋辈互助合作,在潜移默化中受到熏陶。二是构建关系融洽紧密的师生共同体,强化认同感与归属感,教师与学生、学生与学生之间积极地交流与碰撞,推行导师制,要求导师每

---

① 魏球,朱淑瑜.英美书院制的本土化移植与进路[J].高教探索,2021(4):100-104.
② 周雁翎,周志刚.学院传统与牛桥导师制[J].清华大学教育研究,2011,32(6):46-53.

周与学生进行面对面的交流、开展学业指导、发挥言传身教作用，通过自身的学识、价值观等感染和影响学生，引导学生全面发展。可以说，住宿学院制度得以实现卓越人才培养目标的核心是导师制。正如英国学者大卫·帕尔菲曼（David Palfreyman）所述，在过去的几百年间，牛津的导师制教学方法一直被誉为镶嵌在牛津皇冠上的一颗耀眼的宝石。[①] 导师既负责学生的学业，也负责他们的思想、道德和生活。这种导师与本科生之间建立的人际关系，尽管存在种种个人的局限性，却是世界上最有效的教学关系之一，也是英国顶尖大学精英教育的典型特征。三是构建"住宿学院—专业院系"双重结构的课程教学体系，住宿学院以教学为本位，承袭自由教育传统，关注学生个体发展，注重个性化指导；专业院系以学科为本位，关注知识创新，重视专业教育，注重实践。住宿学院和专业院系不是一一对应而是相互交叉的关系，从而形成跨专业院系的联合治理体。[②] 牛津大学目前共有 32 个住宿学院，专业院系则分属于人文、数学、物理与生命科学、医学科学、社会科学等学部。这种结构要求平衡好自由教育与专业教育、德性与知性、能力培养与知识传授、教学与科研等关系。特别是，随着社会需求的不断变化，学术活动与经济社会变革的联系日益紧密，学术研究的知识领域不断拓展，也要求人才培养专业领域的拓展，这对住宿学院而言是一个持续性的挑战。

第二节　现代化嬗变进程中英国研究型大学的人才培养改革实践

　　19 世纪 20 年代后，英国掀起了"新大学运动"，伦敦大学、杜伦大学、曼彻斯特大学等近代大学相继成立。至 19 世纪末至 20 世纪初，随着工业革命的深入，英国高等教育取得了进一步的发展，威尔士大学、伯明翰大学等研究型大学相继创立，这些大学的崛起推动了英国高等教育的现代化和多元化进程。

---

① 大卫·帕尔菲曼. 高等教育何以为"高"：牛津导师制教学反思[M]. 冯青来，译. 北京：北京大学出版，2011：32.

② 陈廷柱，段梦涵. 变迁中的英国寄宿制学院及其对我国高校书院制改革的启示[J]. 高等教育研究，2015,36(12)：97－103.

然而,进入第二次工业革命后,英国逐渐丧失了优势地位。在此背景下,出现了"除非大学及其学院能够适应工业化之后新兴的经济和政治形势,否则它们将会被边缘化"的声音。[①] 英国大学在英国政府以及大学内外多股力量的作用下,不得不自我革新,形成多元化的人才培养格局。

一、实用倾向的伦敦大学

伦敦大学的创办,打破了牛津、剑桥独霸英国高等教育的垄断局面,开启了新的办学模式,并引入了研究的职能。该校在培养目标和教学内容上向牛津、剑桥提出了挑战,开设了科学技术、医学、法律、传统的和近代的文科高级课程,顺应了时代的发展潮流,影响深远。不同于古典教育对人文教育的过度倾斜,伦敦大学更加注重实用性,强调理论联系实际,在英国高等教育领域引起一场深刻的革命,揭开了英国高等教育近代化的序幕,也为后面城市学院的兴起打下了基础。经过一系列变革,它摆脱了宗教的束缚,为中产阶级子弟提供人文和科学教育,针对社会经济发展需要培养实用性人才。

但是,这些变革并不意味着英国高等教育对人文教育的摒弃。实际上,伦敦大学只是摒弃神学教育,并未舍弃人文教育,反而更加注重人文教育在现代化时代背景下的更高层次发展。对于英国的保守主义而言,他们并不反对变革,而是对任何变革都持有一种稳重守成的态度,时刻保持谨慎。因此,无论是新兴的伦敦大学还是后来的城市大学,都是在人文教育传统基础上进行渐进式变革,不是颠覆性的变革。所以,在城市学院设立初期,很多学院设置有一定比例的人文课程。例如曼彻斯特、利物浦和伯明翰等城市学院,由于设置了一定比例的人文学科,其社会认可度更高,在升格大学方面占有优势。此外,新兴城市学院在蓬勃发展之后,开始逐步摆脱单一的工业技术训练,纷纷以牛津、剑桥为榜样,回归到加强古典人文教育、注重学术发展的道路,逐渐增加人文学科课程。[②]

---

① TAPPER T, PALFREYMAN D. Oxford, the Collegiate University [M]. London: Springer, 2011: 43.
② 王宝玺,王磊. 19 世纪英国大学制度变革研究[M].青岛:中国海洋大学出版社,2015.12.

二、交叉导向的伦敦政治经济学院

19 世纪末,伦敦政治经济学院创建。作为伦敦大学的一个社会科学学院,它后来发展成为当今世界上最顶尖的文科大学之一,培养了一大批世界知名学者和政治家,对英国乃至国际社会产生了巨大影响。英国的人文教育经过一个多世纪的震荡之后,以伦敦政治经济学院的创建为契机重新回到顶峰。创建者韦伯夫妇等人在创始之初参照了美国麻省理工学院经济学的课程设置和哥伦比亚大学政治学院的组织形式,开展了全面覆盖社会科学领域的课程教学,致力于社会科学研究和人才培养,这使得伦敦政治经济学院呈现出与传统英国大学完全不同的特征。[①]

一是明确学院社会服务功能。当英国其他大学还处于与社会保持距离以维护其学术研究和教学自由的历史传统中,伦敦政治经济学院从成立之初就将学院定位在"研究和调查工业社会现实问题,和在英国以及其他国家存在或者曾经存在的经济社会关系"。从本科教育开始,伦敦政治经济学院就明确希望学生能够批判地对待所学专业并且能够将所学应用于现实世界,强调学生所学的核心理论和研究技能,是为了在现实世界中使用这些技能。本科课程由正在开展各类社会科学研究的学者进行教学,因此本科生会接触到世界最先进的社会科学研究,参与这些学者组织的研究项目、讨论活动。这体现了伦敦政治经济学院深层次的特征:以面向现实社会的学术研究为根本。它以面向现实社会为办学理念,开展研究和教学,并以研究支撑教学,进而将研究成果应用到社会各个层面。

二是跨学科培养复合型创新人才。伦敦政治经济学院鼓励本科生开展跨学科学习,将多个学位结合起来,要么是联合荣誉学位,要么是主辅修形式,几乎所有的本科生都被要求参与其他学科的学习,以更加包容和全面的方式理解自己所在的学科领域。所有的大一本科生都要参加"LSE100"特色跨学科课程,这是一门包罗万象的通修课,每一位本科生都有机会接触到社会学、国际关系学、政治学、经济学、人类学、法学等不同学科领域的专家与学生,推动

---

① 郑俊涛,王琪编.走进世界名校英国[M].上海:上海交通大学出版社,2013.1.

学生"像社会学家一样思考"①。学院始终强调,没有任何一门社会科学可以独立存在,它必然是相互关联、彼此影响的。比专业知识更重要的,是了解其背后的社会发展以及实际运作。这门课的教学方式也很多元,包括每周一次的大课、一次随机分组讨论,以及小组项目和研究报告等,以帮助学生拓展学习思考的深度和广度,并鼓励他们与不同背景的同学进行合作学习与研究。

三、多元发展的"牛桥"

第二次世界大战引发了第三次科技革命,首先从美国兴起,随后扩展到欧洲和日本,带动了英国全民族民主意识的加强,以及科学和工业的迅速发展。各大学开始重视自然科学,加快与产业界的合作,推动战后经济复兴。以古典教育为主的"牛剑"也不得不做出改变,寻求更加多元的发展。白皮书《高等教育——应付新的挑战》中所提到的传授技能、普遍提高智力、增进学识、传授共同文化和共同准则等目标也成为其发展的重要方向,进一步提升大学在国家和区域发展中的作用。

以剑桥大学的哲学专业为例,其课程设置非常全面且深入,强调对知识、现实、思想、伦理道德、逻辑、语言、推理、政治、艺术和价值等非常普遍和基本的问题的研究,旨在培养学生的哲学理论思维能力、创新能力以及口头与文字表达能力等综合素养,为学生未来的学术研究和职业生涯打下坚实的基础。其特点如下:一是鼓励交叉复合,课程设置与古典学、心理学、历史学和科学哲学等学科有着密切的联系,为学生提供多元化的学术视野;②二是灵活度较高,允许学生根据自身兴趣选择课程,满足学生多样化的学习需求,培养学生的自主学习能力和创新精神;三是深度与广度并重,既注重基础理论的扎实掌握,又鼓励学生深入探索感兴趣的哲学领域。

剑桥大学哲学专业课程设置如表 5-1 所示:

---

① 唐一鹏.英国高等教育创新的政策与实践及其启示[J].国家教育行政学院学报,2013(7):86-90.
② 张亮.国际比较视野下哲学专业人才培养模式的新探索[J].中国大学教学,2015(11):35-38.

表 5－1

第一年	• 伦理学:探讨道德原则、道德判断以及道德行为的哲学基础。 • 政治哲学:研究政治权力、正义、自由等政治领域的哲学问题。 • 哲学方法:介绍哲学研究的基本方法和技巧。	学生还会接触到形而上学、心灵哲学、逻辑学等经典哲学领域的基础内容。
第二年	• 分析哲学史:深入研究哲学史上的重要流派和思想家。 • 早期现代哲学:探讨 17 世纪到 18 世纪欧洲哲学的发展。 • 希腊和罗马哲学:研究古希腊和罗马时期的哲学思想。 • 伦理学:进一步深入伦理学的不同分支和议题。 • 认识论:探讨知识的本质和来源。 • 实验心理学:从实验角度探讨人类心理现象与哲学问题的关联。	允许学生根据自身学术兴趣,从理论与实践两个方面探索一系列的哲学问题。
第三年	• 精神哲学:研究意识、心灵与大脑的关系。 • 科学哲学:探讨科学的本质、方法和哲学基础。 • 哲学逻辑:深入分析逻辑学在哲学中的应用。 • 政治哲学:继续深化对政治领域的哲学思考。 • 数理逻辑:介绍数理逻辑的基本原理和应用。 • 康德的欧洲哲学:研究康德及其在欧洲哲学史上的影响。 • 中世纪哲学:探讨中世纪时期的哲学思想。	没有必修课,选择范围广,学生还可以从神学或宗教研究等课程中选择一个两个主题进行深入学习。

值得一提的是,作为现代化转向的"副产品","牛桥"荣誉学位考试制度也得以不断完善。荣誉学位制度最早在英国建立。1748 年开始,剑桥开始公布考生的荣誉名单,1753 年将学生成绩分为一等和二等上两个等级;牛津则从 1800 年实行荣誉学位考试制度,将成绩分为一、二、三等。19 世纪,荣誉学位考试的时间、科目经历了多次修改。

剑桥的荣誉学位系统称为 Tripos,分为一等荣誉学位(first class honours degree)、二等荣誉学位(second class honours degree)和三等荣誉学位(third class honours degree),二等荣誉学位通常分为上下两等(upper & lower)。荣誉学位的考试通常分为 Part Ⅰ 和 Part Ⅱ 两部分,第一部分有时候会进一步分为 Part Ⅰ A 和 Part Ⅰ B;部分如数学、自然科学等还有 Part Ⅲ,通常超出了 BA 的要求,一定程度上相当于研究生证书。^① 学生选择学习某种"荣誉学位"的所有课程之后需通过相应的 Part Ⅰ 或 Part Ⅱ 考试,只有成绩合格才可以有机会选择另外一种荣誉学位课程的学习,继而再根据其要求逐步完成,直至考试合格。^② 其评级标准和授予过程极为严格,通常情况下一等和二等上荣誉学位被视为优秀的荣誉(见表 5 - 2)。

此外,剑桥还设置了跨学科荣誉学位,以加强不同学科之间的交流,拓宽学生学习视野与思路,如历史学科除了历史(History)荣誉学位课程之外,还有历史和政治(History & Politics)、历史和现代语言(History & Modern Languages)两种联合荣誉学位课程,分别与政治和国际研究系、中世纪语言学院联合开设。

表 5 - 2　剑桥大学荣誉学位

Tripos examples	Year 1	Year 2	Year 3	Year 4	Degree
Natural Sciences	Part Ⅰ A	Part Ⅰ B	Part Ⅱ	Part Ⅲ (optional)	BA MSci (optional)
Economics Law	Part Ⅰ A	Part Ⅱ B	Part Ⅱ		BA
Human, Social, and Political Sciences Theological and Religious Studies	Part Ⅰ	Part Ⅱ A	Part Ⅱ B		BA
History	Part Ⅰ	Part Ⅱ			BA

牛津大学的荣誉学位分为一等荣誉学位(1st class degree),二等一或二等上荣誉学位(2：1 degree or Upper-second class degree),二等二或二等下荣誉学位(2：2 degree or Lower-second Class Degree),三等荣誉学位(3rd class degree / pass)。^③ 获得一等或二等一荣誉学位的学生通常被认为在从事学术方面具有很好的优势和潜力。牛津也设有联合荣誉学位,如历史和英

① https://www. camdata. admin. cam. ac. uk/structure-undergraduate-courses-cambridge.
② 贾璐,宫福清,闫守轩. 拔尖人才培养的国际经验:荣誉学位的视角[J]. 高教发展与评估,2019,35(5):62 - 69,86,116.
③ https://www. ox. ac. uk/about/facts-and-figures/undergraduate-degree-classifications?wssl=1.

语(History and English)、物理学和哲学(Physics and Philosophy)、心理学、哲学和语言学(Psychology，Philosophy and Linguistics，PPL)、哲学、政治和经济(Philosophy，Politics and Economics，PPE)等。

　　针对不同类型的学位，英国大学制定了严格的标准，根据学生在学习中达到的不同水平确定学位等级类型。但这些考核并非一次性的考试，而是对学生各方面能力的长期考察。课程考核一般由期末考试和追踪测评构成，其中，期末考试一般只占50％—70％，其余则通过演讲、团队作业等方式进行。课程的内容与结构、考核方式与内容、评分等还需进行同行评审，以保障课程、考试内容的合理性以及成绩的公平性。①

第三节　对文科拔尖人才培养的启示

　　英国大学在全球高等教育领域占据举足轻重的地位，尤其是其研究型大学，在拔尖人才培养方面拥有悠久的历史和丰富的经验。这些大学不仅是孕育杰出人才的沃土，更是高等教育史上的璀璨明珠。深入剖析并借鉴英国大学在拔尖人才培养方面的成功之道，尤其是其强调个性化培养、通识教育与专业教育相融合，鼓励学科交叉以及促进师生互动等教育理念与实践，对于构建具有中国特色的文科拔尖人才培养体系而言，具有深远的战略意义与重要的实践价值，值得我们深入探索与学习。

一、注重个性化培养

　　英国研究型大学高度重视拔尖人才的培养，始终坚持以学生为中心的理念，培养有实践能力、卓越品质和创新精神的拔尖人才，培养能够为社会政治、经济、文化做出巨大贡献的顶尖领导者、研究者。②

　　从英国研究型大学的经验来看，荣誉学位制度是拔尖人才培养的重要机

---

①　熊榆，宋雄伟. 英国高等教育的宽松培养模式[N]. 学习时报，2013 - 12 - 16(2).

②　靳玉乐，李红梅. 英国研究型大学拔尖创新人才培养的经验及启示[J]. 高等教育研究，2017，38(6)：98 - 104.

制和抓手。一方面可以吸引优质生源,另一方面可以引导有志于学术研究的优秀学生明确努力方向。荣誉学位制度为学生提供个性化的学习规划,激励学生通过高质量完成课程任务,从而获得更好的学业成绩。这样,不同类型学生的需求可以得到更好满足,学习积极性、主动性可以进一步激发。

相较而言,我们的课程体系仍相对固定、教学内容整齐划一、教学方法过于单一、阅读和写作训练缺乏。特别是文科拔尖学生更加需要个性化的学习体验以及丰富的阅读、写作经验。要提高文科拔尖学生的培养质量,应当尊重学生的个体差异与独特性,打造个性化培养路径,营造鼓励独立思考、自由探索、勇于创新的自主学习环境,最大限度地开发学生优势潜能。要推动实现"每生一方案",构建面向学生个体特征、发展需求的培养方案。要配套更为宽松的教学管理,优化学分制管理方式,赋予学生更大的课程选修的自主权,如研究生阶段的高阶课程等,推进本研贯通衔接。

二、注重通专融合

拔尖人才培养不仅需要精深的专业知识技能与卓越的专业素养,还需要广泛的科学与人文素养,从而形成批判性思维与问题解决能力、探究精神与创新创造能力、合作精神与领导能力、有效沟通的能力以及全球素养等。《教育部等六部门关于实施基础学科拔尖学生培养计划2.0的意见》中指出,要加强素质教育,培养学生的家国情怀、人文情怀、世界胸怀,促进学生中西融汇、古今贯通、文理渗透,汲取人类文明精华,形成整体的知识观和智慧的生活观。处理好"专"与"博"的关系,努力为学生建构"底宽顶尖"的金字塔型知识结构。

肇始于古希腊的自由教育,历经人文教育、博雅教育等,虽然受利主义、理性主义、科学实证主义、国家主义等一系列挑战,但英国始终没有简单地摒弃自由教育传统,也因此形成了英国独特的通识教育模式,虽然没明确的通识教育课程,但渗透在整个课程体系与教育教学过程中。[①] 新时代背景下,文科拔尖人才不仅仅是某个专业领域的佼佼者,更是社会的中流砥柱,是社会主义核心价值观的坚定信仰者、积极传播者、模范践行者。为培养未来杰出的哲学社会科学家,要注重通专融合,推动通识教育理念融入专业教育,充分发挥文

---

① 孙华.通识教育的欧洲模式[J].江苏高教,2015(2):12-16.

科教育铸魂育人、以文化人、以文育人的重要作用,注重文化浸润、读思行结合;要进一步优化通识教育方案,注重启发学生深刻认识科技与产业领域变革引发的认识论和方法论改变,在扩展学生的知识广度的同时,帮助学生掌握迅速习得知识、技能的能力,帮助学生建立知识之间的联系,以适应科技革命的迅猛发展。

三、注重学科交叉

学科交叉融合是理论创造的重要源泉,也是推动文科基础学科发展的重要动力。《教育部等六部门关于实施基础学科拔尖学生培养计划2.0的意见》中指出,要把促进交叉作为拔尖人才培养的重要途径,建设跨学科课程体系、组建跨学科教学团队、设立交叉学科研究课题,为拔尖学生参与跨学科学习和研究创造条件。

探索建立多学科交叉协同培养机制,给予学生更多自由而丰富的学术养分滋养,不仅可以拓宽其学术视野和知识结构,以综合视野整体构建知识,形成跨学科的观点,还可以促进批判性思维、发散性思维、聚合性思维的训练,使学生具备更大的潜力朝着学术深度和高度持续发展。[①] 为推进学科交叉协同育人,我们可以从课程体系、实践教学体系、师资队伍等方面着手,打破学科壁垒与专业藩篱,探寻多学科交叉融合的契合点、着力点和支撑点,推动不同学科相互渗透与整合、不同思维方式相互交融与综合,进而重新配置不同学科专业的教育教学资源。同时,要增强教学计划的弹性,通过自由选修课程、新建跨学科课程组、辅修双学位等方式,提供有效的多学科、跨学科和整合教育路径。

四、注重师生互动

怀特海曾说:"大学之所以存在,不在于传授给学生的知识,也不在于提供给教师的研究机会,而在于在'富于想象地'探讨学问中把年轻人和老一辈联合起来。由积极的想象所产生的激动气氛转化了知识。在这种气氛中,一件

---

① 郑昱,蔡颖蔚,徐骏.跨学科教育与拔尖创新人才培养[J].中国大学教学,2019(Z1):36-40.

事实就不再是一件事实,而被赋予了不可言状的潜力。"①文科拔尖人才培养尤其需要这样的场景,让教育在浸润、熏陶、养成、感染、培育中自然发生。

因此,我们应重视住宿生活的育人功能,以书院为载体打造促进师生交流、同伴交流的育人空间,探索具有中国传统文化特色的书院制度对拔尖人才培养有重要意义。此外,创造性继承中华传统教育文化中的"师友""讲习""涵泳"等优秀传统,建立新型师生关系,构建师生成长与发展共同体,推动师生以成长与创新为共同价值目标,在知识传递、知识生产、知识应用、知识创新的过程中营造师生深度交互、协作探究的生态。在具体实践中,可以为拔尖学生匹配学业导师、科研导师、生活导师等,引导学生自主规划发展路径,开展课程修读咨询指导,追踪学习成效。此外,通过更加紧密的"师友"关系,还可以更好地发挥文科教育价值属性,在融通中西的讨论和共同生活的情意教育中,潜移默化地实现对学生的价值引领和文化浸润。

---

① 约翰·S·布鲁贝克.高等教育哲学[M].王承绪,等译.杭州:浙江教育出版社,2001:14.

第六章
美国研究型大学文科拔尖人才培养的
经验与启示

美国作为世界上高等教育体系最发达的国家之一，自 20 世纪以来，其高等教育经历了从大众化向普及化的快速转型。在此期间，一批研究型大学迅速崛起，跻身世界顶尖学府之列，肩负起为美国社会高速发展输送精英人才的重任。这些大学通过实施个性化的本科教育，构建了一套相对成熟的拔尖人才培养机制。尤其是文科拔尖人才培养上，耶鲁大学的人文教育、哈佛大学的通识教育以及密歇根州立大学的荣誉教育，均展现了各自在文科拔尖人才培养上的卓越成就与独特理念。这些实践不仅为美国文科拔尖人才的成长提供了有力支撑，也为探讨适合本土的文科拔尖人才培养方向和路径提供了线索。

第一节　美国一流大学文科拔尖人才培养的历史与定位

十七八世纪，大量英国人远渡重洋移民到北美东海岸，开发创业。一些曾经在牛津大学和剑桥大学受过古典人文主义教育的高级知识分子，为后代能够在新家园受到良好的高等教育，先后在北美东海岸一带建立了 7 所大学，即后来俗称的"常春藤联盟"。自 1963 年以英国"牛剑"为蓝本建立第一所神学院哈佛学院起，到美国独立战争前建立的达特茅斯学院，北美共建立了 9 所殖民地大学。独立战争后，美国虽摆脱了英国的殖民统治，但其高等教育体系仍深受英国宗教性、古典性和人文性影响。

一、注重古典人文学科的自由教育

美国一流大学实施的文科精英教育塑造了美国文化精神内核。哈佛大学自 1636 年设立哲学专业以来，培养了众多杰出哲学家和领袖，有"美国哲学""第一小提琴手""领衔主演"的学术地位，对现代美国社会和国家发展产生了深刻影响，以至于成为"美国精神"的内在精髓，对"美国精神"长期产生主导性影响。[①] 可以说，文科教育作为价值观教育的重要组成部分，不仅促进了美国多民族国家的团结与多元文化社会的融合，还为解决社会道德问题、应对青少年价值观危机提供了有力支持，为美国强化软实力奠定了思想与文化基础。综上所述，美国文化及精神的形成，是一个多元文化融合的过程，其中，源自欧洲自由教育，特别是古典人文主义教育的通识教育，扮演了关键角色。

自由教育这一概念起源于古希腊时代，与社会等级密切相关。在古希腊时代，贵族等"自由人"具有理性，才能接受"自由教育"，而受到自由人奴役的奴隶只能为自由人服务，从事体力劳动，学习技艺，获得专业训练。相应地，教育被分为"自由人"教育和"非自由人"教育。[②] 自由教育强调人的理性，博学与通识，教育是为了培养政治公民，是贵族的特权，是一种精英教育。因此，自由教育鄙视知识的实用性，强调智慧与理性，大学应提供普遍性的和完整性的知识的教育，而不是狭隘的专业训练。

到了中世纪，自由教育主要是为了培养绅士和教士，强调从古典文化中获得教育，实现宗教教育和人文主义教育的教育理想。当时，自由教育主要涉及精神和心灵自由的教育，是高等级的关于人类灵魂的教育，主要教授的学科有文法、逻辑学、修辞学、算术、几何学、天文学和音乐，统称为"自由七艺"。受神学和宗教的影响，基督教会将神学内容融入"自由七艺"中，认为这些文化学科的建立有助于认识上帝，自由教育不再仅仅是发展人的理性，更重要的是为基督教信仰服务。

文艺复兴时期，以人文性和批判性为主要特点的人文主义哲学发展起来，

---

① 万俊人."哈佛哲学"传统与"美国精神"：哈佛大学访读记之二[J].开放时代,1996(4):31 - 36.
② 沈文钦. Liberal education 的多重涵义及其现代意义：一个类型学的历史分析[J].北京大学教育评论,2021,19(1):17 - 43,190.

人文主义者反抗宗教束缚,强调人性自由与人性解放,反对以神学为中心,主张回归自由教育,把人文学科知识作为自由教育的主要内容,大学以培养具有人文主义精神的精英为主要任务。

二、自由社会的通识教育

随着社会的进步,宗教对社会的影响力逐渐减弱,18 世纪末的英国工业革命和美国政治革命动摇了自由教育的根基。到了 19 世纪中叶,英国城市大学的兴起是对教会和神学的有力反抗。约翰·亨利·纽曼在《大学的理想》中开宗明义地表明立场:"大学是传授所有知识的场所。"在纽曼看来,大学应提供普遍性的和完整性的知识的教育,而不是狭隘的专门化的教育。知识的普遍性和完整性,指的是大学传授的知识应是具有普遍意义的真理,但他同时又强调知识体系的完整性,并没有将神学排斥在大学知识之外。在纽曼理想的大学教育中,知识本身即为目的,为知识本身的目的追求知识,这是大学自由教育的目标和路径。

1828 年,耶鲁学院发布的《关于耶鲁学院教学课程的报告》,明确了其在办学历程中始终捍卫的自由教育理念,成为美国高等教育史上最有影响力的报告之一。报告指出,耶鲁学院的教育不是为职业或专业做准备,而是要为完整的教育奠定基础,以便规范和完善学生的心智(mind),提供心灵的训练和教养,发展学生潜能。[①]

19 世纪中叶后,自然科学对社会的影响越来越大,不容忽视。美国大学开始流行自由选修课制度。然而,人们逐渐发现,大学难以产生全体学生的共同必修科目,难以形成美国社会的共同文化,大学忽视人文教育和过分的专业化背离了自由教育的初衷,带来了文化冲击和价值混乱。美国社会开始重新认识到自由教育的价值——培养理性、自由、完整的人的价值。赫钦斯(Robert M. Hutchins)在担任美国芝加哥大学校长的时候,在《美国高等教育》一书中指出,教育最主要的任务是培养学生的永恒理性和道德,挖掘出人性中的"共同要素"[②]。大学应该为不同专业学生提供一个共同的精神文化

① 王定华.美国高等教育:观察与研究修订版[M].北京:人民教育出版社,2021.
② 罗伯特·M.赫钦斯.美国高等教育[M].汪利兵,译.杭州:浙江教育出版社,2001:39.

基础。

社会和政治环境的变化,让自由教育在新的时代背景下逐步发展成通识教育。传统自由教育以古典人文教育为主,注重思维训练的"自由七艺"。通识教育则将人文、社会科学、自然科学等不同学科的知识进行综合,教会学生以更广阔的视野去思考和理解具体问题,而不仅限于狭隘的专业训练中。通过哈佛大学校长伯莱因特·科南特(Bryant Conant)为首的美国研究型大学的通识教育改革,通识教育逐步成为美国大学的主流教育模式。各个大学通过跨学科课程打通不同学科之间的藩篱,帮助学生适应民主和多元的社会文化生活。

三、通专融合的现代通识教育

在更为多元的当今世界,美国大学在通识教育的目标和理念上基本是达成共识的,但各个大学的教育模式呈现特色化、个性化,并通过通识教育来帮助学校实现其不同的办学理念和教育特色。[①] 美国现代社会的通识教育呈现两种主要的趋势:一是追求卓越的顶尖大学,越来越重视通识教育,力求培养具有广博的知识和卓越的专业才能,并且具有全球视野和社会责任感的拔尖人才;二是普通大学将通识教育转化成一系列通用技能,包括沟通表达、应用写作、批判性思维等核心素养,培养更加符合社会期待,能够为社会作出贡献的各行各业的人才。

在教育实践中,通识教育与专业教育越来越互为补充、相融相通,通识课程与专业课程相辅相成、交叉融合。美国大学意识到,通识教育和专业教育是独立的,但又是在高等教育目标下同等重要的互相融合的有机体。在美国一流研究型大学中,文科拔尖人才需要将自己所学的知识与整体的世界相联系,与更宽广的知识体系相融合,并且具备批判性思维、口头表达和解决问题的综合能力,以及良好的道德操守和公民责任意识等。

---

① 李会春.多元化时代的通识教育实践:哈佛大学新一轮通识教育改革省思[J].高教探索,2018(5):62-68.

第二节　美国研究型大学文科拔尖人才培养的主要模式

通常,美国的公立大学承担着高等教育大众化、普及化重任,往往采取荣誉学院的形式,来实现后大众化阶段对精英教育的坚守与传承。① 他们在全校选拔优秀学生,通过全校范围内优质资源的整合、配置和优化,进入荣誉学院的学生提供高挑战性的荣誉课程、采取高参与度的研讨方式、建立不局限于成绩的评价体系等。以荣誉学位贯通本研,通过本科精英教育的衍生高阶学位设置,为学术性人才本科阶段后的研究生阶段学习提供链接与认证。② 美国顶尖的私立大学很少设立荣誉学院,因为相比公立大学,他们招生人数少、优质资源多,足以给每个学生充裕的优质资源,帮助每个人实现个性化发展。

一、耶鲁大学的人文教育

耶鲁大学作为美国最古老的大学之一,在美国高等教育体系中占有重要地位,被誉为"美国大学人文科学的高地"。人文教育是耶鲁大学最为突出的特征之一,在其三百多年的办学历程中,耶鲁大学始终坚持将欧洲人文科学传统与美国发展实际结合起来,在人文学科领域一直处于美国大学的领军地位,拥有闻名全美的人文学科院系和人文科学研究计划,如英语系、法文系、比较文学系、历史系等多次排名全美第一,美国研究、宗教研究、哲学系、经济学系、政治学系等也是全美一流,成立了著名的惠特尼人文科学研究中心。这些使得耶鲁大学成为美国高等教育的人文研究中心,并成为美国最优秀的文科大学之一,有"总统摇篮""大学之母"的美誉,为美国经济社会发展培养了许多政治家、商界领袖、科学家、文化名人等。美国许多大学的第一任校长是耶鲁大学的毕业生,比如以赫钦斯为代表的校友,受耶鲁大学教育影响,成为美国教育史上著名的人文教育、通识教育专家,在美国人文教育发展中起到了重要引

① 姜璐,刘晓光,董维春.美国本科拔尖人才培养实践探究:以亚利桑那州立大学荣誉学院为例[J].比较教育研究,2021,43(2):105-112.
② 姜璐,董维春.美国现代大学荣誉教育:历史图景与体系构成[J].清华大学教育研究,2022,43(3):112-122.

领作用。

耶鲁大学的成就源自耶鲁校园中不断发扬光大的自由、民主、包容和创新的人文精神,正如其校训"光明与真理",耶鲁大学以培养学生的人文精神为核心,将追求自由真知作为终极目标,反对大学对学生进行专门的职业培训,认为人文教育的目的是培养深谋远虑、灵活运用知识、思想坚定、心胸开阔的人,培养对新事物反应敏锐、对人类进化的传统价值负责的人,应教会学生如何学习和思考,尤其是培养学生独立的批判性思维能力。耶鲁大学现有一个本科生院(耶鲁学院)和一个文理研究生院,以及10多个只招收研究生的专业型研究生院。耶鲁大学历来重视本科教育,将本科教育视为大学的核心,本科生占总学生数的一半,耶鲁教授们对本科教育的执着在美国一流研究型大学中是"独特的"。[①] 耶鲁的本科教育重视人文教育,传授人文精神,具有人文教育与科学教育融合的鲜明特点。在课程设置上,贯彻以人文课程为主、兼治科学的通识教育理念,以小班教学为主,推行"苏格拉底式"师生讨论,激励学生在讨论中得到自我启发,在思考中获取知识。在耶鲁大学,通识教育课程、主修课程、选修课程各占三分之一,本科前两年全部学习以人文科学和自然科学为基础的通识课,以分布必修的形式保证学生可以选修耶鲁学院70多个专业的课程,利于学生接触到各学科的人、观点和思想方法,平衡学生知识习得的广度和深度,帮助学生建构完整的知识体系,从而成长为发现知识、创造知识的拔尖人才。

二、哈佛大学的通识教育

在美国高等教育史上,哈佛大学占有重要地位,一直主动变革,引领美国高等教育发展,对美国教育和社会发展产生重要影响。在第二次世界大战以前,哈佛大学进行过两次著名的课程改革,第一次是由艾略特校长主持的完全自由选修制改革,第二次是由劳伦斯·洛厄尔校长主持的将自由选修制与导师制结合,推行集中分配选修制,并创立优等生学生计划和独立学习计划,注重培养拔尖人才。二战引发了美国社会普遍的"西方文明危机感",美国教育界开始认识到过分的、完全的科学教育,将会导致冰冷的工具理性,扼杀学生

---

① 理查德·雷文.大学工作[M].王芳,陆成东,高欢,等译.北京:外文出版社,2004.

对人类文明的理解和思考,不利于社会的长远发展。特别是二十世纪六七十年代,美国出现一系列社会问题,人与自然、人与人之间的冲突加剧,社会矛盾增加,人们深深感受到人文精神缺失对社会造成的深刻影响。1984 年,美国人文学科促进会发表一篇震撼美国各界的报告《挽救我们的精神遗产——高等教育人文学科报告》,呼吁纠正重理轻文的倾向,重振文科教育,认为过于注重科技发展的理工科教育虽使得学生满足市场需要,但使很多学生成为就业机器,忽略了他们生而为一个完整的人应具备的人文修养、独立精神和独特个性。[①]

为此,二战后,在伯莱因特·科南特(Bryant Conant)校长和德里克·博克(Derek Bok)校长的主持下,哈佛大学开展了第三次、第四次课程改革,进一步加强文理科的综合平衡,强调人文教育的重要性,全面开展通识教育改革。科南特校长推行核心课程制,发布《自由社会中的普通教育》(General Education in a Free Society),即著名的"哈佛通识教育红皮书",强调普通教育的主要任务是在继承人类的知识财富的前提下,要求每位学生必修"文学名篇""西方思想和组织机构"以及任何一门物理或生物学课程,除此之外,学生必须在人文学科、自然科学和社会科学三个领域各选一门全年课程。[②] 致力于把学生培养成为全面发展的人,即有全面的知识、广阔的事业和完整人格的"有教养"的人。到 20 世纪末,德里克·博克校长全面推行通识核心课程体系,要求学生从人文、社会和自然科学三大领域选课,哈佛本科课程中人文课程几乎占了一半。2007 年,哈佛大学经过广泛的讨论,修订通识教育方案,实施分布选修制,课程包含美的理解、文化信仰、经验与数学推理、伦理推理、生命系统科学、物理宇宙科学、世界上的社会、世界中的美国等八个领域。

以哈佛大学哲学专业人才培养为例,在通识教育框架下,哈佛大学哲学本科阶段的培养目标并不只是培养哲学研究生并成为哲学家,而是使绝大部分学生在哲学以外的各个领域从事职业或成为领导者。哈佛大学希望通过一系列的课程和学术研讨活动,培养学生能够为任何职业做好准备,能够在任何领域成为拔尖人才,为国家和社会作贡献。所以,哈佛大学哲学专业的本科生除

---

①　杨德广主编. 高等教育管理学[M]. 上海:上海教育出版社,2006.12.
②　陈向明. 美国哈佛大学本科课程体系的四次改革浪潮[J]. 比较教育研究,1997(3):21—27.

了完成必修的通识教育课程，在专业教育部分拥有极大的自主权，既可以将哲学作为主修专业，也可以作为辅修专业，主修分为荣誉主修和非荣誉主修，还有 MBB(Mind，Brain and Behavior Track)项目。[①] 学院提供 200 多门课程，包括入门级课程、中级课程和研究生课程。学生可以根据自己的实际情况选择修读顺序和课程。入门级课程注重写作训练，哲学论文的写作与一般意义上的写作不同，具有很强的专业性，需要专门教学。中级课程通常更侧重于特定主题，即便如此，也不会设置任何特定的知识学习。中级课程是在学生已有一定哲学阅读和写作的基础上，以讲座或研讨会的形式开展的更深层次的探讨。研究生课程主要面向研究生，经教师允许，可以面向本科生开放，但要求选课学生具备对哲学文本和哲学辩论的广泛了解，具备哲学学习的丰富经验。学院的所有课程、讲座和活动，面向全校本科生开放，吸引对哲学感兴趣的学生参与并作出贡献。

除了课程体系，哈佛大学为本科生提供一系列接触和参与学术研究的项目和机会，挖掘有潜力的哲学拔尖人才。一是本科生主导的学术刊物《哈佛哲学评论》，刊发当代哲学中许多主要人物的著作或采访，并将期刊分发给世界一千多位哲学家、多所图书馆和大学，发出哈佛大学的声音，对世界文化产生重要影响。二是哲学家演讲活动。每学期学院会邀请美国或者国外的哲学家到学校演讲，邀请本科生参加，让本科生可以直接接触顶尖哲学家以及他们的思想和研究。三是逻辑研讨会。每个月学院会组织一次逻辑研讨会，以逻辑学的主要人物发表关于更加广泛领域的更通识的演讲，或者一个与主题密切相关的研讨会，邀请对逻辑学感兴趣的学生参加。

此外，哈佛大学也建立了书院体系，为本科生提供通识教育、住宿，促进社会交往，而文理学院则是唯一负责本科生教育的管理机构，统一管理所有的本科生。正是依托文理学院，统整了分散于各专业学院的本科生基础文理课程，构建形成了通识课程体系。这些任课教师既是文理学院通识课程的承担者，也是专业学院的学术研究者和研究生导师。

哈佛大学本科教育的使命是培养未来领袖，学生在课堂中接触新的思想、

---

① 胡娟，李立国，张伟.美国大学顶尖文科专业课程设置概要[M].北京：中国人民大学出版社，2014:5.

新的理解方式和新的认知方式,在多元化的生活环境中与研究不同主题、来自不同领域的人生活在一起,了解自身的天赋和才能,评估自己的价值观和兴趣以及了解如何更好地为世界服务。① 学生的学习成长由课程体系和书院两个部分来支撑。

哈佛大学在大二秋季学期确定专业选择,本科生在前两个半学期可以广泛地选修课程,了解各个学科领域,探索自身的兴趣和潜能,也可以向任课教师、书院导师以及各类教辅人员进行咨询,修读专业确定后仍然可以调整。为了更好地支持学生个性化发展,学生还可以自主设计新专业及培养方案,经过学术委员会审核修订后将获得培养与指导。此外,哈佛大学还专门设立了写作中心,为学生提供从具体的作业到一般的写作技巧等各方面的帮助,写作中心配备了训练有素的导师。

新生住在毗邻哈佛园的宿舍,在安妮伯格食堂用餐,每栋宿舍楼中都安排住宿导师和舍监,与学生生活在一起,引导学生开展学术、人际交往和文体活动。哈佛大学设立了由教师、行政管理人员、研究生和高年级本科生等组成的新生导师委员会,帮助新生从高中向大学过渡,尽快适应和融入大学学习生活。哈佛大学的各类新生事务均由一年级办公室(The First-Year Experience Office,FYE)负责管理。

在一年级的第二学期,学生在 12 个书院中进行选择。书院承担本科生的日常管理,部分书院开设研讨课,但不承担其他方面的教学。② 每个书院都有自己独特的历史文化传统,拥有完备的设施,可以容纳 350 至 500 名学生。书院一直坚持洛厄尔校长的理念,作为面对面社会交往与学术交往、与不同的人开展非正式互动的小型社区,聚合了住宿、教学、交流、学习、文体、餐饮等功能,通过师生互动、社群生活、课外活动等,建立情感连接,促进学生的综合发展,这也是哈佛大学本科生学习经历的核心构成。高年级本科生除了有住宿导师以外,还有专业领域的导师,强化学术指导。

---

① https://college.harvard.edu/about/mission-vision-history.
② 过勇. 本科教育的组织模式:哈佛大学的启示[J]. 高等教育研究,2016,37(1):64-73.

三、密歇根州立大学的荣誉教育

塞·缪尔·舒曼(Samuel Schuman)认为,荣誉教育是美国高等教育卓越的象征。在美国高等教育普及化时代,荣誉教育体系为美国现代大学提供了培养卓越人才的可能。[①] 密歇根州立大学的荣誉学院成立于1956年,是美国公立大学中成立最早的荣誉教育项目之一,是美国高校荣誉教育理事会(National Collegiate Honors Council,NCHC)的著名成员机构,其荣誉教育以培养学术精英而著名,且具有美国高校荣誉教育的普遍特征。美国高校荣誉教育理事会认为荣誉教育能够激发学生终身学习,提升学生在课堂内外的创造力、协作和领导力,使得学生拥有更广泛、深入、复杂的课内外学习经历,在荣誉课程中体验更具创造性、体验式的教育实验。[②] 这些荣誉教育经历体现了各个大学的理念和使命,并且经常发生在学生和教师的紧密社区中。[③] 美国的荣誉教育通过激励性的机制建设、个性化的课程设置和全方位的成长支持保持了精英教育的精髓,最终使学生成长为专业能力突出、具有社会责任感和民族性、能够应对外来诸多挑战的学术精英或者全球领导者。[④] 在组织形式上,美国高校的荣誉教育一般在大学内部设立荣誉学院,作为实体运行的机构。在培养方式上,实行院际联合培养,专业学院为学生提供专业训练,荣誉学院则突破各种限制,集聚资源,为不同专业的拔尖学生提供更宽口径的通识教育。以密歇根州立大学为例,其荣誉学院把来自工程、人文、艺术、农学和理学等不同系科的优秀学生集中在一起,为希望追求和实现学术卓越的学生提供丰富的学术和社会体验,营造一个联系紧密、灵活且丰富的学术环境,促进学生开展积极、创新性的学习。[⑤]

---

① Samuel Schuman. Beginning in Honors:A Handbook (Lincoln:National Collegiate Honors Council,2006),3.

② 曾长淦,等. 拔尖学生学习与发展路径研究[J]. 中国大学教学. 2021(10).

③ https://www.nchchonors.org/about-nchc.

④ 阎瑶,吴菡. 美国大学荣誉教育培养模式及对我国拔尖人才培养的启示[J]. 西北工业大学学报(社会科学版),2023(4):58-68.

⑤ 王启明. 激励与支持:美国高校本科精英人才培养理念与策略:密西根州立大学荣誉教育评述[J]. 社科纵横,2013(11).

（一）招生选拔特色化

密歇根州立大学的荣誉学院针对不同类别的学生实施不同的选拔机制，面向高中生、在校生、转校生有着不同的申请条件和选拔标准。所有收到密歇根州立大学入学通知书的高中生均可以申请加入荣誉学院，除了要求学生成绩优异，排名前5％，还着重考查学生的阅读能力、数学思维和写作能力。对于在校生，学术表现卓越GPA排名前10％的学生，可以申请进入荣誉学院。另外，只要学生积极持续深度参与活动项目，说明这些学生对学术有浓厚的兴趣，也可以申请加入荣誉学院。转校生一个学期后可以申请加入荣誉学院，但他们的GPA排名同样需要达到各学院前10％。

（二）培养方案个性化

密歇根州立大学荣誉学院为学生设计和提供独特而丰富的课程和项目资源，学生可以根据个人兴趣规划学业，在荣誉学院导师和专业导师的指导下，优先选课完成通识教育和主辅修专业教育，可以选择更高难度、更具挑战性的研究生课程替代学院的专业课，完成学业要求。荣誉学院的课程体系包括：通识教育课程、荣誉课程、研究生课程和研讨课等。通识教育课程要求学生完成一门写作课、两门人文艺术类课程、两门自然科学类课程和两门社会科学类课程，每个文科生也必须选修社会科学和自然科学领域的通识课。荣誉课程的主要特征是小班化、学科交叉、挑战度更高，不是简单地传授知识，而是开展以问题为导向的研究式教学，培养学生解决复杂问题的能力，提高学生批判性思维能力。另外，荣誉学院引导学生选修研究生课程和各类研讨课，提供本科生科研项目，创建师生深度交互的氛围。荣誉学院为学生提供与教授亲密合作的机会，学生可以加入教授的团队，参与创新的科研和教学活动，直接参与前沿研究。如果学生对某一领域特别感兴趣，可以在教授的帮助下开展独立研究，不受专业或学科限制。这样灵活的课程体系和人才培养方案，为具有学术志趣的拔尖人才提供了丰富的教学活动资源，并有较为完善的导师指导体系，引导学生参与适合自己的课程和项目，制定个性化的学习方案。

（三）育人环境多元化

密歇根州立大学荣誉学院的荣誉社区是培养拔尖人才的重要场所，为荣誉学院的学生提供了大量参与社团活动的机会，努力营造社团文化，不同背景的学生在这个共同的平台碰撞思想火花，合作完成项目，一起组织活动。不同专业的学生可以选择居住在一起，方便他们更好地交流。参与荣誉社区的学生，形成一个互帮互补的共同体，大家基于共同的社区文化，求同存异，积极参与招生工作吸纳新的社区成员，帮助低年级学生形成朋辈互助。这些丰富多元的社团活动，有助于促进学生的全面发展，获得未来进入社会的综合能力。

第三节　对文科拔尖人才培养的启示与借鉴

美国三个代表性研究型大学的文科拔尖人才培养模式各有特色，内核是一致的：一是研究型大学的定位在于为国家和社会培养拔尖人才；二是人文精神、全面发展和创新性发展，是文科拔尖人才的核心素养。以更为宽泛的视角来看，美国研究型大学文科拔尖人才培养模式始终具有全人教育的内核：如耶鲁大学三百多年来贯穿始终的人文精神，以追求自由和真理为终极目标；哈佛大学历经多次通识教育改革，始终坚持博雅教育理念，致力于培养完整的人；密歇根州立大学设立荣誉学院，让各个专业的学生聚集在一起，努力创造培养全人的氛围环境。

一、人文精神为魂，注重对学生的价值引领

耶鲁大学之所以成为美国文科拔尖人才培养的摇篮，是因为其三百多年来坚持保守与开放统一，培养学生的人文精神，追求思想自由独立、富有批判精神，以为美国社会培养合格的公民为教育使命，明确了一流研究型大学培养拔尖人才的主要目标和理念，在于培养体现美国主流价值观、与美国的社会制度相适应的社会公民。[①] 斯滕伯格和兰祖利等国际知名研究拔尖人才培养的

---

① 张亮. 我国通识教育改革的成就、困境与出路[J]. 清华大学教育研究,2014,35(6):80-84,99.

专家,都认为社会责任感是拔尖人才的关键特质。[①] 对于文科拔尖人才培养来说,首先要明确为谁培养人、培养什么人,只有真正拥有强烈人文精神的文科拔尖人才,才是能够引领国家和社会发展的栋梁之材。

二、通专融合为核,平衡"广度"和"深度"

纵观美国一流研究型大学本科人才培养,从耶鲁大学"追求知识的永恒价值"以及《耶鲁 1828 报告》,到哈佛大学一直以来对通识教育的引领、推动、坚守,美国大学经过长期本土化探索与实践,找到了符合现代美国大学需要的通识教育模式,并随着时代进步不断发展,通识教育理念贯穿始终,通识教育的内涵不断丰富,通识教育与专业教育的融合越来越深入。对于文科拔尖学生来说,通识教育的开展改变了过去文科生与自然科学的割裂,推动跨学科学习,并通过通专融合帮助学生建构完整的知识体系,完善人的理性、良知和美德,培养学生推理、辨析、质疑、反思等批判性思维能力。

三、创新环境为基,激发学生创新素养和潜能

对于文科拔尖学生来说,创新能力是核心素养,唤醒和激发学生创新素养和潜能,最终促使学生自由、全面地发展至关重要。通常,理工科拔尖人才培养会通过增加经费投入、改善实验室条件、促进产教融合科教融汇等提升硬性条件的方式来培养学生的创新能力。而文科拔尖学生不同,他们更依赖导师、朋辈等软性环境。通过设置荣誉课程(Honors Course)、荣誉项目(Honors Program)、荣誉学院(Honors College)等方式,为学生创造独特的学习环境和课堂内外的学术体验,帮助学生实现卓越发展。特别是荣誉学院的学生社区,可以配置丰富的支持资源和师资力量,作为非正式的学习情境,创造师生亲密互动的氛围,对于激发学生的创新潜质,构建师生共同体具有积极的作用。纽曼曾说,当一批具有开阔的心胸、富有同情心的年轻人相聚在一起,自由地互相融合,毫无疑问,即使没有老师教他们,他们也有一定会取长补短,共同

---

① RENZULLI J S. Expanding the Conception of Giftedness to Include Co-Cognitive Traits and to Promote Social Capital[J]. Phi Delta Kappan,2002(1).

进步。①

四、注重卓越引领，打造荣誉教育体系

美国公立大学的荣誉教育模式，对于我们集中有限的力量和资源培养拔尖人才来说，是非常高效的可借鉴的育人模式。可以依托基础学科拔尖计划2.0基地和强基计划，建设荣誉学院，构建荣誉教育体系。一是重塑课程体系，提高课程的高阶性、创新性和挑战度，推动教学内容专题化、精深化，教学方式研讨式、小班化，评价方式多元化，形成既精且博、适合拔尖人才的荣誉课程体系。二是打造荣誉科研项目，探索文科学生科研创新能力培养体制机制改革，积极发挥哲学社会科学领域基地、智库、实验室等科研平台的育人功能，引导相关学科与高水平科研平台建立科教产教融合协同育人机制，让学生在研究、对话、辩论中经历"自得"的学习过程，对所学知识有切身的个人体会，培养学生的创新精神和创意能力。三是建立荣誉学位机制，对于选修荣誉课程、积极参与荣誉项目的学生，经导师认定和综合考核，可授予荣誉学位，进一步激发学生的内生动力。

---

① 约翰·亨利·纽曼. 大学的理想[M]. 徐辉，顾建新，何曙荣，译. 杭州：浙江教育出版社，2001：66.

第七章
德国研究型大学文科拔尖人才培养的经验与启示

德国高等教育理念的发展与制度变迁历来是国内学界关注的焦点。当前,针对文科拔尖人才培养的研究主要集中在以下三个领域:德国"卓越战略"的发展历程和具体举措、人文主义思想与洪堡大学改革、德国学界"天资"概念的发展脉络。德国人文主义教育传统对人文社会科学的认识及其制度体现,如何影响21世纪德国高校文科拔尖人才培养体系的建设? 从文科拔尖人才培养的角度,应如何评价德国联邦的"卓越战略"以及当前大学专业设置和课程体系构建? 对上述问题的深入探讨,有助于我们思考德国特色路径对于我国高校文科拔尖人才培养体系建设的借鉴意义,特别是在科教平台搭建、拔尖基地建设、个性化拔尖课程设计等方面的具体参考价值。

第一节 19 世纪以来德国大学文科拔尖人才培养的理念演变

德国大学文科教育有着优良传统,人文科学和文科教育在德国拥有举足轻重的地位与意义。德国作为欧洲文化的重要发源地,其人文主义教育传统源远流长,为德国大学的文科拔尖人才培养奠定了坚实的基础。随着时代的发展,德国大学人文主义教育传统不断发展,形成了注重全面教育、跨学科整合与应用,以及国际化培养等特色。此外,博洛尼亚进程对德国大学文科人才培养改革产生了深远影响,推动了德国高等教育体系的现代化改造,促进了欧洲高等教育一体化,为德国大学文科拔尖人才培养提供了新的机遇与挑战。

一、人文科学与文科教育在德国的地位与意义

相较于意大利、英国、西班牙等国而言,德国大学的历史算不上悠久,德国境内最古老的海德堡大学成立于 1386 年。然而,近代德国大学文科教育却以其卓越传统,为世界培育了大量卓越的思想家,歌德、马克思、康德、黑格尔等莫不出自德国大学教育体系,无不深受德国人文主义思想的浸润。① 德国科学理事会在《促进德国文科发展建议》中强调,人文社会科学在德国历史进程中对于民族文化身份认同的构建以及当代社会发展具有重要意义。② 这样的成就一方面源于德国大学悠久的人文教育传统,另一方面则是基于德国大学在制度设计方面对人文学科教学、科研地位的重视。

19 世纪是德国人文学科的辉煌时期,在新古典主义思潮的影响下,人文学科在德国教育体系中占据了核心地位,几乎无需为其社会价值进行辩护,因其固有的重要性而自然而然地存在。与之形成对比的是,19 世纪的自然科学和工程学科则需要为其合法性而奋斗,直到世纪之交,这些学科对主流教育理念的贡献仍存在争议。③ 在这一宽松环境中,人文学者得以发展出科学的方法和标准,这些方法和标准至今仍被视为历史学和语言学领域的经典和标杆。19 世纪德国人文主义教育思想影响下的大学体制改革,造就了现代德国大学的成功"神话",柏林大学也由此成为 19 世纪以来各国大学效仿的典范。

第二次世界大战使得德国传统教育理念和教育体制发生了断层式的毁灭。1945 年至 20 世纪 50 年代,人文学科与文科人才培养在德国大学以及社会文化中获得了举足轻重的地位,成为重塑德国文化与价值的核心。在随后的 20 世纪 60 年代,人文学科作为政治民主化和文化自由化的承载者,继续发挥着社会领导者的作用。

当代德国大学试图在世界和社会新形势的背景下重构德国人文教育思想,并改革大学制度。克拉夫基等结合英美"通识教育"实践,赋予德国"全面教育"理念以实用性、社会性的新内涵;海勒等则从"人才"概念的角度,指出拔

---

① 叶隽. 德国教养与世界理想:从歌德到马克思[M]. 北京:教育科学出版社,2023:10.
② https://www. wissenschaftsrat. de/download/archiv/7068 - 06. html.
③ 在这个背景下,人文学者的自信心有时显得傲慢。一件著名轶事便是,罗曼语文学家恩斯特·罗伯特·库尔修斯 1920 年拒绝了亚琛大学的邀请,因为他担心会被供暖和通风学教授称为"同事"。

尖人才培养的多元性与综合性。这些改革创造性地继承了德国传统人文主义教育的遗产,有效地融合了大众教育与精英教育的裂隙,逐步推动德国高等教育向专业素养与多元素养相融合的培养路径转变。

21 世纪以来,德国高等教育界以多元综合和动态发展的"拔尖人才"概念模型为基础,在具体培养路径设置中尝试融合德国人文主义教育传统和英美"通识教育"发展成果,在联邦框架制度、州促进平台和大学学科课程体系三个层面探索文科拔尖人才培养路径,强调研究与学习并重、跨学科技能、国际化视野、批判与自主研讨能力、社会实践素质的综合教育模式。

二、德国大学的人文主义教育传统

19 世纪德国人文主义教育思想确立的"全面教育""科教融合""科学统一"理念奠定了文科拔尖人才培养机制的框架。20 世纪以来,尽管人文主义者倡导的以哲学院为中心的院系设置在自然科学巨大发展的背景下逐渐式微,但人文主义教育思想遗产依然构成了 20 世纪以来历次德国高等教育改革的底色。

德国人文主义教育传统最早可以追溯到夸美纽斯,他以"所有人—所有知识—所有方法"(omnes omnia omnino)为核心的教育理论在 17 世纪的德意志地区得到广泛传播。[1] 18—19 世纪启蒙主义思潮不仅催生了新的人的概念,洪堡等德国思想家也在现代大学建设的实践语境中,继承发展了夸美纽斯的教育思想并由此确立了德国拔尖人才培养的基调。

第一,"全面教育"(Allgemeine Bildung)的理念。德国人文主义语境中的"教育"(Bildung)概念与"教学"(Erziehung)概念有所不同,后者专指专业或者特定目的的培训,隐含培育(Zucht)和规训,是一种他塑的过程;而前者则强调对人的基本教养的塑造,突出"教育"是一种自主、自治的"不断自我创造的过程"。[2] 洪堡在《论人的教育》(1793)中强调人对世界的认识具有"统一性和全体性"的特征,人类最重要的任务在于与世界建立起"最全面、最有生机、最

---

[1] LISCHEWSKI A. Johann Amos Comenius und Deutschland. Grundzüge einer Rezeptionsgeschichte bis 1945[J]. Historia Scholastica,2020(1):307 - 324.

[2] Käte Meyer-Drawe, Zum metaphorischen Gehalt von „Bildung"und „Erziehung"[J]. Zeitschrift für Pädagogik, 1999(45):161 - 175.

自由的互动关系"①。洪堡由此强调教育受众的普及性和教育内容的全面性，并将其作为普鲁士教育体系改革的"核心理念"②。与此相一致的是，德国人文主义教育家重点强调大学的综合性本质。柏林大学创立时，德国教育界就采用当时法国的专科学院制(college)还是综合性大学(Universität)制进行讨论，包括哈纳克、洪堡在内的知名教育家一致反对专科学院制度，他们强调人文教育对于培育科学精神、统领科学研究进步的基础性作用，要求建立以理论性的哲学学院为基础的大学体制。这一主张明确地体现出德国思想界认为人文教育高于技能教育的倾向，也反映出深植于德国社会的精神探索的文化基因。正如历史学家沃尔夫·勒佩尼斯所述，对共同文化、共同精神诉求的探索和建构是近代德意志民族得以维系民族共同体的重要思想因素，这一来自"文化的诱惑"体现在德国社会组织、文学艺术和哲学思考的各个方面。③

第二，教学与科研相统一的教育方法。费希特在对埃尔朗根大学改革的方案中强调大学的使命不是要简单地重复知识，而是让知识变得活跃而富有创造力，他将大学学习定义为"用科学的方式运用理性的一种艺术"④。雅斯贝尔斯进一步指出，作为大学根本任务的研究是以传承为先决条件的，因此研究与教学不可分离。⑤ 由此，求知与探索成为德国现代大学教师和学生共同的根本任务，二者形成紧密的教学—科研共同体，大学教师的职能在于"把学生培养成为与教师并肩合作的学者"。⑥ 师生共同体的思想也要求教学方式超越讲座式的、单向的知识传授，而采用苏格拉底式的对话式、启发式和研讨式教学，从而唤醒学生的独立性，使教学过程呈现为"思考者之间的交往"⑦。柏林大学通过习明纳(Seminar)制度将学习结合在科研的框架之中⑧，找到了

① Wilhelm Humboldt，Schriften zur Bildung [M]. Stuttgart：Reclam，2019，S. 7.
② 王世岳，陈洪捷.威廉·洪堡的"全面教育"理念：目标、制度与知识观[J]. 高等教育研究，2019，(6)：86 - 92.
③ LEPENIES W. The Seduction of Culture in German History[M]. Princeton：Princeton University Press，2006.
④ FICHTE J G. Nachgelassene Werke III[M]. Stuttgart：frommann-holzboog, 1998：277.
⑤ 卡尔·雅斯贝尔斯. 什么是教育[M]. 童可依，译. 北京：生活·读书·新知三联出版社，2021：155.
⑥ 弗里德里希·包尔生. 德国大学与大学学习[M]. 张弛，郄海霞，耿益群，译. 北京：人民教育出版社，2018：64.
⑦ 卡尔·雅斯贝尔斯. 什么是教育[M]. 童可依，译. 北京：生活·读书·新知三联出版社，2021：156.
⑧ 别敦荣. 世界—流大学教育理念[M]. 厦门：厦门大学出版社，2021：166.

教学和科研之间的桥梁。

第三，以科学整体性为本、以哲学院为首的院系设置。与上述全面教育理念一致，当时德国知识界普遍信奉科学（Wissenschaft）的整体性概念，这一思想深刻影响了德国现代大学的运行体制。包尔生对此的描述是，"每一门学科都和其他科学不可分割地联系在一起：它们相辅相成，互为补充。学生在学习过程中要获得必要的帮助，至少有关相邻学科的通识性知识是不可缺少的"①。而在这样一个所有学科形成的统一体中起到枢纽作用的，则是哲学学院："其开设的讲座，各个学院的学生都会来参加。"②施莱尔马赫在《关于德国式大学的断想》（1808）中提出，哲学院应该排在大学学院体系中的首位。费希特同样认为所有研究都必须从哲学研究开始，在他看来原因有二：一是哲学研究可以传授科学思维的一般方法，澄清科学思维的前提条件；二是哲学的思考方式可以帮助科学研究者确立万物相连的基本思想，从而断绝狭隘的专业化思维。③

三、工具理性：人文主义教育的式微

以哲学教学为核心的大学体系设想一直延续到20世纪初，如雅斯贝尔斯强调的"大学的内在精神是通过每一个研究者及学者所表现出来的哲思活动为标志。因此，在大学里开设哲学课程是完全必要的，它是保存学术和哲学传统的条件"④。然而，在19世纪末20世纪初德国自然科学和工程技术学科的辉煌时代中，以洪堡"全面教育"思想为代表的人文主义教育理念与现实大学建制和发展方向渐行渐远。

首先，自然科学及其组织形式取代哲学院的中心地位。19世纪中叶，吉森大学化学家李比希创立基于实验室的专业教育模式并在德国大学迅速推广。⑤ 19世纪末，在哥廷根大学任教的著名数学家费利克斯·克莱因建议突

---

①　弗里德里希·包尔生.德国大学与大学学习[M].北京：人民教育出版社，2018：327.
②　弗里德里希·包尔生.德国大学与大学学习[M].北京：人民教育出版社，2018：327.
③　René König, Vom Wesen der deutschen Universität[M], Wiesbaden: Springer VR, 2021：75.
④　卡尔·雅斯贝尔斯.什么是教育[M].童可依，译.北京：生活·读书·新知三联出版社，2021：170.
⑤　周丽华.学校、学科、学生：200年德国古典大学模式的肇创与流变[J].清华大学教育研究，2013，
　　(6)：59－66.

破柏林大学以哲学教育为核心的模式,倡导理论研究与应用实践的发展路径,哥廷根大学数学、天文、物理、化学等自然科学由此脱离哲学学院而独立编制。① 这些改革奠定了自然科学学科逻辑和组织形式的独立性,也从制度上瓦解了德国人文主义教育理念中文理学院和哲学教育的核心地位。②

其次,专业化教育取代全面教育。工业化进程使得社会对于大学教育的期待和实际需求转向专业化,以实验为基础、重视操作技能、学科专门化的教学组织形式,对以往重视思辨与讨论、基于教室书本传授的人文主义传统形成挑战。其中最突出的案例便是德国诸多理工学院(Polytechnika)获得大学同等资质。1885 年,卡尔斯鲁尔理工学院升级为全德国第一所技术大学,至1890 年,德意志帝国全境内理工学院全部更名为技术大学(Technische Hochschule)。在此背景下,受到知识使用转化率的限制,无论是传统综合性大学还是技术大学,强调全面性、通识性的人文教育不再受到青睐。③

最后,教学与科研的逐步分离。20 世纪初,德意志帝国在国家层面对技术研发的干预催生了如威廉皇家学术促进会(即马克斯-普朗克学会前身)等专注学术研究的机构主体,④此类学会在资金和人才储备方面足以与大学抗衡,从而造成学术研究重心的转移,也客观上削弱了大学中教学与科研的完整统一性。

四、"全面教育"的复归与重构

二战结束后,德国教育体制的改革成为德国社会重建的重要议题,高校校长大会(Hochschulrektorenkonferenz)、高校会议以及德国大学生协会等组织均积极参与讨论,其核心关注点便在于通过重拾人文教育价值反思纳粹历史。

① 李工真. 哥廷根大学的历史考察[J]. 世界历史,2004(3):72 - 84.

② 崔乃文. 文理学院的死与生:自由教育与制度化的精英大学体系[J]. 清华大学教育研究,2018(5):81 - 89.

③ Rüdiger vom Bruch, Langsamer Abschied von Humboldt? Etappen deutscher Universitätsgeschichte 1810—1945[C]//Mitchell G. Ash (ed.). Mythos Humboldt: Vergangenheit und Zukunft der deutschen Universitäten, Wien: Böhlau, 1999: 29 - 57.

④ 张弢,何雪冰,蔡志楠. 洪堡神话的终结?:德国史学界对洪堡与德国现代大学史之关系的解构以及相关思考[J]. 德国研究,2018(3):132 - 147.

《波茨坦协定》中特别加入了"应促使民主思想的发展"①的条款，由盟军管控委员会于 1947 年发布的《德国教育体制民主化原则》（Demokratisierung des deutschen Bildungswesens）进一步指出，学校应该"教育学生承担国民责任，学会民主的生活方式"②。

1948 年，德国英国占领区高校改革委员会发布《高校改革意见》，这份由英国占领军主导发起的《意见》认为战后德国大学教育体制的问题主要体现在两个方面：一是当时的高等教育没有对德国社会的巨变给予合适的反应，二是当时德国大学只培养专业化的人才，而非真正的人，因此变成了职业院校的杂糅。③ 因此，《意见》给出的总体改革方案为：1. 增加贫困人口受高等教育机会；2. 设立高校委员会（Hochschulrat）增加高校与社会各阶层的联系；3. 增加教师规模；4. 促进教育的整体性，设立"通识教育"学院。④ 其中，第四项建议以重构高校学院规制的方式直接介入德国大学的教学内容，《意见》强调，设立"通识教育"学院关乎高等教育的本质使命，即大学教育学生的目的何在，以及社会需要大学的目的何在，⑤而《意见》将此时德国大学的使命定义为"培养有教养的、有社会意识的国家公民（Staatsbürger）"⑥。显然，《高校改革意见》对当时德国高校现状的判断以及改革方向和举措都明确体现出英国借助教育事业对德国民众进行"政治教育"，从而干预战后联邦德国政治主权的意图。⑦另一方面，《意见》中对于大学教育学科专业化、职业化倾向的批判以及对于

---

① Berthold Michael，Heinz-Hermann Schepp. Die Schule in Staat und Gesellschaft. Dokumente zur deutschen Schulgeschichte im 19. und 20. Jahrhundert［M］. Göttinge & Zürich．: Muster-Schmidt，1993：161.

② Berthold Michael，Heinz-Hermann Schepp. Die Schule in Staat und Gesellschaft. Dokumente zur deutschen Schulgeschichte im 19. und 20. Jahrhundert［M］. Göttinge & Zürich．: Muster-Schmidt，1993：233.

③ Studienausschuss für Hochschulreform. Gutachten zur Hochschulreform［R］. Hamburg，1948：3.

④ Studienausschuss für Hochschulreform. Gutachten zur Hochschulreform［R］. Hamburg，1948：2.

⑤ Studienausschuss für Hochschulreform. Gutachten zur Hochschulreform［R］. Hamburg，1948：77.

⑥ Studienausschuss für Hochschulreform. Gutachten zur Hochschulreform［R］. Hamburg，1948：79.

⑦ 王世岳，张红霞. 作为符号的通识教育：以德国大学为例［J］. 比较教育研究，2018，40(3)：77-84.

"国家公民"教育理念的推崇也一定程度上延续了 20 世纪前德国传统的人文主义"全面教育"思想。因此,通识学院在联邦德国大学的推行起初较为顺利,传统大学如图宾根大学、美因茨大学、波恩大学、埃尔朗根大学先后试行通识教育,并在联邦教育与科学工会(GEW)组织的诸多高校论坛进行宣讲。[①]

20 世纪 50 年代后期,重新获得国家主权的德国重启了更为自主的高等教育改革进程,联邦德国于 1957 年成立科学委员会(Wissenschaftsrat),1976年通过联邦层面的《高等教育框架法》。20 世纪 60 年代,德国逐步收回教育领域的主权并试图在教育改革中体现政治和文化自主性,加之德国教育大众化和民主化进程不断加快,精英化的"通识教育"不再符合社会现实与民众期待,因此,被视为英美舶来品的通识学院(studium generale)制度遭到德国大学的全面废弃,[②]取而代之以学科专业学术研究为核心的高校教育体系。[③]

20 世纪 80 年代以来,通识教育体系在欧洲范围内呈现小规模复兴,[④]其主要原因有二:一是中学教育阶段质量的提升,使得部分精英中学毕业生已经接近了大学本科资质;[⑤]二是西欧大众化的教育体制在课程类型方面因受到专业学科限制而缺乏多样性和灵活性。如此,一方面,德国大学的公立性质导致大学学业无法满足部分学生的学习要求以及社会日益增长的人才需求,[⑥]

---

① Manfred Heinemann, Vom Studium generale zur Hochschulreform. Die „Oberaudorfer Gespräche "als Forum gewerkschaftlicher Hochschulpolitik 1950—1968[M]. Berlin: Akademie Verlag, 1996: 9.

② Ludwig Huber, Gabi Reinmann. Vom forschungsnahen zum forschenden Lernen an Hochschulen. Wege der Bildung durch Wissenschaft[M]. Wiesbaden: Springer VS, 2019, S. 16.

③ Marijk van der Wende. The Emergence of Liberal Arts and Sciences Education in Europe: A Comparative Perspective[J]. Higher Education Policy, 2011(24): 233 - 253.

④ Marijk van der Wende. The Emergence of Liberal Arts and Sciences Education in Europe: A Comparative Perspective[J]. Higher Education Policy, 2011(24): 233 - 253.

⑤ Sheldon Rothblatt. The Living Arts: Comparative and Historical Reflections on Liberal Education[M]. Wahingtong DC: Association of American Colleges and Universities, 2003: 6.

⑥ Marcel Helbig, Lena Ulbricht. Perfekte Passung: Finden die besten Hochschulen die besten Studenten?[C]//Sabine Trepte, Markus Verbeet (ed.). Allgemeinbildung in Deutschland, Wiesbaden: VS, 2010: 107 - 118.

也阻碍了德国大学在教学和研究方面的国际竞争力。^① 另一方面，随着高等教育大众化和民主化进程的加快，^②无论是社会意识还是具体社会资源分配方面，高等教育的公共属性都有所加强。^③ 家长和学生认为带有精英主义色彩的"教育"理念是过时的贵族阶级和资产阶级理念，其内容和要求过于理想化，不仅脱离了普通民众生活可及的目标，在实际教学过程中难以实现；此外，"教育"理念也被视为隐含着19世纪德国知识分子远离政治生活的消极意识形态，不符合联邦德国民主社会形态和个人生活诉求。^④

在此语境下，当代德国教育家吸取了战后照搬英美"通识教育"的精英化培养体系的失败教训，转向德国人文主义教育遗产，尝试将"全面教育"理念中"大众教育"和"精英教育"两个向度进行融合，将工具性、实用性移植入"全面教育"思想。克拉夫基在《新全面教育构想的雏形》(1985)中对当前德国社会对德国传统"全面教育"(Bildung)理念的责难做出了回应，强调教育理想不仅旨在实现个人在职业、伦理、知识层面的完满，也重视个体之间的沟通共处以及个体的社会责任，他尤其强调教育的目的在于使人成长为可以解决社会典型问题的成熟的人。^⑤

因此，克拉夫基指出德国教育体制改革应重点考虑"全面教育"的以下三个内容维度：第一，全民教育（Bildung für alle），即教育的受众应该是所有民众；第二，教育的内容是全面多维的（allseitige Bildung），即将人视为认识、审美和行为的主体，因此人类历史上在上述方面的所有遗产和可能性均是教育的内容；第三，教育的方式是普遍性的（Bildung im Medium des

---

① Bernd Zymed. Ausleseverfahren und Institutionen der nationalen Elitebildung und ihre internationalen Herausforderungen［J］. Zeitschrift für Erziehungswissenschaft，2014（17）：59 - 78.

② 克里斯托夫·夏尔勒，雅克·韦尔热. 大学的历史：从12世纪到21世纪［M］. 成家桢，译，上海：华东师范大学出版社，2021：198.

③ ROTHBLATT S. The Living Arts：Comparative and Historical Reflections on Liberal Education［M］. Wahingtong DC：Association of American Colleges and Universities，2003：5.

④ Wolfgang Klafki. Konturen eines neuen Allgemeinbildungskonzepts［C］//Wolfgang Klafki. Neue Studien zur Bildungstheorie und Didaktik. Beiträge zur kritisch-konstruktiven Didaktik. Weinheim，Basel，1985：12 - 30.

⑤ Silke Marchand，Lea Rump. Klafkis Grundfähigkeiten der Allgemeinbildung im Kontext des Strukturwandels von Öffentlichkeiten durch soziale Medien［J］. Medien ＋ Erziehung，2019（63）：76 - 85.

Allgemeinen），即教育应该关照人类社会在历史、当下和未来面临的共同议题，从而使教育者能够对人类发展的方案进行有益思考。[①] 通识学院除"全面教育"的重构之外，德国学界也对"人才"概念进行了新的解读，海勒等提出的"慕尼黑天资模型"（MMG）及"慕尼黑天资—成就动态模型"（MDAAM）强调个人成就受到"天资""环境""非认知个人因素""专业技能"的综合影响，并将"天资"定义为由智力、创造力、社会能力、实践能力、艺术能力、音乐能力和心理因素的多元综合体。[②] 在此基础上，齐格勒指出天资并非个人的静态属性值，而是多元化的行动能力潜力，[③]并强调应在"广泛的行动能力发展"中进行拔尖人才培养。[④] 由此，德国高等教育逐步转向专业素养与多元素养相融合的培养路径。

五、博洛尼亚进程下的德国大学文科培养改革

除内部因素外，欧洲整体环境因素也为德国高校体制和拔尖人才培养改革提供了新的契机，其中最主要的动因就是欧洲一体化进程背景下的"博洛尼亚进程"。1999 年，欧洲 29 个国家教育和科学部长签署《博洛尼亚宣言》，计划在 2010 年前建立欧洲高等教育区，《博洛尼亚宣言》决定建立毕业资质互认体系、引入本科和硕士学位的分层结构、建立学分制度，促进各国之间学生和教师力量流动。[⑤]

21 世纪初，在全球竞争压力增大与社会人才需求变迁的环境下，德国大学文科教育陷入危机。根据联邦劳工局的最新统计数据，2005 年对人文学者

① Wolfgang Klafki. Konturen eines neuen Allgemeinbildungskonzepts[C]//Wolfgang Klafki. Neue Studien zur Bildungstheorie und Didaktik. Beiträge zur kritisch-konstruktiven Didaktik. Weinheim，Basel 1985：12 - 30.

② Kurt A. Heller. Begabtenförderung im Lichte der aktuellen Hochbegabungs-und Expertiseforschung [C]// Kurt A. Heller（ed.）. Von der Aktivierung der Begabungsreserven zur Hochbegabtenförderung. Forschungsergebnisse aus vier Dekaden. Berlin：LIT，2008：65 - 87.

③ Bianca Preuß. Hochbegabung，Begabung und Inklusion：Schulische Entwicklung im Mehrebenensystem[M]. Wiesbaden：Springer VS，2012：31.

④ 阎琨，段江飞，黄潇剑. 拔尖人才培养的国际范式和理论模型[J]. 清华大学教育研究，2019，（40）：32 - 39.

⑤ https：//www. hrk. de/fileadmin/redaktion/hrk/02-Dokumente/02 - 03 - Studium/02 - 03 - 01 - Studium-Studienreform/Bologna_Dokumente/Bologna_1999. pdf.

的明确需求较前一年再次下降了 8.8%："在 2005 年,除高校或公共部门之外,几乎没有明确需要德国文学研究者或文化研究者的原生就业市场。"①尽管人文学科的毕业生在学期间获得了多种核心和附加技能,有机会进入新的职业领域,但实践表明,他们常常只能获得低资质工作、低薪以及临时合同。②科学委员会的措辞更为委婉:"劳动市场为人文学者提供了良好的机会。尽管职业生涯的开始往往伴随着失业、实习或自由职业阶段,但五年后,人文和社会科学毕业生的正规就业比例(73%)接近所有学科的平均水平(89%)。"③

2006 年,德国联邦议会进行了一次德国文科教育与研究评估,德国科学委员会以评估意见为依据制定了《促进德国文科发展建议》,强调借助博洛尼亚进程推进德国大学文科教育理念和具体路径的改革,重点解决德国大学文科教育"课程结构不清晰"④的弊端,结构化人文学科的学习,强化对学生的指导并缩短学制,进一步加强文科拔尖人才培养的社会性、多元性与国际化。2021 年,德国教育与研究部发布德国推行博洛尼亚进程成果的全国报告,指出 21 世纪以来德国高等教育体制、专业设置和课程体系均根据建设欧洲高等教育区的要求进行了体系性的全面变革。其中影响最为深远的措施是德国大学引入了本科与研究生"双级"学制以及相应的学士和研究生学位,取消了之前的 5 年学制学位(Diplom,Magister),⑤本科阶段由此成为更具专业化倾向的研究生学业的准备阶段,这一调整缓解了原学制专业选择灵活度低、过早专业化等弊端,为本科阶段学生提供了更宽口径、更具灵活性、学科视野更广的课程体系和跨专业研修的可能性,⑥也为全面教育方案的实施提供了契机,即打破专业教育局限后,批判性思维、沟通能力、道德教育、实践能力和公民责任

①　https://statistik. arbeitsagentur. de/Statistikdaten/Detail/200612/ama-heft-arbeitsmarkt/arbeitsmarkt-d-pdf.

②　https://statistik. arbeitsagentur. de/Statistikdaten/Detail/200612/ama-heft-arbeitsmarkt/arbeitsmarkt-d-pdf.

③　https://www. wissenschaftsrat. de/download/archiv/7068-06. html.

④　https://statistik. arbeitsagentur. de/Statistikdaten/Detail/200612/ama-heft-arbeitsmarkt/arbeitsmarkt-d-pdf.

⑤　https://www. bmbf. de/bmbf/shareddocs/downloads/files/be _ 210304 _ nationaler _ bericht _ bologna_2020_final. pdf? _blob=publicationFile&v=2.

⑥　ROTHBLATT S. The Living Arts: Comparative and Historical Reflections on Liberal Education[M]. Wahingtong DC: Association of American Colleges and Universities,2003:8.

等多元能力培养得以有机融入拔尖人才培养的路径之中。

第二节 德国大学文科拔尖人才培养的实践路径

在德国高等教育体系中,针对拔尖人才的直接激励举措之一,是设立"拔尖人才资助机构"(Begabtenföderungswerke)①,以向个体提供奖学金的方式,促进拔尖人才的成长。然而,此类资助机构的受众范围相对有限,且各基金组织在选拔过程中展现出较强的倾向性。相较而言,德国在联邦、州、大学三个层面建设的范围更广、平台更高的体系性培养路径和促进机制,对于我国而言具有更为显著的借鉴意义。这一体系不仅涵盖了更广泛的人才群体,而且通过多层次、多维度的支持措施,为拔尖人才的全面发展提供了更为坚实的平台与保障。

一、德国联邦层面的框架搭建:"卓越战略"

德国联邦和州联合实施的"卓越战略",通过高额投入与制定宏观制度的方式构建跨学科研究平台,突出以科研促进人才培养。2005 年,德国联邦政府启动"卓越倡议计划"(Exzellenzinitiative),包括研究生院计划(Graduiertenschulen)、卓越集群(Exzellenzcluster)和未来计划(Zukunftsprojekte)。研究生院计划重点资助入选研究生院的硕士、博士研究生,以期促进学术后备力量增长;卓越集群旨在资助具有国际竞争力的研究领域;未来计划旨在加强大学或大学联合体作为机构在研究方面的国际领先地位。② 2017 年,德国联邦与州政府实施"卓越战略"(Exzellenzstrategie),与之前的"卓越倡议计划"相比,新路径突出以下两个特点:

首先,明确提出建设"卓越大学"(Exzellenzuniversität)的口号。尽管前

---

① 其中包括由德国联邦教育及研究部负责的"德国奖学金"以及由德国 13 个不同议会党派及其他社会组织资助的"人才基金"。如德国社民党的弗里德里希·阿尔伯特基金,左翼党的罗莎·卢森堡基金,基民党的康拉德·阿登纳基金等。参见 https://www. bmbf. de/bmbf/shareddocs/downloads/files/giftsup-evaluationsbericht. pdf.

② https://www. gwk-bonn. de/fileadmin/Redaktion/Dokumente/Papers/DFG-WR-Bericht-Juni2015. pdf.

一阶段计划以及学界讨论中已经出现了"卓越大学"的称呼,但此前大学资助的路径隐含于"未来计划"之下,且资助对象为大学和研究所,资助重点为研究项目而非大学整体建设。此次在战略规划中确认"卓越大学"称号,可见德国政府和教育界对于高等教育拔尖培养和精英化建设的认可,这一点对于在社会文化层面均强调"全民教育"(Bildung für alle)的当代德国并非自然而然,应是学术研究和高等教育人才培养全球竞争环境下的战略抉择(见表7-1)。这一变革使得如柏林大学联合体(柏林自由大学、柏林洪堡大学、柏林工业大学、柏林夏里特医学院)等学科综合实力较强的大学或联合体更容易在竞争中脱颖而出,同时也直接促进了德国大学与科研实力同样雄厚的四大研究机构(马克斯·普朗克协会、亥姆霍兹联合会、莱布尼茨科学联合会以及弗劳恩霍夫应用研究促进协会)进一步合作研究和人才联合培养。

其次,取消研究生院资助路径,加强卓越集群资助与建设。"卓越战略"不仅加强了对具有国际竞争力的前沿性研究课题和研究团队的资助,还提高了"卓越集群"项目的地位,只有参加至少两项"卓越集群"项目的大学或研究机构才有资格申请进入"卓越大学"计划。2022年11月联邦与州政府科学联席会议决定进一步加强资助力度和项目竞争力,从第二个资助期(即2026年)起,将最多资助70个卓越集群,每年提供5.39亿欧元的资金。

表7-1 "卓越倡议计划"①"卓越战略"②文科卓越集群项目名单

项目名称	承担大学	备注
文化融入的文化基础	康斯坦茨大学	"卓越倡议计划"第一期、第二期
主题:古代文明空间与知识的构型与转型	柏林自由大学,柏林洪堡大学	"卓越倡议计划"第一期、第二期
全球背景下的亚洲和欧洲:文化流动的不对称性及其变化	海德堡大学	"卓越倡议计划"第一期、第二期

---

① https://www.academics.de/ratgeber/exzellenzinitiative-exzellenzstrategie.

② https://www.dfg.de/download/pdf/foerderung/programme/exzellenzstrategie/exstra_entscheidung_exc_180927.pdf.

（续表）

项目名称	承担大学	备注
规范秩序的形成	法兰克福大学	"卓越倡议计划"第一期、第二期
前现代和现代文化中的宗教与政治	明斯特大学	"卓越倡议计划"第一期、第二期
图像与知识的塑造——跨学科实验室	柏林洪堡大学	"卓越倡议计划"第二期
多元非洲：重构非洲研究	拜罗伊特大学	"卓越战略"
波恩依赖性与奴隶制研究中心	波恩大学	"卓越战略"
不平等的政治维度	康斯坦茨大学	"卓越战略"
市场与公共政策	波恩大学、科隆大学	"卓越战略"
活动的物质性：图像、空间与物质研究	柏林洪堡大学	"卓越战略"
宗教与政治	明斯特大学	"卓越战略"
古代社会的社会环境与文化连接研究	基尔大学	"卓越战略"
自由主义社会秩序研究	柏林自由大学	"卓越战略"
手稿文化研究	汉堡大学	"卓越战略"
全球化视域下的文学与实践研究	柏林自由大学	"卓越战略"

"卓越战略"资助的"卓越集群"项目有 57 项，涵盖人文社科、自然科学、工程技术、生命科学 4 个领域，其中人文社科领域项目共 10 项，加上此前"卓越战略"框架下的资助路径，目前共有 11 所大学的 16 个项目进入"卓越集群"名单（见表 7-2）。从项目特性与平台机制来看，"卓越集群"在以下两方面为德国文科学术研究与人才培养提供了新动力：

第一，跨学科融合发展。"卓越集群"项目均为"基于主题"的跨学科研究项目。① 最新修订的《"卓越战略"管理条例》指出，"卓越集群"旨在"促进主题性研究，促进跨学科合作，促进建设国际网络"。② 从具体实施来看，"卓越集群"建设已经发展为德国大学评价体系的重要指标，如在新的"卓越战略"中，

---

① 陈洪捷，巫锐."集群"还是"学科"：德国卓越大学建设的启示[J]. 江苏高教，2020(2)：1-8.

② https://www. gwk-bonn. de/fileadmin/Redaktion/Dokumente/Papers/Verwaltungsvereinbarung-Innovation_in_der_Hochschullehre. pdf.

只有参加至少两项"卓越集群"项目的大学或研究机构才有资格申请进入"卓越大学"计划。此外,"卓越集群"也成为德国文科学术研究的重要驱动力,多学科融合的研究模式打破了大学和非大学机构之间的壁垒,推动人文社会科学的转型,促使大学以优势学科为依托,建设以项目为导向的可持续跨学科创新研究平台。如明斯特大学基于宗教研究的项目先后入选三期"卓越集群"名单,柏林洪堡大学以"图像研究"为基础的研究项目先后入选第二、三期名单;位于柏林的柏林自由大学、柏林洪堡大学和柏林工业大学,以及位于北威州的亚琛工业大学、波恩大学等利用各自地缘连接与卓越集群联合项目的双重纽带形成了长期合作关系,且均凭此入选"卓越大学"名单。

第二,依托集群项目平台开展人才培养。"卓越战略"取消"研究生院"资助路径并不意味着德国政府不再将人才培养纳入发展战略体系中,从表7-2可以看到,各集群项目均与所在高校研究生院合作,以研究主题为依托进行博士生、博士后培养,部分大学还开设了一年制或两年制硕士培养项目。博士研究生和博士后以卓越集群项目成员身份进入研究团队,拜罗伊特大学"多元非洲:重构非洲研究"项目还单独设立了"青年研究课题",由1名博士后及其招募的2名博士生组成研究团队,对集群项目的子课题进行研究。

从"研究生院"计划转向"卓越集群"项目,这在一定程度上反映了德国政府对文科拔尖人才培养认识的变化,培养路径从大而广的以大学研究生院为依托的博士课题资助转向了准而精的研究项目平台支持,更加聚焦博士研究生阶段的学术后备人才培养以及学术产出。此外,"卓越集群"项目还与主要负责高校的高级研究院合作,开设以研究项目为主题的"课题性研讨课"(Forschungsseminar)和学术讲座,课题性研讨课被纳入全校课程体系,成为通识教育的一部分。

表7-2　"卓越战略"下"卓越集群"项目招收博士生与博士后研究人员情况统计①

项目名称	承担大学	博士生	博士后
多元非洲:重构非洲研究	拜罗伊特大学	17	12
波恩依赖性与奴隶制研究中心	波恩大学	40	11

---

① 数据来源为各"卓越集群"项目组官网。

(续表)

项目名称	承担大学	博士生	博士后
不平等的政治维度	康斯坦茨大学	30	18
市场与公共政策	波恩大学、科隆大学	41	20
活动的物质性:图像、空间与物质研究	柏林洪堡大学	23	30
宗教与政治	明斯特大学	29	28
古代社会的社会环境与文化连接研究	基尔大学	41	15
自由主义社会秩序研究	柏林自由大学	67	23
手稿文化研究	汉堡大学	62	10
全球化视域下的文学与实践研究	柏林自由大学	29	18

二、联邦州层面的制度建设:以巴伐利亚州"精英网络"为例

各联邦州各自制定的拔尖人才促进规划聚焦以文科拔尖人才培养为指向的学科专业设置优化与改革,其中巴伐利亚州"精英网络计划"最具代表性。2002 年,也就是德国联邦政府施行"卓越倡议计划"的前三年,教育和经济资源雄厚的巴伐利亚州便开始筹备自己的"精英网络"计划(Elitenetzwerk),提案在 2003 年获得州议会通过并在 2004 年正式实施,2005 年《巴伐利亚精英促进法》(Bayerisches Eliteförderungsgesetz)正式生效,取代之前的《巴伐利亚人才促进法》(Bayerisches Begabtenförderungsgesetz),在法律层面明确支持对象为"拔尖人才"[①],从而确保"卓越倡议计划"的全面推行。"卓越倡议计划"面向从高中毕业直至博士后阶段的青年学生与研究人员,由精英专业计划、马克斯·韦伯奖学金、玛丽安·普莱恩奖学金、国际博士研究生院和国际青年研究员群 5 个路径组成,其中后 3 条路径专门针对优秀博士研究生的资助项目,马克斯·韦伯奖学金面向全年龄段学生,精英专业计划则是针对研究生阶段的体系性学科与课程机制建设,值得我们在文科拔尖人才培养的讨论中特别关注。与联邦层面的"卓越战略"相比,巴伐利亚州"精英网络"计划除优秀博士研究生资助项目外,还设立了两条特色培养路径:一是基础教育与高

---

① https://www.gesetze-bayern.de/Content/Document/BayEFG.

等教育协同培养计划,二是针对研究生阶段培养的"精英专业"计划。①

1. 基础教育与高等教育协同培养

在强调教育大众化的德国,精英化教育并非理所当然,私立中学仅占德国中学总数的 7.9%,②但是,德国特殊的二元制中学体系实际上本身就隐含着精英化教育的制度基础,③能够就读高级文理中学(Gymnasium)并可以参加高中毕业考试(Abitur)的学生在进入大学之前就已经经历了多次选拔,而部分办学悠久、师资和生源良好的中学与其他类别中学乃至普通高级文理中学之间的差距也愈发明显,此类中学的毕业生超过研究型大学本科入学资质一般水平,逐步形成精英高中群体。④ 因此,巴伐利亚州《巴伐利亚精英促进法》选择优秀中学毕业生作为拔尖培养与资助对象,以期促进中学阶段的拔尖人才培养以及基础教育与高等教育的协同培养。"精英网络"下的"马克斯·韦伯计划"每年选取 200 名巴伐利亚州精英中学毕业生,⑤提供每学期 1 290 欧元的教育津贴,同时以资助形式鼓励入选者在大学阶段进行国外交流,并提供差旅、保险和学费资助,此外,还提供一对一学业辅导、专项研讨课、科研实习等附加资助项目。

2. "精英专业"计划

"精英专业"理念源于美国高校的"荣誉教育"体制,是针对具有拔尖素质的学生而专门设计的个性化教育体系。⑥ 学者将部分德国综合性大学单独设

---

① https://www.gesetze-bayern.de/Content/Document/BayEFG.

② Heiner Ullrich, Susanne Strunck. Zwischen Kontinuität und Innovation: Aktuelle Entwicklungen im deutschen Privatschulwesen[J]. Zeitschrift für Pädagogik, 2009(2): 228 - 243.

③ 由德国联邦教育与研究部及德意志科学基金赞助者联合会资助的德国中学生学院(Deutsche Schüler Akadmien)和德国青年学院(Deutsche Junior Akademien)夏令营也属于中学拔尖人才培养路径。参见吕云震、侯轶男、张少昊:《欧洲国家天才教育现状与发展趋势研究(四)——德国天才教育:以基金会为支撑的天才教育制度》,《世界教育信息》2022 年第 12 期。

④ Heiner Ullrich. Exzellenz und Elitenbildung in Gymnasien. Traditionen und Innovationen[J]. Zeitschrift für Erziehungswissenschaft, 2014(17): 181 - 201.

⑤ 资助准入条件对学习成绩进行了明确限定:高中毕业考试至少为 1.3 分,中学阶段至少获得 524 学分。

⑥ 钱再见. 荣誉学院拔尖创新人才培养的理念、困境与路径:以荣誉教育为视角[J]. 南京师大学报(社会科学版),2017(1):65 - 74.

立的"通识学院"也纳入"荣誉教育"体系之中，[1]但从课程设置和教育目标角度来看，巴伐利亚州"精英专业"与"荣誉教育"更为接近，均强调拔尖学生、高强度学习以及前沿学科，[2]具有挑战性课程、个性化环境、第二课堂等特点。

表7-3 巴伐利亚州"精英专业"文科项目名单[3]

项目名称	承担大学
文本文化伦理	奥格斯堡大学、埃尔朗根大学
经济学荣誉专业	雷根斯堡大学
近东文化研究	班贝格大学、埃尔朗根大学
数量经济学	慕尼黑大学
东欧研究	慕尼黑大学、雷根斯堡大学
科学工程技术伦理	慕尼黑大学
跨文化决策	埃尔朗根大学

巴伐利亚州"精英专业"涵盖7个人文社会科学专业（见表7-3），有以下三个突出特点：第一，跨学科。德国联邦教育与研究部在《2022年联邦研究与创新报告——巴伐利亚州册》中指出，该项目的核心思想为"在各个科学中心之间以及各个学科之间建立网络联系"。[4]"精英专业"并非既有的传统人文学科，而是文化研究、区域国别研究、科技伦理等多学科交融领域。此外，多数硕士研究生培养也由两所合作高校共同完成，专业带头人一般为相应高校专业的教席教授共同担任，课程模块由两所学校以及相关研究机构研究人员共同承担。[5] 第二，前沿性和研究导向。"精英专业"均以各自专业领域以及社会重点问题为导向，同时强调学生学术研究能力的训练与实践，如"数量经

① WOLFENSBERGER M V C. Talent Development in European Higher Education. Honors Programs in the Benelux, Nordic and German-Speaking Countries [M]. Cham: Springer, 2015:191f.

② https://www. studieren-in-bayern. de/studiengaenge/elitestudiengaenge/.

③ https://www. elitenetzwerk. bayern. de/start/foerderangebote/elitestudiengaenge/uebersicht-elitestudiengaenge.

④ https://www. bundesbericht-forschung-innovation. de/files/BuFI-2022_FuI-Politik_Bayern. pdf.

⑤ 如慕尼黑大学和雷根斯堡大学共建的"东亚研究"专业授课教师还来自慕尼黑大学东欧和东南欧研究研究生院、德国捷克与斯洛伐克研究所、莱布尼茨研究院东欧和东南欧研究所、德国东欧法研究所和巴伐利亚州图书馆东欧部。

济学"专业在第三学期的主要课程模块为自主研究课题。第三,国际化师资。"精英专业"师资均来自国际知名高校,部分专业规定为英语授课,此外特别要求学生进行国际学术交流、科考或者实践,并将此部分作为毕业的必修模块。

三、德国综合性高校实践案例

1. "通识学院"方案的德国变体

尽管"通识教育"理念在 20 世纪 90 年代以来关于第二次德国高校课程体制改革的讨论中再次成为热点话题,但德国公立研究型大学专门设置通识学院的举措并未通行,尚处于零星试验阶段。其中较有影响力的是弗莱堡大学于 2012 年创立的"弗莱堡大学学院"(University College Freiburg)。该学院教学理念传承美国与荷兰高校的"通识学院"体制,强调自然科学与人文科学的联通,具体学科专业名称为"人文通识与科学"(Liberal Arts and Sciences),下设"科学理论与认识论"和"科学与技术研究"两个教席,核心课程体系分为"文化与历史""政府管理""生命科学""环境和可持续科学"四个领域,授课语言为英语,学制四年。在"由科学达致修养"的教育传统理念影响下,德国大学重视科学与普通教养相统一、与普遍的启蒙相结合,因此,通识教育更多地在科教融合中以隐性教育的方式存在。

德国公立研究型大学的普遍改革路径是在不打破学院和专业学科规制的前提下将"全面教育"理念以及"通识学院"体系融入学生培养计划之中,侧重文科专业拔尖教育与通识教育相结合:一是以专业深化为基础的跨学科通识教育,即专业学习加辅修专业的选课制度,此部分专业以及跨专业课程由相应学院负责;二是围绕"关键素质"(Schlüsselqualifikationen)开展的"全面教育"培养,此部分课程与培养由大学专设的关键素质中心(Zentrum für Schlüsselqualifikationen)负责。在此基础上,德国大学兼顾学科融合与专业拔尖,形成了课程体系+专业模块+国际化教学+关键素质培养四位一体的培养体系,下文将选取四所德国顶尖大学为案例,具体论述 21 世纪德国大学文科拔尖人才培养体系的四个构成部分。

2. 组合专业体系:以弗莱堡大学为例

主专业(Hauptfach)和副专业(Nebenfach)的组合体系曾是德国高等学

校文科传统本硕贯通的五年制文科学位(Magister)特点。近年来,德国各研究型大学进一步调整了主专业与副专业之间的适应性以及学生选修的自由度,形成了单主专业和组合专业的二元选修体系。

以弗莱堡大学 2023—2024 本科专业体系框架为例,该大学本科毕业要求修满 180 个学分,其中包括 150 个专业学分和 30 个专业核心素质学分,后者即下文论述的"关键素质教育"。专业学习分为单主专业和组合专业两种模式(见表 7-4),在组合专业模式中学生可以选择一个主专业(120 学分)和一个副专业(30 学分),或者两个平行主专业(各 75 学分)。自然科学、工程技术专业以单主专业为主,人文社会科学以组合专业为主。在组合专业体系中可选为主专业的学科侧重语言、历史、文化研究相关领域,而副专业的范围则基本涵盖人文社科的所有学科,从而促进学生对于人文社会学科的整体把握。单主专业与组合专业的体系设置在德国顶尖综合性大学中普遍施行,区别在于组合专业模式下各专业所需修习学分的比例不同,如海德堡大学提供 75%+25% 的组合专业模式,柏林自由大学提供 60%+20%+20% 的三专业组合模式。

表 7-4 弗莱堡大学本科专业体系框架①

组合专业模式		单专业模式
主专业+副专业	双主专业	
专业核心素质 20—30 学分	专业核心素质 30 学分	专业核心素质 20 学分
副专业 30—40 学分	主专业 75 学分	主专业 160—172 学分
主专业 120 学分	主专业 75 学分	

此外,尽管德国大学尚未施行在国内部分高校试行的书院制度,大学架构仍以专业学院为核心,但在学院建制方面继承了 19 世纪人文主义教育思想的科学整体性理念,以大类学院的方式整合相近一级学科,如弗莱堡大学语文学学院(Philologische Fakultät)整合了语言学、德语、罗曼语、新闻传播等专业;

---

① https://www.studium.uni-freiburg.de/de/studienangebot/studienabschluesse.

哲学学院(Philosophische Fakultät)则整合哲学、历史、社会学、政治学、伦理学等专业。

3. 专业课程模块化：以慕尼黑大学为例

如果说上述单主专业与组合专业体系设置目的在于促进学生的跨学科视野，那么在人文社会科学的课程体系内部，德国大学则突出专业领域内"全面教育"的培养理念。如慕尼黑大学通过课程体系的改革，确保专业内不同领域、不同层级的知识与技能以模块化的形式融于教学体系中。

首先，专业课程体系的模块化重构。慕尼黑大学所有专业学习课程均以模块化形式呈现(见图 7-1)，每个模块对应相关专业的一个子领域或一个重要主题，其中整合了相关主题各种形式课程，课程修习完成后需通过相应的模块考试才可以进行下一模块的学习。本科教育阶段分为基础教育(Basismodul)和专业提升(Aufbaumodul)的双阶课程体系。从模块设置以及各模块关联来看，我们可以将此模块化课程体系视为以专业核心素养为基础、融通专业相关知识的专业通识教育。因为专业模块均以专业领域内容和研究问题为导向设置重在促进专业内部知识的融会贯通，培养学生的问题意识和研究意识。

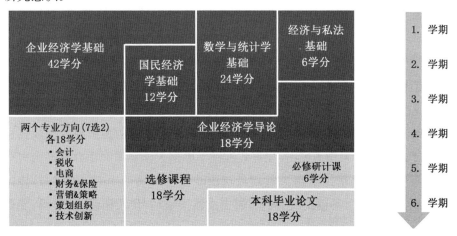

图 7-1　慕尼黑大学企业经济学专业本科课程模块设置①

_____

① https://www. isc. uni-muenchen. de/files/bwl/bwl_bachelor/pdfs/wegweiser_babwl_20221019. pdf.

其次,重视自主研讨。慕尼黑大学的课程评价体系设置在一开始便有机融入了对学生自学与研讨的要求,即在欧盟大学学分换算体制下,1 个学分对应 30 个学时,包括课程时间、自学时间、考试时间和实习时间。此外,课程内容层面同样突出学生自主研讨的必要性。每个主题模块约 6—9 个学分,包含 1 个讲座课(Vorlesung)和 1 门配套练习课(Übung)或者 1 门研讨课(Seminar)和 1 门练习课。讲座课和研讨课均由具有德国教职(Habilitation)资格的教授或者副教授负责,练习课则由专业教席团队中副教授或助理教授承担,练习课旨在引导学生在授课教师的指导下针对讲座课和研讨课的同步内容进行小组项目研讨。值得一提的是,练习课学分和学时要求一般高于讲座课和研讨课,如慕尼黑大学政治学专业本科一年级课程"政治理论导论"模块中,"政治理论"讲座课为 3 学分,课堂学时要求为 30 小时,自学学时要求为 60 小时,而相应练习课学分为 6,课堂学时要求为 45 小时,自学学时要求为 135 小时,自学研讨在德国研究性大学课程体系中的重要地位可见一斑。

4. 国际化教学:以柏林自由大学为例

随着博洛尼亚进程的推进,德国大学越来越多地参与在国外建立研究项目、院系和大学,跨国教育项目在机构国际化战略中变得越来越重要。根据高校校长大会统计,德国大学与约 150 个国家的约 5 400 所外国大学保持着约 37 000 项国际合作。[①] 其中,柏林自由大学在此方面建设时间较早,已与世界 516 所大学建立合作关系,国际学位教育项目建设成果也最具代表性。

柏林自由大学为本科、研究生和博士阶段学生均提供了丰富的海外交流学习(Auslandssemester)机会,其中,博洛尼亚改革计划内的伊拉斯谟(Erasmus)项目以及由德国学术交流中心(DAAD)主导的德国高校交流促进计划(Promos)效果最为突出,均有效推进了德国大学在国际化办学平台进行拔尖人才培养。"伊拉斯谟"[②]计划最初由欧盟于 1987 年设立,近年来,该计划在范围和深度上不断扩展为范围超出欧盟国家的"伊拉斯谟+"项目,涵盖

---

① https://www.internationale-hochschulkooperationen.de/home.

② 项目名称意在纪念欧洲教育思想家罗特丹·伊拉斯谟,同时 ERASMUS 也恰好为"欧洲共同体大学生流动行动计划"(The European Community Action Scheme for Mobility of University Students)的缩写。

教育、培训、青年和体育等领域。通过"伊拉斯谟＋"项目,学生在欧盟大学完成第一年的学习后即可以到国外大学学习,交换期间免除所在大学的学费并可以领取相应补助津贴。2019/2020 学年,伊拉斯谟框架下,在国外大学进行交换学习的德国大学生共 37 106 人。① 德国学术交流服务处(DAAD)的 Promos 项目成立于 2010 年,针对短期国外大学交流而设,面向正在德国大学攻读本科学位、硕士学位或博士学位的学生。参与的学生可以申请到国外的大学进行学习、参加实习或语言课程等。值得注意的是,该项目的具体遴选权下放给了各大学,意在促进德国大学自主地借助资助平台制定国际化战略。

近年来,除交流项目之外,德国顶尖大学也在推进学位教育的国际化,截至 2021/2022 学年,德国高校共有 20951 项国际联合培养专业项目(见表 7-5)。目前柏林大学共有国际双学位项目 5 项(本科 2 项,研究生 2 项),其中文科项目 4 项;国际联合培养项目 4 项(本科 3 项,研究生 1 项),均为文科项目。

表 7-5　柏林自由大学文科国际双学位及联合培养项目②

		专业名称	联合高校
双学位	本科	科学社会学	巴黎政治学院
		德法文学与文化研究	新索邦大学
	研究生	政治学	巴黎政治学院
		公共政策与管理	巴黎高等商学院
联合培养	本科	中国研究	浙江大学
		韩国研究	梨花女子大学等
		日本研究	国际基督教大学
	研究生	市场营销	北京大学

① https://de. statista. com/statistik/daten/studie/36302/umfrage/anzahl-der-erasmus-studenten-seit-1987/#:～:text＝Im％20Erasmus-Projektzeitraum％202019％2F2020％C2％B9％EF％BC％8C2020％20ein％20Auslandsaufenthalt％20absolvieren％20konnten.

② https://www. fu-berlin. de/studium/studienangebot/gemeinsame/index. html.

5. 关键素质培养:以哥廷根大学为例

关键素质是专业知识学习之外的补充和延伸,关键素质包括本专业及跨专业实践能力和就业能力,具体包括学术写作、沟通能力、技术与媒体、社会认知、外语能力等方面,根据学校和学科专业要求,内涵各有所侧重和延展,如海德堡大学重视跨学科继续教育、职业规划和外语能力拓展融为一体,并为硕士和博士研究生提供认知科学和数字人文领域培训的资质证明(Zertifikat),弗莱堡大学 2023/2024 学期的"关键素质"教育项目则特别强调跨文化能力、新媒体能力和人工智能工具运用能力。哥廷根大学对于关键素质培养的体系探索开始较早,2007 年在教师与教学中心下设关键素质培养工作组,近年来整合了外语教育中心、信息技术中心、学生工作处和职业咨询中心,确立了语言能力、实务能力、方法能力、自我能力和社会能力 5 个培养领域(见表 7-6),在学科专业课程和跨专业课程双重体系下提供近 500 门关键素质培养课程。

表 7-6 哥廷根大学关键素质培养重要领域和范例课程①

关键素质	课程主题
语言能力	中文、英文、法文等外语、德语学术写作
实务能力	职业规划,跨学科专业通识课程
方法能力	修辞学、项目管理、信息技术、工作组织、出版知识、传播与展示
自我能力	时间与自我管理、学习策略、个性发展
社会能力	跨文化能力、沟通与理解、团队能力、领导力

我们可以将"关键素质中心"看成英美高校"通识学院"的一种德国变体,但需要注意的是,德国高校的"关键素质中心"实际上体现出德国高校教育培养职责向行政体系延伸或者与学院体制相结合的趋向,②因其并非有特定学科属性的独立学院,不具备独立师资,不教授特定学科专业课程,而是学校层

---

① https://www. uni-goettingen. de/de/document/download/8f479c4887a76c23fe0cf98850c40c91. pdf/SK-Konzept%20der%20Universit%C3%A4t%20G%C3%B6ttingen _ Homepage _ Okt. % 2012. pdf.

② Sheldon Rothblatt. The Living Arts:Comparative and Historical Reflections on Liberal Education[M]. Wahingtong DC:Association of American Colleges and Universities,2003:8.

面的教育行政机构。因此,德国高校文科人才拔尖培养机制与英美通识教育或荣誉教育以及法国的通识文化教育(culture générale)均有所不同,融合了以学院培养为基础的核心专业加辅修专业体系和以全校专属机构为平台的关键素质教育体系,可以说是 19 世纪德国人文主义者"全面教育"理想的当代修订。

四、高校"双元制"体系:文科拔尖人才的专项培养路径

德国中学"双元制"体系是世界中学体制的典范,它源于传统学徒制的培训方式,在 20 世纪 60 年代以来深刻融入德国工业发展之中,逐步形成了企业与公立中学合作培养技能型人才的职业教育制度。[①] 双元制主要面向不进入高等教育而是直接进入职业生涯的学生。双元制教育体系的特点是将学习地点分为职业学校(Berufsschule)和培训企业(Ausbildungsbetrieb)两个部分。在职业学校,学生接受基础理论和专业知识的教育;在培训企业,学生则进行实际操作和工作技能的训练。整个培训过程通常持续两到三年,具体时间因职业类型而异。

20 世纪 70 年代起,"双元制"从中学体系向高等教育领域延伸,德国各类应用技术大学逐步建立起基于双元制的专业方向和课程体系,[②]由此,高等教育阶段的"双元制"培养路径成为德国大学拔尖人才培养路径改革创新的又一方向。需要指出的是,拔尖人才培养并不只是在研究性大学才可行,职业教育也不是"拔尖人才"的反义词。在德国高校体制中,《德国高校框架法》第一条规定,德国高校种类为综合性大学(Universität)和各类应用型大学(Fachhochschule)。德国近年来将中学"双元制"引入高等教育框架之内的尝试,是在学术性拔尖人才之外针对应用型拔尖人才培养路径的有益探索,对于中国高校应用型文科拔尖人才培养这一维度,如专业硕士体系的建设,具有特别的借鉴价值。

当前德国高校"双元制"教育的模式可以分为两类:一是综合性大学和应

---

① 姜大源.德国"双元制"职业教育再解读[J].中国职业技术教育,2013(33):5-14.
② 唐慧,谢莉花.德国双元制高校教育再审视:现实矛盾、发展治理与借鉴反思[J].中国职业技术教育,2023(15):68-78.

用技术大学开设"双元制"专业,二是各类基于"双元制"体系而设但并不具有正式高校地位的"职业学院"(Berufsakademie)升格为双元制大学(Duale Hochschule),如 2009 年正式成立的巴登-符腾堡双元制大学(Duale Hochschule Baden-Württemberg)开启了此路径的先河。[①] 但此类高校发展尚处于探索阶段,德国高等教育双元制的主流是第一类培养路径,正如德国科学委员会 2013 年在《关于双元制大学发展的建议》(Empfehlungen zur Entwicklung des dualen Studiums)中所指出的那样,并不需要按照巴登-符腾堡双元制大学建立统一规制的高校,应用技术大学课程体系中的双元制专业可以与所在高校的地域和专业特性更为有机地连接融合,应予以保持。[②]

德国高校发展中心(CHE)、企业教育研究中心和联邦教育与研究部联合展开的调查显示,[③]截至 2021 年,德国高校共有 20 635 门专业,其中双元制专业 1 991 门,占比 9.5%。在双元制专业中,本科学位专业数量为 1 691 门,硕士研究生学位专业为 269 门,传统工程 Diplom 学位专业为 31 门,可见德国高校双元制专业不仅为基础性教学,也涵盖了硕士研究生的高等级教育,且近年来双元制硕士研究生专业需求增加,成为校企合作模式创新的新抓手。[④] 在开设双元制专业的高校中,应用型大学占比 89.6%,综合性大学占比 4.5%,"职业学院"占比 5.9%。在双元制专业设置的比例方面,综合性大学所有专业数量为 12 487,双元制专业为 88,占比 0.7%;应用技术大学共开设专业 6 781 门,双元制专业 1 757 门,占比 25.9%,应用技术大学一年级新生中有 10.1%为双元制专业学生。

在学科分布方面,双元制专业以注重应用实践的学科为主导,授予本科学士学位和硕士研究生学位的工程类专业占比 35.3%,人文社科大类专业共计 637 门,占比 32.5%,其中经济和法律类专业为绝对主导,在人文社科大类中

① Pautsch A,陈颖. 巴登-符腾堡州双元制大学:德国双元制高等教育的"典范"[J]. 应用型高等教育研究,2020,5(4):42-47.
② https://www. wissenschaftsrat. de/download/archiv/3479-13. html.
③ 本节关于德国双元制高校的数据均出自:Sigrun Nickel, Iris Pfeiffer, Andreas Fischer. Duales Studium:Umsetzungsmodelle und Entwicklungsbedarfe[M]. Bielefeld:wbv Verlag, 2022.
④ https://www. wissenschaftsrat. de/download/archiv/3479-13. html.

占据 80%。① 总体来看，高校双元制专业与德国高校整体专业的比重分布呈现出高度一致性，德国高等教育与科学研究中心（DZHW）对 2017 年高校毕业生的调查结果显示，法律、经济、社会学三门学科的毕业生人数占所有专业的 42.43%，位居第一。② 这也体现出注重应用实践的双元制专业对于德国高等教育延伸内容维度、扩大受教育面的积极意义。上述高等教育中的专业倾向与中学阶段的双元制教育基本趋同，德国联邦统计局 2022 年关于双元制教育的数据通告显示，截至 2022 年 8 月，双元制中学教育中最受欢迎的职业方向为销售、企业管理、零售、机械师和医疗。③

根据专业特性以及校企合作模式的不同侧重，德国大学建立起了多元化的培养路径（见表 7－7）④：

表 7－7　德国大学双元制不同培养方案的教学形式

教育类型		培养路径	
		融合式	平行式
初次教育	职业教育	培训整合 （本科）	培训并行 （本科）
	实践教育	实践整合 （本科） 在合作企业进行整合教育	实践并行 （本科/限应用大学与综合性大学） 必须完成企业实习
继续教育	职业兼职	在职整合 （硕士/本科）	在职整合/并行 （硕士/本科）
	实践实习	实践整合 （硕士/本科）	实践并行 （硕士/本科）

与中学双元制相比，德国大学双元制的各类培养方案更加强调专业培训部分的高阶性及其与真实工作实践的融合度。培训并行培养方案

---

① 具体数据如下：授予本科学士学位和硕士研究生学位的工程技术专业 693 门、经济与法律 514 门、数学与自然科学 263 门、健康科学 126 门、社会学 105 门、林业 19 门、艺术学 11 门、语言文化 7 门、师范类 5 门、跨学科专业 217 门。

② https://metadata. fdz. dzhw. eu/public/files/data-sets/dat-gra2017-ds1 $-1. 0. 0/attachments/dsreport-gra2017-ds1. pdf.

③ https://www. destatis. de/DE/Presse/Pressemitteilungen/2022/08/PD22_363_212. html.

④ https://www. wissenschaftsrat. de/download/archiv/3479-13. html.

（Ausbildungsbegleitender Studiengang）为全日制学习,同时进行双元制职业培训,但在学业与职业培训之间不存在机构性、结构性或内容上的交叉。学生在高等院校取得全部学分,职业培训的部分不计入学业成绩。培训整合培养方案（Ausbildungsintegrierender Studiengang）将职业培训系统地纳入课程中,学业与职业培训在结构和机构上交叉（通过高校/职业学院、实习单位以及职业或专业学校的联系）,职业培训的部分计入学业成绩。在职并行培养方案（Berufsbegleitender Studiengang）为全日制或非全日制学习,同时进行与学业有或没有专业联系的职业工作,但在学业与职业工作之间不存在机构性、结构性或内容上的交叉,学生在高等院校取得全部学分。在职整合培养方案（Berufsintegrierender Studiengang）为全日制或非全日制学习,与相关专业的职业工作相结合,学业与职业工作在内容上有交叉。雇主了解学生的学习情况并与学生定期交流学习内容。实践并行培养方案（Praxisbegleitender Studiengang）中有大量的实践部分,但这些实践部分与学业在机构性、结构性或内容上没有交叉。实践部分不计入学业成绩。实践整合培养方案（Praxisintegrierender Studiengang）相比常规课程中必修实习的课程,系统地包含更多的实践部分,并在机构性和结构上与学业交叉（通过高校/职业学院与实习单位的联系）,实践部分计入学业成绩。

综上所述,德国大学双元制体系下的文科拔尖人才培养体系与德国中学的双元制模式有机融合,形成了丰富德国特色的贯通式、双重双元制,有效实现了引导应用型拔尖人才进入商科等专业学校学习和企业实践,并提供进一步在相应领域进入高等教育范畴继续拔尖培养的机会。

第三节　对文科拔尖人才培养的启示与借鉴

21世纪的德国高等教育中,文科拔尖人才的培养路径展现出了鲜明的特色与前瞻视野。在教育理念方面,强调文科在整个科学体系中的重要价值,致力于提升文科教育的地位与价值。在宏观体制建设方面,德国高校积极构建跨专业研究平台,充分发挥其育人作用。在教学方法方面,注重能力导向与综合素质的提升。在培养路径方面,实施自基础教育起的贯通拔尖教育体系。

在理论构建方面,立足本土文化传统与社会实践,形成了独具特色的培养路径。这些改革举措及其背后理念,与我国高校在文科拔尖人才培养有诸多共通之处,为我们提供了宝贵的启示与借鉴。

一、重视文科拔尖人才培养在高等教育框架内的体系性价值

德国人文主义教育传统对人的全面教育与全面发展的理想追求体现出对科学知识总体性和整体性本质的深刻把握,对于避免狭隘的专业主义和科学技术的非人道滥用具有重要意义。习近平总书记指出:"高校哲学社会科学有重要的育人功能,要面向全体学生,帮助学生形成正确的世界观、人生观、价值观,提高道德修养和精神境界,养成科学思维习惯,促进身心和人格健康发展。"①我们需要准确把握文科教育与其他学科教育的有机融合关系,关注文科拔尖人才培养在整个高等教育体系中的地位和价值。文科拔尖人才培养不仅限于培育文科研究的后备力量,而且在帮助学生掌握马克思主义世界观和方法论,教育引导学生深刻理解社会主义核心价值观,提升综合素养和人文修养,引导学生自觉传承和弘扬中华优秀传统文化,增强文化自信等方面有着重要作用。②融入整个育人体系的文科拔尖教育可以促进价值塑造与能力提升相融通,强化学习内容及学习过程的意义,赋予学生向真、向善、向美的价值追求。③

二、搭建跨专业科教融合平台

德国联邦层面的"卓越战略"从制度层面强调跨学科科教平台的建设,而各高校则以专业通识和专业交叉融合为核心进行专业设置和课程体系改革,使得跨专业视野与科教统一成为德国文科拔尖人才培养路径的最鲜明的特征。这提醒我们应在制度层面推动跨专业科研平台的建设,发挥智库科研的育才作用,有组织地进行多学科融合式教学;同时注重借助数字人文、人工智

---

① 习近平. 习近平谈治国理政:第2卷[M]. 北京:外文出版社,2017:345.
② 张亮,廖昀喆. 我国研究生课程思政建设的形势、问题与对策:基于南京大学的思考与实践[J]. 社会科学家,2021(4):150-154.
③ 施佳欢,蔡颖蔚,郑昱. 一流本科课程建设的实践路径:以南京大学优质课程建设为例[J]. 中国大学教学,2021(4):49-53.

能等最新技术提升学生知识和能力结构,拓展传统文科教学内容与形式的边界;也应重视本科和研究生阶段"全球科考""大学生创新创业项目"等学术研究实践对于课程教学的补充和深化作用。

三、加强以多元能力为导向的综合提升

德国大学的关键素质教育重视对实践能力和社会能力的培养,形成了与专业知识的必要互补,体现了"天资"多元模型对于教育改革的指导作用,有效促进了文科拔尖人才从"天资"向"成就"的转化,同时也体现了人文主义全面教育的理念,即拔尖人才培养不可局限于"专业精细化",而是应注重"整体精神"的培养。[1] 我国高校文科拔尖基地的建设经验同样表明,学生高度需求本专业课程之外的可自主选择、搭配的多元化课程,特别是经典阅读课程和多语种课程受到学生以及教师和高校管理者的一致认可,同时综合能力的提升也成为高校学术型拔尖学生培养的重点。[2] 因此,应以全校通识课程为框架,结合本科生院、研究生院的育人平台,以外语、写作、表达、思辨能力等维度为核心,为学生提供多元化、个性化和实用型的能力课程。

四、形成贯通各阶段的拔尖培养路径

德国的文科拔尖人才培养并非仅限于大学学习阶段,而是贯通中学、本科和研究生阶段的体系设置。首先,德国中学双元制体系和高校双元制体系实现了中学和大学教育的分流、拔尖和有机衔接。其次,德国高校本科阶段教育在兼顾通识的基础上,通过研究型课程、学生研究项目等方式注重学生学术研究能力特别是对本专业领域研究兴趣的个性化培养,这为更高阶段的学习奠定了基础。我国的拔尖人才培养在贯通路径建设上应该注重以下三个方面:首先,应加强培养文科拔尖人才路径的全阶段统筹设计,引导本科生了解硕士、博士研究生阶段的学业以及学术研究,鼓励学生将自身兴趣与专业求知探索相结合;其次,提高课程的"高阶性、创新性和挑战度",[3]通过高阶选修课

① 卡尔·雅斯贝尔斯.什么是教育[M].童可依,译.北京:生活·读书·新知三联出版社,2021:32.
② 张亮,施佳欢.文科基础学科拔尖学生培养:理念认知与实践行动:基于全国文科拔尖基地的调查[J].中国高教研究,2023(11):70-78.
③ 吴岩.建设中国"金课"[J].中国大学教学,2018(12):4-9.

等方式,[①]加强本硕博贯通课程在整个课程体系中的作用;最后,促进跨学段融合,并结合"拔尖计划""强基计划"等平台为中学毕业生提供多元化学习路径。

五、构建具有本土特色的文科拔尖教育理念

建设什么样的大学,怎么建设大学,是每个国家高等教育研究界必须回答的时代之问。19世纪以来德国大学的变革历程告诉我们,对上述问题的回答应立足于本土实践、本国国情和本民族优秀教育思想传统。无论是20世纪60年代废止"强迫"接受的"通识学院"体系,还是20世纪80年代以来对于"全面教育"和"通识教育"理念的重访,都体现出德国高等教育界融合自身优秀传统与外来经验的尝试。正是由于这样立足本土、取长补短的态度,21世纪的德国大学才能逐步建立起颇具德国特色,同时又适应德国当下社会发展的文科拔尖培养路径和机制。

19世纪以来德国大学的变革历程始终致力于融合本土人文主义教育传统与世界高等教育发展成果,费希特、洪堡、施莱尔马赫等人关于德国思想传统与德国大学关系的理论探讨不仅对20世纪以来现代大学体制和高等教育研究产生了深远影响,也奠定了当下德国文科拔尖人才培养体系中"全面教育""教学与科研融合""整体性科学概念"等基本指导思想的雏形,可以说,这些理论建构的价值甚至超过了柏林大学等初创时的具体体制。因此,我们在对文科拔尖人才培养体系进行建设的同时,也应重视"提出具有主体性、原创性的理论观点,构建具有自身特质的学科体系、学术体系、话语体系"[②],为世界教育事业提供具有中国特色、中国风格、中国气派的教育理念。

---

① 施一公.立足教育、科技、人才"三位一体"探索拔尖创新人才自主培养之路[J].国家教育行政学院学报,2023(10):3-10.
② 习近平.习近平谈治国理政:第2卷[M].北京:外文出版社,2017:342.

第八章
法国研究型大学文科拔尖人才培养的经验与启示

法国作为欧洲高等教育近代化的先驱,其高等教育经历了漫长而辉煌的发展历程。在这一历程中,法国形成了独特的大学校与大学双轨并行的高等教育体制,培养了一大批人文社科领域的大师,诸如著名哲学家柏格森、社会学三大奠基人之一涂尔干、文学大师罗曼·罗兰、存在主义哲学家萨特,以及思想史大师米歇尔·福柯等。面向经济社会日新月异的发展和全球格局的深刻变革,法国紧跟时代脉搏,紧密结合国家战略需求,积极推出了一系列高等教育强国政策。这些政策不仅优化了教育体系结构,加大了资源投入,还拓宽了国际交流的渠道,并深入推进了人才培养模式的改革。在这些政策的推动下,法国研究型大学在文科拔尖人才培养方面取得了显著成效,不断推动着法国高等教育迈向新的卓越阶段。

第一节　法国大学文科教育的发展历程

法国被誉为现代高等教育的摇篮。法国索邦大学暨巴黎大学创立于9世纪,1180年法皇路易七世正式授予其"大学"称号。至1253年,在罗伯尔·德·索邦的领导下,该校进一步发展成为一所著名的综合大学。索邦大学(巴黎大学)与意大利的博洛尼亚大学并称为世界最古老的大学,且因其在教育领域的深远影响而被誉为"欧洲大学之母"。这一殊荣不仅彰显了其在历史长河中的卓越贡献,也凸显了其对欧洲乃至全球高等教育体系建立与发展的深刻影响。法国大学文科教育的发展历程,无疑为后世提供了宝贵的经验与启示。

一、深受宗教控制的文科教育（1789 年以前）

18 世纪以前，法国的教育主要受宗教势力统治，坚持神学至上，经院氛围十分浓厚，政府和最高法院极少对教育加以管控。公共教育主要由以耶稣会、奥拉托利会和空论派为代表的教会组织举办。大学一般以神学为主，之后又逐步设置了文科、法律、医学等。其中，文学院是初级学院，主要传授"七艺"。中世纪的大学事实上是教师和学生的集合，其任务就是通过教学培养神职人员和一般专业人员。随着大学弊端的不断显现，国家开始在大学之外设立教学科研机构开展高等教育，如法兰西文学院、自然史博物馆、法兰西学院等，这些机构开设了语言、历史等大学所不开或不重视的课程。[①] 进入 18 世纪，法国启蒙思想家对教会控制的高校和灌输教会信条的经院教育进行了猛烈的批判。[②] 1762 年，法国颁布法案，要求耶稣会退出学校教育行列。《二月法案》将学校置于国家管制之下，宗教对学校的控制有所减弱。这一时期，法国社会风起云涌、变革不断、自然科学迅速兴起，各种新的社会文化涌现。但法国的大学严重脱离社会实际需要，一方面，社会对熟练技术工人、大型工场管理人才有着巨大的需求；另一方面，新兴资产阶级也迫切需要建立符合自身利益的教育机构。为迎合国家治理的新需要，培养资产阶级所需要的人才，教育实用主义深入人心，学校开始重视史地、法律、政治及一些自然学科。但传统大学仍然沿袭旧制度，对自然科学的发展反应冷淡，坚守经院哲学，特别是文科的教学内容陈腐落后，被视为"守旧、闭塞的堡垒"。[③]

二、中央集权管理体制下的文科教育（法国大革命到二战前）

1789 年法国大革命爆发后，法国重新建立教育制度、创办新学校，法国高等教育步入近代化阶段。1793 年，《公共教育组织法》颁布，提出关闭和取消现存传统大学，通过改造已有专科学校、创建新式专科学校等方式代替中世纪

---

① 易然. 从思想的沃土中汲取营养：法国启蒙哲学对法国高等教育发展的影响[J]. 外国教育研究，2020，47(1)：45－56.

② 杨天平. 创新与崛起　六国高等教育发展研究[M]. 上海：上海交通大学出版社，2018：100－107.

③ 朱文富，周敏娟. 法国大学校早期发展及其影响[J]. 河北大学学报（哲学社会科学版），2015，40(3)：1－8.

大学进行高等教育,培养国家所需的各种高级人才。后来,这些专门学校被称为"大学校",着力培养特定领域的专门人才,也开启了"一个国家,两种高教"相互竞争、相互补充的双轨制发展模式。1794年建立的巴黎高等师范学校的培养目标便从最初的中学教师逐渐扩展到为政府和社会培养高级管理人才和学者,成为文科精英教育的重要阵地。法国大学校是令法国人引以为豪的精英教育,大学校办学规模小,实行严格的选拔和淘汰制度,师资水平高、课业难度高、考试频率高。1806年,拿破仑颁布《帝国大学令》,对教育实行高度的中央集权制,建立旨在传授高深学问、培养各学科专家的学部。之后,又划分29个大学区,大学区内设立相互独立的文、理、法、医、神五个学院开展教学和科研。[①] 文学院事实上以授予学位为使命,并不受重视,基本成为服务机构,生源也较少,[②]1809—1814年间,文学学士仅有153个、文学博士仅有56个。[③]

19世纪中期开始,法国中等教育和高等教育开始分离,1864年设立文科中学,重视对学生智力和思维的发展,聚焦古代语言、逻辑、文法等形式学科以训练学生的智力。普法战争失败以后,改革大学教育的呼声越来越高,受德国模式启发,开始鼓励学者进行科学研究,引进讲习会(Seminar)等教学法。1896年,《国立大学组织法》颁布,将同一大学区内的文、理、法、医、神学院联合为一所大学,打破学院间的隔阂,将学院重组为17所综合性大学。与此同时,大学校的发展也更加多元化,数量也从7所增加到85所。两次世界大战对法国教育体系造成了严重破坏,20世纪上半叶,法国高等教育整体处于缓慢演进的状态。

三、转型与变革中的文科教育(二战结束以来)

二战后,经济社会快速调整变化,新文化、新思想层出不穷,社会学、人种学、人口统计学、人文地理学等新兴学科快速发展,法国大学文科教育也持续改革调整。法国人口学研究所、政治学研究所、社会学研究中心、法国高等研究院经济和社会学科研究分部等研究机构纷纷建立。基于历史原因,法国文

---

① 王保华,等. 高等学校设置理论与实践[M]. 武汉:华中师范大学出版社,2000:123-127.
② 贺国庆. 西方大学改革史略[M]. 石家庄:河北教育出版社,2011:43-45.
③ 邢克超. 战后法国教育研究[M]. 南昌:江西教育出版社,1993:26.

科相关研究人员主要集中在巴黎地区,并且大学与国立科学研究中心之间互不往来。对于文学、法学等传统学科,虽然很多大学都建立了教学机构组织实施教学,但在研究方面却很难深化;对于新学科,则只有少数大学开设了这方面的课程。因此,文科发展仍然面临着巨大的挑战。① 20 世纪 50 年代,人们意识到法国人文社会科学落后的实际状况,开始扩大和增加高等教育机构并推进制度化建设。1958 年,社会科学设立社会学学士学位、第三阶段博士学位,文学院改为文学与人文科学学院。之后,法学院改为法学与经济学院并设立经济学学士学位。1968 年,《高等教育方向指导法》(又称《富尔法》)提出了新的大学观念,法国原有大学进一步调整与改组,积极面向科学技术以及经济发展的需要,走向灵活化、多样化、开放化。20 世纪 70 年代,为了满足学生就业的需要,原来划分过细的专业被合并为 9 类学科方向,其中包括法律、经济、经济与社会行政、文学、人文科学、社会科学与应用数学等。②

在法国高等教育大众化、普及化的进程中,大学与大学校一直并行发展,努力探索"高等教育的欧洲模式"。但在全球竞争格局之下,法国高等教育也一直面临着创新转型、卓越发展的压力。从拔尖人才培养的整体实施状况来看,主要呈现如下特点:

一是基于"高选拔性"的基础教育。法国教育体制具有高度的竞争性和选拔性,并且,其"高选拔性"往往被所谓因材施教的"高分流性"所掩盖。在基础教育阶段,通过层层分流筛选机制,只有不到十分之一的同龄人能够进入"精英轨道"接受教育。③ 因此,事实上只有为数不多的优秀生(未来社会的精英)和大部分"被无视"的学生。④ 法国高度重视对天才儿童的识别与培养,通过在普通班级定制适宜的学习计划、设立专门的英才班、加速教学等方式来实施培养。⑤

---

① 王兴成,秦麟征.国外社会科学政策研究[M].北京:社会科学文献出版社,1993.
② 邢克超.战后法国教育研究[M].南昌:江西教育出版社,1993:178-188.
③ 王晓宁.拔尖创新人才的体系化培养刻不容缓:以法国为例的"举国体制"式国际经验的梳理与借鉴[J].人民教育,2022(24):25-27.
④ 皮埃尔-路易·戈蒂埃,刘敏.法国近年来的教育改革:批评的研究[J].比较教育研究,2012,34(10):22-26.
⑤ 张梦琦.法国智力早熟儿童教育研究及启示:理念、政策与实践路径[J].外国教育研究,2016,43(12):81-94.

二是基于严格的选拔淘汰制的大学校精英教育。法国大学校在校生仅占法国高校在校生的5％,学生在2年预科学习后进入大学校进行3年的专业学习,只有最优秀的10％的高中毕业生才有可能进入预科班学习。预科班一般设在高中,学制2年,文科包含经济与商业、文学等专业。一些大学校预科班还有面试程序。招生规模的严格限制,保障了大学校的高质量生源,大学校普遍拥有较高的声望,培养了法国大部分政治、金融及企业的领袖。

三是注重复合型人才培养。《富尔法》明确大学应在保持自身专业特长的基础上,打破学科间的阻隔,加强各学科之间的联系,向多学科的综合性大学转变。法国不断加强对学生创新能力和实践能力的重视,注重学生基础理论水平、实践应用能力等多方面综合素养的培养,积极探索跨学科研究人才与通才的培养。

四是注重提升国际化水平。20世纪90年代,为提高国际竞争力,法国与英、德、意三国签署了《索邦宣言》,旨在建立共同的互相交流学习的平台,建立统一的学位制度和学分转换系统。而此前,法国的学位制度和众多的文凭种类非常复杂。"博洛尼亚进程"启动,法国也启动实施学位与文凭改革,2005年统一实行"358"学制,即学生在高中毕业会考后进入综合性大学就读3年后可直接获得学士文凭,到第5年获得硕士文凭,第8年获得博士文凭。为吸引留学生,法国政府2007年还推出了"大校园计划",翻修老旧建筑,改善留学生膳食条件。

第二节　法国大学文科拔尖人才培养的实践路径

在全球化的浪潮中,面对国内外复杂多变的社会政治经济环境以及多元文化的交融碰撞,培养具备国际视野、综合素质卓越的创新型人才已成为时代赋予教育领域的迫切使命。然而,法国传统的教育体制,尤其是精英教育与大众教育相互独立、双轨并行的模式,以及精英教育体系内"小而精"的固有理念,已难以满足当前社会对拔尖人才的需求。面对这一挑战,为了在国际竞争中占据有利地位,法国在高等教育领域推行了一系列重大改革举措。

一、法国一流大学建设进程中的文科拔尖人才培养

1. 优质资源的整合与创新：从"高等教育与科研联合中心"走向"高校共同体"

2006 年 4 月，维勒班政府通过"科研项目法"，进一步加强对法国研究与技术发展的规划与定向，成立基于学科发展的"高等教育与科研联合中心"（Ples de recherche et d'enseignementsupérieur，简称 PRES），对不同高校与研究单位间的科研合作给予财政支持。2007 年，"高等教育与研究集群"正式推出，推动各类高校与研究机构的整合，着力深化科研合作，集中优质教育资源、营造规模效益、提高国际竞争力、追求卓越。"集群"隶属于法国高等教育与研究部，受其拨款资助，资助总额为 3 亿欧元。2007 年至 2009 年间，法国政府投入 300 万欧元，其中包括对"集群"及专题研究系统的资助。希望各类公立或私立高等教育与研究机构可以在"集群"的框架下合作，开展教学或科研项目，以产生最大的动力效应。①

2013 年 7 月，《高教与研究法》通过，增加了创建"高校共同体"（communauté d'université et établisement）的条款，再度对同一区域内的教学科研单位进行重组，在体制机制上突破了以往以学科发展为中心的改革思路，法国高等教育进入"共同体"发展时代，②进一步推动高等教育的开放、融合与创新。

2. 宏观政策的完善与保障：从"卓越大学计划"走向"多元卓越计划"

2010 年，根据国家发展战略需要，法国推行"未来投资计划"（Programme d'investissements d'avenir，PIA），下设教育改革与人才培养方向的"卓越大学计划"（Initiatives d'Excellence，IdEx）③。该计划旨在创新教学手段、提升研

① 高迎爽. 从集中到卓越：法国高等教育集群组织研究[J]. 清华大学教育研究，2012，33(1)：59 - 65.
② 高迎爽，杜一雄. 法国一流大学本硕贯通式人才培养的实践与启示：以法国萨克雷高等师范学校为例[J]. 学位与研究生教育，2023(5)：87 - 93.
③ Ministère de l'enseignement supérieur, de la recherche et de l'innovation. Appel à projets ExcellenceS[EB/OL]. (2022 - 03 - 10)[2024 - 09 - 10]. http://www. enseignementsup-recherche. gouv. fr/sites/default/files/2021 - 12/dossier-de-presse... app-excellences-30112021-pdf-15340-o. pdf.

究水平、促进产业发展,为国家发展提供最新科研成果与高水平人才。^① 一方面注重地区联动与院校联合,整合教育资源以打造具有国际竞争力的法国本土世界一流大学;另一方面,强调教学、研究与企业间的深层次融合,三者相辅相成,相互促进,进而提升就业率,重新振兴经济。^②

卓越大学计划采用项目申请制,面向法国所有高等院校和研究机构开放,先预选出一部分报名项目,再进行为期一年的考察,通过考察的申报单位方可正式获评"卓越大学计划"单位,并获得国家专项资金用于教学和研究。^③ 评审团集结法国国家研究机构与投资部、投资总秘书处和各院校和研究机构的教育工作者,以及国际上知名教育专家。

自 2010 年以来,结合法国国情与发展需要,"卓越大学计划"进一步发展为"卓越创新计划"(InitiativeScience-Innovation-Territoires-Économie,I-SITE),加强地域性合作与校企结合。在卓越系列计划最初的三个主题(关注人类健康、推进地球的科学和打造人类友好的数字世界)之外,又关注了第四个主题中心(改变文化、社会和实践)以加强人文和社会科学的贡献。2020 年起,"卓越大学计划"和"卓越创新计划"相关想法逐步整合,并合并评审。截至 2024 年,获评"卓越大学计划"与"卓越创新计划"的 17 所院校见表 8-1,每年可享受总计 3 亿左右欧元的资助。

① Ministère de l'enseignement supérieur, de la recherche et de l'innovation. France 2030: Accélérer la recherche et la formation en France et à l'international[EB/OL]. (2022 - 03 - 10)[2024 - 09 - 10]. https://www. enseignementsup-recherche. gouv. fr/fr/france-2030-accelerer-la-recherche-et-la-formation-en-france-et-l-international-84104.
② 马丽君. 法国"双轨制"下的世界一流大学建设:以巴黎高等师范学校为例[J]. 现代教育管理,2016(8):20 - 26.
③ Agence nationale de la recherche. INITIATIVES D'EXCELLENCE IDEX[EB/OL]. (2011 - 01 - 07)[2024 - 09 - 10]. https://anr. fr/fileadmin/aap/2010/ANR-AAP-IDEX-2010. pdf

表 8-1 "卓越大学计划"/"卓越创新计划"资助院校与金额[①]

入选计划	院校名称	每年资助金额/欧元
卓越大学计划(IDEX)	波尔多大学	23 891 000
卓越大学计划(IDEX)	斯特拉斯堡大学	25 597 500
卓越大学计划(IDEX)	埃克斯-马赛大学	25 597 500
卓越大学计划(IDEX)	索邦大学	29 493 189
卓越大学计划(IDEX)	巴黎萨克雷大学	31 413 593
卓越大学计划(IDEX)	巴黎文理大学	26 852 635
卓越大学计划(IDEX)	格勒诺布尔-阿尔卑斯山大学	23 731 368
卓越大学计划(IDEX)	蔚蓝海岸大学	13 991 216
卓越创新计划(I-SITE)	洛林大学	9 328 947
卓越创新计划(I-SITE)	克莱蒙奥弗涅大学	9 328 947
卓越大学计划(IDEX)	巴黎西岱大学	22 850 986
卓越创新计划(I-SITE)	古斯塔夫·埃菲尔大学	8 193 738
卓越创新计划(I-SITE)	波城大学	5 122 038
卓越创新计划(I-SITE)	塞吉巴黎大学	7 608 692
卓越创新计划(I-SITE)	南特大学	9 328 947
卓越创新计划(I-SITE)	蒙彼利埃大学	16 018 666
卓越创新计划(I-SITE)	里尔大学	14 055 406
共计		302 404 369

2021 年,未来发展计划步入第四阶段,法国政府基于"卓越大学计划"和"卓越创新计划",进一步提出了"多元卓越计划"(Les lauréats du programme Excellence sous toutes ses formes,ExcellenceES),旨在推动法国高等教育从传统模式向多元化、创新型模式的深刻转变。多元卓越计划分三期投入 8 亿

---

① GOUVERNEMENT de France. France 2030 COMMUNIQUÉ DE PRESSE.〔EB/OL〕.(2022-03-10)〔2024-10-08〕. https://anr. fr/fileadmin/documents/2022/CP_IdEx_Isite-20220310_France-2030. pdf #:~:text = Confi％C3％A9es％20％C3％A0 201％E2％80％99Agence％20nationale％20de％20la.

欧元的资助。在构建了高等教育和研究生态系统的基础上,鼓励建立跨学科研究中心,推动产学研深度融合,为学生提供多元化的学习与实践平台,进而培养具有创新精神和实践能力的优秀人才。法国"多元卓越计划"三期评选共遴选出 46 个项目,入选项目涵盖了教育、科研、文化等多个领域,[①]其中人文学科相关的代表项目见表 8-2 和表 8-3。巴黎高等师范学院、巴黎萨克雷大学、索邦大学和巴黎政治大学四所学校均入选"卓越大学计划"系列计划。

表 8-2 法国"多元卓越计划"入选文科项目

院校名称	入选项目	项目主题与内容	资助金额
索邦大学	"SOUND－索邦大学新政"项目（"SOUND-SOrbonne University for a New Deal"）	关注"社会、语言和文化的变化""全球健康方法""可持续地球的资源"三大方面。	3.28 亿欧元
巴黎大学（巴黎西岱大学与巴黎萨克雷大学）	FIRE-UP 计划,分为两大部分:第一部分分为 P.A.R.I.S. 行动、"跨越前沿"行动和项目工厂行动;第二部分为"建造中庭"行动。	第一个计划建议通过从本科学位到博士后的三个行动的连续统一体来培训学生新的全球公民意识;第二个项目建议创建专门的"中庭"空间,将巴黎西岱大学在标志性主题上的优势汇聚在一起,以最大限度地发挥其对城市和社会的影响。	3 000 万欧元
埃克斯-马赛大学	（Cisam＋）	健康技术、文化和文化产业、可持续发展。	4 000 万欧元
塞吉巴黎大学	（CY Generations）	成为该地区和国际可持续创新的主要参与者。	2 080 万欧元

① 相博文,赵俊芳.加速转型与多元发展:法国"多元卓越计划"的行动路径与实践逻辑[J].大学教育科学,2024(4):76-87.

表 8-3　"多元卓越计划"入选的人文学科

院校名称	优势人文学科
波尔多"卓越"项目点(Idex Bordeaux)	法律、政治
斯特拉斯堡大学(UNISTRA)	人文、政治、法律
巴黎科学与文学联合大学(PSL * Idex)	文学
埃克斯-马赛"卓越"项目点(A * MIDEX)	法律、文学
图卢兹大学(UNITI)	法律、文学
索邦-巴黎-西岱联合大学(USPC)	语言、文学、社会学、法律、政治
索邦联合大学	语言、哲学

3. 人才培养理念的跨越与突破:从"跨学科"走向"超学科"

自 1984 年《萨瓦里法》提出多学科原则,法国高校一直秉持多学科、跨学科理念。2006 年,法国国立教育、高等教育与研究部进一步引入多学科、多语言与人文社会科学(Plurilettres, Langues et sciences Humaines)概念,从制度上落实了多学科课程体系。与此同时,进一步打开学科界限,对除本学科外的专业领域更加开放。而后,提出超学科(transdiscipline)概念,即超越传统学科的划分和框架,整合不同学科的知识与方法,从而为学生提供更加综合、全面的学习和研究体验,形成面向未来解决复杂问题、提供创新性的解决方案的能力。在教学实践中,主要表现在以下两个方面:

一是多元且模块化的课组(unité)。学生的学分可通过课程修读、研究课题、社会实践等多种方式获得。学校提供多元且模块化的课组(unité)以供选择,包括专业强化课组、跨学科课组等。跨学科课组整合了国际热点、社会关切与科学学科,以培养跨学科精神,为学生未来打破学科壁垒、自主科研创造条件。此外,参加与社会问题、教育教学、科学研究相关的讲座会议、高等级英语水平考试、学术论文写作与科学写作评估(scientific writing assessment)等都可获得一定学分。

二是本硕贯通式培养。不同高校采取的具体措施各不相同,法国最具代表性的本硕连读拔尖人才培养模式可分为 3 种:"2+3"贯通培养模式、"3+1"合作模式以及精英学院模式。由于受文化观念、经济水平以及国家战略的影响,法国本硕连读拔尖人才的培养具有选拔制度严格、培养过程极具创新性、办学理念独特、合作载体灵活以及注重学生自主学习能力培养的特点。[①] 这种本硕贯通式培养研修活动打破了年级、班级、系所、学校、企业以及专业之间的壁垒,强调从实际需求出发,多元主体参与,以实现知识全面整合与创新。学校为学生提供了一种跨学科与多学科之外的"超学科"自由科研环境,学生的学习不再囿于所学专业,而基于科研成果和自身能力建设需要,这有助于提升学生的科研知识与技能,学生可以借由学校平台自主获取相关资源。

二、法国一流大学文科拔尖人才培养的实践案例

选取巴黎高等师范学院、巴黎萨克雷大学、索邦大学、巴黎政治学院为案例考察其文科拔尖人才培养实践特色,特别是在研究性教学、本硕贯通、跨学科培养以及国际化教学等方面的具体举措。

1. 研究性教学:以巴黎高等师范学院为例

"在研究中学习研究"、培养学生的经验研究能力、对过程性知识(savoir-faire)的把握,以及对社会参与、改造的行动能力,已成为法国顶尖大学在人才培养上的竞争性"区隔"(distinction)策略。[②③] 巴黎高等师范学院(ENS)是巴黎萨克雷大学(PSL)的成员,该大学由巴黎 25 所著名院校共同创建,是哲学家的摇篮。这些机构的共同点是通过研究进行教育,并共同希望促进学科融合、提高创新和创造力、吸引和培养最优秀的人才,并使研究成为经济增长的真正动力。[④] "田野实习"(stage de terrain)课程是巴黎高等师范学院社会科学系 1984 年就开设的,是其开展研究性教学的典型代表。课程中,教师要引

---

① 郑军,秦妍. 法国本硕连读拔尖创新人才培养的经验及启示[J]. 河南工业大学学报(社会科学版),2020,36(3):86-91,99.

② SCHIPPLING Anne. Institutional habitus of French Elite Colleges in the Context of Internationalisation:An In-depth Look at the Ecoles Normales supérieures", in Maxwell Claire et al. (dir.), Elite Education and Internationalisation [C]. Palgrave Macmillan, Basingsthoke, 2018:279-296.

③ Pierre Verschueren. Le Bot (Florent), Albe (Virginie), Bodé(Gérard), Brucy (Guy), Chatel (Élisabeth). L'ENS Cachan:le siècle d'une grande école pour les sciences, les techniques, la société[J]. Histoire de l'éducation, 2013(137):156-159.

④ L'Ecole Normale Supérieure. L'ENS-PSL aujourd'hui[EB/OL]. (2024-04-26)[2024-09-10]. https://www. ens. psl. eu/l-ecole-normale-superieure-psl/l-ens-psl-aujourd-hui.

导学生对"直接经验"进行反思,重新审视田野发现,并且在具体的情境中,灵活调动研究与教学的双重"惯习"或者实践性知识,即时介入教学。①

2. 本硕贯通制:以巴黎萨克雷大学为例

萨克雷大学共同体(Université-Paris-Saclay)实行超学科、本硕贯通式人才培养模式,②整体办学实力居于法国高校首位。其本硕贯通式人才培养学制共四年:第一年为硕士预科阶段(Pré-Master),学习学士课程内容;第二年为一级硕士阶段(M1),学习硕士课程内容;第三年为过渡阶段(Année spécifique de parcours,ASP),巩固能力与知识;第四年为二级硕士阶段(M2),开始进行学术研究。③

萨克雷大学共同体目标是培养出具备卓越科学理念和专业技术能力的适应未来社会挑战的毕业生,重点关注基础学科到应用学科的连贯性、跨学科与国际化程度、博士及硕士研究生的培养质量。这样的培养模式可以让学生从本科学习阶段开始便为未来的研究和创新做准备。每个学生都有机会建立适合自己的灵活的课程学习模式。新生可在进入大学的前两年在巴黎第十一大学、凡尔赛大学、巴黎高等商业学院等任何成员院校中选择不同的课程或教学模块进行学习,然后在第三年进行专业方向的课程学习。④

除此之外,巴黎萨克雷大学还与"卓越大学计划"(IDEX)合作,为其成员院校的硕士生或在读生提供奖学金。奖学金期限为1年或2年,取决于录取级别(M1或M2),学生须修满升入下一年级所需的学分。学生的选拔以学业成绩和个人项目为基础,涉及所有学术领域。除职业培训外,巴黎-萨克雷大学认可所有硕士课程。⑤

① 唐晓菁."田野"作为教学方法:以法国"大学校"社科人才培养的研究性教学为例[J].中国高教研究,2020(11):78-84.
② 高迎爽,杜一雄.法国一流大学本硕贯通式人才培养的实践与启示:以法国萨克雷高等师范学校为例[J].学位与研究生教育,2023(5):87-93.
③ Ecole normale supérieure Paris-Saclay. Diplôme ENS Paris-Saclay[EB/OL].[2024-10-07]. https://ens-paris-saclay.fr/formations/diplome-ens-paris-saclay.
④ 张惠,刘宝存.法国建设世界一流大学的战略及实践:以巴黎-萨克雷大学为例[J].清华大学教育研究,2015,36(6):23-31.
⑤ Université Paris Saclay. Université Paris Saclay IDEX scholarship[EB/OL]. (2019-05-13)[2024-09-10]. https://www.inde.campusfrance.org/universite-paris-saclay-idex-scholarship.

3. 跨学科培养：以索邦大学为例

索邦大学是一所研究密集型的世界一流大学，[①]有人文、健康、科学和工程领域多个学科，旨在培养 21 世纪的创新型、跨学科国际化人才。索邦大学大力促进不同研究领域间的融合、打破学科界限，融合过分专业化的学科，搭建了众多发展平台并提供差异化的课程，强化横向跨学科发展能力。

索邦大学还实施了一系列人才培养战略，建立"索邦大学本科生学院"(SBC)并计划每年投资 400 万欧元，规划推进硕士专业项目、本科生课程的整合以及本科生双学位改革，具体而言，包括征集跨学科项目与专业学位、实施"卓越实验室计划"独创性硕士项目、开设新型跨学科本科课程、将目前的 7 个双专业学位推广到所有本科生课程中；鼓励本科生学院的所有学生在校阶段出国留学 1 年等。[②]

4. 国际化教学：以巴黎政治大学为例

巴黎政治大学一直是法国高等教育改革的前沿阵地，是精英教育学校与社会科学专业国际一流研究型大学，一直以来都把国际化作为发展的关键战略，从 2000 年开始在法国不同城市设立本科校区。[③]学校采取多学科人文社科教育，开设经济、法律、历史、社会学、国际关系及政治学等核心社科课程和艺术史、地理、文学、哲学等地区特色课程。每个校区至少有两种教学语言，其中三个校区提供全英语授课项目，[④]所有学生必须在国外完成本科第三年。巴黎政治大学通过传授思考分析问题的方法，培养学生的社会责任感、对世界的求索精神和国际视野，引导学生探索不同可能性，找到未来发展方向。

与此同时，学校依托人文和社会科学领域的研究机构，提供面向国际的全

---

① Sorbonne Université. Université[EB/OL]. (2024 - 04 - 17)[2024 - 09 - 10]. https://www.sorbonne-universite. fr/universite # ∶~∶text＝Universit％C3％A9％20Sorbonne％20Universit％C3％A9％20est％20une％20universit％C3％A9％20pluridisciplinaire％20en，Ing％C3％A9nierie％2C％20de％20recherche％20intensive％20et％20de％20rang％20mondial.

② Sorbonne Universités. ldex Sorbonne Université[EB/OL]. (2015 - 11 - 23)[2024 - 09 - 10]. http://wwwsorbonne-universites. fi/fileadmin/user upload/SUPER. fiche-b DEFINITIF. pdf 2015 - 11 - 23.

③ 郑若玲. 世界一流大学多样化招生政策研究[M]. 武汉：华中师范大学出版社，2022：202 - 203.

④ CAMPUS FRANCE. Science Po[EB/OL]. [2024 - 09 - 10]. https://www. chine. campusfrance. org/zh-hans/study-France-Sciences-Po.

套硕士和博士课程。学校的全球视野艺术、历史和人文研究生院提供人文和社会科学硕士学位,以多学科研究为基础,实施跨学科教学,其学术领域涵盖历史和社会科学到文学、政治学、电影研究、后殖民和非殖民化研究、艺术史以及文化和创意产业,为人文和社会科学的最新发展提供了一个动态的视角。①学校为学生提供充满活力的研究和教学环境,鼓励不同主题兴趣之间的交流和协同作用,帮助学生发展全球化视角,为当代挑战提供批判性分析和解决方案。

第三节 对文科拔尖人才培养的启示与借鉴

自 18 世纪以来,法国高等教育的发展历程中,文科始终具有重要地位。在启蒙思想的引领下,法国高等教育的管理机制、教学内容逐渐摆脱了中世纪传统的束缚。随后,国家教育主义思想的兴起,以及培养实用人才的现实诉求,促使法国的高等教育体制、学校办学模式发生根本性变革,传统的文学院不再受重视,生源减少,转而成为服务机构。两次世界大战更是对法国教育体系造成了严重破坏,高等教育整体处于缓慢演进的状态。二战后,面对经济社会环境的变化,法国大学与大学校一直并行发展,共同谋求在建设一流大学的道路上的转型突破,在宏观制度设计、理论构建、改革举措上都开展了有益探索。

一、注重早期培养,强化拔尖资优人才培育衔接

基于科学化、系统化的培养理念,围绕智力拔尖人才培养,法国将其上升为国家战略层面,通过制定教育方针、立法保障及构建全面的制度体系,搭建起了一个自上而下的制度框架,为拔尖人才的早期培养保驾护航。特别是在国家统筹基础上,主要由学区负责资优人才的早期选拔与培养。每个学区都设有一名"学区级代表",专门负责智力拔尖学生的统筹培养,并直接向学区长

---

① Université Paris Cité. Arts, History and Humanities in Global Perspectives[EB/OL]. [2024 - 09 - 10]. https://u-paris.fr/arts-history-and-humanities-in-global-perspectives/.

汇报。其职责是全面摸清孩子特质、系统规划资源倾斜、精准制定培养策略、动员各方保障需求。用于资优人才培养的财政投入,被纳入特殊教育统一管理。在课程设计、教学管理、师资培养和相关人员配置等方面,教育体系各环节均被调整以适配资优生的需求,确保课程设计、课程管理、师资配备等可以满足促进资优生和其他学生的多样化需求。此外,法国还积极采用个性化教育成功方案(PPRE)和个性化支持计划(PAP)等辅助路径,以支持资优人才的成长成才。

但也可以看到,法国智力拔尖人才教育是一种"护航模式",其核心逻辑是:只要成功扶助一个天赋超常的儿童顺利长大,那么这个孩子就基本能够不出意外地被法国基本教育体制本身所筛选出来,沿着正常的升学轨道升入象牙塔的塔尖。这种重正轨、重护航、重扶助、重保障的建设路径值得我们高度聚焦和借鉴。

二、创新驱动、人才为本:塑造创新人才培养新模式

高校作为创新人才培养的主阵地,是发展新质生产力的战略支点,肩负着引领时代潮流、培养未来人才的重要使命。首先,高校要深化课程改革实践,注重培养学生创新和实践能力。法国"多元卓越计划"重视构建多元化和个性化的课程体系,加强实践创新教学活动的实施,以拓宽学生的知识视野,激发学生的创新思维和实践潜能。鉴于此,我国高校亦需深化人才培养的课程改革,加强对学生批判性思维、跨学科素养和团队协作能力的培养。其次,高等教育机构需要积极拓展合作领域,加强与企业、科研机构等合作伙伴的紧密联系。企业参与办学是法国大学校的传统,企业不仅加入学校管理委员会,还参与制定培养计划、专业设置、教学内容与方法以及实践性教学等。大学校的课程教学内容会根据企业的需要进行动态调整,授课教师中有相当一部分是经验丰富的高级管理干部,在教学中能够做到理论和实际相结合,并且学校与产业界人员双向兼职,能够促使双方共同受益、共同发展。此外,学生在大学校所进行的研究课题也都来自产业界,使他们较早地接触将来可能面临的实际问题。这种紧密的产学合作模式使得大学校的学生备受企业高层青睐,在法国,精英学院的学生毕业后很容易找到高薪、高职位的工作,就业率接近100%。因而,我国高校应积极和政府、企业等合作搭建创新实践平台,为学生

提供更多实践机会,促进学生在真实环境中学习知识、锻炼技能、积累经验。

三、注重通识教育精神,强化跨学科交叉培养

在文科拔尖人才培养中,强化通识教育及跨学科交叉培养,关键在于构建一个多学科融合的课程体系,鼓励学生广泛涉猎不同领域的知识,以培养他们的综合素质和创新能力。一方面,作为教学主体的高校要加强跨专业课程模块设计,增加跨专业课程供给,同时,通过推行基于通识教育培养理念的学分制和选修课制度,让学生在专业学习之外,有机会接触哲学、文学、艺术等人文学科、社会科学和自然科学等相关课程。另一方面,建立健全的导师制度,为学生提供个性化的学习指导和职业规划,帮助他们在跨学科学习中找到自己的兴趣和发展方向。通过这些措施,可以促进学生知识结构的优化和创新思维的培养,为社会培养出既具备深厚专业知识,又具有广阔视野和高度适应性的交叉复合型人才。

四、注重学以致用,培育实践能力和服务社会能力

文科拔尖人才培养首先要立足于为党和国家培养优秀的社会主义建设者和接班人这一价值追求,面向国家战略需求、思想文化创新和哲学社会科学前沿,服务国家建设和社会发展需要。其次要强化学以致用的培养理念,注重培养学生将理论与实践紧密结合的能力。在教学过程中,应增强案例教学和项目驱动的教学模式比重,以解决实际问题为导向,有效提升学生的问题分析和解决能力。同时,必须强化实习实训、社会实践等人才培养的必备环节,让学生在社会的"大熔炉"中锻炼专业技能、增强实践能力;依托社会公益项目和志愿服务等载体,鼓励学生参与其中,以培养其社会责任感和奉献精神;加强跨学科教育,促进学生在不同领域的知识融合与应用。通过这些举措,培育强化学生的实践能力和服务现实社会的能力,以帮助学生适应快速变化的社会,并服务于国家和社会发展的需要。

五、加强国际交流,培养国际视野和跨文化交流能力

在我国文科拔尖人才培养中,我们还应注重培养学生的国际视野和跨文化交流能力。正如法国巴黎南泰尔大学入选的"成为社会创新和团结的标杆

大学"（Universitéde l'Innovation Sociale et Solidaire de Nanterre，UNISSON）项目所述，通过建立学生国际交流中心，为学生提供更广阔的国际交流平台，以促进学生的国际流动和文化交流，培养具有国际视野和竞争力的优秀人才。首先高校层面要通过与国际知名高校和机构建立合作网络，积极参与国际学术交流和研讨，提升国际化办学和教育水平。其次，应该在课程设置中融入全球化的视角，引入国际先进的教学理念，培养学生的国际视野和探索精神，积极邀请海外学者、国际组织、跨国公司等的专家进行讲座、交流和研讨，以此提升学生对国际事务的理解和参与能力。并积极鼓励学生前往国外合作高校、国际组织等进行交流、交换以及海外实习，以开阔眼界、锻炼能力，引导学生探索不同可能性。最后，强化外语教学和专业外语能力的培养，也是拓展学生国际视野和增强国际竞争力的关键。通过加强国际交流与合作，培育学生对世界的求索精神和国际视野，力求培育出一批既具有深厚专业知识，又拥有广阔国际视野的新时代文科领军人才。

Ⅲ 中国实践编

第九章
中国文科拔尖人才培养的历史回溯：
从"基地班"到"拔尖计划"

哲学社会科学中的基础学科发展水平、人才供给水平，是一个国家综合国力和软实力的体现。社会主义现代化强国必须有与之匹配的哲学社会科学，要有一大批有影响力的哲学社会科学领军人才。持续培养拔尖人才是党和国家重大战略所需，是建成社会主义现代化强国的必由之路，是民族复兴的血脉之源。为促使一批勇攀科学高峰、推动科学文化发展的优秀拔尖人才崭露头角，我国坚持不懈地推动拔尖人才培养的工作布局，不断优化政策环境，促进高校实践创新。在新科技革命和产业转型升级的背景下，以人文社会科学为代表的基础学科地位日益凸显，文科拔尖人才培养已成为国家发展不可或缺的重要组成部分。在这一过程中，高校文科教育随着时代的变化因时、因需、因地调整发展。

第一节　文科拔尖人才培养的实践探索：
"基地班"（1989—1999 年）

1989 年 7 月，钱学森在《教育研究》撰文《要为 21 世纪社会主义中国设计我们的教育事业》指出："在 21 世纪，国与国的竞争，综合国力的比赛，最关紧要并有决定性的，是公民的教育文化水平。水平高的占优势；水平低的处劣势，甚至有被开除'球籍'的危险。"①随着改革开放的不断深化，我国越来越强

---

① 钱学森. 要为 21 世纪社会主义中国设计我们的教育事业[J]. 教育研究, 1989(7): 3-6.

调"文化软力量","现实生活的大变动,改变了人们以往恒定不变的生存方式和精神要求,以市场运作为主要机制的大众文化生产方式,重构了既有的文化一体化形态,它既以满足大众文化需要作为目标,同时又以新的文化内容再造、改变、诱导了大众和社会的文化趣味及追求"。① 在即将迈向21世纪的经济社会快速发展期,国家对文科拔尖人才培养提出了新要求。

一、"文科基地"建设的政策背景

文科基础学科担负着为社会主义物质文明和精神文明建设培养人才的任务,对于弘扬中华民族优秀文化传统、提高整个中华民族素质、建立社会主义市场经济体制、建设有中国特色的社会主义起着至关重要的作用。正如恩格斯所说:"一个民族要站在科学的最高峰,就一刻也不能没有理论思维。"但20世纪80年代的社会流行着"学好数理化,走遍天下都不怕"的理念,人们并未意识到文科的重要性。文科基础学科的教学科研面临着不少困难和问题,如生源不足、经费短缺、师资队伍不稳等,已严重地影响了文科基础学科理论人才的培养和科学研究工作。

在1977年召开的科学和教育工作座谈会上,邓小平同志指出,文科是科学的一部分,文科也要进行理论研究。十一届三中全会以后,文科在社会主义现代化建设和高等教育中的地位和作用逐渐被重新认识。1978年,教育部在武汉召开高等学校文科教学工作座谈会,会议指出,"就教育事业本身来讲,如果没有文科,那也是不堪设想的……办好文科是关系到提高整个中华民族的科学文化水平,促进社会主义四个现代化胜利实现的大问题"。

1978年,原国家教委在《1978—1985年全国科学技术发展规划纲要》提出"从事基础科学研究的后备人才培养工作重要性凸显"之后,理科基础学科拔尖人才政策群开始初步形成,文科基础学科人才培养的政策则稍晚于理科。随着改革开放的深入和现代化建设的推进,"早出人才,快出人才"成为社会现实的迫切需求和教育改革的重要主题。1983年,全国高等教育工作会议提出,为适应社会主义现代化建设需要,文科教育必须有一个较大的发展,同时要进行认真的改革。要继续加强基础性学科建设,要大力提高教学质量,在教

---

① 孟繁华. 众神狂欢:世纪之交的中国文化现象[M]. 北京:中央编译出版社,2003.

学内容和教学方法上作进一步的改革。1985 年 5 月 15 日至 20 日，由党中央、国务院召开的改革开放后的第一次全国教育工作会议在北京举行。邓小平在会上作了题为《各级党委和政府要把教育工作认真抓起来》的重要讲话。5 月 27 日，《中共中央关于教育体制改革的决定》由新华社颁布，这也成为全面开展教育体制改革的起点。决定中明确提出，高级专门人才的培养基本上立足于国内且要能为自主地解决社会主义现代化建设中的重大理论问题和实际问题作出较大贡献，此外，还提出要扩大高等学校的办学自主权，根据经济建设、社会发展和科技进步的需要调整和改革高等教育结构。伴随着经济的迅速增长，高等教育整体也进入快速发展的阶段，文科基础学科也是同样的局面，招生规模也迅速膨胀。但由于文科基础学科很难与社会职业完全对应，问题很快就显露出来了，社会对人才培养的质量产生了质疑，甚至认为文科基础学科应当彻底转向实用，由市场来调节。随着高校毕业生就业从"统包分配"转为"自主择业"，广大学生及家长对文科基础学科的发展前景产生疑虑。在经济快速增长的背景下，基础学科人才短缺，学科发展受到极大限制。《国家教委 1989 年工作要点》提出了保护基础学科的具体措施，还提出要向社会宣传重视基础学科人才。

在原国家教委关于保护和加强基础学科的精神指导下，高校逐渐意识到人文社科繁荣是民族复兴的血脉，也是拔尖人才培养的精神内核，开始主动探索国家发展所需要的创新人才应该如何培养。南京大学于 1989 年成立基础学科教学强化部，招收文科班，按照"以重点学科为依托，按学科群打基础，以一级学科方向分流，贯通本科和研究生教育"的方式运行。虽然到 1994 年国家"文科基础学科人才培养和科学研究基地"才正式发布，但文科基础学科人才培养的教育模式探索已在高校中悄然开始。

1994 年，针对当时高等学校中文、历史、哲学等文科基础学科专业所面临的困境与挑战，原国家教育委员会为了进一步深化文科教育改革，提高教育质量和办学效益，培养面向 21 世纪需要的文科基础学科教学和科学研究人才，发布了《关于申报国家文科基础学科人才培养和科学研究基地本科学科点的通知》（教高〔1994〕9 号）。通知指出，中国语言文学、历史学、哲学等文科基础学科是高等教育的基础，担负着为社会主义物质文明和精神文明建设培养人才的任务，对于弘扬中华民族优秀文化传统、提高整个中华民族素质、建立社会主义市场经济体制、建设有中国特色的社会主义起着非常重要的作用。依据"扶强保重"、合理布局的原则,优先选择坚持正确方向、教学科研水平高、在国内同类学科中能够起到骨干带头作用的学科点,建设培养和造就文学家、历史学家、哲学家和经济学家的摇篮。①

《关于建设国家文科基础学科人才培养和科学研究基地的意见》明确提出了"文科基地"建设的目标:根据我国高校文科基础学科的实际情况,为适应21世纪我国政治、经济、文化和社会发展的需要,在全国高校范围内,依据"扶强保重"、合理布局的原则,分期分批建设40多个"基地",培养少而精的高水平文科基础学科教学和科学研究人才。计划1994年建设20多个"基地"(其中国家教委所属学校15个)。每个"基地"每年招收本科生30名左右,至20世纪末,40多个"基地"将为国家培养出约3 000名本科毕业生。这些人才除少数分配到实际工作部门外,大多数将进入研究生阶段学习,学生毕业后,主要从事文科基础学科教学和科学研究工作。由于各高校意识到文科基础学科的重要性,建设积极性高,最终共批准建立了全国32所大学共51个国家文科基础学科人才培养和科学研究基地(详见表9-1)。

表9-1　国家文科基础学科人才培养和科学研究基地②

院校	学科点
北京大学	中文学科点、历史学科点、哲学学科点
北京师范大学	中文学科点、历史学科点
东北师范大学	中文学科点、历史学科点
福建师范大学	中文学科点
复旦大学	中文学科点、历史学科点、哲学学科点
广西师范大学	中文学科点
湖北大学	中文学科点
湖南师范大学	中文学科点、历史学科点

① 刘凤泰. 全面推进文科教育教学的改革与发展[J]. 中国高等教育,2000(3):11-12,35.
② 教育部. 国家文科基础学科人才培养和科学研究基地[EB/OL]. http://www.moe.gov.cn/s78/A08/gjs_left/moe_1035/tnull_11143.html,2023-12-04.

（续表）

院校	学科点
华东师范大学	中文学科点、历史学科点
华中师范大学	历史学科点
吉林大学	历史学科点、哲学学科点
暨南大学	中文学科点
兰州大学	历史学科点
南京大学	中文学科点、历史学科点
南京师范大学	中文学科点
南开大学	中文学科点、历史学科点、哲学学科点
内蒙古大学	中文学科点
厦门大学	历史学科点
山东大学	中文学科点
陕西师范大学	中文学科点
上海师范大学	中文学科点
首都师范大学	历史学科点
四川大学	中文学科点、历史学科点
苏州大学	中文学科点
武汉大学	历史学科点、哲学学科点
西北大学	历史学科点
云南大学	历史学科点
浙江大学	中文学科点、历史学科点
中国人民大学	中文学科点、历史学科点、哲学学科点
中山大学	中文学科点、历史学科点、哲学学科点
中央民族大学	中文学科点、历史学科点

　　国家文科基础学科人才培养和科学研究基地的建立，极大地调动了教师和管理人员的积极性，改善了办学条件，提高了教学质量，生源质量和毕业生

质量均显著提高。① 1998 年,教育部启动"国家经济学基础人才培养基地"的申报、论证和审批工作,批准中国人民大学、复旦大学、南开大学、武汉大学、北京大学、厦门大学、吉林大学、西南财经大学、西北大学、福建师范大学和上海财经大学等十一所院校建立国家经济学基础人才培养基地,同意南京大学和辽宁大学自筹经费,按照国家经济学基础人才培养基地建设要求进行自我建设。自此,文科人才基地的布局范围进一步扩大。

在基地建设过程中,一方面强化了经费保障,《关于进一步加强"国家基础科学人才培养基地"和"国家基础课程教学基地"建设的若干意见》指出,被评选上"基地"的学科点,由其所在学校所属上级主管部门根据"基地"建设的需要与可能,确定对"基地"的经费投入数额与使用周期,原则上对每个"基地"每年投入建设经费约 20 万元人民币,周期为 5 年。采取滚动支持办法,如果不能按要求进行建设,要暂停或取消。"基地"学科点所在学校应根据所属上级主管部门同期经费的投入额度,原则上按 1:1 的比例另行投入。"文科基地"所配套的建设经费对长期以来经费投入严重不足的文科来说,无疑是雪中送炭。另一方面,探索招生选拔改革,生源质量是基础科学人才培养的关键,"文科基地"给予高校招生改革探索的空间。各"基地"点可以与教育部的招生制度改革相配套,试点举措,制定吸引优秀生源的措施和办法,提高生源质量。"基地"点的招生工作要按照"少而精"的原则切实保证生源质量。还建议有条件的"文科基地"可招收一部分优秀理科考生,"经济学基地"一般要多招理科考生。在"文科基地"的招生政策上各高校为吸引优质生源,普遍提供了减免学费、增加奖学金等优惠条件吸引优秀生源,从省、市重点中学中招收优秀保送生、提前录取生,以及在本校当年入学的优秀学生中进行"二次选拔"等。如中国人民大学在生源上主要从保送生中录取。复旦大学基地班的招生是在文史哲专业招生计划外由上海市教委专门拨出 36 个保送生名额从江、浙、沪三地重点中学中招入。招生采取中学推荐,个人报名,学校组织严格的笔试、面试择优录取。南京大学从文史哲三系学生中选拔优秀学生组建"文科教学强

① 教育部. 关于进一步加强"国家基础科学人才培养基地"和"国家基础课程教学基地"建设的若干意见[EB/OL]. (1998 - 04 - 10)[2023 - 12 - 16]. http://www. moe. gov. cn/srcsite/A08/s7056/199804/t19980410_162625. html.

化班"，并给予一定配套政策，后续面向全省重点中学以"学校单独命题，提前招生，提前录取"的办法选拔学生，确保一流优秀学生进入文科强化班学习。

进入 21 世纪，中共中央颁布了《关于进一步繁荣发展哲学社会科学的意见》，指出哲学社会科学与自然科学"四个同样重要"，即在改革开放和社会主义现代化建设进程中，哲学社会科学与自然科学同样重要，培养高水平的哲学社会科学家与培养高水平的自然科学家同样重要，提高全民族的哲学社会科学素质与提高全民族的自然科学素质同样重要，任用好哲学社会科学人才并充分发挥他们的作用与任用好自然科学人才并充分发挥他们的作用同样重要。高校陆续开办高素质人才实验班或成立相关学院，文科拔尖人才培养模式得到了循序渐进的发展。

党的十八大以来，文科基础学科发展进入新时代，习近平总书记在哲学社会科学工作座谈会上强调，"坚持和发展中国特色社会主义，必须高度重视哲学社会科学……着力构建中国特色哲学社会科学，在指导思想、学科体系、学术体系、话语体系等方面充分体现中国特色、中国风格和中国气派"。同时指出，"要实施以育人育才为中心的哲学社会科学整体发展战略，构筑学生、学术、学科一体的综合发展体系"。① 2018 年，定位于培养哲学社会科学的"领跑者"的文科基础学科拔尖计划正式实施。经过 40 多年的政策推动和实践探索，我国在拔尖人才选拔培养方面积累了不少经验。

二、"文科基地"建设的高校实践

党的第十四届中央委员会第六次全体会议审议并通过了《中共中央关于加强社会主义精神文明建设若干重要问题的决议》，该文件进一步为"文科基地""为谁培养人""培养什么样的人"指明了方向。《决议》强调，要全面贯彻党的教育方针，坚持社会主义办学方向，加强德育工作，努力培养德智体等全面发展的社会主义建设者和接班人。哲学社会科学必须坚定不移地以马克思列宁主义、毛泽东思想和邓小平建设有中国特色社会主义理论为指导，坚持理论联系实际，为党和政府决策服务，为"两个文明"建设服务。要把改革开放和现

---

① 习近平：在哲学社会科学工作座谈会上的讲话[EB/OL]．(2016 - 05 - 18)．www. xinhuaned. wm/ politics/2016 - 05/18/c_1118891128_4. htm.

代化建设的重大理论和实践问题的研究作为主攻方向,积极探索有中国特色社会主义经济、政治、文化的发展规律。同时,要重视基础理论研究,加强重点学科建设。面对当代世界的新变化和各种思潮,更要注意研究,科学分析、正确认识。哲学社会科学研究的规划工作需要严谨细致,组织力量集中攻关重大课题,以期产出更多有价值的研究成果。此外,支持优秀人才攀登新的高峰,选拔和培养有发展前途的后起之秀,通过给任务、压担子、严格要求、积极引导,帮助他们健康成长。按照《决议》精神,文科教育改革是一项思想性、理论性和政策性很强的工作,是关系到高等学校办学方向的大事。高校应明确改革的思路,采取有力的措施,精心组织实施,提供条件保障,力争早日实现文科教育质量上一个台阶的目标。

相关政策要求在各基地的人才培养目标中得到了很好的体现。总的来看,人才培养以加强素质教育、培养创新精神和实践能力为基线,统筹理论型与应用型,兼顾通才与专才,培养宽口径、厚基础、高素质的高级文科人才。北京大学历史学基地提出以培养"一专多能"的人才(既有深厚的史学功底,又能适应社会多方面需要的通才)为主,以培养传统的"专才"(但也应注意更新知识结构,尤其应具备跨学科的宏观视野)为辅。中山大学哲学基地把哲学专业人才培养分为两类:一类是理论型,即具有深厚哲学功底的学者型人才;另一类是应用型,即具有哲学素养的社会决策管理人才。随着各高校"文科基地"建设工作逐步推进,以南京大学、复旦大学、上海师范大学等为代表的一批重点高校着力开始了探索与实践,为文科拔尖人才培养模式改革开拓道路。

1. 南京大学

南京大学依托国家级文科基础学科人才培养和科学研究基地建设了文科基础学科教学强化班,其培养目标是造就科学道德高尚、基础知识坚实、学术眼光开阔、专业技能熟练的文史哲教学与研究的高素质创新人才。其培养模式为依托重点学科和学科综合优势,根据学科群设置基础课程,按一级学科分流,贯通本科生和研究生教育。该班级以"博学于文、行已有耻"作为班训,自觉地将学术事业作为自身的追求,形成了"敬业乐群"的良好班风。文科强化班任课教师均由学校聘请,一般由教学经验丰富、文史哲知识贯通的教授、博士生导师任教,并实行"首席教授"负责制,教学强调融会贯通,将传统的课堂讲授和欧美的导师制结合起来,注重强化拓宽学生基础。在统一开设文史哲三系主干课程的基础上，鼓励学生在全校自由选课，力求多元与精专结合。

为确保所培养人才基础扎实和后劲十足，该班级的培养模式按照文、史、哲学科群设计共同的基础知识、基础理论和基本技能课程体系，实施灵活而富有弹性的教学计划，在一、二年级不细分系科专业，由学术水平高、教学经验丰富的教师上基础课。在学生对个人志向、学习兴趣、社会需求等有了具体了解后，在三、四年级再分流到具体系科、专业，继续修读专业课程，且在三、四年级仍有两次分流机会，第一次是选择专业，第二次是选择毕业去向，即直接攻读研究生或就业。这样"多次选择、逐步定位"的培养模式，是调动学生学习积极性和主动性，形成学生发挥个性的最佳知识结构的有效探索。

2. 复旦大学

复旦大学由文、史、哲合办的文科班，其目的是培养具有一定人文学科基础的青年学科带头人和接班人。这个班级的管理架构是，由人文学院的院长总体负责，文、史、哲三系轮流管理，除配置一名专职辅导员之外，每个系还指派一名老师担任指导老师，负责指导学生的专业学习。

在培养方式上，基地班与普通本科班有较大的不同。具体表现为，在培养计划和课程设置上，基地班更注重强化学生的基本理论和基本知识，并着重培养学生分析问题和解决问题的能力；同时，致力于使学生了解本专业的新技术、新成就、新发展，逐步提升学生从事本专业或跨学科研究的素养与能力；此外，要求学生能够熟练运用一门外语以阅读专业相关书籍。具体实践策略包括：在一、二学年打破文史哲专业界限，着重培养学生的基础知识、基本原理和基本方法，在二年级结束时，根据学生的兴趣、特点和未来发展需要，在导师的指导下，从文史哲三个专业中选择一个专业作为后续学习和发展的专攻方向。同时，为了选拔并促进优秀本科生的成长，基地班还实施了直升与本硕连读两种机制，将那些品学兼优的学生直接输送到研究生阶段深造。

3. 上海师范大学

上海师范大学文科基地建设坚持课程改革和教学手段互动，基地建设和学科发展互动，人才培养和科学研究互动，并将三者之间的互动落实到人才的培养上。在基地班的管理架构上，学校和学院成立了两级领导小组，中文系选派具有博士学位的青年教师担任班主任，并在高年级阶段为学生配备了专业导师。这样就构建了一套分工明确、严密有序的多层次管理体系,为各专业人才培养方案的顺利实施提供了有力的保障。

在具体管理层面,学校不断建立并完善了包括基地班课程论证制、教学评议制、学术活动和学术著作资助办法、基地班学生奖学金制度和学生中期分流制度、直升研究生选拔制度等一系列规章制度。在教学方面,基地班要求更严、更细、更深、更广,选择优质的教材,并筛选使用合适的外文原版教材;聘请最具实力的教师授课,同时邀请国内顶尖专家开办高水平讲座;选派具有较强科研能力的教师担任基地班学生学年论文和毕业论文指导教师,指导学生发表作品、参与社会调查等工作。通过一系列人才培养模式改革举措,教学与科研形成了强大合力,对基地班的人才培养产生了显著的积极影响。

"文科基地班"设立的初衷是保护、加强文科基础性科学研究与教学人员培养,使文科基础学科专业能够按照"保护—复苏—发展"的路径培育出拔尖人才,从而为后续稳步提升奠定坚实基础。在拔尖人才培养探索方面,"文科基地班"虽然启动较晚,不像理科基地已有前期少年班的部分经验可以借鉴,但各基地都按照《意见》要求迅速改革培养模式,结合学校特色,聚合相关学科优势形成合力支撑"文科基地"建设,并着力推进课程体系与教学改革,为选拔出来的优质生源提供尽可能丰富的学习资源,继而为人才培养模式的变革探索更为多样的教学改革路径。

三、"文科基地"的课程教学改革

基于国内外拔尖人才培养的研究,拔尖人才成长的影响因素及其相互作用的机制较为复杂。其中,学生学习的自由度尤为关键,"选择学什么(选修课程)的自由,决定什么时间学和怎样学的自由,以及形成自己思想的自由"[①]。当然,知识面的广度也非常重要。北京大学原校长吴树青在《为什么我们没有培养出文科大师》中指出,拔尖人才的培养目标无疑是培养"大师",而大师往往拥有跨学科的知识结构、文理融会贯通的能力、广泛的学术兴趣,不仅是搞文的一般是对史哲也了解,搞哲学的对史和文也了解,他们这批人中间(包括

---

① 约翰·S.布鲁贝克.高等教育哲学[M].郑继伟,等译.杭州:浙江教育出版社,1987:58.

搞自然科学的人），不少人文学功底、史学功底都很在行。[①] 学科专业和课程设置都不应过窄，应当创造自主发展的环境，为学生提供自由探索的空间。20世纪 80 年代起，我国高校逐步试行学分制，并进行专业细分。总体来看，都提出了明确的课程学习要求，整齐划一地开展人才培养，毕业总学分要求偏多，必修课占比较高，学生根据既定课程完成学业，选课自由度十分有限。文科基础学科人才需要掌握多维度的知识、形成更深厚的知识储备、建立广阔的知识面，对课程供给和选课自由度的需求更大。因此，教学内容和课程体系的改革也是"文科基地"建设的重点和难点。

根据国家教委《关于深化文科教育改革的意见》要求，要以教学内容和课程体系的改革推动整个文科教育的改革，要从适应我国社会主义现代化建设对各类文科人才的要求、提高文科人才全面素质出发，吸收国内外文科教育改革的有益经验，建立科学的、合理的专业课程体系。在具体措施上，包括重点建设各类专业的核心、主干课程体系；建设学生文化素质教育课程；组织实施"面向 21 世纪教学内容和课程体系改革计划"，抓好重点项目的研究和重点教材的建设；要配合课堂教学，建立各类专业学生基本必读、选读书目，并建立相应的考核标准和制度。各基地均在课程教学方面进行大幅度的改革探索，调整课程体系和选课机制，推进文理交叉、跨学科选课，给予学生更多的选课自由度，探索适合拔尖人才的新型课程体系。

1. 北京大学

北京大学在课程设置、教学内容等方面进行了多方面的改革和创新，例如中文学科点的教学改革以"守正"为指导思想，在课程设置方面，注重夯实基础、突破专业框架、树立"大文科"意识；不随波逐流做改革，而着眼于培养学生发展的后劲。首先，打通低年级的主要基础课程，该类课程占总学分的 30%左右；其次，考虑到本科生中有相当比例的学生需要继续深造，因而着力加强本研贯通课程的衔接，该类课程占总学分的 25%左右；最后，在选修课程设置方面，每学期开设 10 门以上具有专业特色、能充分体现本领域研究水平，且符合学生实用性需求的课程，该类课程占总学分的 15%左右。在教学方面，杜绝"文化快餐"式的概念课，也不满足于多学科的"知识拼盘"，而是注重基础知

---

① 吴树青. 为什么我们没有培养出文科大师[J]. 教学与教材研究，1997(1)：14-15.

识的积累和文化熏陶,强化阅读经典和原著,培育写作能力和文化素养。

2. 复旦大学

复旦大学文科基地班汇聚文史哲三系教学资源,分骨干基础课、前沿课、新课三类,骨干基础课如"中国古代史""中国古代文学史""哲学概论"等;新课程如"中国古典文献学""中国近代社会变迁"等,涵盖面较宽;前沿课大多邀请文理科的著名学者以系列讲座的形式介绍自然科学与人文学科的最新研究成果,以及当代学术动态的前沿学科信息。在师资配备方面,文史哲知名教授和博士生组建了优质的教师队伍。

3. 湖南师范大学

湖南师范大学中文基地遵循"宽口径、厚基础、高素质"的基本原则,从优化基础课程、整合选修课程、强化重点课程的思路出发,构建了包含必修、选修、自修、辅修四大类型的文科基地中文专业课程体系。在"宽口径"上,着重加强了马克思主义基础理论、文科基础理论知识、自然科学技术知识、外语及计算机应用等横向基础课程的教授。同时,基地大胆削减了与专业关联度不高的公选素质课。在"厚基础"上,聚焦于中文专业核心课程的深入学习及初步的科研训练,对选修课程进行了整合,将原有的 70 多门选修课程优化重组为 7 个系列,形成了内容更为丰富但课时更为精简的专业必修及特色选修课程。在"高素质"上,基地高度重视学生科研能力与理论思维的培养,初步培养其科学研究的能力。设立"科研论文的阅读与写作"等科研指导课程,由科研成果丰硕的博导、教授授课,培养学生的创新意识、问题发现与解决能力以及清晰的表达能力,进而提升其科研能力。自三年级起,学生可依据个人兴趣选定专攻领域与科研方向,并由教师进行有针对性的专业指导。例如,针对古汉语、古代文学研究方向的学生,加强"国学"基础的专门训练,要求其精读经典古籍,掌握古文古诗词的写作;而对于外国文学比较文学研究、比较语言研究的学生,则增设必要的外语课程,要求其接触国外文学原著,并初步掌握第二外语。此外,基地还注重学生综合素质的培养,通过开展多种形式的文化考察、实习活动,将教学活动延伸至课外,提升学生的社会调查能力、实践能力、适应能力和应变能力。

各基地按照高起点、精内容、深开掘、快进度的要求,重新修订教学大纲和教学计划,改革课程体系,调整专业主干课程、公共课、选修课的设置以及教学和考核方式。比如广西师范大学,除增加了国学和传统文化课程外,还打破了文学、历史和哲学等学科的界限,初步形成了社会科学、人文和自然科学相结合的课程体系。同时,精炼专业基础课程和主干课程,开设了 34 门限定选修课和任意选修课。上海师范大学人文教育基地则设计了三层级课程序列:校级公选素质课力求贴近人文学科特点;各院系加强课程资源共享,中文基地班的同学可以选修历史系和古籍研究所的课程,从而进一步拓宽学术视野。

第二节　文科拔尖人才培养的实践探索:
"实验班"(2000—2017 年)

随着世界高等教育的发展,高等教育大众化和普及化成为趋势。1999年,教育部发布《面向 21 世纪的教育振兴行动计划》(以下简称《计划》),为高等教育实现大众化提供了支撑。《计划》指出,我国教育发展水平及人才培养模式尚不能适应现代化建设的需要,因此必须积极推进高校教学改革,拓宽本科教育专业口径,增强其适应性。同时,继续推进"面向 21 世纪教学内容和课程体系改革计划",建成文、理科基础性人才培养基地、基础课程教学基地和大学生文化素质培养基地,高等学校要跟踪国际学术发展前沿,成为知识创新和高层次创造性人才培养的基地。

一、创新人才培养"实验班"建设的政策背景

进入 21 世纪,全球化进程加速,国家之间的文化交流日益频繁,文化软实力在国际竞争中扮演着至关重要的角色。提升文化软实力,不仅是增强文化向心力的重要途径,也是提升国家综合国力的重要组成部分。为培养适应新世纪我国现代化建设需要的具有创新精神、实践能力和创业精神的高素质人才,教育部于 2000 年实施"新世纪高等教育教学改革工程"计划,对一批经过整合优化的专业(群)进行综合改革试点,建设一批富有时代特色的系列课程、教材和教学软件,建立具有良好示范辐射作用的教学基地。然而,回顾"文科基地"建设成效,人才培养改革探索的深度和力度还不够,教学方法的改革、管

理制度的创新不足,特别是现代化教学程度不高,具体表现在:能够熟练地运用外语进行教学和辅导的教师为数不多,学生熟练掌握外语的程度和运用外语处理业务的能力普遍不强;多数课程依然是采取传统的板书方式,学生多半只能运用传统方式进行学习和信息处理。①

2002 年,中国共产党第十六次全国代表大会召开,党的十六大报告指出"坚持教育创新,深化教育改革,优化教育结构,合理配置教育资源,提高教育质量和管理水平,全面推进素质教育,造就数以亿计的高素质劳动者、数以千万计的专门人才和一大批拔尖创新人才"。这是"拔尖创新人才"第一次出现在官方的报告中,可见国家对于拔尖人才的迫切需求。2003 年 12 月召开的第一次全国人才会议将造就一大批拔尖人才作为实施人才强国战略的重要目标。2005 年,"钱学森之问"引发了中国社会对创新人才培养模式的热议。为回应这一社会关切,2009 年教育部联合中组部、财政部启动实施了"基础学科拔尖人才培养试验计划"(简称"珠峰计划"),旨在培养中国自己的学术大师。初期,"珠峰计划"仅在数学、化学、物理、生物及计算机等科学领域进行试点,并未涉及人文社科领域。

但是高校并未就此停下步伐,各高校积极回应高素质人才培养的要求,在前期建设"基地班"的经验基础上,着眼于拔尖人才培养,开启了新一轮自主探索。自 2000 年起,竺可桢学院、元培学院、匡亚明学院等逐步成立,拔尖人才培养试验区迎来了多元化发展的时期。探索过程中,以知识为中心的教育理念向"以学生为中心"转变,"发展素质""自主学习、教学相长"等教育理念也逐步深入人心。随着拔尖人才试验区的建立,文科拔尖人才培养也迎来了改革春风。

据不完全统计,仅在 75 所教育部直属高校中,就有 34 所大学创办了新型学院或特殊班级。这些学院大多以科学家、教育家命名,并以这些"大师"的教育理念为指导,建设拔尖人才试验区。虽然各具特色,但都强调立德树人、文理并重。

---

① 石亚军,阎志坚,张晓京.提升文科基础学科教学和科研水平的有益探索:国家文科基地建设评估报告[J].中国高等教育,2002(Z2):22-25.

二、创新人才培养"实验班"建设的高校实践

高校在拔尖学生培养的教育改革上不断深化，建立改革试点学院，开设"实验班"。如：2000年，浙江大学成立"竺可桢学院"；2005年，复旦大学成立"复旦学院"；2006年，南京大学成立"匡亚明学院"；2007年，北京大学成立"元培学院"；2008年，华中科技大学成立"启明学院"；2009年，清华大学成立"清华学堂"。

1. 北京大学"元培计划实验班"

1999年底，"北京大学本科发展战略研究小组"专门研讨学校面向新世纪的本科教育改革和发展战略，着眼于未来社会发展对人才质量和人才规格的需求，确立了人为本、德为先、业于精的教育理念，强调了本科教育的基础地位，为学生提供更大的学习自主权和自由度，以培养其相对广阔的知识视野和综合素质。2001年秋季，北京大学成立了院系级独立教学实体"元培计划委员会"，开办"元培实验班"。"元培计划"贯彻加强基础、淡化专业、因材施教、分流培养的方针，倡导通识教育与专业教育相结合，实行教学计划和导师指导下的自由选课学分制。"元培实验班"贯彻"学生为本，道德为先，能力为重"的教育理念，元培教学指导委员会与专业院系紧密合作，确保学生在专业水平上达到院系要求。学生入校时仅按文、理分大类，实行"低年级通识教育和高年级的宽口径专业教育"的模式。入学后一年半主要学习通选课和学科大类平台课，之后学生可根据自身特点和兴趣在教学计划和导师的指导下自由选课和选择专业。此外，该实验班还增加了选修课，减少了必修课，鼓励跨学科学习和根据研究生教育需要来学习；实行导师制，导师帮助指导学生选课选专业，开设讲座，举行专业座谈和答疑，开设学术规范与论文写作课程，实施一对一个性化管理模式；实施宿舍班联动机制，形成混合居住的学院文化。自开办以来，"元培实验班"每届都吸引了不少高分学生选择文史哲等基础学科。①

2. 南京大学"应用文科强化班"

早在1989年，南京大学就成立了基础学科教学强化部，后更名为基础学

---

① 殷翔文，陈云棠. 创新人才培养的理念与实践　高等学校的教学视角[M]. 北京：高等教育出版社，2004：149-169.

科教育学院。2002 年,开办应用文科强化班,进行教学改革新试点,后由匡亚明学院统一管理和组织教学。作为国家级国际化复合型大文科创新人才培养实验区,应用文科强化班以"创新本科通识教育和研究性教学、强化科学研究基本训练、推进国际化合作培养,提升政治思想品德教育,探索个性化人才培养,使高素质创新拔尖人才脱颖而出"为途径,通过通识教育与个性化培养的结合,培养具有扎实英语功底、国际化视野、良好的综合素质和专业基础,能在全球化的环境中胜任商贸、法律、新闻等方面涉外工作的新型应用文科人才。其培养模式为:先不分专业进行 2 年基础训练,强化应用英语能力训练,协调通识教育与专业培养的关系,拓宽应用文科学科群知识视野,注重综合分析能力和实践能力培养,并通过选择课程模块、逐步分流、专业到位。根据学习的年限,学生分别修读平台通修课程、模块核心课程、专业核心课程、选修课程以及科研训练课程等。在培养过程中注重理论与实践相结合,提倡跨学科及边缘学科的学习,鼓励学生在选修课程时多涉猎不同学科。

3. 浙江大学"竺可桢实验班"

浙江大学竺可桢学院成立于 2000 年 5 月,以"志存高远,追求卓越"为院训,以"为杰出人才的成长奠定基础"为宗旨,致力于培养"基础宽厚、知识、能力和素质协调发展,富有创新精神和能力的卓越人才"。竺可桢学院实行开放式办学和滚动式培养,在借鉴国外知名高校办学经验的基础上,充分发挥自身优势,聘请学科带头人、教学名师等骨干教师参与教育教学改革。在培养模式上,将注重基础、口径较宽的大类基础教育同个性化的专业教育相结合,设置大类课程、通识课程、专业课程和个性课程,并对学生有哲学、社会科学及史地的选修要求,尤其是哲学课程,注重学生学科基础知识的学习、多维思考能力培养以及人文素质训练,建立多元化的知识结构体系。进入竺可桢学院学习的学生,首先要进行通识课程和基础课程的培养,在打牢基础的前提下,根据自身实际以及兴趣特长来选择修习的专业,在专业导师的指导下,每一个学生享有个性化的培养计划。此外,学院鼓励学生跨系选课、学科交叉,学生可以选修或辅修其他专业的主干课程,也可提前修习研究生课程。

从上述三所具有代表性的大学开办"实验班"来看,一是有明确的人才培养定位,结合学校的实际情况,制定具有鲜明特点的人才培养目标。二是严选优选,这三所学校聚集的都是来自全国各地的优秀考生、竞赛获奖者,或者是学识渊博、潜力巨大的学生,每一位学生都要经过笔试和面试,才能进入实验班。三是努力探索在低年级进行大类培养,打破专业划分,帮助学生打牢基础,拓宽知识面,加强通识教育,实现厚基础、宽口径的培养。四是十分重视本科和研究生教育的衔接问题,配备导师提前开始科研训练,实行本科生与研究生的一贯式教育。这些实验班的改革探索,正是基于学科发展的内在逻辑要求,尝试打破学科壁垒的自然封闭性,帮助学生打开过去各专业之间隔行如隔山的狭隘界限,帮助学生建立整体性认知,学会从总体上、有跨度地、综合性地理解和掌握知识、理论和规律,进而创造性地解决各种问题。

第三节　文科拔尖人才培养的实践探索："拔尖计划2.0"(2018年以来)

"基础学科拔尖学生培养试验计划"的实施,不仅推动建立了一批基础学科拔尖学生培养试验区,更在人才培养模式改革上取得了显著成效。通过导师制、小班化、个性化、国际化的核心举措,在拔尖人才培养上积累了丰富的经验,为我国高等教育的人才培养观念和教学模式带来了深刻的转变。这些宝贵的探索经验发挥了较好的示范辐射作用,也为后续计划的深化奠定了坚实的基础。2018年,在充分汲取前期成功经验的基础上,为进一步推动文科领域拔尖人才的涌现与发展,文科基础学科拔尖计划应运而生,正式启动实施。

一、"拔尖计划2.0"的政策背景

为培养具有国际一流水平的基础学科领域拔尖人才,着眼于创新人才的基础性培养和超前开发,按照《人才规划纲要》和《教育规划纲要》的部署,教育部、中组部、财政部于2009年开始实施"基础学科拔尖学生培养试验计划"。计划旨在依托高水平研究型大学和科研院所的优势基础学科建设一批国家青年英才培养基地,建立拔尖人才重点培养体制机制,吸引最优秀的学生投身基础科学研究,形成拔尖人才培养的良好氛围,努力使受计划支持的学生成长为相关基础学科领域的领军人才,并逐步跻身国际一流科学家队伍。"拔尖计划"在清华大学、北京大学、南京大学等20所高校的计算机、数学、生物、物理

和化学 5 个学科进行试点。

2009 年 9 月，教育部成立"拔尖计划"协调组、专家组和工作组。2010 年，《国家中长期教育改革和发展规划纲要（2010—2020 年）》进一步提出要"着力培养信念执著、品德优良、知识丰富、本领过硬"的拔尖人才，探索高中阶段、高等学校拔尖学生培养模式。2010 年 9 月，教育部组织召开了"拔尖计划"实施工作会议，对计划实施的目标任务、改革重点等方面进行了全面的部署。2011 年 9 月，中共中央组织部、中共中央宣传部、教育部、科技部、财政部、人力资源和社会保障部、中国科学院、中国工程院联合印发《关于印发〈青年英才开发计划实施方案〉的通知》（中组发〔2011〕24 号），提出着眼于人才基础性培养和战略性开发，提升我国未来人才竞争力，在自然科学、哲学社会科学和文化艺术重点学科领域，重点培养扶持一批青年拔尖人才；在高水平研究型大学和科研院所的优势基础学科建设一批国家青年英才培养基地，按照严入口、小规模、重特色、高水平的原则，选拔一批拔尖大学生进行专门培养。该计划包含三项子计划，"基础学科拔尖学生培养试验计划"是其中一项。2011 年 10 月，教育部组织"拔尖计划"专家组听取各校计划进展情况的汇报，形成了专家咨询报告、提出指导性意见。[①] 2012 年，党的十八大召开，十八大报告明确将创新人才培养水平明显提高作为全面建成小康社会的新要求，由此，拔尖人才培养改革进入深水区。

2018 年，教育部召开新时代全国高等学校本科教育工作会议，确定了本科教育的发展路径和重要举措，全面振兴本科教育。会议也明确了"拔尖计划 2.0"将进一步拓围、增量、提质、创新，将哲学、经济学、中国语言文学、历史学等文科基础学科纳入计划。2019—2021 年分 3 批遴选建设了 70 个文科基础学科拔尖学生培养基地。文科基础学科拔尖计划正是立足中华民族伟大复兴的战略全局和世界百年未有之大变局，立足于培养一批未来能为提升国家文化软实力、促进文化大繁荣，为促进人类文明发展、构建人类命运共同体作出贡献的哲学社会科学家。

乔·古尔迪（Jo Guldi）与大卫·阿米蒂奇（David Armitage）指出："最近

---

① 吴爱华,侯永峰,陈精锋,等.深入实施"拔尖计划"探索拔尖创新人才培养机制[J].中国大学教学,2014(3):4-8.

的半个世纪,整个人文学科一直处于危机之中,虽然危机在每个国家的表现有所不同。"①随着数智时代的到来,各种思潮在其中相互激荡,呼唤并推动人们思维认知图式、知识观念与价值系统的变革。世界格局深刻演变,以知识体系和思想理论体系为基础的全球话语体系在不同文化的冲突、融合与并存中也面临着重构,东西方文明的碰撞尤为突出。当代中国正在经历广泛而深刻的社会变革,面临前所未有的挑战,亟须打破西方话语霸权和符号体系,打造具有中华优秀传统文化和本土特色的叙事新范式,建构中国自主知识体系,不断推进"知识创新、理论创新、方法创新",这也是回应"中国之问、世界之问、人民之问、时代之问"的关键所在。② 同时,这也是中国特色哲学社会科学发展到一定阶段的理论需要,近代以来,主导世界的西方哲学社会科学已经越来越难以适应人类社会发展的新需求,哲学社会科学迫切需要总结自身发展规律,打破西方知识体系垄断,引领人类走出世纪性困境。③ 深入推进文科基础学科拔尖人才培养改革、全面提升培养质量正当其时。

二、"拔尖计划 2.0"的实施进程

2018 年,教育部等六部门联合发布《关于实施基础学科拔尖学生培养计划 2.0 的意见》,明确提出要加快培养未来杰出的社会科学家。2019 年 8 月正式发布《教育部关于 2019—2021 年基础学科拔尖学生培养基地建设工作的通知》(教高函〔2019〕14 号),进一步明确了拔尖人才培养的新形势、新定位、新目标、新思路和新模式。2020 年,教育部出台《关于在部分高校开展基础学科招生改革试点工作的意见》,启动"强基计划",在部分高校开展历史、哲学等相关专业基础学科招生改革试点,探索多维度考核评价模式。在 2021 年中央人才工作会议上,习近平总书记指出,要走好人才自主培养之路,高校特别是"双一流"大学要发挥培养基础研究人才主力军作用,全方位谋划基础学科人才培养,建设一批基础学科培养基地,培养高水平复合型人才。2022 年,习近平总书记在主持召开中央全面深化改革委员会第二十四次会议时强调,要全

① 乔·古尔迪,大卫·阿米蒂奇. 历史学宣言[M]. 孙岳,译. 上海:格致出版社,2017:6.
② 中国之理,回答赶考路上的时代考题[N]. 人民日报,2022 - 07 - 25(5).
③ 韩喜平.中国哲学社会科学自主知识体系建构的历史必然与路径探索[J]. 马克思主义研究,2022(9):23 - 32,155.

方位谋划基础学科人才培养,科学确定人才培养规模,优化结构布局,在选拔、培养、评价、使用、保障等方面进行体系化、链条式设计,大力培养造就一大批国家创新发展急需的基础研究人才。会议通过了《关于加强基础学科人才培养的意见》,这也是首次以中央文件形式对基础学科人才培养进行谋划和设计。2023 年,教育部启动经济学、哲学等领域的基础学科系列"101 计划",作为拔尖人才培养的筑基性工程,建设一流核心课程、核心教材、核心师资、核心实践项目等基础要素,深化拔尖人才机制创新和模式变革;同时,在"拔尖计划"前期探索基础上,国家基础学科拔尖人才培养战略行动正式启动,重点依托拔尖基地所在高校,对基础学科拔尖人才的有组织培养进行强化部署。2024 年 7 月,教育部召开国家基础学科拔尖人才培养战略行动推进会暨"基础学科拔尖学生培养计划"实施十五年工作交流会,加快推进基础学科拔尖人才培养工作,着力打造国家长远发展的重要战略力量。

与此同时,为进一步加强基础学科拔尖学生培养计划基地建设,各省市也配套启动了拔尖人才培养改革的地方探索(见表 9-2)。江苏、河南、陕西、山西、四川、辽宁、吉林等各省教育厅纷纷开展了省级基础学科拔尖学生培养计划 2.0 基地的遴选工作,如江苏省发布了《关于做好省级基础学科拔尖学生培养计划 2.0 基地申报工作的通知》(苏教办高函〔2022〕23 号)、河南省发布了《关于开展基础学科拔尖学生培养基地立项建设工作的通知》(教办高〔2023〕409 号)、陕西省发布了《关于开展 2022 年度省级基础学科拔尖学生培养基地建设工作的通知》(陕教高办〔2022〕41 号)、山西省发布了《山西省教育厅关于开展示范性特色学院和高水平基础学科学院培育建设工作的通知》(晋教高函〔2022〕43 号)、四川省发布了《关于公布首批四川省基础学科拔尖学生培养基地名单的通知》(川教函〔2023〕147 号)、辽宁省发布了《辽宁省教育厅办公室关于做好省级基础学科拔尖学生培养计划 2.0 基地申报工作的通知》(辽教办〔2023〕89 号)等。其中,江苏省、辽宁省还专门制定了基础学科拔尖学生基地建设指标,由 4 个一级指标、13 个二级指标构成;浙江省专门提出,要引导基础文科学生精读中华优秀传统经典,夯实国学基础,增强文化自信,提升浙江历史文化传播力和影响力。文科拔尖人才培养的矩阵不断优化,培养的链条融合、学段衔接、主体协同不断加强。

表9-2　部分省份设置的文科基础学科拔尖学生培养基地

省份	学校	基地名称
江苏	南京师范大学	中国语言文学拔尖学生培养基地
	苏州大学	中国语言文学拔尖人才培养基地
	扬州大学	中国语言文学拔尖学生培养基地
河南	郑州大学	考古学拔尖学生培养基地
陕西	西北大学	考古学拔尖学生培养基地
山西	山西大学	哲学学院
山东	山东财经大学	经济学拔尖学生培养基地
四川	四川大学	明远学园—哲学拔尖学生培养基地
		明远学园—经济学拔尖学生培养基地
	四川师范大学	新文科拔尖人才培养基地(中国语言文学)
吉林	吉林大学	哲学拔尖学生培养基地
		考古学拔尖学生培养基地
		理论经济学拔尖学生培养基地
		文史交叉拔尖学生培养基地
		历史学拔尖学生培养基地
		应用经济学拔尖学生培养基地
	东北师范大学	哲学基础学科拔尖学生培养基地
		汉语言文学拔尖学生培养基地
		历史学拔尖学生培养基地
	延边大学	历史学拔尖学生培养基地
		中国语言文学跨文化素质拔尖人才培养基地
	吉林财经大学	经济学科拔尖学生培养基地
	吉林师范大学	历史学拔尖学生培养基地
	吉林外国语大学	文化交流互鉴卓越人才培养基地
	长春师范大学	东北民族与边疆拔尖人才培养基地
浙江	浙江师范大学	"丽泽计划"中国语言文学拔尖学生培养基地

（续表）

省份	学校	基地名称
重庆	西南大学	历史学拔尖人才培养基地
	重庆工商大学	经济学拔尖人才培养示范基地
黑龙江	黑龙江大学	哲学高水平培养基地
江西	江西师范大学	中国语言文学拔尖学生培养基地
	江西财经大学	经济学拔尖学生培养基地
广东	中山大学	中山大学中国语言文学拔尖人才培养创新实验区
		中山大学经济学拔尖人才培养创新试验区
		历史学拔尖人才培养创新实验区
		哲学拔尖人才培养创新实验区
	华南理工大学	华南理工大学经济学拔尖人才培养创新试验区
	华南师范大学	文史哲融通的国学拔尖人才培养创新实验区（中国语言文学牵头）
	暨南大学	暨南大学"中国语言文学＋"拔尖人才培养创新实验区（振铎班）

  总体来看,外部环境对文科基础学科拔尖人才的培养具有较大的影响,在经济发展方式转型、市场及社会需求变化的过程中,其培养政策、规模、形式等也在动态演进,既有在政府主导下的高校实践,也有高校自发开展的探索试点。从培养理念来看,文科基础学科拔尖人才培养兼顾国家与社会需要、学生个体发展需要,但始终秉持精英主义理念,这与文科基础学科的特点紧密相关。但受经济社会发展阶段以及大众观念的影响,社会对于精英取向拔尖人才培养存在差异化的认知,由此导致招生的"冷热"乃至公平等问题。因此,需要广泛普及文科基础学科的价值,消解公众对精英教育的误解和偏见,营造全社会认可和支持的培养氛围。[①] 从培养实践来看,政府的资源配置及政策导向在很大程度上保障了高校拔尖人才培养工作的开展,但在总的制度框架下,高校也存在资源及路径依赖等问题,导致在培养实践中的"同质化"倾向,而恰

---

① 戴妍,杨雨薇.我国拔尖创新人才培养政策的变迁逻辑与未来展望:历史制度主义分析[J].高校教育管理,2024,18(3):62-72.

恰对于个性禀赋多样化的学生而言，更加个性化、精准化的培养方式与资源供给是更为重要的。因此，如何进一步激发高校及学科活力，推动高校结合自身办学定位、学科特色、区域特点改革创新，推动高校与各主体加强协同联动，深化与企业、科研机构、智库以及各级各类学校等合作，加强育人资源的整合，特别是在招生方式及选拔标准、师资队伍建设、人才培养模式及培养方案制定、课程内容建设、教学方法等方面开展更深层次的改革探索，注重提高灵活性与差异性。

第十章
文科拔尖人才培养的现状考察：
基于文科拔尖基地教师与管理者的调研

　　围绕着力造就拔尖人才这一重大战略任务，教育部分3批遴选了70个文科基础学科拔尖学生培养基地，其中首批基地已建设近三年。与此同时，还立项了30余个基础学科拔尖人才培养创新与实践项目。高校的人才培养研究与改革实践在如火如荼地进行。教师和管理者作为文科拔尖基地的直接参与者，他们对于文科拔尖人才的培养有着最为直接的感受和体会。他们的意见和建议，无疑将为进一步完善文科基础学科拔尖学生培养机制、深化基地建设、提升人才培养质量提供宝贵的参考依据。通过对这些一手资料的细致分析，我们可以更为准确地把握文科拔尖人才培养的现状与挑战，为未来的教育改革提供有力的支持。

第一节　文科拔尖基地的分布特征与高校实践

　　2018年，"拔尖计划2.0"启动，哲学、经济学、中国语言文学、历史学等文科基础学科被列入计划，旨在为新时代哲学社会科学发展播种火种，引导学生面向国家战略、人类未来发展、思想文化创新和基础学科前沿，树立破解人类发展难题的远大志向，孕育产生新思想、新理论，着力培养未来杰出的哲学社会科学家，为把我国建设成为世界主要思想高地奠定人才基础，形成中国特色、中国风格、中国气派的哲学社会科学奠定基础。

一、文科基础学科拔尖学生培养计划基地的分布特征

基础学科拔尖学生培养基地是高校实施拔尖计划 2.0 的具体载体。2019 年至 2021 年三年期间,教育部共计在 29 所高校布局建设了 70 个文科拔尖学生培养基地。在基地建设的三年规划中,明确了"超前规划、长远布局,学校主体、协同联动,聚焦中心、特色发展,继承创新、开放交融"的基本原则,可以是基于高校已经成立的试点学院或内设机构,可以是依托高校学科优势突出、教学质量高的二级学院或单位的新设机构,也可以是根据承担国家教学、科研任务的需要组建的跨学科人才培养基地或其他教学实体。

具体来看,第一批遴选 21 个基地,第二批遴选 25 个基地,第三批遴选 24 个基地。在文科基地中,哲学占比 20%,经济学占比 28.6%,中国语言文学占比 27.1%,历史学占比 24.3%。95.7% 的文科基地设置在"双一流"高校(见表 10-1)。

表 10-1　文科基础学科拔尖学生培养计划基地入选情况

分类		入选数量
批次	第一批	21
	第二批	25
	第三批	24
学科	哲学	14
	经济学	20
	中国语言文学	19
	历史学	17
所在高校是否"双一流"高校	是	67
	否	3
所在高校类型	综合类	50
	师范类	14
	财经类	5
	语言类	1

二、高校"拔尖计划 2.0"研究与实践探索

各高校始终在积极探索文科拔尖人才培养的路径与方法,从理论研究到教学实践,都积累了相当的经验。教育教学研究是实践的基础,在近年公布的基础学科拔尖学生培养计划 2.0 研究课题中,有不少与文科拔尖人才培养相关。经过词频分析可见,人才培养、学生视角、模式探讨、课程、实践、体系等均在课堂中多次出现(见图 10 - 1)。可见高校在文科拔尖人才培养方面,一直在不断深化调查研究,破解发展难题。人文社科人才的培养需要大量的资料和多次的社会实践,因此,开展基础性、前瞻性、前沿性、原创性的基础理论研究,以及与国家重大经济社会发展战略需求密切相关的应用对策研究是十分必要且迫切的。①

图 10 - 1　基础学科拔尖学生培养计划 2.0 研究课题(文科部分)词云图

---

① 人民日报. 护学术志趣　育文科优才[EB/OL]. (2022 - 03 - 25)[2023 - 12 - 17]. http://www. moe. gov. cn/jyb_xwfb/s5147/202203/t20220325_610669. html.

各高校立足学校实际,借鉴世界一流大学拔尖人才培养理念、模式和方法,积极探索、深化改革,在体制机制、人才培养模式改革、育人要素建设等方面取得了积极进展。

1. 中国语言文学

北京大学"未名学者"中国语言文学拔尖学生培养基地设置了经典精读班、语言与人工智能研究班、现代思想与文学研讨班三个拔尖人才培养方向。"经典精读班"主要包括研读中国古代文学、古典文献学、语言学历代经典名著及国内外理论经典著作;研读中国古代史、中国古代哲学、中国考古学等学科领域的重要经典,打通文史哲考古学科界限;兼及东亚、西方各类经典文献,中外融通,开阔视野。语言与人工智能研究班主要是学习语言与人工智能的相关课程,重点突破语言人工智能问题,力争在机器翻译、自然语言理解方面有所推进。现代思想与文学研讨班旨在培养以"现代思想与文学"为学术兴趣和研究方向的科研力量,开设"现代思想与文学经典导读"课程,一个学期讲授十五部左右现代西方以及现当代中国的思想和理论经典以及文学(含西方文学、中国文学等)经典,引导学生形成从总体上领悟东西方现代经典的基本视野。在学生遴选上,面向中文系大一、大二学生,通过"笔试＋面试"的方式择优录取。[①]

北京师范大学中国语言文学基地以专区化、导师制、研究型、前沿性、国际化、实践性为特色,构建"1主＋3辅"的立体培养模式。所谓"1主＋3辅",是指以"基础理论＋专题研究＋创新实践＋协同科研"为主线,辅以全方位导师制度、国内外高水平学术交流、国际联合培养及短期学习考察。在具体举措方面,包括优化课程体系,邀请外聘导师开设"小学期"课程,加大研究性教学比例,建立课程互选、同步课堂、学分互认机制,鼓励学生跨院校选修课程,完善课程考核机制,引导学生关注前沿学术问题;聘任首席导师、新生导师、学业导师和人文导师四类导师,发挥各自优势,立体全程陪伴,提升学生"做人"与"做事"的素养;建设集国内外高校、政府、科研单位等多机构于一体的拔尖学生培养实践平台,并加强拔尖学生国际游学、境外交流项目建设,拓展专业实习基

---

① 宋亚云.基础学科强基计划与拔尖人才培养计划的几点思考[J].新文科理论与实践,2024(2):74-81,127.

地,提供多领域专业实习场景等。①

2. 历史学

中山大学历史学拔尖基地构建了价值引领与学术传承相结合的人才培养方案,着力加强基础训练和促进学科交叉,形成了拉丁文、古希腊语、梵文和现代外语为基础的专业外语课程体系,全过程进阶性实践教学体系,以中国通史和世界通史为骨干的专业基础课程体系,以小班化和个性化为常态的专业提升课程体系等四大课程体系。其中,全过程进阶性实践教学体系以"走向田野的历史学"为学术取向,以"历史人类学"新兴交叉学科研究与实践为基础,将文献与田野调查相结合"走向历史现场"。同时,建立了动态选拔和培养机制,通过心理测试问卷、笔试、面试等多重程序开展学生选拔。②

华东师范大学"历史+"拔尖人才培养基地逐步总结出了历史学拔尖人才培养的"筑基—融合—提升"三个培养阶段。在"筑基"阶段,秉持"宽口径,厚基础"的培养理念,开展"四段式"训练(读书笔记—学术综述—小论文—考察报告),帮助学生筑牢基础,同时给学生配备了研究方向多元、年龄梯度适宜的导师组。在"融合"阶段,主要目标是"跨学科"思维的培育与养成,形成了"跨学科四步走"(跨学科讲座—跨学科短课程—跨学科课程—跨学科课程群)的培养模式。在"提升"阶段,主要侧重学生"史学实践"的切实开展,组织学生参与各种史学实践、考察活动。③

3. 哲学

南京大学深入探索哲学拔尖人才培养模式,将"以'立德树人'为根本导向,坚持大师培养,秉承文理融通、古今贯通、中西汇通的教育理念,深化国际交流与合作,面向国家战略需求、思想文化创新和哲学学科前沿,培养具有'中

---

① 中国社会科学网.提升文科拔尖人才自主培养质量:文史哲经基础学科拔尖学生培养计划2.0基地建设研讨会观点摘编[EB/OL].(2023 - 12 - 21)[2023 - 12 - 26]. https://www.cssn. cn/skgz/bwyc/202312/t20231221_5720284. shtml.

② 安东强.立足本位促进交叉:中山大学历史学基础拔尖创新人才培养的路径与特色[J].新文科理论与实践,2024(1):35 - 41,124.

③ 华东师范大学历史学系.历史学系21级"思勉班"赴陕西师范大学参加拔尖人才培养经验分享座谈会[EB/OL].(2023 - 07 - 25)[2023 - 12 - 26]. https://history. ecnu. edu. cn/10/72/c33432a528498/page. htm.

国灵魂、国际视野、未来眼光'的思想引领者、时代担当者和未来掌舵人"作为哲学拔尖人才的培养目标；以此为基础，贯彻 OBE 理念，将培养目标分解为毕业生核心能力要素，再根据要素反向构建了科研项目制、本研贯通制、小班研讨制、本科书院制"四位一体"的科研创新能力培养体系；围绕新形态特色课程体系、多层次优质教材体系、高水平卓越师资队伍建设，打造优质教育教学资源体系；确立了以守正与创新并进推动价值引领、教研教改与教学互融深化育教发展、教学创新与质量保障互通推进高质量发展为主要举措的质量保障机制。① 南京大学哲学系的探索成果"启智润心　哲以成人：哲学素质教育教学体系的构建与实践"获得了 2022 年高等教育国家级教学成果奖二等奖。

清华大学创办"学堂培养计划"哲学班，立足自身学术传统和特点，形成了一套兼具传统与现代学术优长、教学授课与科研训练并重、知识背景和评价标准丰富多元的具有清华特色的哲学拔尖人才培养体系。学堂班注重发扬"从游"传统，为每位学生配备导师，为学生提供全方位的指导和帮助，师生共塑学术成长之路。学堂注重立足核心原典，围绕马克思主义经典哲学著作、中国古典哲学思想著作、西方哲学著作开设研读与讨论课程，引导学生接触核心原典并在规范的学术训练中掌握阅读经典文本的基本。此外，还举办"悦读沙龙"特色活动，通过"教师主讲＋学生领读"等方式，促进思想交流和思维碰撞。在课程方面，学堂班注重课内外结合、经典与前沿互动，设计了不同层次和专题的课程，力求涵盖马克思主义哲学、逻辑学、伦理学、美学、中国哲学、宗教学等哲学的各个方向和领域，并且与时俱进地更新课程设置和教学内容。此外，还鼓励学生积极参与学术项目实践，提升研究能力和创新思维。②

中国人民大学以强基博识为思路，将具有前瞻性的哲学基础理论研究转化为教学资源，设立中国特色经济学实验班。以哲学问题激发学生们的理论兴趣，建立"通专结合"的哲学人才培养机制，衔接本硕博一体化培养，开设一系列跨学科研讨课和小班教学模式的"研究型课程"。同时，以学科交融为方法，以"哲学＋"的思路推进哲学与自然科学和社会科学的协同创新。此外，注

---

① 刘鹏.论哲学拔尖人才的培养：以南京大学为例[J].新文科理论与实践,2023(3):23－31,124－125.

② 崔居然,夏莹.论哲学拔尖人才培养体系的建立：以清华大学哲学学堂班为例[J].新文科理论与实践,2024(1):42－49,124－125.

重丰富国际小学期哲学课程,建设全英文哲学课程系列,鼓励学生们赴海外高水平大学交流学习,开展国际学术合作与联合培养。[①]

中山大学通过课程体系有效延展、多维度育人体系构建和创新经典阅读方式等途径,在"阅读经典"和"理解社会"的相互支撑中培养能够面对时代和未来的哲学人才。探索构建以"跨学科通识课—专业核心课—实践拓展课"为中心的三层次课程体系,突出课程教学中"社会"维度的有机融入。构建"思政—科研—实践—文化"四位一体综合育人方式,构建了专业教师、教辅人员和辅导员三位一体的全员化育人机制,拓展"社会"场域在育人实践中的基础作用。创新教育教学方式,探索"格物育人"新模式,以实物展览方式探索重返历史现场的主题情境式教学,以"展览+研讨+课程"相结合的方式打造兼具历史感和现场感的育人空间;开拓面向经典与生活世界的"耕读研学"模式,让学生在"耕读"的自然和社会场域中学习领悟劳动经典,并结合乡村基层调研等实践,构建将劳动理论、生产实践、专业教育有机融合,并将理想信念和思政教育贯穿全过程的综合育人体系。[②]

4. 经济学

北京大学从新结构经济学视角来探索经济学拔尖人才培养,组建新结构经济学实验班,依托北京大学经济学院和北京大学新结构经济学研究院双方优势搭建顶尖的人才培养平台,营造一流的学习科研环境,培养能够掌握新结构经济学的理论体系,能够抓住时代机遇,引领我国经济学理论的自主创新,引领世界经济学理论新思潮的有理想、有本领、有担当的创新型拔尖人才。培养模式强调教学科研实践密切结合,实行双班主任制,每位同学配备三位导师,本科生与博士后、博士生互动,注重参与式学习,在传统的经济学本科培养方案的基础上融合"新结构经济学"模块。在必修课模块中,增设"新结构智库实践"课程,由研究院智库部门的资深老师为学生进行一周的理论培训和项目解析,在对该领域理论体系和实践方法全面了解的基础上,学生参与一个智

① 臧峰宇.新时代哲学人才培养理念创新与实践探索:以中国人民大学哲学教育实践为例[J].新文科理论与实践,2023(4):50-57,121.
② 沈榆平,张清江,张伟."经典+社会"场域融合与哲学拔尖人才培养的创新探索:以中山大学哲学系的实践为例[J].新文科理论与实践,2023(3):15-22,124.

库。此外,大力推进经济学"101 计划"项目建设,以马克思主义基本原理为指导,基于中国的问题和实践,运用现代经济学的方法构建经济学自主知识体系,以带动经济学拔尖人才自主培养质量整体提升为定位,聚焦理论创新与实践能力的目标,秉承"道正""术高""业精""实求""事达"理念的人才观、教育观、科学观,推进一批一流核心课程、一批一流核心教材、一批核心实践项目和一支高水平核心师资团队四大核心任务建设。[①]

复旦大学经济学院秉承"现代经济学教育中国化、中国经济学人才培养国际化"的宗旨,坚持"问题导向、知行合一、经世济民、追求卓越",围绕"强化价值引领、夯实经济理论、加强方法训练、扎根中国实践、紧盯学科前沿",形成紧密聚焦"经济学基础理论、经济学基本方法、经济问题实践、经济学科前沿、正确价值引领"的育人模式。从全局出发重构特定专业的课程体系,以"夯实学生文理基础、补齐能力短板,培养素质全面的人才"为目标,强化经济学科专业群的大类教育和经济学核心素质培养,搭建对经济学大类知识体系有基础支撑作用的主干课程,注重增加课程之间的层次感、难易递进关系和课程设置的多样性。打造以数理班和 UIPE 项目为依托的拔尖培养荣誉项目和全英文项目,为学生提供海外顶级高校交流访学机会。发挥各类教师的群体效应,完善教学组织,打造基础课程教研室和专业核心课程教学团队,建立教师投身拔尖学生培养、学生创新成长的激励机制。[②] 此外,还设置了"3+1+4"本博贯通培养项目、"3+1+1"本硕直通车项目,为拔尖人才的一体化培养提供更多可行性方案。[③]

①　王勇,郑洁. 经济学拔尖人才培养的实践与思考:新结构经济学视角[J]. 新文科理论与实践,2023(4):41-49,120.

②　田素华,张毅. 新文科背景下经济学拔尖创新人才的培养:以复旦大学为例[J]. 新文科理论与实践,2024(1):26-34,124.

③　张军,段白鸽. 立足中国实践,打造中国学派:复旦大学经济学拔尖创新人才培养体系探索与实践[J]. 财经高教研究,2023,9(1):3-14.

第二节 文科基础学科拔尖学生基地的实施现状

拔尖人才培养的基础平台已初步形成,高校的人才培养研究与改革实践也在如火如荼地进行。那么,从高等教育改革创新发展的宏观部署转向高校具体的教育实践,高校实践者对理念的认知如何？ 实施的现状和效果如何？ 与党和国家事业发展的要求是否相匹配,在理念与实践之间是否存在落差？ 这些问题对于推动文科拔尖人才培养高质量发展是极其紧迫和重要的,但目前还缺少相关的研究。为进一步推进文科拔尖基地建设,进一步提升培养能力,我们面向全国文科拔尖基地开展问卷调查,在把握和分析文科拔尖基地建设现状、问题和不足的基础上,探寻未来努力的方向。

一、研究设计

本研究从两个方面对高校文科基础学科拔尖学生培养的状况进行分析,一方面是高校实践者的理念认知,即如何认知文科基础学科拔尖人才培养,形成了什么样的理念共识;另一方面是高校文科基础学科拔尖人才培养现状,考察各个文科拔尖基地的实践现状与国家顶层设计的政策导向和理念方向是否同向同行,总结分析各基地教育实践的共性特征、特色做法与实际差异。

在系统梳理了国内外关于拔尖学生培养、文科拔尖学生培养的理论与实践的基础上,基于教育部等部门发布的有关拔尖学生培养的政策文件,初步形成调查问卷初稿。以专家咨询等方式进一步征求教师和管理者意见,并根据意见反馈进一步修改和完善问卷,最终形成《文科拔尖学生培养调查问卷(教师卷)》《文科拔尖学生培养调查问卷(管理者卷)》。问卷主要包括三部分内容:被调查者的基本背景信息、对文科拔尖学生培养的理念认知、所在基地文科拔尖学生培养的实践现状。

本研究面向教育部 2019—2021 年遴选建设的 70 个文科基础学科拔尖学生培养基地开展问卷调查,调查对象是文科拔尖基地的教师和管理者。作为文科拔尖基地建设和文科拔尖学生培养的直接参与者,他们对文科拔尖学生培养的意见和看法是提升文科拔尖学生培养质量的重要依据。调查采用网络调查的方式,时间是 2022 年 4 月 10 日至 2022 年 5 月 16 日,最终获得有效教师问卷 458 份、管理者问卷 103 份,样本情况见表 10－2。研究采用 SPSS 27.0 对数据进行管理和分析,统计方法包括均值和比例描述统计、独立样本 t 检验、方差分析等。

表 10－2　调查样本的基本情况

变量		教师	管理者
基地所属类别	哲学	131(28.60%)	30(29.13%)
	经济学	153(33.41%)	23(22.33%)
	中国语言文学	106(23.14%)	26(25.24%)
	历史学	68(14.85%)	19(18.45%)
	校级管理机构	—	5(4.85%)
性别	男	308(67.25%)	58(56.31%)
	女	150(32.75%)	45(43.69%)
高校地区	东部	311(67.90%)	76(73.79%)
	西部	55(12.01%)	10(9.71%)
	中部	35(7.64%)	4(3.88%)
	东北	57(12.45%)	13(12.62%)
高校类属	部属高校	399(87.12%)	92(89.32%)
	省属高校	59(12.88%)	11(10.68%)
高校类型	综合类	321(70.09%)	80(77.67%)
	师范类	90(19.65%)	16(15.53%)
	财经类	47(10.26%)	7(6.80%)
职称	助理研究员/讲师	79(17.25%)	23(22.33%)
	副研究员/副教授	205(44.76%)	18(17.48%)
	研究员/教授	146(31.88%)	26(25.24%)
	其他	28(6.11%)	36(34.95%)

（续表）

变量		教师	管理者
工龄/教龄	5 年及以下	117(25.55%)	18(17.48%)
	5—9 年	88(19.21%)	14(13.59%)
	10—19 年	153(33.41%)	51(49.51%)
	20—29 年	65(14.19%)	13(12.62%)
	30 年及以上	35(7.64%)	7(6.80%)

二、理念认知

文科拔尖基地的设立是对社会变革、时代发展和社会需求的回应，服务于教育强国、文化强国建设，肩负着提升国家文化软实力和中华文化影响力、助力中国式现代化建设的历史使命。在这一过程中，教育实践者的理念认知起着至关重要的作用，他们如何理解和看待文科基础学科拔尖人才培养，将直接关系到培养的成效。

（一）价值认知：坚定中国立场

调查表明（见表 10-3），在促进中华优秀文化传承创新（教师 4.25，管理者 4.81）、服务中国经济发展和社会进步（教师 4.00，管理者 4.31）、促进不同文明交流互鉴（教师 3.96，管理者 3.88）、推动构建人类命运共同体（教师 2.55，管理者 2.50）、推动建立公正合理的国际秩序（教师 2.54，管理者 2.30）、促进国际政治经济格局发展（教师 1.97，管理者 2.00）等方面，得分最高的是前两项。一方面，全球化和反全球化的思潮此起彼伏，单边主义和多边主义的冲突也日益激烈，目前国际交流与合作本身面临着巨大的挑战，在全球化相关方面的共识度相对有限；更为重要的是反映了文科拔尖基地的教育实践者的价值认知是坚持中国立场的。这与国家的政策导向是一致的，教育实践者应当立足于中国文化根基和中国实际，培养知中国、爱中国、懂中国的时代新人，要提升自信心、自豪感、自主性，传承中华文化、传播中国声音、创新中国理论、开创中国未来。[①]

表 10 - 3　文科拔尖基地教师和管理者价值认知的现状描述

题项	均值	
	教师	管理者
1. 服务中国经济发展和社会进步	4.00	4.31
2. 促进中华优秀传统文化传承创新	4.25	4.81
3. 促进不同文明交流互鉴	3.96	3.88
4. 推动建立公正合理的国际秩序	2.54	2.30
5. 推动构建人类命运共同体	2.55	2.50
6. 促进国际政治经济格局发展	1.97	2.00

党的二十大报告指出,全面建设社会主义现代化国家,必须坚持中国特色社会主义文化发展道路,增强文化自信,加快构建中国特色哲学社会科学学科体系、学术体系、话语体系;要增强中华文明传播力影响力,提炼展示中华文明的精神标识和文化精髓,加快构建中国话语体系和中国叙事体系,讲好中国故事、传播好中国声音。这也是文科拔尖基地建设的使命责任和价值定位,要坚持中国立场,以中国实际为起点,强化主体意识塑造,围绕我国和世界发展面临的重大问题,提出能够体现中国立场、中国智慧、中国价值的理念、主张、方案,[②]真正教育引导学生把自身价值的实现与国家发展紧密结合起来,把远大的理想抱负和所学所思落实到报效国家的实际行动中。

(二) 目标认知:重视批判性思维

基于上述文科基础学科拔尖人才培养的价值定位,文科拔尖学生的具体培养目标有哪些? 表现为哪些方面的能力特征? 通过考察教师和管理者对智力水平、好奇心与求知欲、意志品质、批判性思维、知识基础、学习能力、实践能力、沟通交流能力、跨学科视野、价值观、创新能力、想象力、自主发展能力、行动力等方面培养目标的选择,可以看到:"批判性思维"(教师 75.11%,管理者

---

① 吴岩. 中国式现代化与高等教育改革创新发展[J]. 中国高教研究,2022(11):21 - 29.
② 习近平. 在哲学社会科学工作座谈会上的讲话[M]. 北京:人民出版社,2016:17.

68.93％）、"好奇心与求知欲"（教师 64.63％，管理者 47.57％）、"学习能力"（教师 53.06％，管理者 59.22％）是更为认同的学生发展目标。对于文科基础学科而言，批判性思维显得尤为重要，要构建原创自主的知识体系，离不开积极的独立思考和独特的思想发现。①

通过 t 检验进一步发现（见表 10‐4），文史哲基地的教师对于"跨学科视野""想象力""自主发展能力"的重要性评价显著高于经济学基地的教师，经济学基地的教师对于"好奇心与求知欲""实践能力""沟通交流能力""创新能力"的重要性评价显著高于文史哲基地的教师。这与学科特点是紧密联系的，文史哲关注体验性，要求知情意一体的全身心的投入；经济学则具有客观性、实用性等特点。②

表 10‐4　不同基地教师对于文科拔尖学生具体培养目标的认知

题项	基地类别(二分类)	平均值	标准差	t 值
好奇心与求知欲	文史哲	0.62	0.49	−1.95***
	经济学	0.71	0.45	
实践能力	文史哲	0.07	0.26	−2.55***
	经济学	0.16	0.36	
沟通交流能力	文史哲	0.21	0.41	−2.03***
	经济学	0.30	0.46	
跨学科视野	文史哲	0.51	0.50	3.19***
	经济学	0.36	0.48	
创新能力	文史哲	0.36	0.48	−1.26*
	经济学	0.42	0.49	
想象力	文史哲	0.15	0.36	2.47***
	经济学	0.08	0.27	

---

① 李凤亮. 新文科：定义·定位·定向[J]. 探索与争鸣，2020(1)：5‐7.
② 国家教委高等教育司. 文化素质教育与人才成长　加强大学生文化素质教育论文集[C]. 高等教育出版社，1996：124‐125.

（续表）

题项	基地类别（二分类）	平均值	标准差	t 值
自主发展能力	文史哲	0.24	0.43	1.01*
	经济学	0.20	0.40	

注：* p<0.05，** p<0.01，*** p<0.001。

（三）路径认知：强调个人努力

要让优秀文科拔尖人才崭露头角，"个人努力"是教师(4.72)和管理者(4.65)共同认可的学生成长成才的首要条件，其次是培养机制(教师3.83，管理者4.10)、良师指导(教师3.41，管理者3.53)等学校环境因素，偶然机遇是认同度最低的因素(教师1.03，管理者0.91)。学生个体的投入程度和对院校环境的感知程度与学习成果相互联系。[1] 虽然研究者在"天才儿童"培养过程中，先天因素还是后天因素发挥更大作用仍有不同的观点，但随着多元智能理论的发展，其成长过程更多地被视为多种因素的综合作用，[2] 而非简单地"甄别"天赋因素，应当更加关注学生的后天努力与培养过程。[3]

表 10-5　文科拔尖基地教师和管理者路径认知的现状描述

题项	均值	
	教师	管理者
1. 个人努力	4.72	4.65
2. 培养机制	3.83	4.10
3. 成长环境	3.60	3.53
4. 良师指导	3.41	3.53

---

① 吕林海. 大学生学习参与的理论缘起、概念延展及测量方法争议[J]. 教育发展研究,2016,36(21):70-77.

② HELLER K A, PERLETH C, LIM T K. The Munich model of giftedness designed to identify and promote gifted students[A]. STERNBERG R J, DAVIDSON J E, eds. Conceptions of Giftedness[C]. New York: Cambridge University Press, 2005: 147-170.

③ DAI D Y, CHEN F. Three Paradigms of Gifted Education[J]. Gifted Child Quarterly, 2013, 57(3): 151-168.

（续表）

题项	均值	
	教师	管理者
5. 先天天赋	3.26	3.24
6. 偶然机遇	1.03	0.91

人文社会科学往往具有更多的个体经验、体验和经历性，在材料、事实、方法、途径、手段等方面体现出个性特点，[①]知识呈现出个人积累性。一项针对55位哲学社会科学高端人才的访谈研究也表明，个人经验与学术的积累尤为重要，个体的主动性是哲学社会科学高端人才的重要特征，具体表现在能够自我发动、积极行动、勤于学习和思考、勤于工作、持之以恒、长期坚持等。[②]

三、实践行动

自2019年首批基础学科拔尖学生培养计划2.0基地公布以来，各基地基于文科拔尖人才成长规律及自身学科特点，以人才培养为核心，推进改革、汇聚大师、整合资源，在强化使命驱动、注重大师引领、创新学习方式、提升综合素养、促进学科交叉、科教融合、深化国际合作、科学选才鉴才等方面开展自主探索，寻求特色发展。调查显示，当前无论是教师还是管理者，对文科拔尖基地的实施进展是满意的，选择"非常满意""满意"的教师和管理者的比例分别为73.15％和80.58％。

（一）综合评价，突出学生志趣与认知的"发展性"

发现和识别优秀学生是拔尖培养的重要一环，首先需要在选拔的标准上形成共识。调查设置了已有知识基础、认知能力、学术志向、学术潜力、思想品德、社会责任感、实践能力、应变能力、人际交往能力、调试情绪能力、创新能力等11个方面，从结果可以看到（见表10-6），管理者更加突出德才并进，"同意"或"很同意"社会责任感和学术潜力的比例分别为97.09％和97.08％，然

---

① 郝文武.教育哲学[M].北京：人民教育出版社，2006：219-222.
② 张敏.哲学社会科学高端人才的素质结构与影响因素研究[J].华东师范大学学报（教育科学版），2023，41（5）：41-52.

后是认知能力(96.11％)、思想品德(95.15％)、创新能力(95.15％)、学术志向(94.18％)。教师更加聚焦专业发展，大部分教师认为"学术志向"应是选拔文科拔尖学生的主要标准(95.63％)，其次是学术潜力(95.20％)、创新能力(93.89％)、认知能力(92.79％)。综合来看，"学术潜力""认知能力""创新能力""学术志向"是教师和管理者认同度较高的标准，这说明，当前在文科拔尖学生选拔过程中，更加关注学生志趣与认知发展的"可能性"，而对于已有知识基础、人际交往等方面的要求比较宽松。此外，与管理者相比，专业教师对学生的"社会责任感"的要求总体偏低，这是需要进一步提升和改进的地方，作为新时代文科拔尖人才，社会责任感应是拔尖人才不可或缺的重要品质。①

表 10-6　文科拔尖基地教师和管理者学生选拔标准的现状描述

题项	很不同意		不同意		一般		同意		很同意	
	教师	管理者	教师	管理者	教师	管理者	教师	管理者	教师	管理者
1. 已有知识基础	0.66％	0.97％	3.06％	1.94％	20.74％	17.48％	45.63％	42.72％	29.91％	36.89％
2. 认知能力	0.22％	0.97％	0.44％	0.00％	6.55％	2.91％	44.76％	37.86％	48.03％	58.25％
3. 学术志向	0.22％	0.97％	0.22％	0.97％	3.93％	3.88％	29.69％	29.13％	65.94％	65.05％
4. 学术潜力	0.22％	0.97％	0.22％	0.00％	4.37％	1.94％	30.57％	27.18％	64.63％	69.90％
5. 思想品德	0.66％	0.00％	0.66％	1.94％	10.26％	2.91％	36.68％	33.98％	51.75％	61.17％
6. 社会责任感	0.66％	0.00％	0.66％	0.97％	9.61％	1.94％	35.81％	31.07％	53.28％	66.02％
7. 实践能力	0.87％	0.97％	1.97％	0.00％	17.90％	13.59％	46.94％	38.83％	32.31％	46.60％
8. 应变能力	0.66％	0.97％	2.18％	0.00％	20.52％	14.56％	46.72％	44.66％	29.91％	39.81％
9. 人际交往能力	1.31％	0.97％	3.71％	0.97％	27.73％	19.42％	45.85％	46.60％	21.40％	32.04％
10. 调适情绪能力	0.22％	0.00％	1.53％	0.97％	12.45％	10.68％	45.41％	40.78％	40.39％	47.57％
11. 创新能力	0.22％	0.00％	0.87％	0.97％	5.02％	3.88％	34.50％	22.33％	59.39％	72.82％

① STERNBERG R J. WICS as a model of giftedness[J]. High Ability Studies，2003，14(2)：109-137.

在选拔方式上,高考选拔和二次选拔是当前主要的途径。在教师和管理者看来,"入学一年后进行选拔"是认同度最高的选拔方式(教师72.71%,管理者65.05%),其次是选择刚入校即进行二次选拔(教师17.25%,管理者26.21%)。其中,选择"高考选拔"的较少(教师7.64%,管理者5.83%),这一定程度上源于高考的科目设置及考核方式等,高考分数只能在一定程度上说明其知识掌握的范围与熟练度,中学生对基础学科的研究范式与方法还缺乏深度认知[1],很难基于文科基础学科的特性开展甄别。理科拔尖计划更多选择在入校后即组织二次选拔,与之相比,文科拔尖计划更倾向于将选拔时间延伸至一年级结束之后。

拔尖计划2.0在其总体思路设计上,就明确了要"真正发现和遴选志向远大、学术潜力大、综合能力强、心理素质好的优秀学生"。但从选拔标准的分析来看,要在学生刚入校时就高效地鉴别学生在志趣与认知发展上的差异,是比较困难的。已有研究通过比较各年级学生的学术志趣也发现,学生的学术志趣很可能在一年级之后发生质的蜕变。[2] 此外,文科基础学科的培养也更需要宽广的基础训练和个体化的知识积累,让真正有志于学术探索的学生在打牢基础、拓宽口径的基础上,实现个性化、研究性的学习成长。因此,如何科学地选才鉴才也有待更加深入的实践探索,同时也要加强追踪研究,科学评估选拔成效。

(二) 学科主导,打造"人才培养特区"

基于对当前文科拔尖学生培养方式的考察,研究设置了"先大类培养,再进入专业院系设置的实验班独立培养""以学科为单位,设置实验班独立培养""在学校层面设置专门的拔尖培养单位""与非拔尖计划学生共同培养"四种实施类型。调查结果显示,认同度最高的是"大类+独立设置的实验班"(教师52.84%,管理者45.63%)模式;认同度最低的则是"与非拔尖计划学生共同培养"(教师8.73%,管理者10.68%),并且还建议在共同培养之外,要通过有

---

① 母小勇."强基计划":激发与保护学生学术探究冲动[J].教育研究,2020,41(9):90-103.
② 陆一,史静寰.拔尖创新人才培养中影响学术志趣的教育因素探析:以清华大学生命科学专业本科生为例[J].教育研究,2015,36(5):38-47.

针对性的能力培训、拔尖讲座学分制特色计划、第二课堂等予以重点培养。

有研究曾对拔尖人才培养的管理特征进行了梳理归类,基于封闭与开放程度分为:带标签"特区"模式、无标签"闯关"模式和带标签"混养"模式,分别设置精英学院、专业院系、校级培养平台等,并承担不同的管理职责。[①] 事实上,在国家"文科基础学科人才培养和科学研究基地"建设时期,已经开展了多样化的探索,有的采用贯通招生、培养、毕业的"重点培养"方式;有的选择在招生时,不区分基地班和非基地班,而是在培养过程中实行"滚动制"和分流培养;还有的采取一、二年级基础课程打通培养,以改善学生知识结构、拓宽视野。[②] 作为刚刚起步的文科拔尖基地,集中优质资源强化专业培养,通过专门的培养方式以体现特殊性,同时基于"身份"意识对学生提出更高要求,是更多文科拔尖基地所选择的改革方向。这在一定程度上可以说是适应国家政策与办学资源配置的产物。[③]

文科拔尖学生培养方式的选择有赖于学校育人资源、育人力量的统整状况,一方面是如何合理地植根于学校整体育人体系,另一方面是学科如何深度地参与和投入,要防止狭隘的割裂思维和"自留地"思维,提升育人的系统性、整合性和融通性。因此,学校与学科应共同探索,强化方向引领,"人才培养特区"的关键不在于管理的实体化,而在于通过学科文化的营造凝聚身份认同,引导学生形成能够体现强烈的使命感和责任感的"身份意识";要强化通识培养,依托新生学院、书院等引导学生形成对大学学习生活的整体性适应,在学校整体的学科生态体系中拓宽视野、打开边界,奠定宽广的基础;要从长周期培养的角度出发,从以课程为主导的传统教学体系向多要素融合的学科育人体系转变,避免课程教学效率不高、培养方式灵活性有限等问题,从知识积累、思维训练、创新实践、价值养成等角度出发构筑螺旋式上升的贯通育人机制,通过开放学科资源,让知识创新的各类要素流动起来,依托导师制、科研项目

① 陆一,史静寰,何雪冰.封闭与开放之间:中国特色大学拔尖创新人才培养模式分类体系与特征研究[J].教育研究,2018,39(3):46-54.
② 阎志坚.振兴文科基础学科教育与科研的重大举措:"文科基地"建设经验交流会综述[J].中国高等教育,2000(19):18-20.
③ 刘献君,张晓冬."少年班"与"精英学院":绩效诉求抑或制度合法化——基于组织理论的新制度主义分析[J].现代大学教育,2011(5):8-15,111.

制等引导学生了解并逐步融入学术共同体。

（三）个性发展，建设以能力为导向的多样化课程体系

调查结果显示，经典阅读课程被认为是最重要的课程形式（教师 92.14％，管理者 97.08％），经典阅读能力和习惯培养是基本文科素养能力培养的一项重要内容。[①] 其次分别为本研贯通课程（教师 84.27％，管理者 85.44％）、个性化课程或学生邀请老师设立课程（教师 80.57％，管理者 83.50％）、英语必修课以外的语言类课程（教师 65.28％，管理者 72.81％），这三种类型的课程形式适应了文科基础学科长周期培养、学生个性化成长和跨文化交流的需要。对于文科基础学科人才而言，本科与研究生阶段的统筹设计至关重要，[②]"本研贯通课程"将本科与研究生的课程衔接，形成更加完整的知识序列，推动由通向专的连续性过渡，可以合理缩短培养周期，提升培养效率。"DIY 课程"进一步丰富了学生的自主选择权，基于学生的兴趣及学习基础，建立新的课程"供求"关系，有助于学生发展形成独特的知识与能力结构。"语言类课程"可以帮助学生掌握知识交流的新工具，建立历史与现实的内在联系，提升多元文化理解能力，也是新形势下参与全球治理、构建人类命运共同体的内在要求。

t 检验发现（见表 10-7），不同学科基地的教师对于"英语必修课以外的语言类课程"的重要性评价存在着显著的差异（t＝6.19，p<0.001），文史哲基地的教师对于"英语必修课以外的语言类课程"的重要性评价高于经济学基地的教师。

表 10-7　不同基地教师对于拔尖课程形式设置的评价

题项	基地类别（二分类）	平均值	标准差	t 值
英语必修课以外的语言类课程	文史哲	4.00	0.87	6.19***
	经济学	3.41	1.01	

注：* p<0.05，** p<0.01，*** p<0.001。

---

① 张亮,于天禾.新时代新文科新拔尖:基于南京大学的思考与实践[J].广西大学学报(哲学社会科学版),2021,43(1):152-156.

② 樊丽明."新文科":时代需求与建设重点[J].中国大学教学,2020(5):4-8.

进一步通过方差分析可以发现,就"英语必修课以外的语言类课程"而言,整体检验的 F 值均达到显著水平,文史哲三个基地的教师对于"英语必修课以外的语言类课程"的重要性评价存在显著差异(见表 10 - 8)。采用 Tukey HSD 检验法进行事后比较,结果显示,历史学基地的教师对于"英语必修课以外的语言类课程"的重要性评价高于中国语言文学基地的教师。这也是历史学在拔尖基地建设中的一个特点,例如:北京大学设置丰富系统的语言类课程如"拉丁语""希腊语""古埃及文字"等;南京大学提出"加强外语能力培训,学生有多种渠道获得包括英语、德语、法语、日语、拉丁语等在内的语言课程学习机会";复旦大学除了小语种外,更有涵纳多种专业外语和古典语言的多语种培养方案。

表 10 - 8　文史哲基地教师对于拔尖课程形式设置的评价

题项	文史哲基地	平均值	标准差	F 值
英语必修课以外的语言类课程	哲学	4.05	0.84	4.783 **
	中国语言文学	3.81	0.88	
	历史学	4.19	0.83	

注:* p<0.05,** p<0.01,*** p<0.001。

(四) 科教融合,开展基于学生自主探究的研究性教学

在教学方式上(见表 10 - 9),"研究性教学"是文科拔尖学生培养最重要的教学方式(教师 95.20%,管理者 98.06%),对问题启发式教学、小班研讨教学、案例教学以及传统课程教学的认同度也均在 90% 以上,但翻转课堂(教师 46.29%,管理者 61.16%)和线上教学(教师 27.95%,管理者 34.95%)的认同度则相对较低。面对教学生态的变化,要发展学生的关键素养与核心能力,教师不仅需要掌握和利用技术,还需要深层次的理念和教学思维的转变,通过科学、高效地利用各类智能应用,设计以学生为中心的、兴趣驱动的知识建构

性学习,改善学生在线学习体验。[①] 无疑,这对教师的专业技能和素养提出了更高的要求。

表 10-9 文科拔尖基地教师和管理者对教学方式的现状描述

题项	很不重要		不重要		一般		重要		很重要	
	教师	管理者	教师	管理者	教师	管理者	教师	管理者	教师	管理者
1. 小班研讨教学	0.22%	0.00%	0.44%	0.00%	8.95%	4.85%	35.81%	33.01%	54.59%	62.14%
2. 线上教学	9.39%	10.68%	19.21%	11.65%	43.45%	42.72%	19.87%	26.21%	8.08%	8.4%
3. 翻转课堂	4.59%	3.88%	10.92%	6.80%	38.21%	28.16%	29.26%	33.98%	17.03%	27.18%
4. 研究性教学	0.00%	0.00%	0.44%	0.00%	4.37%	1.94%	32.97%	28.16%	62.23%	69.90%
5. 案例教学	0.44%	0.97%	1.97%	0.00%	20.52%	17.48%	46.94%	37.86%	30.13%	43.69%
6. 问题启发式教学	0.00%	0.00%	1.09%	0.00%	6.33%	2.91%	38.86%	29.13%	53.71%	67.96%
7. 传统课堂讲授	0.66%	1.94%	1.97%	1.94%	19.21%	19.42%	52.84%	45.63%	25.33%	31.07%

在具体的实施方式上,开设具有挑战度、注重思维方法训练的研究性课程被认为是实施研究性教学、提升文科拔尖学生学术能力最重要的方式(教师91.92%,管理者92.23%)。此外,让本科生参与科研及各类科创活动,也是研究性教学的重要组成部分。教师和管理者对于开放导师课题(教师80.57%,管理者92.24%)、鼓励大学生自主参加类似大学生创新创业训练计划项目、学科竞赛等科创活动(教师76.42%,管理者89.32%)、院系自设本科生科研项目(教师80.35%,管理者88.84%)、开放智库项目(教师58.30%,管理者75.73%)等方式都有较高的认同度。可见,文科拔尖学生的培养在强

---

① 刘晓峰,兰国帅,魏家财,等. 教育数字化转型助推未来高等教育教学:宏观趋势、技术实践和未来场景——《2022 年 EDUCAUSE 地平线报告(教学版)》要点与思考[J]. 苏州大学学报(教育科学版),2022,10(2):115-128.

调知识传授的同时,对于学术能力的发展也同样关注。但也有研究指出,在引导学生确立研究志向、发展学术能力上,还缺乏有效的创新举措,重视知识与理论的教学传统,既是优势,也是障碍。① 调查发现,教师对于开放智库项目的认同度相对较低,这表明作为高校育人功能的延伸,②高校智库的教育性还没有得到充分的发挥。为了解决这个问题,还需要在制度设计上加强引导,一方面积极推动智库研究优质成果及时转化为教学内容;另一方面,可以通过研修项目、实习实践、助研助管等形式吸纳学生参与。

此外,打破学科壁垒,提供整合性的跨学科学习,促进交叉融合也是学生创新成长的重要手段。在传统的单一学科逻辑下,容易走向单一化、狭隘化。调查显示,教师(90.61%)和管理者(94.17%)均认可文科拔尖学生需要进行学科交叉培养。在具体的实施方式上,开设跨学科课程(教师96.15%,管理者94.84%)、设立跨学科科研项目(教师84.58%,管理者91.76%)、设置跨学科专业方向(教师81.44%,管理者83.51%)、鼓励学生跨学科读研(教师75.90%,管理者84.54%)都是较为有效的方式。因此,可以围绕科研课题、重大社会问题整合学习的资源和条件,构建跨学科教学团队,鼓励学生开展跨学科研究,引导学生构建跨学科、跨专业、跨领域的知识体系,激发创新潜能。

(五) 双向互动,深化国际交流合作

在"拔尖计划"的前期探索中,国际化被认为是有效的实践模式。调查结果显示,传统"教学型"的国际交流合作方式,如"学生外出交流交换"(教师79.26%,管理者86.41%)、设置联合培养项目(教师60.92%,管理者47.57)、邀请国外一流大师教学(教师56.55%,管理者65.05%)等是认可度较高的国际交流形式。一方面"走出去",通过交换生项目、联合培养等方式,鼓励学生到国外一流大学学习和交流,拓展国际视野和跨文化理解沟通能力;另一方面"请进来",拓展本土国际化办学能力,汇聚全球优质资源,吸引国际学术大师以授课、讲座、研讨等形式,参与拔尖培养。

与此同时,调查结果还显示,对组织暑期国际学校(教师29.04%,管理者

---

① 母小勇."强基计划":激发与保护学生学术探究冲动[J].教育研究,2020,41(9):90-103.
② 全守杰,王运来.高校智库的涵义与特征[J].现代教育管理,2016(1):38-42.

31.07%)、开展联合科研项目(教师 27.07%,管理者 26.21%)、参加国际学术会议(教师 26.89%,管理者 28.16%)、开展国际科考项目(教师 9.61%,管理者 9.71%)等形式的认同度相对偏低,科教融合式、综合性的国际交流与合作模式还有待进一步探索和实践。从不同学科基地的教师对于文科拔尖学生国际交流方式的评价来看(见表 10-10),文史哲基地更倾向于传统"教学型"的国际交流合作方式,而经济学基地则更倾向于科教融合式、综合性的国际交流,这与经济学学科的特点有关,在国际经济联通和交往仍是世界经济发展的客观要求的大背景下,更需要树立国际视野。[①] 一方面,我们要以更加开放、自信、主动的姿态搭建国际化教学科研平台,营造国际化学习氛围;另一方面,国际交流要防止"走马观花流于形式",突破单纯的课程学习或资源建设,要着眼于培养未来顶尖学者,为学生拓展国际化的学术情境,让学生更多地接触学术研究最前沿,为融入国际一流学术共同体创造条件。

表 10-10 不同学科基地的教师对于文科拔尖学生国际交流方式的评价

题项	基地类别(二分类)	平均值	标准差	t 值
学生外出交流交换	文史哲	0.82	0.38	2.45***
	经济学	0.72	0.45	
设置联合培养项目	文史哲	0.64	0.48	1.92**
	经济学	0.55	0.50	
	经济学	0.07	0.26	
开展联合科研项目	文史哲	0.24	0.43	−2.33***
	经济学	0.35	0.48	

注:* $p<0.05$, ** $p<0.01$, *** $p<0.001$。

(六) 大师引领,构建师生成长与创新共同体

大学是一个由学者与学生组成的、致力于寻求真理之事业的共同体。[②] 教师是学生取得创新成就的引路人,对拔尖人才成长具有综合系统的长期影

[①] 习近平.在经济社会领域专家座谈会上的讲话[N].人民日报,2020-08-25(2).
[②] 龚放.大学"师生共同体":概念辨析与现实重构[J].中国高教研究,2016(12):6-10.

响,尤其是大师级的老师。① 教师可以通过言传身教,让学生"从游",以人格魅力潜移默化地影响学生的个性成长与专业发展;可以通过发挥学术领袖的榜样作用,在视野、思路方法、资源等方面加强引领,激发学生的学术兴趣和创新潜力。研究也发现与教师在课后互动和经常交流,有助于激发学生的学术兴趣。②

调查结果显示,教师和管理者对名家开设课程(教师90.61％,管理者94.17％)、举办讲座(教师84.93％,管理者90.29％))、指导本科生科研训练(教师80.13％,管理者91.26％)、担任本科生导师(教师72.92％,管理者87.38％)、把关选才(教师71.39％,管理者78.64％％)等都有较高的认同度。事实上,自拔尖计划实施以来,各高校通过首席教授、责任教授、班主任等制度设计,吸引了一批大师级、领军人才参与拔尖选拔与培养工作,例如丘成桐、朱邦芬、姚期智等,形成了示范效应。在文科拔尖基地建设过程中,也应进一步推动学术造诣深厚的名家大师参与培养方案的研究制定,在青年教师助教之下,开设优质基础课程和少而精的学科前沿课程,举办高端讲座或研讨活动,特别是深入探索导师制建设,密切关注学生兴趣,发现和保护"好奇心",指导学生制定个性化课程学习和问题探究方案,引导和指导学生尽早进入科研工作。一方面可以让学生"对学术开展充满想象力的探索,从而在知识和生命热情之间架起桥梁"③,培养学生的创造性思维能力和创新精神;另一方面也可以密切师生关系,能够真正形成浸润、熏陶、养成、感染、培育的育人共同体。④

(七) 围绕师生,形成持续激发活力的运行机制

调查结果显示,对"专项经费配套"的满意度最高(教师76.41％,管理者83.49％),其次是独立的教学组织或团队(教师75.98％,管理者74.76％)、专门的管理团队(教师73.36％,管理者76.70％)、科学的评估体系(教师

---

① 林崇德,胡卫平.创造性人才的成长规律和培养模式[J].北京师范大学学报(社会科学版),2012(1):36-42.
② Hanson, J. M., Paulsen, M. B., & Pascarella, E. T. Understanding graduate school aspirations: The effect of good teaching practices[J]. Higher Education,71(5):735-752.
③ 怀特海.教育的目的[M].庄莲平,王立中,译.上海:文汇出版社,2012:123.
④ 吴岩.积势蓄势谋势识变应变求变[J].中国高等教育,2021(1):4-7.

69.86％,管理者 73.79％)、独立的学生活动空间(教师 68.78％,管理者66.02％)、实体化的运行空间(教师 66.37％,管理者 65.05％)。充足的经费是拔尖人才培养的基础保障,各基地对专项经费保障有较高的满意度。但同时也应注意,不少教师和管理者反馈,"落实到学生的经费还略显不足","经费的执行周期与培养周期不一致","经费管理的刚性化要求多,而面向书院制、导师制实施的科学化、合理化的经费政策支持还非常有限"。在支持服务体系建设方面,面向学生个性化、建构性的成长特征,更加需要独立的教学组织或团队、专门的管理团队以及配套的评估体系,从而形成涵盖大学适应转换、专业认知与方向选择、学业指导与帮扶、个人生涯规划等方方面面的精准化、差异化的支持服务系统,为学生提供更加科学的指导,让学生可以根据自己的兴趣与能力基础,形成弹性、灵活、互动、开放的学习方案。而在硬件支撑上,独立的学生活动空间、实体化的运行空间更有利于研讨交流与合作研究的开展。

在具体运行方面,整体而言,对"教学管理运行"的满意度最高(教师74.89％,管理者 81.55％);其次分别为学生专项激励(教师 71.17％,管理者74.76％)、学生追踪评价(教师 69.65％,管理者 74.76％)、相关的专题研究(例如拔尖培养教学改革研究等)(教师 69.65％,管理者 71.84％)、教师专项激励(教师 63.54％,管理者 71.85％)。文科拔尖基地从启动建设开始,围绕教学管理运行、评价激励、调查研究等方面建立了运行机制,未来仍需要进一步考虑文科基础学科的特殊性,在协调教学与科研,协调校、院、系不同层面的育人主体等方面展开深入探索,为文科拔尖人才培养适配有序高效的运行机制。

第十一章
文科拔尖人才培养的特征分析：
基于文科拔尖基地的培养方案

　　培养方案作为高等教育教学环节中不可或缺的组成部分，不仅是组织教学活动、实施教育评价、监测教育质量的重要依据，更是对"培养什么人、怎样培养人、为谁培养人"这一根本教育命题的深刻思考与直接回应。培养方案的科学性与合理性直接关系到人才培养的质量与成效，是衡量教育质量高低的关键指标。文科拔尖人才培养作为高等教育的重要组成部分，其培养方案的制定与实施显得尤为重要。它不仅要体现文科教育的独特韵味与深厚底蕴，还需要融合时代精神与创新理念。通过对文科拔尖基地的培养方案进行深入分析，可以发现其在目标设计、课程体系等方面的特征，这些特征共同构成了文科拔尖人才培养的独特路径。

第一节　培养方案的基本认识

　　培养方案是人才培养的主要依据，一般包含培养目标与规格、毕业要求、课程结构体系等关键要素，为人才培养提供了明确的方向与框架。在制定培养方案时，既要反映国家政策导向，又要遵循教育教学规律和拔尖人才成长规律，确保方案既具有前瞻性又具备可操作性；同时，培养方案还需紧密结合高校自身的实际情况，因地制宜，因校制宜，彰显各高校的特色与优势，做好高质量人才培养的"第一步"。

一、内涵概要

当前,针对文科拔尖人才培养的探索,尤其是拔尖计划 2.0 框架下所重点关注的哲学、经济学、中国语言文学、历史学等基础学科,已积累了初步的研究成果。随着这些学科在推动国家文化软实力提升及经济社会发展中的重要性日益凸显,对文科拔尖人才培养路径的探索显得尤为重要。现有研究不仅涵盖了特定基地培养模式的深度剖析,如清华大学"学堂培养计划"哲学班的典型案例,[①]其培养理念的前瞻性、培养体系的系统性、课程设置的创新性等,为其他基地提供了宝贵的借鉴经验;同时,也涉及了对单一学科领域内拔尖人才培养模式的细致探讨,例如探讨技术文明时代对哲学本科拔尖人才培养的新要求。[②] 此外,还有一些研究基于对学生学习状况的调查,考察文科拔尖基地培养现状,如通过对山东大学学生的问卷调查,分析文科拔尖基地的学生在学习投入、学习动机、高阶学习行为等方面的特征,[③]为优化培养方案、提升教育质量提供了实证依据。

现有研究发现了一些值得关注的问题。首先,不同学校、不同专业对于"拔尖"这一概念的理解与定位存在差异,[④]这直接导致了对于文科拔尖人才具体标准的模糊。何为真正的文科拔尖人才? 这一问题仍有待进一步探讨。其次,拔尖学生在享受优质教育资源的同时,也面临着比普通学生更为沉重的课业负担。他们不得不在繁重的必修课程中投入大量时间和精力,这无疑压缩了其进行自主思考、[⑤]自主探究与自主学习的空间,不利于其创新潜能的充分释放。再次,尽管教师和管理者普遍认同研究性教学、学科交叉培养等科教

① 崔居然,夏莹. 论哲学拔尖人才培养体系的建立:以清华大学哲学学堂班为例[J]. 新文科理论与实践,2024(1):42-49,124-125.

② 卢晓东,沈欣怡. 技术文明时代哲学本科拔尖创新人才培养转向[J]. 云南师范大学学报(哲学社会科学版),2024,56(3):118-126.

③ 张天舒. "新文科"拔尖人才培养质量的实证研究[J]. 中国大学教学,2020(7):71-75.

④ 宋亚云. 基础学科强基计划与拔尖人才培养计划的几点思考[J]. 新文科理论与实践,2024(2):74-81,127.

⑤ 沈悦青,刘继安. 基础学科拔尖创新人才培养要解决的两个关键问题:访上海交通大学原校长、中国科学院院士张杰[J]. 高等工程教育研究,2022(5):1-5,79.

融合的教学形式的重要性,[①]但在实际操作层面,往往难以有效激发学生对学术研究的兴趣与热情,更未能充分培养学生的学术使命感。[②] 最后,在课程设置方面,传统的以专业为中心的培养模式仍然占据主导地位,课程内容的单一性与学科界限的固化,[③]严重阻碍了跨学科学习的实现,不利于培养具有宽广视野与跨学科整合能力的文科拔尖人才。值得注意的是,当前研究在宏观层面上的探讨较为丰富,包括培养理念的探讨、人才内涵的分析以及整体培养情况的评估等,但对于基地实际培养过程的微观考察,如培养方案的具体设计、课程体系的精细构建、学分的合理安排等,仍显得相对不足。特别是针对文科基础学科的研究,其深度与广度均有待进一步提升。

人才培养方案是本科教育的"宪法",是对"培养什么人、怎样培养人、为谁培养人"这一根本教育命题的直接回应,也是组织教学活动、实施教育评价、监测教育质量的重要依据和重塑教学的前提。更是衡量教育质量高低的关键指标。

根据《高等教育词典》的定义,培养方案是"高等学校根据各层次各专业的培养目标与培养对象特点制定的实施培养的具体计划和方案,是学校指导、组织与管理教学工作的基本文件"[④]。它不仅明确了培养目标与规格,还详细规定了毕业要求(包括学制、最低毕业学分、学位授予等)和课程结构体系(涵盖课程类别、修读要求、学分分配、学期安排等),以及必要的修读说明。[⑤] 这些详尽的规定确保了教学活动的有序开展与有效评价,为人才培养提供了坚实的制度保障。

新中国成立以后,高校仿效苏联按照"有计划、窄口径"的方式设置培养方案,学生的知识结构趋向深、窄。改革开放以来,高校的人才培养方案修订主要以"打补丁"的方式进行,在原有理念、课程框架基础上增补,甚至贴新标签,

① 张亮,施佳欢.文科基础学科拔尖学生培养:理念认知与实践行动:基于全国文科拔尖基地的调查[J].中国高教研究,2023(11):70-78.
② 母小勇."强基计划":激发与保护学生学术探究冲动[J].教育研究,2020,41(9):90-103.
③ 何峰,郭晓奎,潘林敏.构建融通课程体系的实践与探索:以上海交通大学致远学院为例[J].中国大学教学,2024(6):33-37,91.
④ 朱九思.高等教育词典[M].武汉:湖北教育出版社,2003:54.
⑤ 黄巨臣.我国高校本科人才培养方案问题研究:以30所普通本科院校为例[D].厦门大学,2019:36.

没有触及人才培养的根本性问题,[①]课程结构大致为"通识教育课程+学科大类课程+专业教育课程"再辅以个性选修课程,突出表现在以下几个方面的问题:一是在梯度与学生发展上,重视知识量的平面扩展,但在纵向上的梯度关注有限,没有按照发现新知识的方法逐步积累和提高;二是在连贯性和完整性上,培养方案理念不清晰,内部结构关系的紧密性、科学性还有待提升,课程门类过多、过杂、过细,通识课程体系庞杂;[②]三是跨学科的师资和课程资源仍然较为欠缺;四是在传承与创新本土文化方面还需要加强。[③]

二、研究设计

本研究旨在通过对文科拔尖基地培养方案的深入剖析,揭示其在人才培养过程中的现状与特点,并探讨存在的问题与解决路径。本研究通过多种途径,系统收集了 70 个文科拔尖基地的培养方案。这一过程包括对各基地官方网站的全面检索、招生宣传手册的仔细查阅,以及专家访谈的深度挖掘等,力求获取第一手资料,确保研究的准确性与全面性。在此基础上,采用定性与定量相结合的研究方法,对这些培养方案进行了全面而深入的分析。

在定性研究方面,本研究利用微词云分析系统对各个培养方案中的培养目标部分进行了词频统计和共现词分析。通过识别培养目标中频繁出现的关键词汇,并进一步探索这些关键词之间的内在联系,从而把握培养目标的核心内容。为了更深入地剖析各基地的培养定位,本研究还使用 NVivo12 软件进行了三级编码分析,明确了培养定位的类属,并通过文本分析对各基地培养方案作进一步解读分析。

在定量研究方面,本研究主要使用了 SPSS 26.0 软件,对 70 份培养方案的学分结构进行了分析,对比了不同课程类型学分的分配情况,以了解基地在课程设置上的偏好与特点。这些量化数据为理解文科拔尖基地在人才培养过程中的具体实践提供了有力支持。

在综合定性与定量分析结果的基础上,本研究总结并归纳了文科拔尖基

① 袁靖宇.高校人才培养方案修订的若干问题[J].中国高教研究,2019(2):6-9.
② 张红霞.美国一流大学本科课程纵向结构特点初探[J].高等理科教育,2010(5):67-72.
③ 谢鑫,张红霞.一流大学本科教育的课程体系建设:优先属性与基本架构[J].江苏高教,2019(7):32-39.

地人才培养方案的现状与特点,反思了当前文科拔尖人才培养面临的主要问题,并探讨了切实可行的解决路径,以期能够为文科拔尖人才培养提供一定的参考。

第二节 文科基础学科拔尖学生培养的特征与问题

文科拔尖基地作为培养未来学术精英和社会领袖的重要阵地,其培养方案的科学性和合理性直接关系到人才培养的质量和成效。面对当前存在的问题和挑战,文科拔尖基地需深刻反思并积极改革现有的人才培养模式。通过重塑培养目标、优化课程结构、丰富教学形式等措施,为学生提供更加个性化、多元化的发展空间,激发其创新潜能和综合素质的全面提升。只有这样,才能培养出真正符合时代需求,具备家国情怀、使命担当和国际视野的高层次拔尖人才。

一、主要特征

(一) 培养目标

1. 培养目标的概念内涵

培养目标不仅是"根据一定的教育目的和约束条件,对教育活动的预期结果,即学生的预期发展状态所作的'规定'"[①],更是对高等教育质量、人才培养方向以及社会发展需求的深刻反映。其中蕴含了对学生知识、能力、素质等多维度发展的期许,这些期许是基于人才成长规律与教育教学规律的深刻洞察,所提出的关于学生发展的目标、标准、要求。[②]

作为人才培养方案的核心概念,培养目标是对"培养什么人"这一根本问题的理性思考与系统设计,它不仅是对学生未来所能获得的成就的预设蓝图,

---

① 文辅相. 中国高等教育目标论[M]. 武汉:华中理工大学出版社,1995:16.
② 张应强,王平祥."双一流"建设背景下我国本科教育人才培养目标的思考[J]. 湖南科技大学学报(社会科学版),2019,22(6):148-154.

更为人才培养的实践过程提供了明确的方向指引。① 它体现了大学的办学理念和价值追求,关联着经济社会发展变化的动态需要。因此,培养目标的设定不仅关乎学生的个人发展,更关乎整个社会的进步与繁荣。

在教育教学实践中,培养目标的设计与实施更是直接关联到教育资源的配置、教学方法的选择以及评价体系的建立。它决定了高校人才培养工作的行动方向,体现了高校人才培养工作的水平层次,更影响了高校人才培养工作的士气高低。② 因此,科学合理地设定培养目标,对于提升人才培养质量有着举足轻重的作用。

2. 文科拔尖基地培养目标设置现状

各基地的培养目标设置各有特色,如"培养适应社会主义现代化建设需要,德智体美全面发展,数理基础雄厚,经济学理论功底扎实,视野开阔,拥有较强自我学习能力、分析研究能力和实践应用能力,具备在经济学、金融学和数学等相关领域继续深造潜力的创新型高端复合人才""培养坚持马克思主义信仰和社会主义核心价值体系,哲学基础扎实,学术视野开阔,治学能力突出,能够在高等学校、科研机构等单位从事哲学研究与教学的未来哲学家。毕业五年后能进入海内外一流高校攻读哲学硕士、博士学位,成为有志于从事哲学研究、发展新时代我国哲学事业,具有良好潜质的后备人才""着力培育理解中西文化精髓,通达人类文明进程,掌握史学前沿研究工具的史学人才""造就一批兼具人文精神与科学素养、家国情怀与世界胸襟、学术才华与文化自信、理论根基与实操能力,志在以出类拔萃的专业才能和综合素质服务于国家战略、社会发展和文化进步的中国语言文学尖端人才乃至未来的学术大师",等等。

为深入分析培养目标的设置现状,本研究采用微词云分析系统,对 70 份人才培养方案中的"培养目标"部分进行了关键词的频次统计。这一方法旨在揭示各培养方案在目标设定上的共性与差异,高频出现的关键词无疑成为洞察这些方案重点关注和强调的内容的窗口。为确保分析的准确性和有效性,本研究采取了一系列严谨的数据处理措施。首先,通过人工筛选,剔除了诸如"具备""坚持""着重"等在培养目标中无明确含义的词汇,以及"历史学""中国

① 杨杏芳. 论我国高等教育人才培养模式的多样化[J]. 高等教育研究,1998(6):72 - 75.
② 王严淞. 论我国一流大学本科人才培养目标[J]. 中国高教研究,2016(8):13 - 19,41.

语言文学""经济学"等明确指向基地所在学科的词汇,以避免对整体分析结果的干扰。其次,针对意义相近的词汇,如"国际视野"与"全球视野",进行了适当的整合,以减少计数的分散性,提高分析的聚焦度。经过这一系列严格的筛选与整理,我们最终获得了高频词列表(出现频次≥15),具体如表 11 - 1 所示。

表 11 - 1　培养目标的高频词

序号	关键词	词频	序号	关键词	词频
1	人才	51	13	文化	21
2	中国	45	14	扎实	20
3	学术	35	15	专业	18
4	理论	33	16	家国情怀	17
5	能力	31	17	领域	17
6	国际视野	29	18	基础	16
7	研究	27	19	社会	16
8	素养	26	20	全面发展	15
9	深厚	26	21	拔尖	15
10	创新	24	22	世界	15
11	发展	22	23	开阔	15
12	人文	22			

　　为进一步挖掘这些高频关键词之间的内在联系与逻辑结构,本研究引入了共现词分析技术,通过构建共现词网络图(图 11 - 1),直观地呈现了关键词之间的关联强度与聚类特征。这一分析手段不仅有助于我们深入剖析各基地在培养目标设定方面的核心理念与价值取向,还为后续分析提供了坚实的数据支持,得以更加全面地了解各基地培养目标的多维度内涵。

　　在各基地的培养方案中,"人才"这一关键词无疑占据了举足轻重的地位,其重要性不言而喻。统计结果显示,"人才"在培养方案中的出现频次高达 51 次,位列所有关键词之首。这一数据不仅彰显了"人才"概念在培养方案设计中的核心地位,也深刻反映了各基地对于人才培养工作的高度重视与深刻理

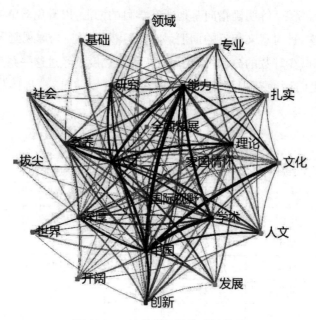

图 11 - 1　培养目标的共现网络图

解。进一步借助共现网络图的可视化分析手段，我们可以清晰地观察到，"人才"不仅是整个网络结构的枢纽，而且与其他关键词之间形成了密集而复杂的联系，这无疑强化了"人才"作为培养目标基本落脚点的认知，同时也凸显了各基地在人才培养理念上的共识与协同。进一步深入探究文本内容，我们发现各基地对"人才"类型的界定呈现出多样化的特点，这既是高等教育多元化发展趋势的微观体现，也是各基地根据自身学科特色、资源优势及社会发展需求进行精准定位的结果。诸如"专业拔尖人才""学术中坚人才""卓越人才""业务领导型杰出人才"等多种概念均有所提及。这些不同的"人才"类型，不仅反映了各基地在人才培养目标上的差异性，也体现了文科拔尖基地在人才培养方面的多元化趋势，以及对于不同类型人才需求的积极响应。

　　紧随"人才"之后，关键词"中国"在词频统计中位列第二，在共现网络中也占据举足轻重的地位。如图 11 - 1 所示，"中国"与"文化"之间的连接线很粗，二者存在着强关联性。这表明各基地在人才培养的过程中，积极响应国家号召，深入贯彻"扎根中国大地办教育"的基本要求，将立足中国文化、弘扬中华优秀传统文化作为人才培养的基础。文本资料中频繁出现的"中国声音""中国话语""中国范式""中华优秀文化"等表述,不仅充分体现了拔尖计划所强调的使命感、责任感,也体现了各基地在服务国家战略需求、培养具有深厚文化自信和家国情怀的人才方面的坚定立场与实际行动。这一发现,不仅揭示了各基地在人才培养方面的文化自觉与自信,也体现了高等教育在传承与发展中华优秀传统文化方面的责任与担当。

在词频统计中位列第三的关键词"学术",其重要性同样不容小觑。文本频繁提及的"学术思想活跃""学术志趣高远""学术视野开阔""潜心学术"等表述,不仅描绘了各基地对学术型拔尖人才的热切期盼,也揭示了当前高等教育界对于学术研究与创新能力的高度重视。在共现词网络图中,"学术"一词的显著位置进一步印证了这一点。各基地对学生学术潜力的挖掘与培养,不仅与社会各界对拔尖学生的学术潜力发展及其未来学术道路选择的深切期望高度契合,[1]也契合了当前高等教育日益重视学术研究与创新能力的总体趋势。因此,各基地对学术型拔尖人才的培养,不仅具有深远的战略意义,也是推动高等教育质量提升、促进学术繁荣的重要举措。

从共现网络图的另一个中心词"国际视野"可以看出,基地在人才培养过程中,重视突破"民族国家的思维局限"[2],把持坚定的开放意识和人类命运共同体的责任意识,注重以国际化的手段培养拔尖人才。为此,有的基地实施了"全球视野拓展计划",有的则专门设置了"国际化模块"学分要求,以丰富学生的国际化学习体验,培养具有开放共享精神和全球意识、擅长国际交流的拔尖人才。这一发现不仅体现了各基地在人才培养方面的国际化视野,也反映了高等教育在全球化背景下的发展趋势。通过加强国际化教育,不仅可以提升学生的国际竞争力,也有助于培养具有全球意识和跨文化交流能力的拔尖人才,为构建人类命运共同体贡献力量。

然而,我们也应正视文科拔尖基地在培养目标设定中存在的问题与挑战。拔尖计划的宗旨在于激发学生的创新潜能。对于文科基础学科而言,由于人

---

① 党滢,詹逸思,丁若曦,等.高校"拔尖学生"学术自我认同概念及测量工具研制[J].国家教育行政学院学报,2023(11):31-41.

② 周作宇,马佳妮.人类命运共同体:高等教育国际合作的价值坐标[J].教育研究,2017,38(12):42-50,67.

文社会科学的创新在推动民族文化繁荣、人类文明进步中的重要作用,[①]创新能力更是文科基础学科拔尖人才的基本素质要求。但是,从词频分析的结果来看,"创新"一词在样本中的出现频率相对较低(仅占总样本数的 34%),在共现网络图中与其他关键词的联结也相对薄弱,在整体语境中处于相对孤立的状态。这一现象一方面表明,基地对学生创新意识、创新能力培养的重视程度尚有提升空间,另一方面也揭示了基地在理解创新内涵、把握创新要求上面临的困境。与理工科的创新有所不同,文科的创新更多地体现为无形的精神成果,其灵感往往来源于社会实践,创新成果可能表现为针对社会现实问题的新颖解决方案、新资料的发掘或新见解的提出。[②] 如果基地对文科"何为创新""如何创新"缺乏深刻理解与把握,在提及创新这一特质时往往缺乏具体的指向和实现载体,只能就"创新"论"创新",难以与其他要素形成有效联结,从而影响创新人才培养的实际成效。

(二) 培养定位

1. 培养定位的概念内涵

在分析文科拔尖基地的培养方案时,不可避免地要涉及一个核心问题,那便是培养目标的定位。具体而言,培养定位是指基地根据自身的学科特色、资源条件以及社会发展需求,明确其致力于培养什么类型的人才,是"'通才''专才''复合人才''应用人才',还是其他类型的人才"[③]? 高校人才培养目标的定位,通常与其办学层次和育人水平紧密相连,呈现出一种正相关关系:层次和水平越高,培养目标的定位往往也越高。

文科拔尖基地,作为哲学社会科学拔尖人才培养的试验田与高地,其培养定位不仅承载着独特的使命与期待,也深刻影响着国家与社会未来的发展方向。它既要遵循高等教育的一般规律,确保人才培养的科学性和系统性;又要

---

① 王丹. 人类命运共同体引领下的高校新文科建设与人才培养[J]. 华南师范大学学报(社会科学版),2023(1):58-67,206.

② 朱martshu 蓉,杨积堂. 文科大学生创新特点及创新能力的培养路径[J]. 现代教育管理,2013(5):95-98.

③ 杨志坚. 中国本科教育培养目标研究(之二):本科教育培养目标的基本理论问题[J]. 辽宁教育研究,2004(6):4-17,97.

紧密结合基地自身的学科特色与资源优势，探索出一条既符合时代要求又独具特色的拔尖人才培养路径。因此，培养定位的合理性和科学性，对于文科拔尖基地而言，具有举足轻重的战略意义。

2. 文科拔尖基地培养定位现状

通过对国内 70 个文科拔尖基地培养方案的细致考察，我们不难发现，这些基地在培养定位上既展现出趋同性的特征，又蕴含着多元化的趋势。这一现象背后，既体现了各基地对于拔尖人才培养目标的共同追求，也彰显了它们在教育理念、学科特色及资源条件上的差异与个性。

为了更深入剖析这些培养定位的内在逻辑与结构特征，本研究借助 NVivo12 软件，对收集到的文本资料进行了三级编码分析（具体分析结果见表 11-2）。首先，我们通过对文本的系统梳理，提取出与培养定位紧密相关的关键词，如"高层次""学术人才"等。其次，结合培养定位的内涵，将这些关键词进一步归纳为更具概括性的"特点"，如"创新""顶尖""专业型""复合型"等。最后，对这些"特点"进行科学合理的组合，形成了"人才属性""人才类型""从业方向"三大类别，从而构建起一个全面、系统的培养定位分析框架。

从表 11-2 的数据中，我们可以清晰地看到，"顶尖"和"创新"是人才属性的两大核心要素。"顶尖"一词频繁出现了 65 次，这一数据有力地说明，绝大多数文科拔尖基地在培养顶尖人才方面已形成了广泛共识，将培养最优秀、最高端的人才作为自身的首要任务。这一共识的形成，既是对基地自身教育质量的自信体现，也是对国家对拔尖人才需求的有力回应。相比之下，"创新"虽然也被提及，但频次相对较低，仅为 13 次。这一对比揭示了一个值得深思的问题：尽管文科顶尖人才的重要特征之一便是具备创新素养，[1]而且顶尖人才的培养离不开创新教育和创新实践，但数据显示，基地更多地聚焦"顶尖"这一最终结果，而对于实现这一结果所必需的"创新"过程则关注不够。这与在培养目标中"创新"呈现孤立状态、未能与其他教育要素形成紧密联系与互动的情况相呼应。

在人才类型的划分上，文科拔尖基地的培养定位主要呈现出复合型和专

---

① 于天禾,张亮. 论美国研究型大学文科拔尖人才的培养方式及借鉴[J]. 中国大学教学,2024 (Z1):121-127.

业型两种不同取向。复合型人才的提及频次显著高于专业型人才,这一数据分布揭示了文科拔尖基地在人才培养类型上的差异化策略。多数基地倾向于培养具备跨学科知识与能力的复合型人才,以更好地适应复杂多变的社会需求。这一取向的合理性在于,随着社会的快速发展和学科间的交叉融合,单一的专业知识已难以满足实际需求,而复合型人才则因其广泛的适应性和强大的创新能力而备受青睐。同时,也有部分基地注重学生在某一专业领域内的系统性知识和技能的培养,致力于培养出具有深厚专业功底与学术造诣的专业型人才。这一取向的合理性在于,专业型人才在特定领域内具有深厚的理论功底和实践经验,能够为学科的发展和社会的进步提供坚实的支撑。

在从业方向的规划上,文科拔尖基地展现了对学术研究与实践应用的双重关注。科研领域被提及 31 次,凸显了各基地对学术研究的重视与期待。这一取向的合理性在于,学术研究是哲学社会科学发展的基础,也是拔尖人才成长的摇篮。通过参与高水平的学术研究活动,学生不仅能够提升自身的学术素养和创新能力,还能够为学科的进步和发展贡献自己的力量。行业实践和教学从业者分别被提及 17 次和 9 次,则体现了各基地对学生未来职业发展的多元化考量。这一取向的合理性在于,随着社会的快速发展和职业的多样化,学生未来的职业选择也呈现出多元化的趋势。因此,基地在培养学生的过程中,不仅要注重学术素养的提升,还要关注学生的职业发展和实践能力的培养。尤为值得注意的是,有 46 个基地将培养经济学家、哲学家等名家大师作为自身的培养定位,这与拔尖计划的初衷相契合,即回应"钱学森之问",积极探索杰出人才的培养路径。它充分展现了文科拔尖基地为哲学社会科学发展播撒火种、储备人才的共同追求和决心。

从总体上看,文科拔尖基地在培养定位上呈现出一定的趋同性。这主要体现在绝大多数基地都将培养高层次、顶尖人才作为自身的首要任务。"顶尖"一词的频繁出现,充分说明了各基地在培养最优秀、最高端人才方面的广泛共识。这种共识的形成,既是对基地自身教育质量的自信体现,也是对国家对拔尖人才需求的有力回应。

然而,在趋同性的基础上,各基地的培养定位又蕴含着明显的多元化趋势。有的基地专注于"创新型复合人才"的培育,强调培养学生的创新思维与综合能力,以适应快速变化的社会需求;而有的基地则侧重于培养"文化精英后备人才""历史学专门人才""卓越文化学者"等,注重在特定学科领域内深耕细作,培养具有高度专业素养与学术追求的专门人才。这种多元化的培养定位,既反映了各基地对拔尖人才培养的深刻理解与独特见解,也为我国哲学社会科学的发展注入了新的活力。

　　综上所述,文科拔尖基地在培养定位上既展现出一定的共性特征,也存在着明显的差异与分歧。共性主要体现在对培养高层次、顶尖人才的共同追求上,以及对创新特质的重视程度不足的问题上。差异则主要体现在两方面:一是在培养专业型人才还是复合型人才的问题上,各基地尚未形成统一认识;二是在培养何种类型的拔尖人才上,各基地的观点与取向存在明显分歧,对于是培养拥有卓越专业技能的"常规型专家",还是培养创造革新意识的"适应型专家"①,各基地的观点并不一致。这些差异与分歧的存在,既为文科拔尖基地的发展提供了广阔的空间与可能性;也对各基地提出了更高的要求与挑战——如何在保持共性的基础上彰显个性、如何在尊重差异的基础上实现协同发展? 这是未来需要我们深入探讨与研究的重要课题。

表 11 - 2　培养定位编码信息

关键词及频次	特点	类别
创新(11)创造(2)	创新(13)	人才属性
拔尖(14)高层次(5)高端(7)高级(2)高素质(2)尖端(1)杰出(3)精英(1)领军(18)优秀(6)卓越(6)	顶尖(65)	
专门人才(7)专业人才(4)	专业型(11)	人才类型
复合人才(18)博雅(1)通用(2)通专结合(1)综合型(1)	复合型(23)	
科研(6)学术人才(7)学者(8)研究者(10)	科研(31)	从业方向
教师(2)教学(5)教育家(2)	教学(9)	
胜任实际工作(10)文学创作(1)业务领导(1)应用(5)	行业(17)	

---

① 阎琨. 拔尖人才培养的国际论争及其启示[J]. 复旦教育论坛,2013,11(4):5-11.

（续表）

关键词及频次	特点	类别
传承者(1)创作名家(1)后备人才(12)经济学家(1)理论家(1)批评家(1)社会科学家(1)史学家(1)思想家(9)未来大师(4)未来领军人才(6)文化名家(1)战略家(1)哲学家(3)中坚(2)作家(1)	名家大师(46)	

（三）学分结构

1. 学分制的历史渊源与核心理念

学分制,作为高等教育领域内一项重要的制度创新,其历史根源可追溯至19世纪的德国。德国大学以其深厚的学术底蕴和自由的学术氛围,为学分制的萌芽提供了肥沃的土壤。随后,这一制度在美国的哈佛大学得到了进一步的完善与发展,尤其是在推行选修制20年之后,哈佛大学于19世纪末彻底摒弃了传统的以必修课完成情况为依据的学位授予方式,转而采用学分制,即学生只需累积达到规定数量的学分,即可获得学位。这一变革不仅标志着学分制作为一种新型的教学管理制度正式登上历史舞台,也预示着高等教育管理进入了一个新的纪元。

学分制的核心理念在于强调学习自由与个性化发展。它赋予学生充分的选择权,包括选择学习内容、学习方式、学习进度乃至形成个人思想的自由。[1]这种自由不仅体现在对课程的选择上,更体现在学习进度的个性化安排以及学生对个人学术兴趣的追求上。同时,学分制还强调对学习成果的量化评估,学生通过积累一定数量的学分来达到毕业要求。学分制通过量化学生的学习成果,鼓励他们以积极的态度参与学习,促进了个性化教育的蓬勃发展。这种制度设计不仅革新了教学管理的方式,更是对学术自由和学习主动性的高度尊重与鼓励,体现了教育现代化进程中对学生主体地位的深刻认识。

学分制的实施,不仅有助于激发学生的学习兴趣和主动性,还有助于培养

---

[1] 薛成龙,邬大光.论学分制的本质与功能:兼论学分制与教学资源配置的相关性[J].北京大学教育评论,2007(3):138－156,192.

他们的自主学习能力和创新精神。在学分制的框架下，学生可以根据自己的兴趣、能力和职业规划，灵活选择课程、规划学习路径，从而更好地实现个性化成长。这种以学生为中心的教学管理模式，不仅提升了学生的学习效果，也促进了教学内容和方法的创新，提高了高等教育的整体质量。

2. 文科拔尖基地学分结构现状

本研究基于 70 份文科拔尖基地培养方案的详尽分析，旨在深入探讨各基地在学分结构上的共性与差异，为理解当前学分制在文科拔尖人才培养中的实践提供数据支持。

学分制作为高等教育管理体系中的重要组成部分，其核心在于通过设定总学分要求，协调大学教育教学资源的分配与学生学习的质量与数量。[①] 在文科拔尖基地的学分要求方面，本研究发现各文科拔尖基地展现出了明显的多样性。最低学分要求为 130 分，而最高则达到了 192 分，平均值为 152.20 分。这一数据反映出不同基地在规划学生学习量方面的差异化策略。

值得注意的是，中国语言文学专业的平均总学分为 151.71 分，这一数值显著超出了《普通高等学校本科专业类教学质量国家标准》（以下简称《国标》）所规定的 130—140 学分的范围。[②] 这表明该专业的学生在课程学习上需要投入更多的时间和精力，考虑到汉语言文学专业的特殊性质及其对大量阅读的需求，这一较高的学分要求无疑对学生的自主学习能力和时间管理能力提出了更高要求。相比之下，历史学和经济学专业的总学分要求较为接近《国标》，均为 150 学分左右。而哲学专业由于《国标》仅对理论课程学分有明确要求，因此各高校在设定总学分时具有较大的灵活性。尽管难以直接进行跨校比较，但这一灵活性也为哲学专业在学分结构上的创新与优化提供了更多可能（见表 11-3）。

除了总学分的最低修读要求之外，本研究还发现大多数基地在学分管理上存在明显的不足。具体表现为未能对每学期提出明确的最低、最高学分修读要求。设定最低学分是为了防止学生每学期修读的课程学分过低，导致学

---

① 别敦荣. 现代大学制度：原理与实践[M]. 青岛：中国海洋大学出版社，2018：225.
② 教育部高等学校教学指导委员会. 普通高等学校本科专业类教学质量国家标准[M]. 北京：高等教育出版社，2019：86.

业进度滞后,进而影响毕业时间;而设定最高学分则是为了避免学生每学期读的课程学分过高,学习负担过重,进而降低学习质量。然而,很多文科拔尖基地却忽视了这一重要环节,导致学生在学分选择上缺乏明确的指导与约束。

表 11 - 3　各基地分专业的总学分情况

专业	总学分平均值	总学分标准差	最小值	最大值
中国语言文学	151.71	2.199	137	172
哲学	148.65	2.439	135	164
历史学	150.76	2.502	136	172
经济学	156.39	3.254	130	192

对比国际一流大学的学习规划制度,我们可以发现许多值得借鉴的经验。例如,卡内基·梅隆大学明确规定了学生的正常学习负担,并制定了严格的超负荷学习政策,学生如果想修读超过正常学习负担的课程,必须得到学术顾问的同意,并确认自己能够胜任超负荷学习;乔治城大学则要求学生每 3 学分的课程至少有 6 小时的课外学习时间,以确保学生能够充分掌握所学知识。[①] 这些制度不仅有助于保障学生的学习质量,还有助于培养学生的时间管理能力和自主学习能力。在文科拔尖基地中,很少有类似的学习规划制度。尤其是对于必修课程,大学一年级的课程负担往往较大,而随着年级的增长,课程负担逐渐减轻。这种设置对于刚从高中进入大学的新生而言,可能会带来过重的课业负担,进而影响其学习兴趣和学习主动性。有调查发现,学习压力过大是大学新生抑郁发生的危险因素。[②] 此外,缺乏明确的学习规划还可能导致学生在学习过程中迷失方向,无法有效地进行学习规划和时间管理。

为进一步探究学分结构的内在特征,本研究将课程体系按照课程性质及修读要求细分为通识通修、专业必修、专业选修和自由选修四类,并基于各基地的学分要求与教学计划,计算了四类课程的平均学分数及其占比。(详见表 11 - 4)。

① 别敦荣. 高等教育管理探微[M]. 厦门:厦门大学出版社. 2021:247.
② 雷晓盛,刘朝杰,王雪莹,等. 大学新生抑郁状况及其危险因素分析[J]. 中国公共卫生,2017,33 (4):678 - 680.

表 11-4　各基地的学分结构

课程类型	通识通修	专业必修	专业选修	自由选修
平均学分数	51.68	66.41	25.22	9.45
占总学分比例	33.99%	43.47%	16.65%	6.29%

通识通修课程,包括通识课与通修课,是培养学生综合素质的重要组成部分。其中,通识课指有学分要求或者模块必修要求的通识类选修课,旨在拓宽学生的知识面和视野;而通修课则涵盖思政课、外语课、体育课等必修的课程,旨在培养学生的基本素养和能力。数据显示,通识通修课程平均学分数为51.68分,占总学分的三分之一,表明其在课程体系中的重要地位。进一步研究发现,多数基地在编制培养方案时将通识、通修两类课程合并起来作学分要求,但实际上通修课在其中占据较大比重,通识课则处于相对弱势地位。在剔除思政、体育等通修课程学分后,通识课程平均学分数仅为12.34分,占总学分的8.13%。对比美国高校,通识教育课程占总学分的33%—40%。[①] 这一数据表明,通识教育在文科拔尖基地课程结构中存在一定程度边缘化趋势,其对于培养学生综合素质、拓宽学术视野的重要作用未得到充分彰显。

各基地普遍高度重视专业课程的修读,通过设置丰富多样的专业课程,旨在帮助学生构建扎实、严谨的核心知识体系。本研究将专业课程分为专业必修课和专业选修课两大类。其中,专业必修课囊括了部分基地所称的"学科基础课程""专业核心课程",在所有课程类型中占比最高,达43.47%,显示出基地对专业知识传授的重视;专业选修课的占比为16.65%,两者合计占比高达60.12%。这一课程设置模式充分体现了基地对专业基本理论素养与基础能力培养的高度重视。然而,同时也反映出课程体系中对学生个性化发展的考量相对不足。已有调查显示,大部分学生反映所学专业对整个课程体系的学分或课程设置过多,并且以专业课程表现较为突出。[②] 在学分制下,学生应拥有更多的课程选择权,以充分发挥其主动性和创造性。然而,当前的专业课程设置模式在一定程度上限制了学生的课程选择自由度,不利于他们的个性化

①　蔡映.高校通识教育课程设置的问题及改革对策[J].高等教育研究,2004(6):76-79.
②　刘海涛.中国高校本科专业设置研究[D].厦门:厦门大学,2019:219.

发展。

自由选修部分包括了跨院系选修和公共选修课,通常允许学生根据自己的兴趣爱好和职业规划进行修读。然而,这部分课程的平均学分为 9.45 分,占总学分的 6.29%。若从更宽泛的修读要求的角度来审视课程结构,将课程分为必修和选修两大类(本研究采用了较为宽松的计算方法,将专业选修等限制性选修课均纳入选修范围),最终数据显示,各基地的必修学分和选修学分占总学分的比例分别为 69.45%、30.23%。这一课程学分比例反映出基地更加强调统一性、规范性专业基本理论素养与基础能力培养,而相对忽视了学生的个性化发展需求。在学分制下,学生应拥有更多的自主权来选择自己感兴趣的课程,以激发他们的学习热情和创新能力。然而,当前的课程设置模式在一定程度上限制了学生的选择权,不利于他们的全面发展。

综上,各基地在学分结构上的共性主要体现在三个方面:一是通识教育弱化,当前培养方案中通识课程学分占比不足 10%,显示出通识教育的弱化趋势,通识教育作为培养学生综合素质、拓宽学术视野的重要途径,其地位和意义应得到进一步凸显;二是专业知识扎实,普遍高度重视专业课程的修读,通过设置大量专业课程帮助学生形成扎实、严谨的核心知识体系;[①]三是自由度较低,自由选修课程占比仅 6.29%,一定程度上限制了学生的个性化发展,在学分制下,学生应拥有更多的课程选择权,以充分发挥其主动性和创造性,但仅有少数基地提到学生个人的培养方案可以在相关教师的批准下进行微调。

差异则主要表现在总学分设置上,其中中国语言文学基地和经济学基地的总学分较高,历史学基地的总学分与《国标》大致相当,过重的学分负担可能会对学生的自主学习时间造成挤压。

(四)学生科研

1. 学生科研的意义

科研活动作为学术研究的核心组成部分,不仅是推动学科发展的关键动

---

① 汪明义.实施专业核心课程制度培养高素质复合型应用人才[J].中国高等教育,2012(10):21 - 22,30.

力,也是现代大学人才培养的基本方式。① 尤其是在创新型本科教育中,学生参与的科研活动对于培育创新思维、增强解决复杂问题的能力具有举足轻重的意义。② 1969 年,美国麻省理工学院开创性地设立了"本科生研究机会计划",率先将大学生参与科研纳入教学计划,从而拉开了本科生参与学术研究的序幕。③ 此后,这一举措被众多大学纷纷效仿,大学生科研能力的培养逐渐受到广泛重视,并成为人才培养体系中的重要一环。一项对加州大学本科学生的问卷调查显示,就读加州大学的本科学生对从事研究活动有很高的期待,而且希望有机会参与实际的研究工作,提高自己的研究知识和技能。④

课堂讲授只能给学生提供单一的认知经历(记忆和模仿),让学生参与科研活动则可以为他们提供多样性的认知经历(分析、综合、批判、评价、运用、创造等)。⑤ 学生参与科研活动是一种高级的学习方式,它超越了传统课堂教学的范畴,为学生搭建起理论与实践之间的桥梁,不仅丰富了学生的学习经历,还深化了他们对问题的认识,激发了学术兴趣,为全面提升科研能力提供了宝贵的契机。大量实证研究表明,学生参与科研活动的频率与质量,与其认知多样性、创新能力之间存在着显著的正相关关系。科研活动的深度参与,使学生能够更深刻地感知到自身认知水平及社会性能力的提升,为他们未来的学术道路和职业生涯奠定了坚实的基础。⑥

在拔尖人才培养的语境下,学生科研更是占据了举足轻重的地位。它不仅承载着激发学生的创新思维、培养其解决复杂问题的能力等重任,还是实现高等教育质量提升和人才培养模式创新的关键路径。从培养方案的设计到实施,科研训练、学年论文、毕业论文等多元化形式,共同构成了本科生科研能力

---

① 周光礼,周详,秦惠民,等.科教融合学术育人:以高水平科研支撑高质量本科教学的行动框架[J].中国高教研究,2018(8):11-16.

② 史静寰,陈乐.构建"本研一体""双一流"高校人才培养模式[J].中国高等教育,2019(1):23-26.

③ 颜媛媛.美国加州大学伯克利分校本科生研究能力培养的实践与启示[J].教育探索,2010(9):150-152.

④ 常桐善.院校研究:加州大学本科生参与研究活动项目案例[J].复旦教育论坛,2015,13(5):88-92.

⑤ 周光礼,姜嘉乐,王孙禺,等.高校科研的教育性:科教融合困境与公共政策调整[J].高等工程教育研究,2018(1):88-94.

⑥ 李湘萍.大学生科研参与与学生发展:来自中国案例高校的实证研究[J].北京大学教育评论,2015,13(1):129-147,191.

培养的主要途径。在这一过程中,学生不仅要掌握科学研究的基本方法,还要勇于探索未知领域,实现从被动学习向主动探索知识的根本转变。同时,科研活动还强调团队合作与沟通协调的重要性,有助于增强学生的社会责任感,使他们在科研实践中逐步树立起科学的世界观和方法论。

2. 文科拔尖基地学生科研现状

根据学分统计数据显示,毕业论文的平均学分数为 5.37 分,科研训练、学年论文及实践创新等科研相关活动的平均学分数为 5.40 分,这两部分合计占总学分比例仅 7.10%。这一数据直观反映出,尽管各基地在理念上对学生科研给予了重视,但在实际操作层面,尤其是在学分分配上,仍有较大的提升空间。如何在现有教育体系中更好地融入科研元素,平衡科研与教学的关系,成为当前文科拔尖基地面临的一大挑战。

表 11-5 学生科研学分情况

课程类型	平均学分数	占总学分比例
毕业论文	5.37	3.54%
科研训练、学年论文、实践创新等	5.40	3.56%

为有效提升本科生的科研能力,各教育基地积极实施了一系列多元化的支持措施。其中,建立导师制度成为众多基地的普遍共识与优先选择。这些基地充分利用其依托学校及院系的科研团队资源,选拔具有丰富研究经验的教师担任本科生导师,引领学生参与科研活动,并针对学生在科研过程中遭遇的难题与困惑,提供必要的解答与指导,从而实现本科生学习与科研的全面接轨。[1] 通过导师制,学术大师得以深度参与到文科拔尖人才的培养过程中,为学生提供个性化学术指导。有的基地更进一步,组建了包括"学术导师+学业导师+生活导师"的多元化导师团队,各类导师协同合作,全方位指导学生的课程学习、科学研究、生涯规划等方面。此外,还有基地创新性地聘请海内外知名学者和教学名师担任"云端导师",利用现代信息技术,打破地域限制,全

---

① 王根顺,王辉. 我国研究型大学本科生科研能力培养的途径与实践[J]. 清华大学教育研究,2008(3):44-48.

面参与学生培养。这种"云端导师"制度,不仅为学生提供了更加广阔的学术视野和国际化交流机会,还促进了学术资源的共享和优化配置。但是,从实际操作层面来看,为每位学生配备至少一名导师进行"一对一"指导仍面临较大困难,因此一名或一组导师指导一组学生的模式在实践中更为常见。

在确保指导效果方面,一些基地采取了更为精细化的管理措施,例如,有基地建立了导师指导记录制和考评制度,有基地要求同一专业方向的导师组成导师组,通过集体研讨确定指导方案,并根据学生的实际情况进行个性化调整,真正实现因材施教。这种精细化管理不仅提高了指导的针对性和有效性,还促进了导师之间的交流与合作。也有一些基地设计了特色举措,如清华大学的"学堂论辩"活动,以学堂班的导师为主题,通过让学生观摩学者之间的专业交流,不仅增强了学生对学术讨论规则和技巧的理解,也激发了他们参与科研的热情和动力。

除了导师制的建立之外,各基地普遍都重视研讨类、科研训练类以及学科前沿类课程的建设,如清华大学、南京大学等高校都开设了新生研讨课。还有高校开设了本研衔接课程,供学有余力的学生提前选修研究生课程;或设置了本博有机衔接的课程体系,通过直博选拔的学生于第四学年参加本科毕业论文答辩,开始修读直博课程。部分基地精心设计了科研训练课程体系,通过组织经典阅读、文献研读、学术沙龙等活动,有效激发学生的科研兴趣;同时,通过开设研究方法、论文写作、学科前沿动态等课程,系统地培养了学生的科研能力。这种进阶式的学术训练模式,不仅使学生在本科阶段就能接受到系统的研究方法训练,还显著提升了他们基于真实问题进行研究的能力。此外,还有基地要求任课教师结合学科发展前沿,选用国际知名期刊论文和最新研究报告作为教学材料,设计具有探索性的课程任务,引导学生深度参与前沿问题的研究和探索。这种教学模式不仅促进了学生科研能力的提升,还为他们未来的学术研究和职业发展奠定了坚实的基础。

在实施载体上,科研实践是文科拔尖基地学生深入理解和探索科学基本问题的重要途径。通过参与科研实践,学生能够更加直观地感受到科研的魅力,从而培养他们"开放的心智和浓厚的兴趣"①。为了促进学生参与科研实践,许多基地制定了严格的科研实践要求,确保学生在四年的本科学习中能够完成一系列的科学研究实践活动。例如,有的基地将撰写读书报告、听学术讲座、参加学科竞赛的情况均计入学分,创新学分的认定向发表科研论文倾斜;有的基地将科研能力的获取和分析、解决学术问题的能力作为日常考核和评优的重要指标,在拔尖基地的阶段性考核和动态进出中,会综合考量学生的政治思想、道德品质、学业成绩、科研能力等素质。

总体而言,尽管多数基地均实施了与科研实践相关的措施,然而,能系统性地、分阶段地组织学生开展科研训练的实例仍较为罕见。在审视各基地的培养方案时,我们发现某基地在学生科研训练体系的系统化设计方面表现突出。该基地明确规定了学生在不同学年需完成的科研任务类型:一年级至少完成1篇读书笔记,二年级至少完成1篇研究综述、参加1次学术论坛和科创项目,三年级至少向学术论坛投稿1次、主持1项跨学科的科创项目或研究课题,四年级则需在完成毕业论文的基础上,提交一篇高水平学术论文。这种分层次、分阶段的科研实践模式,有助于学生在逐步深入的过程中不断提升自己的科研能力。通过完成读书笔记、研究综述等任务,学生能够初步掌握科研方法,为后续的科研工作打下基础;而通过参加学术论坛、科创项目等活动,学生则能够进一步锻炼自己的学术表达能力和团队协作能力。同时,向学术论坛投稿、主持科创项目或研究课题等活动,不仅要求学生具备较高的科研能力,还能够培养他们的创新意识和领导能力。这一系列科研实践活动的设计,不仅促进了学生科研能力的提升,也为他们未来的学术研究和职业发展提供了有力的支持。

尽管各文科拔尖基地在系统的科研训练课程体系和配套制度设计上进行了有益的探索,并取得了一定的成效,但总体来看,仍存在一些不足之处。首要问题在于,多数基地在学生科研方面的措施仍然相对零散,缺乏系统性和连贯性的规划。这导致学生在科研活动中往往难以形成完整的知识体系和科研方法,影响了科研训练的效果。此外,导师的数量和质量也是制约学生科研活

---

① 杰拉德·卡斯帕尔,李延成. 成功的研究密集型大学必备的四种特性[J]. 国家高级教育行政学院学报,2002(5):57-69.

动开展的重要因素。尽管各基地都在努力构建多元化的导师团队,但面对日益增长的学生群体,导师资源的有限性仍然是一个不容忽视的问题。如何在保证导师质量的同时,扩大导师队伍,提高导师的指导效率,是当前亟待解决的问题。

二、问题与对策

本研究发现,文科拔尖基地专注学生专业能力和知识体系的构建,以培养具备家国情怀、使命担当、国际视野的高层次顶尖人才。但还存在着对"创新"的理解和重视程度不足;总学分过高,选修学分占比较低,学生的自主学习空间受限;提升学生科研能力的举措较为零散,缺乏系统规划与整合等问题,这些问题在一定程度上制约了文科拔尖人才培养的成效。除了对培养何种类型的拔尖人才存在一定分歧之外,基地的培养方案存在明显的同质化倾向。

(一) 培养目标趋同:"完整的人"的缺失

虽然每个基地依托的高校和院系均拥有其独特的办学理念和办学特色,这些特色理念应在培养目标中得到体现。但现实情况是,许多基地在阐述培养目标时,仅简单地按照拔尖计划相关文件通知中的表述展开,甚至直接"借鉴"其他高校或基地的办学经验,[①]而未能够将这些要求和经验与学校自身特色和资源优势相结合,导致培养目标趋同,缺乏差异性和多元化。正如克拉克·克尔所说,"模仿将是毁灭性的"[②],这些趋同导致培养出来的学生连优势和不足都有高度相似性。[③]

《关于实施基础学科拔尖学生培养计划2.0的意见》中明确指出,要"促进学生中西融汇、古今贯通、文理渗透,汲取人类文明精华,形成整体的知识观和智慧的生活观"。基于此,文科拔尖基地应将培育"完整的人"作为其核心使

---

① 陶宇斐.我国本科基础学科拔尖人才培养改革的回眸、反思与建议[J].高校教育管理,2023,17(3):88-99.

② 克拉克·克尔.高等教育不能回避的历史:21世纪的问题[M].王承绪,译.杭州:浙江教育出版社,2001:205.

③ 朱清时.大学同质化与中国高等教育发展趋势[J].长江大学学报(社会科学版),2009,32(4):5-8.

命。这里的"完整的人"并非指无所不能的完人，或千篇一律的标准人，而是指具备独立人格、综合素质高、能够独立思考与创新的个体。吉尔福特在总结创造性人才拥有的人格特点时，首先强调的就是"高度的自觉性和独立性"①。因此，基地不仅要注重学生的专业知识和能力的培养，更要关注他们的人文素养和独立人格的培养，以实现真正意义上的全面而自由的发展。

为了重塑培养目标，文科拔尖基地需深刻理解"完整的人"的内涵，认识到"教育不能忘记人的自我心灵的培植，不能忘记这个真正属于人的终极性目标"②，应将人文素养、独立人格的培养与专业知识教育相结合，形成全面而均衡的发展路径。一是要深度挖掘自身优势。结合学校历史、地域文化、学科特色等因素，制定符合自身实际的个性化培养目标，避免简单模仿和盲目跟风。二是强化通识教育。通识课程在拓宽学生的知识面、拓展思维方式、平衡知识结构、提升学生精神品质以及完善人格建构等方面都发挥着积极的作用。但研究显示，目前各基地的通识课程学分相对较少、占比也较低。为了更好地涵育学生的独立人格，各基地有必要进一步提高通识课的地位和重要性，重构通识课的结构体系，提升课程质量。同时，还需要对文科拔尖人才的知识结构进行深入梳理，以便为文科拔尖基地的学生制定更有针对性的通识课程修读要求，从而"形成一个整体的教育观念和教育活动"③，为培育出完整、圆满、独立的人格奠定坚实基础。三是注重人格培育。人的精神世界是一个由理性因素和非理性因素交织而成的复杂系统。④ 相应的，教育应当关照学生的理性和非理性因素的综合发展。以理性为主导的教育理念和模式往往会导致学生情感和意识的缺失，可能使学生陷入"空心病"的精神空虚状态。这要求基地突破唯理性教育的藩篱，重视学生独立人格的培养，使他们在理性和非理性方面都得到全面均衡的发展。在这个过程中，仅仅依赖个体经验是远远不够的，必须借助人类历史积淀的文明成果来塑造和完善个体的人格。因此，具备独立

---

① 鄢晓. 创新人才培养研究综述及展望[J]. 现代教育管理, 2013(2): 78-82.
② 鲁洁. 通识教育与人格陶冶[J]. 教育研究, 1997(4): 16-19.
③ 冯建军. 构建德智体美劳全面培养的教育体系: 理据与策略[J]. 西北师大学报(社会科学版), 2020, 57(3): 5-14.
④ 庞学光. 唯理性教育的局限与完整性教育的构想[J]. 现代教育论丛, 2001(1): 1-9.

育人意义的通识教育①在培育独立人格方面显得尤为重要且不可或缺。

(二) 课程结构趋同:固化的挑战

改革开放以来,我国高等教育规模迅速扩张,为社会经济的蓬勃发展奠定了坚实的人才基础。要实现从人口红利向人才红利的战略转变,从人力资源大国向人力资本大国的跨越,创新型人才的培养不可或缺。鉴于"不同个体在不同智能上体现着不同的创造性"②,创新人才的培养需要打破传统的思维模式和框架,深入理解并尊重每个学生的独特性,从而为他们提供适宜的成长环境,促进其个性化发展。

长期以来,文科拔尖基地在课程结构上沿袭了传统的专业教育模式,课程体系相对固定,缺乏灵活性和多样性。这种建制化的培养方式虽然有助于确保教学质量的稳定,但也限制了学生的个性化发展和创新潜能的激发。这种课程设置不仅增加了学生的学习压力,也压缩了其探索未知领域、培养创新思维的时间。尽管教师和管理者已在培养学生创新思维、激发其好奇心与求知欲上形成共识,③但基地的培养方案往往偏重于广泛的知识结构和能力的培养,未能给学生预留足够的自我发展空间。以学分要求为例,文科拔尖基地的总学分要求约为150学分,相较之下,美国和日本的本科生总学分普遍较低,分别为120—128学分和约130学分。④ 此外,在选修课的比重上,有研究发现14所海外一流大学的任意选修课比例平均值为52.7%,⑤远高于文科拔尖基地的30.23%。更严重的是,多数基地的课程分配在大学四年间并不均衡,从大一到大四课程量逐步减少,导致学生从入学伊始就面临繁重的课业负担,难以养成自主学习的习惯,自主学习空间受到严重挤压。课程结构趋同的问题主要体现在两个方面:一是必修课程比重过高,选修课程资源匮乏,学生"齐步走"的现象较为普遍;二是课程分配不均衡,大一课程繁重,导致学生难以适

---

① 舒炜.文化自觉:大学本科教育理念与经典阅读课程[J].读书,2006(4):26-31.

② 朱德全,王小涛.差异教育:撬动拔尖创新人才培养的"阿基米德点"[J].重庆高教研究,2024,12(1):10-16.

③ 张亮,施佳欢.文科基础学科拔尖学生培养:理念认知与实践行动——基于全国文科拔尖基地的调查[J].中国高教研究,2023(11):70-78.

④ 卢晓东.论学习量[J].中国高教研究,2015(6):38-48.

⑤ 顾海兵.选修课比重是真正大学的首要标志[N].科学时报,2011-09-09(A07).

应并养成良好的自主学习习惯。

为了应对这一挑战,文科拔尖人才的培养应更注重多元化和个性化,为学生提供更多的自由发展机会。教育家怀特海曾提出教育上的两条戒律:其一,不可教太多的科目;其二,所教科目务须透彻。[①] 繁重的课业虽然能帮助学生深入理解和掌握既有知识,但也可能使他们落入由现有知识范式构筑的范式陷阱当中,影响其创造力的发展。必修与选修的修读要求是课程调节系统的重要组成部分,通过修读要求的设定,可以根据学生的个性化学习需求,划分出必修课程的"刚性边界"与选修课程的"弹性范围"[②]。因此,文科拔尖基地亟须对课程安排的科学性与合理性作进一步评估,适当降低学分要求,特别是必修课的学分,以提升学生在课外自主学习的比例。同时,基地还应营造出鼓励独立思考和勇于创新的氛围,为学生提供能够激发好奇心、求知欲和批判性思维的学习环境,以促进学生的良好发展。[③] 通过这些措施,充分发挥每个学生的潜能和优势,促进他们的良好发展。此外,还需丰富选修课程资源。增设多样化的选修课程,特别是跨学科课程和国际前沿课程,鼓励学生根据自身兴趣和职业规划进行选择性学习,培养其跨领域思维能力和创新能力。

(三) 教学形式趋同:单一化的限制

相较于理工科丰富的实验实践教学形式,人文社科的教学形式相对单一,主要依赖于传统的课堂教学。这种教学形式虽然有助于学生掌握基础知识和理论框架,但限制了其对知识的深度理解和灵活运用。文科拔尖基地的实践教学比例较低,且往往流于形式,难以真正触及学生科研能力和实践技能的提升。这一现象背后,反映出的是课程体系设计和修读要求与实际培养目标之间的脱节,以及对如何有效促进高层次人才成长缺乏深入思考与系统规划。

多数基地均提出了培养名家大师的目标,但紧随其后的课程体系、修读要求等是否能够支撑起这一目标有待考量。习近平总书记指出,"我国哲学社会科学还处于有数量缺质量、有专家缺大师的状况,作用没有充分发挥出来",但

---

① 怀特海.教育的目的[M].徐汝舟,译.北京:生活·读书·新知三联书店,2022:2.
② 龚怡祖,陈万明.大学课程体系构造与大学课程资源配置[J].高等教育研究,2005(10):57-61.
③ 魏亚丽,孙宽宁.课堂活力的内涵、特征及培育路径[J].济南大学学报(社会科学版),2023,33(6):153-159,178.

同时也强调"我国教育是能够培养出大师来的,我们要有这个自信"。萧鸣政等的实证研究进一步证实了本科阶段的学习经历对高层次人才成长的重要影响。[①] 因此,探索更加多元、高效的教学形式,成为当前文科拔尖人才培养亟待解决的关键问题。

兰祖利提出的丰富教学模式,为我们提供了一个破解单一化教学困境的新视角。该模式以个性化、差异化教学为核心,通过实施"三元丰富活动"——一般探索性活动、集体培训以及个体或小组研究任务,构建了一个促进学生全面发展的教学框架。在这一框架下,学生首先根据个人兴趣参与到广泛的一般探索性活动中,从中发掘新问题,激发求知欲;随后,针对新发现的问题,学生需接受有针对性的训练和学习,以掌握解决问题的关键技能;最终,当学生具备了必要的知识和能力后,便可独立或小组合作开展深入研究,实现知识的深度应用与创新。这一模式不仅有助于激发学生的学习兴趣和创造力,更促进了其个性化发展,为培养具有创新精神和社会责任感的高素质人才奠定了坚实基础。

具体而言,一是调整教学方法,推广研讨式、案例式等互动式教学方法,鼓励教师从知识的传授者转变为引导者,通过组织课堂讨论和问题研究,激发学生主动思考,培养其独立思考和批判性思维的能力。同时,强化实践教学环节,增加社会实践、专业实习、科研训练等课程内容,使学生在实践中学习,在学习中实践,从而有效提升其综合应用能力和创新能力。

二是深化科教融合。本科生参与科研不仅能帮助学生养成严谨求实的学术态度,掌握必备的研究技能,还能有效激发学生的创新思维。已有研究证实,学科—专业协同机制对创新人才培养的效果具有显著的正向推动作用,[②]学术参与能显著促进拔尖学生的专业与学术能力发展,而且还能对其中的"佼佼者"产生发展的"叠加效应"[③]。得益于文科拔尖基地依托高校的雄厚科研

① 萧鸣政,唐秀锋.哲学社会科学人才如何评价:基于长江学者成长影响因素的实证研究[J].行政论坛,2018,25(5):106-116.
② 王凯,胡赤弟."双一流"建设背景下创新人才培养绩效影响机制的实证分析:以学科—专业—产业链为视角[J].教育研究,2019,40(2):85-93.
③ 吕林海."拔尖计划"本科生的"学习参与"及其发展效应研究:基于全国12所"拔尖计划"高校的问卷调查[J].教育发展研究,2020,40(Z1):26-38.

实力,基地有可能也有必要推动科研和教学的深度融合,通过科研训练强化创新思维,提升科研能力。

三是引入情境学习。情境学习理论指出,学习无法脱离情境而独立发生,情境在学习过程中起着至关重要的作用,并对学习效果产生重要影响,不同的学习情境会产生不同的学习效果。[1] 因此,基地应重视学术情境的创设,构建适宜创新活动发生的环境。首先,可通过朋辈导师和学术导师的引导,帮助学生融入学术情境。在课堂教学中,及时将最新的科研成果及时融入教学内容,通过专业课程向学生传授科研前沿领域的知识、进展和方法,以拓宽学生的学术视野和学术信息的获取途径,为其日后投身科研工作做准备。其次,由于本科生在科研方面尚属新手,需帮助他们获得"合法的边缘参与"身份。这可以通过设立研修项目、助教助管等制度来实现,为本科生参与教师的科研项目创造有利条件。学生可以通过观摩专家工作,并与同伴、专家交流探讨,以此来学习。再次,应为学生设计有挑战度的科研任务,鼓励他们以团队或个人形式自主开展科研实践,引导学生从科研的"边缘"逐步走到"中心"。

四是开展跨学科融合。在全球化与信息化交织的今天,跨学科研究已成为推动科学进步和社会发展的重要力量。文科拔尖基地应充分"用好学科交叉融合的'催化剂'",通过设立跨学科的科研项目,引导学生从多元视角审视问题,培养其复合型的知识结构和知识迁移能力。这不仅有助于学生形成宽广的学术视野,还能为其未来的学术研究和职业发展提供无限可能。

---

① 姚梅林. 从认知到情境:学习范式的变革[J]. 教育研究,2003(2):60-64.

第十二章
文科基础学科拔尖人才培养的未来展望

习近平总书记在哲学社会科学工作座谈会上指出，"人类社会每一次重大跃进，人类文明每一次重大发展，都离不开哲学社会科学的知识变革和思想先导"①；"这是一个需要理论而且一定能够产生理论的时代，这是一个需要思想而且一定能够产生思想的时代"②。高等教育是知识与思想的策源地，要实现从教育大国向教育强国的系统跃升和质变，高等教育必须实现从大到强、从"跟跑者""并跑者"到"领跑者"的跨越，要准确识变、主动求变、科学应变，适应我国高等教育改革发展的历史性、格局性变化，进一步破除思想观念束缚和体制机制弊端，在深化改革创新中走出一条具有中国特色的道路。③ 文科基础学科承担着建构中国自主知识体系的重大使命，必须从中国式现代化建设的全局出发，从推进教育强国建设、推动哲学社会科学繁荣发展的高度出发，将推动知识体系创新与立德树人结合起来，加快创新发展，走出一条立足中国实践、具有中国特色的文科基础学科拔尖人才新人培养创新之路。

一、理念更新

新一轮科技革命和产业变革快速演进，智能技术正在加速推进全球政治、经济、文化等领域转型，也推动着知识生产与传播的深刻变革。面向时代变化与未来社会的人才需求，深化文科基础学科拔尖人才培养改革，既是高等教育适应外部世界的客观要求，也是高等教育自身重建新时代合法性的内在需求。

① 习近平. 在哲学社会科学工作座谈会上的讲话[M]. 北京：人民出版社，2016：3.
② 习近平. 在哲学社会科学工作座谈会上的讲话[M]. 北京：人民出版社，2016：8.
③ 王博. 立足"从大到强"关键节点精准发力[N]. 中国教育报，2023－11－02.

面向拔尖人才自主培养的迫切需求,高校应基于知识的性质、知识生产方式的变化更新观念,创新培养模式,充分尊重人文社会科学的规律和拔尖学生的特点,推动人才培养与科学研究、社会服务、文化传承创新等深度融合,实现广泛的跨界交叉和深度的协同互联,形成共同的价值取向与逻辑基础。

1. 融入时代,扎根中国大地

实现现代化是近代以来中华民族孜孜以求的梦想,文科基础学科拔尖人才培养应融入全面推进中国式现代化的新征程,立足新时代新要求,把学科专业自身发展的"小逻辑"融入中国式现代化的"大逻辑"。传统文科拔尖人才培养植根于过去现代化和工业化时代,需要面向时代需要、国家需要、社会需要开展系统性改革,准确反映当前人类社会生产生活、价值观念、行为方式等的演变和发展趋势,充分反映中国特色社会主义道路、理论、制度、文化优势,不断以新的知识形态、学术形态、理论形态引领拔尖人才培养。文科拔尖人才培养要扎根中国大地,充分运用中华民族的丰厚文化积淀与历史资源,观照中国传统、中国实践与中国问题,坚守中国立场、彰显中国智慧、弘扬中国价值,推动中华优秀传统文化创造性转化与创新性发展,建构中国自主的知识体系。

2. 面向未来,坚持与时俱进

面对风起云涌的新工业革命和世界大变革,传统文科拔尖人才培养在教学模式、教学内容、教学理念等方面已显示出一定的滞后性。智能时代的人才培养不再仅仅是知识传递,更是个体适应未来、引向未来的关键,必须面向未来发展趋势,充分认识新技术带来的重大影响,深入理解知识生产与传授方式的变化、未来社会人才需求的变化,把握学科交叉融合的趋势,强化前瞻性思维。在文科基础学科层面,要整合教学空间,将一流的师资配备到文科拔尖人才培养中来,推动一流学科优势和一流科研优势不断转化为教学优势、一流科研成果及时转化为教学内容;同时,要主动拥抱新技术,一方面推进新技术、新方法在教学中的应用;另一方面,要普及当前与未来所应具有人工智能基本素养以及智能技术难以复刻但对人的发展又至关重要的内在素养,重塑共同的价值基础与人文关怀,让学生在新的学习场景、学习模式中主动建构知识。要融合学科空间,以不断生长的优良学科生态体系为支撑,实现高水平的科教融合、交叉复合,加强学生创造性思维、批判性思维等在其未来发展中起决定性作用的核心素养。在知识探究中融会贯通、触类旁通。要耦合全校空间,营造以学生成长发展为中心的教育生态,集聚更广覆盖的育人元素,推动学生全面发展,提升综合能力;同时,要建立长跨度的衔接培养机制,培养学生终身学习、持续学习的能力。

3. 面向世界,拓展全球视野

马克思、恩格斯指出,大工业"首次开创了世界历史,因为它使每个文明国家以及这些国家中的每一个人的需要的满足都依赖于整个世界,因为它消灭了各国以往自然形成的闭关自守的状态"。人类是一个整体,地球是一个家园。面对共同挑战,任何人、任何国家都无法独善其身,人类只有和衷共济、和合共生这一条出路。[①] 当前,"两个大局"相互交织、相互激荡、相互影响,文科基础学科拔尖人才培养也要立足于哲学社会科学知识体系的汇通中外、互鉴共享,既不能闭门造车、自说自话,也不能照单全收、全盘西化。[②] 文明的活力在于交流与互鉴,要引导学生基于人类命运共同体,关照人类社会未来发展的重大基础性问题,超越二元对立思维和西方中心主义,[③]在充分学习现有人类文化成果的前提下,跟踪国外学术前沿,积极开展跨文化交流,同时还要秉持批判性思维,加强对相关成果及经验的实践基础、文化土壤等的反思。

面向现代社会的全面发展要求,面向全球化、新工业革命、信息时代的挑战,面向新时代中国特色社会主义现代化建设需要,文科基础学科拔尖学生培养基地要聚焦培养具有中国灵魂、世界眼光,堪当民族复兴大任的创新拔尖人才,即能够融入时代、扎根中国大地,面向未来、坚持与时俱进,面向世界、拓展全球视野,能够因应新时代和现代社会发展要求,正确认识现代中国和现代世界,具有全面卓越的综合素质(认知、情感、意志、品质等)、创新能力、思想引领力和国际领导力、又红又专的拔尖人才。

---

① 习近平. 在中国共产党与世界政党领导人峰会上的主旨讲话[N]. 新华社,2021-07-06.

② 任友群. 发挥高校在建构中国自主知识体系中的独特作用[N]. 学习时报,2024-10-07.

③ 陈先红. 返回中国性:提升中国学术国际话语权的新文科建设路径[J]. 人民论坛·学术前沿,2022(2):48-55.

二、实践进路

在新的时代，一定需要新的方法论，也一定会产生新的方法论。[①] 基于思想家的成长经历与学习轨迹可以看到，在其个体成长过程中，浓厚的专业兴趣、大量的阅读、扎实的知识基础、名师引领、朋辈影响以及多样化的实践活动都是重要的因素。此外，家庭教育也是非常重要的一个方面。当前，各拔尖基地开展了丰富多样的探索，初步形成了文科基础学科拔尖学生培养的行动框架，也在不断拓展改革实践空间。我们有理由相信，文科基础学科拔尖学生培养是可行且值得期待的。与此同时，还存在一些问题需要进一步解放思想和大胆探索实践。例如：拔尖学生培养模式仍然植根于传统的专业化课程框架中，虽然具有"高标准、高强度"等特征，但也存在"同质化"、内容重复、梯度不足、跨学科课程开设困难、实践实习在实施过程中常常流于形式等问题；[②]大学对于要教给学生什么样的知识体系、什么样的课程体系最有价值，尚没有形成清晰的认识和精心的顶层设计。[③]

一是"谁来学"的问题。生源质量关系到培养制度的设计与培养质量。如何在保证公平的基础上，发现和识别真正适合的学生，仍需进一步突破。从表面上看是选拔标准与选拔方式的科学性和有效性，其本质指向对文科拔尖学生基础素养与发展潜质的内涵定义，是只关注学生的个体认知发展水平还是要统筹考虑认知能力以及个体的学术志趣与使命担当，是在某一节点进行标准参照评价还是开展长周期的真实性、整体性评价。同时，由于高等教育阶段与基础教育阶段尚未在培养理念、培养目标等方面形成共识与衔接，相较于理科基础学科，文科也没有具有广泛认可度的全国性竞赛，这也在一定程度上削弱了文科拔尖学生选拔的科学性与认可度，高校依然缺乏开展早期选拔的政策空间。当然，相较于极少数群体的学生选拔，更为关键的是如何提升各个学段的培养能力，广泛培植学生的人文基础。

二是"学什么"的问题。当前，专业教育的主导性更加突出，但在人工智能

---

① 吴军. 智能时代:大数据与智能革命重新定义未来[M]. 北京:中信出版社,2016.

② 谢鑫,张红霞. 一流大学本科教育的课程体系建设:优先属性与基本架构[J]. 江苏高教,2019
(7):32-39.

③ 邬大光,叶美金. 基础学科拔尖人才培养的"道"与"术"[J]. 中国高等教育,2022(8):18-20.

快速发展的背景下,传统以知识传授方式为主的教育方式受到了极大挑战,如何帮助学生建立独特的、开放的思维方式以更好地为未来生活做好准备变得尤为重要。因此,需要深入探索如何平衡通与专、宽广与精深、基础与应用等方面的关系,推动传统的专业课程体系向多要素融合的学科育人体系转变,引导学生树立更加强烈的学术志趣与使命感。从专业教育的角度看,内涵要素有待提质扩优,课程教学效率不高,前沿问题的融入和转化还不够,需要进一步推动科教融合、强化科研育人。此外,在"师—机—生"的教育关系新架构下,也需要掌握数智素养与技能以及对有关规则、伦理、审美等方面的应对与反思能力。

三是"怎么学"的问题。学生仍指向传统的学科认知,以传统的课程学习为主,自主性、创造性还有待提升,特别是基于真实情境中的问题解决还比较有限,合作学习、研究性学习等也存在浅表化、形式化等问题。当前,ChatGPT 等人工智能应用的出现对人类知识获取与处理的方式带来巨大影响,基于学生的兴趣及学习基础发展独特的知识与能力结构,建立新的育人资源"供求"关系,深化交流交往、投身问题情境,推动学生逐步从学术共同体的边缘走向中心,真正变革学生的学习方式变得尤为重要。

此外,文科基础学科的发展也离不开社会大环境。当前,就业环境、社会舆论等对文科学生学习动力的培育与激发不利,[1]但是加快构建中国特色哲学社会科学,摆脱单纯以西方为中心的现代知识体系的现状,是极为关键且迫切的议题。

三、政策建议

文科拔尖基地建设是高质量教育体系建设的重要组成部分,可以为铸就社会主义文化新辉煌提供有效的人才支撑,面对时代要求和历史使命,我们还需要进一步突破常规、深化模式创新、提升文科拔尖学生培养能力和培养质量,本研究提出如下建议。

第一,要立足中国式现代化的创新实践,以时代为观照,结合人文社会科

---

[1] 陆一,孙迟瑶.拔尖学生的学习动力:结构性变化与影响因素[J].北京大学教育评论,2024,22(2):25-45,187-188.

学的使命任务,勾勒文科基础学科拔尖人才的目标画像,这也是文科基础学科拔尖学生培养的基本出发点。要进一步更新完善人才培养目标,面向未来挑战,形成前瞻性的布局和设计。一方面,文科基础学科的发展动力源自时代性的重大现实问题,要从时代性的现实问题中捕捉、发现和提出重大问题,需要深厚的理论资源和独到的理论想象,①要重视扎实学识和理论思维以及良好的学术品位,但也不能局限于知识本身,还要重视自主学习、创新思维、协作探究等高阶学习能力的培养,提升学生的关键能力,形成丰富的想象力、深度的洞察力、清晰的问题意识和批判性思维,形成更强的适应性,能够快速适应外部变化。另一方面,在社会责任、情感与价值等维度,要重视胆量以及坚韧不拔的毅力、不懈努力的意志、包容的心态、虚怀若谷的美德等整体人格的发展,培养必备的品格,坚定文化自信,树立正确的价值观。特别地,还要关注人工智能、大数据等技术背景下信息、数据、媒体素养的提升,②促进数字技术赋能学生持续学习和自主成长,运用数字技术解决基本问题以及交互、共享与合作。③

第二,要把文科基础学科拔尖人才培养作为一个动态演进的系统工程。一方面,要围绕志趣、认知发展等要素,深入开展文科拔尖学生的识别、筛选等领域的研究与实践,要加强对语言能力评估、学术潜力评估等方面技术方法的研究,不以单一的分数或智力作为标准,拓展整体性、过程性、发展性的识别方式,建立多时点、多维度的评估系统,防止"掐尖"和"功利化"倾向。早期识别和选拔需要更加关注个体多样性,特别在文科拔尖学生评价标准相对缺少共识的情况下。除了考核之外,要探索将能力的评估测量、动态的跟踪评价等纳入拔尖人才识别与筛选的视野中来。问题解决的关键还在于评价主体的回归,究竟谁是学生发现识别的责任主体? 不能简单地交给中考、高考或是学校外部举办的各类竞赛。在保障公平的基础上,还要赋予高校更多主动权,允许

① 陆一,孙迟瑶. 拔尖学生的学习动力:结构性变化与影响因素[J]. 北京大学教育评论,2024,22 (2):25-45,187-188. https://www.cssn.cn/zx/zx_zxgs/202211/t20221118_5565197.shtml.

② 成尚荣. 拔尖创新人才早期培养应以人格素养为基[J]. 中小学管理,2023(4):63.

③ UNESCO. SDG 4 ensure inclusive and equitable quality education and promote lifelong learning opportunities for all,2022. UNESCO Website. https://tcg. uis. unesco. org/wp-content/uploads/sites/4/2021/08/Metadata-4. 4. 2. pdf.

部分高校根据自身办学特色和文科基础学科的特点,探索体现文科基本能力素养的评价标准、评价方式以及分数使用方式等,[①]鼓励高校与中小学合作开发多样化的人才选拔手段,开展特殊评估考核,拓展人才选拔的时点与渠道。当然,选拔程序应当是科学规范且严格的。另一方面,要着力加强各个学段之间的协同,构筑相互衔接、层次递进的育人共同体。各个学段应发挥不同的作用、学生应享有多样化的参与方式与路径。其中,早期培养的制度应当更加注重面向全体、面向长远,注重基础积累、兴趣培养、潜能开发,提供更优质、更丰富的学习资源与实践机会,同时要面向更多学生群体发挥价值涵养的功能;本科阶段关注广泛获取、运用训练及创新意识;研究生阶段要更加主动批判地获取知识并加强独立创新的训练。要积极探索高校与高中对接联动机制,探索设置"双高"衔接育人项目,积极推动高校优质资源和教学模式向高中阶段教育辐射。此外,还要加强家校社协同育人,凝聚文科拔尖人才培养更加广泛的共识,构筑优质的人才培养生态圈,加大文科基础学科领域重要活动、重大成果、先进典型的宣传,大力推广经典阅读,营造书香社会,在社会上营造重视人文精神涵养的正确价值导向。

第三,要以学科为支撑,围绕学生创新成长推动体系性改革。人文学科是基于人性进程而积累起来的知识,不是按照线性逻辑增长,往往具有特定社会或文化的情境性,需要从具体经验出发与经典、传统文本对话和批判性思考,很大程度上还依赖于语言及文献能力,[②]需要长期的语言文献基础以及学术积淀。这就要求学生能具有多样性的视角,在参与、探索并与知识的对话过程中,建构自我的内在理解与知识的意义生成。[③]要依托学科优势,发挥好高水平师资队伍、科研成果、科研平台的作用,形成一流的课程、教材体系、导师团队、实践项目,要特别重视哲学社会科学自主知识体系的建构与应用。同时,打通教师与学生、教学与科研、国际与国内等关系,在基础学科和应用学科的交叉融合、创造知识和知识传播与应用的并行互通、国际国内优质资源的合作

①　唐江澎,阿茹娜,刘思阳,等. 超越争论,打通堵点,做负责任的行动者:"拔尖创新人才早期培养"研究与实践述评[J]. 中国基础教育,2024(5):37-42.
②　文雯,吴玥. 人文基础学科的知识属性和时代挑战[J]. 大学与学科,2023,4(4):48-60.
③　刘亚,赵建梅. 论素养本位的知识观转型:从客观主义到生成主义[J]. 教育理论与实践,2019(4):12-15.

共享等方面探索有效机制,特别是要推进科教融合育人。拔尖人才未来肩负着基础理论创新、知识体系建设、对外话语传播等重要使命,要在重视知识与理论的教学传统的基础上,深化科研引导的培养方式。在此基础上,要积极推动优质育人资源的共建共享,依托高水平大学集中优质力量建设高质量的基础课程、实践项目、优质教材以及学生学习成果交流平台等。

第四,要回归学生个体,尊重并激发学生的主体性,促进高质量学习。每一个个体的智能都各具特点,其创造力所在的领域方向也各不相同,[1]拔尖学生往往具有鲜明的个性特征;并且,学生的个体发展也往往呈现为非线性、突变和生成。[2] 因此,创新的发生、层次、指向、结果等也具有多样性、丰富性和差异性。在提高人才识别与选拔的科学性的同时,还要重视动态地把握学生的学习风格、学习特征以及身心素质、情感认知、艺术素养等方面的状况,在学习参与与成长发展中不断动态调整培养方式。要让学生找到契合自身特质,适合自己发展的道路。一方面,要真正打破传统"整齐划一"的培养方式与制度框架的束缚,结合学科的具体特点确定学生选拔、课程教学体系、师资队伍、国际交流与合作、长周期培养机制、经费支持等方面的制度体系,把仅仅聚焦课程的改革视野向整体的教学过程和培养环节、环境的营造拓展,防止"新瓶装旧酒""穿新鞋走老路"。同时,要形成面向个体差异、弹性灵活的支持体系,为学生形成独特的知识结构提供定制化的资源供给与个性化的教学管理等支持。此外,文科基础学科研究往往表现出投入大、周期长、产出慢等特点,需要长期、严格的学术训练。在这个意义上,要真正为因材施教、个性成长留出政策空间,减少刚性和功利化的标准,给予学生宽松的成长环境和对学生自我探索的支持,引导学生开展纯粹的探索。这就需要改革评价体系,从而持续激发学科、师生的动力。特别是要建立从事文科基础学科学习和工作的荣誉制度,把相关教师的培养工作业绩纳入教师评价体系。另一方面,要通过营造浓郁的学科文化氛围。结合书院制的改革,优化软硬件资源,构建促进学生创新和实践的社区空间,关注学生的共同体生活,在传统的课堂之外,提供更加丰富、

---

① 赵勇. 国际拔尖创新人才培养的新理念与新趋势[J]. 华东师范大学学报(教育科学版). 2023,41 (5):1-15.

② Kelso, J. A. S. Principles of Dynamic Pattern Formation and Change for a Science of Human Behavior[J]. Developmental Science and the Holistic Approach, 2000(1): 63-83.

灵活的学习体验,保护学生的学习热情与好奇心,激发学生探索求知、发展自我、实现价值的蓬勃欲求。[①] 要让学生真正行动起来,成为学习的主体,主动思考、自由探究、勇于挑战,用生活积累去活化文献积累、思想积累,形成真实的问题意识,更多地进入真实的研究情境和跨学科碰撞的氛围中,体验知识发现的过程,不仅仅关注知识本身,还包含知识发现过程中的思维方法及其背后的文化、价值等,从而构建起知识与个体之间的关联,真正推动学习方式的变革。

---

① 陆一,史静寰.志趣:大学拔尖创新人才培养的基础[J].教育研究,2014,35(3):48-54.

参考文献

国内文献

[1] Pautsch A, 陈颖. 巴登-符腾堡州双元制大学:德国双元制高等教育的"典范"[J]. 应用型高等教育研究,2020,5(4):42-47.

[2] 安东强. 立足本位促进交叉:中山大学历史学基础拔尖创新人才培养的路径与特色[J]. 新文科理论与实践,2024(1):35-41,124.

[3] 白春礼. 杰出科技人才的成长历程:中国科学院科技人才成长规律研究[M]. 北京:科学出版社,2007.

[4] 白春礼. 科技革命与产业变革:趋势与启示[J]. 科技导报,2021,39(2):11-14.

[5] 包水梅,李世萍. 我国拔尖创新人才培养的困境及其根源与出路[J]. 现代教育管理,2012(8):83-89.

[6] 鲍威. 未完成的转型:高等教育影响力与学生发展[M]. 北京:教育科学出版社,2014.

[7] 别敦荣. 高等教育管理探微[M]. 厦门:厦门大学出版社. 2021.

[8] 别敦荣. 世界一流大学教育理念[M]. 厦门:厦门大学出版社,2021.

[9] 别敦荣. 现代大学制度:原理与实践[M]. 青岛:中国海洋大学出版社,2018.

[10] 蔡映. 高校通识教育课程设置的问题及改革对策[J]. 高等教育研究,2004(6):76-79.

[11] 操太圣. 知识、生活与教育的辩证:关于新文科建设之内在逻辑的思考[J]. 南京社会科学,2020(2):130-136.

[12] 常桐善. 拔尖创新人才培养的四个要点[J]. 重庆高教研究,2023,11

(1):3-13.

[13] 常桐善.院校研究:加州大学本科生参与研究活动项目案例[J].复旦教育论坛,2015,13(5):88-92.

[14] 陈恒.世界知识生产视角下的新文科建设[J].探索与争鸣,2021(10):9-12.

[15] 陈洪捷,巫锐."集群"还是"学科":德国卓越大学建设的启示[J].江苏高教,2020(2):1-8.

[16] 陈静.新一轮科技革命与新文科发展[N].中国社会科学报,2020-08-28(A06).

[17] 陈权,温亚,施国洪.拔尖创新人才内涵、特征及其测度:一个理论模型[J].科学管理研究,2015,33(4):106-109.

[18] 陈廷柱,段梦涵.变迁中的英国寄宿制学院及其对我国高校书院制改革的启示[J].高等教育研究,2015,36(12):97-103.

[19] 陈希.按照党的教育方针培养拔尖创新人才[J].中国高等教育,2002(23):7-9.

[20] 陈先红.返回中国性:提升中国学术国际话语权的新文科建设路径[J].人民论坛·学术前沿,2022(2):48-55.

[21] 陈向明.美国哈佛大学本科课程体系的四次改革浪潮[J].比较教育研究,1997(3):21-27.

[22] 陈兴德.大学,所为何事?:弗莱克斯纳大学理念评析[J].外国教育研究,2004(12):18-22.

[23] 成尚荣.拔尖创新人才早期培养应以人格素养为基[J].中小学管理,2023(4):63.

[24] 程方荣,袁广林.优秀的研究者是培养拔尖创新人才的良师[J].高校教育管理,2017(1):87-91.

[25] 程黎,王美玲.国内外超常儿童概念的发展及启示[J].中国特殊教育,2021(10):65-69,76.

[26] 程黎,陈啸宇,刘玉娟,等.我国拔尖创新人才成长模型的建构[J].中国远程教育,2023,43(12):10-20.

[27] 褚宏启.如何看待拔尖创新人才培养及路径[J].教育科学研究,2023

(9):1.

[28] 崔居然,夏莹.论哲学拔尖人才培养体系的建立:以清华大学哲学学堂班为例[J].新文科理论与实践,2024(1):42-49,124-125.

[29] 崔乃文.文理学院的死与生:自由教育与制度化的精英大学体系[J].清华大学教育研究,2018(5):81-89.

[30] 戴妍,杨雨薇.我国拔尖创新人才培养政策的变迁逻辑与未来展望:历史制度主义分析[J].高校教育管理,2024,18(3):62-72.

[31] 戴耘.拔尖创新人才培养的理论基础和实践思路[J].华东师范大学学报(教育科学版),2024,42(1):1-23.

[32] 党璎,詹逸思,丁若曦,等.高校"拔尖学生"学术自我认同概念及测量工具研制[J].国家教育行政学院学报,2023(11):31-41.

[33] 丁钢.杰出人才培养:一个制度文化的分析视角[J].探索与争鸣,2010,(3):4-5.

[34] 丁肇中.论科学研究的原动力:好奇心是科学研究的原动力[J].上海交通大学学报(哲学社会科学版),2002,10(4):3-5.

[35] 董妍,陈勉宏,俞国良.科学好奇心:研究进展与培养途径[J].教育科学研究,2017(9):78-82,89.

[36] 杜彬恒.基础学科拔尖创新人才自主培养的实践经验[J].北京教育(高教),2023,(12):21-25.

[37] 杜育红,臧林.学科分类与教育量化研究质量的提升[J].华东师范大学学报(教育科学版),2019,37(4):38-46.

[38] 樊丽明."新文科":时代需求与建设重点[J].中国大学教学,2020,(5):4-8.

[39] 范皑皑,王晶心,张东明.本科期间科研参与情况对研究生类型选择的影响[J].中国高教研究,2017,(7):68-73.

[40] 冯建军.构建德智体美劳全面培养的教育体系:理据与策略[J].西北师大学报(社会科学版),2020,57(3):5-14.

[41] 甘秋玲,白新文,刘坚,等.创新素养:21世纪核心素养5C模型之三[J].华东师范大学学报(教育科学版),2020,38(2):57-70.

[42] 高迎爽,杜一雄.法国一流大学本硕贯通式人才培养的实践与启示:以法

国萨克雷高等师范学校为例[J].学位与研究生教育,2023(5):87-93.

[43] 高迎爽.从集中到卓越:法国高等教育集群组织研究[J].清华大学教育研究,2012,33(1):59-65.

[44] 公钦正,周光礼,张海生.知识转型与组织应对:文科见长大学改进发展研究:以耶鲁大学为例[J].现代大学教育,2022,38(6):65-74,113.

[45] 龚放,吕林海.中美研究型大学本科生学习参与差异的研究:基于南京大学和加州大学伯克利分校的问卷调查[J].高等教育研究,2012,33(9):90-100.

[46] 龚放.大学"师生共同体":概念辨析与现实重构[J].中国高教研究,2016(12):6-10.

[47] 龚旭.我国基础研究需要增进多样性[J].科学与社会,2017,7(4):20-23.

[48] 龚怡祖,陈万明.大学课程体系构造与大学课程资源配置[J].高等教育研究,2005(10):57-61.

[49] 顾海兵.选修课比重是真正大学的首要标志[N].科学时报,2011-09-09(A07).

[50] 郭卉,韩婷,姚源,等.本科生科研学习收获因子相互关系研究[J].高等教育研究,2018,39(9):73-82.

[51] 郭卉,韩婷,余秀平,等.理工科大学生参与科研活动的收获的探索性研究:基于"国家大学生创新创业训练计划"项目负责人的个案调查[J].高等工程教育研究,2015(6):59-66.

[52] 郭卉,刘琳,彭湃,等.参与科研对理工科大学生创新素质影响的实证研究[J].高等工程教育研究,2014(2):106-111.

[53] 郭美荣,彭洁,赵伟,等.中国高层次科技人才成长过程及特征分析:以"国家杰出青年科学基金"获得者为例[J].科技管理研究,2011,31(1):135-138.

[54] 国家教委高等教育司.文化素质教育与人才成长 加强大学生文化素质教育论文集[C].北京:高等教育出版社,1996.

[55] 国家教育委员会教育发展与政策研究中心.当代国际高等教育改革的趋向[M].北京:高等教育出版社,1988.

[56] 过勇.本科教育的组织模式:哈佛大学的启示[J].高等教育研究,2016,37(1):64-73.

[57] 韩喜平.中国哲学社会科学自主知识体系建构的历史必然与路径探索[J].马克思主义研究,2022(9):23-32,155.

[58] 郝杰.新中国成立以来高等理科教育改革的探索与实践[J].黑龙江高教研究,2020,38(3):39-44.

[59] 郝克明.造就拔尖创新人才与高等教育改革[J].中国高教研究,2003(11):8-13.

[60] 郝文武.教育哲学[M].北京:人民教育出版社,2006:219-222.

[61] 何峰,郭晓奎,潘林敏.构建融通课程体系的实践与探索:以上海交通大学致远学院为例[J].中国大学教学,2024(6):33-37,91.

[62] 贺国庆.西方大学改革史略[M].石家庄:河北教育出版社,2011:43-45.

[63] 贺来.哲学社会科学研究中的"基础理论"[N].中国社会科学报,2021-10-12(1).

[64] 胡建华.大学内部治理论[M].南京:南京师范大学出版社,2018:231.

[65] 华东师范大学历史学系.历史学系21级"思勉班"赴陕西师范大学参加拔尖人才培养经验分享座谈会[EB/OL].(2023-07-25)[2023-12-26].https://history.ecnu.edu.cn/10/72/c33432a528498/page.htm.

[66] 黄福涛.20世纪西方高等教育发展的特征与趋势[J].厦门大学学报(哲学社会科学版),1999(2):103.

[67] 黄福涛.外国高等教育史[M].北京:北京大学出版社,2021:132.

[68] 黄巨臣.我国高校本科人才培养方案问题研究:以30所普通本科院校为例[D].厦门:厦门大学,2019.

[69] 黄岚,蒋彦龙,孔垂谦.科技拔尖人才的素质特征与大学教育生态优化:基于N大学杰出校友调查数据的层次分析[J].高等教育研究,2017,38(1):55-61.

[70] 黄涛,黄文龙.杰出科技人才成长的"四优环境":以23位"两弹一星"功勋科学家群体为例[J].自然辩证法研究,2015,31(7):59-64.

[71] 贾璐,宫福清,闫守轩.拔尖人才培养的国际经验:荣誉学位的视角[J].

高教发展与评估,2019,35(5):62－69,86,116.

[72] 姜大源.德国"双元制"职业教育再解读[J].中国职业技术教育,2013,
(33):5－14.

[73] 姜璐,董维春.美国现代大学荣誉教育:历史图景与体系构成[J].清华大
学教育研究,2022,43(3):112－122.

[74] 姜璐,刘晓光,董维春.美国本科拔尖人才培养实践探究:以亚利桑那州
立大学荣誉学院为例[J].比较教育研究,2021,43(2):105－112.

[75] 教育部.关于进一步加强"国家基础科学人才培养基地"和"国家基础课
程教学基地"建设的若干意见[EB/OL].(1998－04－10)[2023－12－
16].http://www.moe.gov.cn/srcsite/A08/s7056/199804/t19980410_
162625.html.

[76] 教育部.国家文科基础学科人才培养和科学研究基地[EB/OL].[2023－
12－04].http://www.moe.gov.cn/s78/A08/gjs_left/moe_1035/tnull_
11143.html.

[77] 教育部高等学校教学指导委员会.普通高等学校本科专业类教学质量国
家标准[M].北京:高等教育出版社,2019:86.

[78] 杰拉德·卡斯帕尔,李延成.成功的研究密集型大学必备的四种特
性[J].国家高级教育行政学院学报,2002(5):57－69.

[79] 靳玉乐,李红梅.英国研究型大学拔尖创新人才培养的经验及启
示[J].高等教育研究,2017,38(6):98－104.

[80] 奎纳尔·希尔贝克.人文学科的危机?[J].华东师范大学学报(哲学社
会科学版),1998(3):27－35.

[81] 雷晓盛,刘朝杰,王雪莹,等.大学新生抑郁状况及其危险因素分
析[J].中国公共卫生,2017,33(4):678－680.

[82] 李凤亮.新文科:定义·定位·定向[J].探索与争鸣,2020(1):5－7.

[83] 李工真.哥廷根大学的历史考察[J].世界历史,2004(3):72－84.

[84] 李瑾瑜.重新认识和建构良好的师生关系[J].新教师,2016(7):5－7.

[85] 李曼丽,苏芃,吴凡,等."基础学科拔尖学生培养计划"的培养与成效研
究[J].清华大学教育研究,2019,40(1):31－39,96.

[86] 李秋甫,张慧,李正风.科技伦理治理的新型发展观探析[J].中国行政管

理,2022(3):74-81.

[87] 李硕豪,李文平.我国"基础学科拔尖学生培养试验计划"实施效果评价:基于对该计划首届 500 名毕业生去向的分析[J].高等教育研究,2014,35(7):51-61.

[88] 李硕豪,王改改."拔尖计划"学生成就动机及其影响因素的实证研究[J].高等教育研究,2019,40(8):63-76,106.

[89] 李硕豪."拔尖计划"学生创造力发展影响因素实证研究[J].中国高教研究,2020(4):51-58.

[90] 李素矿,王焰新.我国地质学青年拔尖人才特征分析[J].中国地质大学学报(社会科学版),2008,8(6):54-57.

[91] 李湘萍.大学生科研参与与学生发展:来自中国案例高校的实证研究[J].北京大学教育评论,2015,13(1):129-147,191.

[92] 李醒民.基础科学和应用科学的界定及其相互关联[J].上海大学学报(社会科学版),2011,18(2):45-62.

[93] 李颖,施建农.大鱼小池塘效应:对超常儿童教育安置的思考[J].心理科学进展,2005(5):623-628.

[94] 李忠云,樊鹏,陈新忠.农业领域拔尖创新人才的特点及启示:以中国工程院农业学部 71 位院士为例[J].高等工程教育研究,2013(5):31-35.

[95] 李祖超,李蔚然,王天娥.24 位国家最高科学技术奖获得者成才因素分析[J].教育研究,2014,35(12):61-71.

[96] 梁慧云,吕林海."拔尖计划"学生学习动机、学习参与与批判性思维的关系研究[J].教学研究,2019,42(2):1-8.

[97] 林崇德,胡卫平.创造性人才的成长规律和培养模式[J].北京师范大学学报(社会科学版),2012(1):36-42.

[98] 林崇德.从创新拔尖人才的特征看青少年创新能力培养的途径[J].北京教育(德育),2011(1):9-11.

[99] 林建华.卓越的学术从哪儿来?[N].人民日报,2017-10-09(5).

[100] 刘凤泰.全面推进文科教育教学的改革与发展[J].中国高等教育,2000(3):11-12,35.

[101] 刘海涛.中国高校本科专业设置研究[D].厦门:厦门大学,2019.

[102] 刘健,施佳欢.德国文科拔尖人才培养的理念演变与实践路径[J].广西大学学报(哲学社会科学版).2024,46(4):195-206.

[103] 刘坤,李龙.重构与推进:新文科背景下的高校哲学社会科学变革[J].学位与研究生教育,2022(1):21-30.

[104] 刘彭芝.关于培养拔尖创新人才的几点思考[J].教育研究,2010(7):104-107.

[105] 刘鹏.论哲学拔尖人才的培养:以南京大学为例[J].新文科理论与实践,2023(3):23-31,124-125.

[106] 刘同舫.在自主知识体系建构中谱写中华民族现代文明新华章[N].光明日报,2024-01-26(11).

[107] 刘献君,张晓冬."少年班"与"精英学院":绩效诉求抑或制度合法化:基于组织理论的新制度主义分析[J].现代大学教育,2011(5):8-15,111.

[108] 刘晓峰,兰国帅,魏家财,等.教育数字化转型助推未来高等教育教学:宏观趋势、技术实践和未来场景:《2022年EDUCAUSE地平线报告(教学版)》要点与思考[J].苏州大学学报(教育科学版),2022,10(2):115-128.

[109] 刘亚,赵建梅.论素养本位的知识观转型:从客观主义到生成主义[J].教育理论与实践,2019(4):12-15.

[110] 刘永谋,王春丽.积极应对生成式人工智能对文科教育的挑战[J].南京社会科学,2023(6):119-128.

[111] 卢晓东,沈欣怡.技术文明时代哲学本科拔尖创新人才培养转向[J].云南师范大学学报(哲学社会科学版),2024,56(3):118-126.

[112] 卢晓东.论学习量[J].中国高教研究,2015(6):38-48.

[113] 鲁洁.通识教育与人格陶冶[J].教育研究,1997(4):16-19.

[114] 陆根书.大学生的课程学习经历、学习方式与教学质量满意度的关系分析[J].西安交通大学学报(社会科学版),2013,33(2):96-103.

[115] 陆一,史静寰,何雪冰.封闭与开放之间:中国特色大学拔尖创新人才培养模式分类体系与特征研究[J].教育研究,2018,39(3):46-54.

[116] 陆一,史静寰.拔尖创新人才培养中影响学术志趣的教育因素探析:以

清华大学生命科学专业本科生为例[J].教育研究,2015,36(5):38-47.

[117] 陆一,史静寰.志趣:大学拔尖创新人才培养的基础[J].教育研究,2014,35(3):48-54.

[118] 陆一,孙迟瑶.拔尖学生的学习动力:结构性变化与影响因素[J].北京大学教育评论,2024,22(2):25-45,187-188.

[119] 罗兰.为纯科学呼吁[J].科技导报,2005(9):74-79.

[120] 罗燕,史静寰,涂冬波.清华大学本科教育学情调查报告2009:与美国顶尖研究型大学的比较[J].清华大学教育研究,2009,30(5):1-13.

[121] 吕林海,龚放.大学学习方法研究:缘起、观点及发展趋势[J].高等教育研究,2012,33(2):58-66.

[122] 吕林海."拔尖计划"本科生的"学习参与"及其发展效应研究:基于全国12所"拔尖计划"高校的问卷调查[J].教育发展研究,2020,40(Z1):26-38.

[123] 吕林海."拔尖计划"本科生的深度学习及其影响机制研究:基于全国12所"拔尖计划"高校的问卷调查[J].中国高教研究,2020(3):30-38.

[124] 吕林海.大学生学习参与的理论缘起、概念延展及测量方法争议[J].教育发展研究,2016,36(21):70-77.

[125] 吕林海.聚焦"两种兴趣":"拔尖生"深度学习的动力机制研究:基于全国12所"拔尖计划"高校的问卷调查[J].南京师大学报(社会科学版),2021(2):76-88.

[126] 吕云震,张令昊,董文康.欧洲国家天才教育实施现状与发展趋势研究(一):荷兰天才教育:欧洲天才教育的领军者[J].世界教育信息,2021,34(7):12-17.

[127] 马费成.推进大数据、人工智能等信息技术与人文社会科学研究深度融合[N].光明日报,2018-07-29(6).

[128] 马丽君.法国"双轨制"下的世界一流大学建设:以巴黎高等师范学校为例[J].现代教育管理,2016(8):20-26.

[129] 马斯克等.千名全球科技人士联名发表公开信,呼吁暂停推出更强大的AI系统[EB/OL].(2023-03-29)[2024-10-23].https://cn.chinadaily.

com. cn/a/202303/ 29/WS642409fba3102ada8b235e93. html.

[130] 孟繁华. 众神狂欢:世纪之交的中国文化现象[M]. 北京:中央编译出版社,2003.

[131] 米哈里·希斯赞特米哈伊. 创造力:心流与创新心理学[M]. 黄珏苹,译. 杭州:浙江人民出版社,2015.

[132] 母小勇."强基计划":激发与保护学生学术探究冲动[J]. 教育研究,2020,41(9):90-103.

[133] 潘懋元,王伟廉. 高等学校文理基础学科课程与教学改革研究[M]. 厦门:厦门大学出版社,1996.

[134] 潘懋元. 潘懋元文集:卷2 理论研究(下)[M]. 广州:广东高等教育出版社,2020.

[135] 庞学光. 唯理性教育的局限与完整性教育的构想[J]. 现代教育论丛,2001,(1):1-9.

[136] 彭青龙. 资本、技术与人文危机反思:访谈西班牙皇家科学院外籍通讯院士陈众议[J]. 上海交通大学学报(哲学社会科学版),2022,30(1):1-11.

[137] 皮埃尔-路易·戈蒂埃,刘敏. 法国近年来的教育改革:批评的研究[J]. 比较教育研究,2012,34(10):22-26.

[138] 皮连生. 教育心理学[M]. 4版. 上海:上海教育出版社,2011.

[139] 钱学森. 要为21世纪社会主义中国设计我们的教育事业[J]. 教育研究,1989(7):3-6.

[140] 钱颖一. 谈大学学科布局[J]. 清华大学教育研究,2003(6):1-11.

[141] 钱再见. 荣誉学院拔尖创新人才培养的理念、困境与路径:以荣誉教育为视角[J]. 南京师大学报(社会科学版),2017(1):65-74.

[142] 秦安平,施佳欢,张亮. 文科基础学科拔尖创新人才培养的实施现状与优化进路——基于全国70个文科拔尖基地培养方案的考察[J]. 湖南科技大学学报(社会科学版)2025,28(1):141-149.

[143] 屈廖健,孙靓. 研究型大学本科生课程学习参与度的影响因素及提升策略研究[J]. 高校教育管理,2019,13(1):113-124.

[144] 瞿振元,韩晓燕,韩振海,等. 高校如何成为拔尖创新人才培养的基

地:从年轻院士当年的高等教育经历谈起[J].中国高教研究,2008(2):7-11.

[145] 全国人大常委会法制工作委员会研究室.中华人民共和国行政法律法规全书:第5册[M].北京:中国民主法制出版社,2000.

[146] 全国新文科教育研究中心.新文科建设年度发展报告2020[M].济南:山东大学出版社,2021.

[147] 全守杰,王运来.高校智库的涵义与特征[J].现代教育管理,2016(1):38-42.

[148] 人民日报.护学术志趣 育文科优才[EB/OL].(2022-03-25)[2023-12-17].http://www.moe.gov.cn/jyb_xwfb/s5147/202203/t20220325_610669.html.

[149] 任友群.发挥高校在建构中国自主知识体系中的独特作用[N].学习时报,2024-10-07.

[150] 沈榆平,张清江,张伟."经典+社会"场域融合与哲学拔尖人才培养的创新探索:以中山大学哲学系的实践为例[J].新文科理论与实践,2023(3):15-22,124.

[151] 沈悦青,刘继安.基础学科拔尖创新人才培养要解决的两个关键问题:访上海交通大学原校长、中国科学院院士张杰[J].高等工程教育研究,2022(5):1-5,79.

[152] 沈悦青,叶曦,章俊良,等."好奇心驱动"拔尖人才培养模式的经验与思考[J].中国大学教学,2019(Z1):30-35,71.

[153] 师保国,王黎静,徐丽,等.师生关系对小学生创造性的作用:一个有调节的中介模型[J].心理发展与教育,2016,32(2):175-182.

[154] 施佳欢,蔡颖蔚,郑昱.一流本科课程建设的实践路径:以南京大学优质课程建设为例[J].中国大学教学,2021(4):49-53.

[155] 施林森."拔尖计划"人才培养模式四年跟踪调查:南京大学案例[D].南京:南京大学,2016.

[156] 施一公.立足教育、科技、人才"三位一体"探索拔尖创新人才自主培养之路[J].国家教育行政学院学报,2023(10):3-10.

[157] 石亚军,阎志坚,张晓京.提升文科基础学科教学和科研水平的有益探

索:国家文科基地建设评估报告[J].中国高等教育,2002,(Z2):22-25.

[158] 史静寰,陈乐.构建"本研一体""双一流"高校人才培养模式[J].中国高等教育,2019(1):23-26.

[159] 史静寰,王文.以学为本,提高质量,内涵发展:中国大学生学情研究的学术涵义与政策价值[J].华东师范大学学报(教育科学版),2018,36(4):18-27,162.

[160] 史静寰,文雯.清华大学本科教育学情调查报告2010[J].清华大学教育研究,2012,33(1):4-16.

[161] 史静寰.以更宽广的视野培养拔尖创新人才[EB/OL].[2024-05-18].https://www.tsinghua.edu.cn/info/2034/70710.htm.

[162] 史秋衡,郭建鹏.我国大学生学情状态与影响机制的实证分析[J].教育研究,2012,33(2):109-121.

[163] 舒炜.文化自觉:大学本科教育理念与经典阅读课程[J].读书,2006(4):26-31.

[164] 宋亚云.基础学科强基计划与拔尖人才培养计划的几点思考[J].新文科理论与实践,2024(2):74-81,127.

[165] 孙冬梅,赵春晖,方艳,等."拔尖计划"背景下课程与教学对教育收获的影响:基于深度学习的中介效应检验[J].兰州大学学报(社会科学版),2018,46(5):179-187.

[166] 孙华.通识教育的欧洲模式[J].江苏高教,2015(2):12-16.

[167] 孙乐强."两个结合"与中国自主知识体系的建构[J].南京社会科学,2023(7):10-18.

[168] 孙正聿.论哲学对科学的反思关系[J].哲学研究,1998(5):27-35.

[169] 孙正聿.中华民族现代文明与中国自主哲学知识体系[J].中国社会科学,2023(8):22-27,204-205.

[170] 谭好哲.新时代中国人文社会科学话语体系建设应有的三个追求:以文艺理论话语体系建构为例[J].山东社会科学,2019(1):18-24.

[171] 唐慧,谢莉花.德国双元制高校教育再审视:现实矛盾、发展治理与借鉴反思[J].中国职业技术教育,2023(15):68-78.

[172] 唐江澎,阿茹娜,刘思阳,等. 超越争论,打通堵点,做负责任的行动者:"拔尖创新人才早期培养"研究与实践述评[J]. 中国基础教育,2024(5):37-42.

[173] 唐晓菁."田野"作为教学方法:以法国"大学校"社科人才培养的研究性教学为例[J]. 中国高教研究,2020(11):78-84.

[174] 陶宇斐. 我国本科基础学科拔尖人才培养改革的回眸、反思与建议[J]. 高校教育管理,2023,17(3):88-99.

[175] 田起宏,刘正奎. 国家杰出青年科学基金获得者的一般特征和早期成长因素探析[J]. 中国高教研究,2012(10):21-24.

[176] 田素华,张毅. 新文科背景下经济学拔尖创新人才的培养:以复旦大学为例[J]. 新文科理论与实践,2024(1):26-34,124.

[177] 托马斯·库恩. 科学革命的结构[M]. 金吾伦,胡新和,译. 北京:北京大学出版社,2012.

[178] 托马斯·库恩. 科学革命的结构[M]. 李宝恒,纪树立,译. 上海:上海科学技术出版社,1980.

[179] 万俊人."哈佛哲学"传统与"美国精神":哈佛大学访读记之二[J]. 开放时代,1996(4):31-36.

[180] 汪明义. 实施专业核心课程制度培养高素质复合型应用人才[J]. 中国高等教育,2012(10):21-22,30.

[181] 王保华,等. 高等学校设置理论与实践[M]. 武汉:华中师范大学出版社,2000:123-127.

[182] 王博. 立足"从大到强"关键节点精准发力[N]. 中国教育报,2023-11-02.

[183] 王丹. 人类命运共同体引领下的高校新文科建设与人才培养[J]. 华南师范大学学报(社会科学版),2023(1):58-67,206.

[184] 王根顺,王辉. 我国研究型大学本科生科研能力培养的途径与实践[J]. 清华大学教育研究,2008(3):44-48.

[185] 王洪才. 大学创新教学:缘起·现状·趋向[J]. 四川师范大学学报(社会科学版),2017,44(6):71-79.

[186] 王凯,胡赤弟."双一流"建设背景下创新人才培养绩效影响机制的实证

分析:以学科—专业—产业链为视角[J].教育研究,2019,40(2): 85-93.

[187] 王丽娜.如何培养一流创新学者:访哈佛大学教授丘成桐[J].科技导报,2021,39(3):108-112.

[188] 王世岳,张红霞.作为符号的通识教育:以德国大学为例[J].比较教育研究,2018,40(3):77-84.

[189] 王世岳,陈洪捷.威廉·洪堡的"全面教育"理念:目标、制度与知识观[J].高等教育研究,2019(6):86-92.

[190] 王曦曦,施佳欢,张亮.法国文科拔尖人才培养的经验与启示[J].江苏高教,2025(3):110-118.

[191] 王晓宁.拔尖创新人才的体系化培养刻不容缓:以法国为例的"举国体制"式国际经验的梳理与借鉴[J].人民教育,2022(24):25-27.

[192] 王兴成,秦麟征.国外社会科学政策研究[M].北京:社会科学文献出版社,1993.

[193] 王严淞.论我国一流大学本科人才培养目标[J].中国高教研究,2016(8):13-19,41.

[194] 王莹,萧海川,俞菀,等.基础学科人才,高校何以拔尖?[J].半月谈,2021(6):51-53.

[195] 王勇,郑洁.经济学拔尖人才培养的实践与思考:新结构经济学视角[J].新文科理论与实践,2023(4):41-49,120.

[196] 魏球,朱淑瑜.英美书院制的本土化移植与进路[J].高教探索,2021(4):100-104.

[197] 魏亚丽,孙宽宁.课堂活力的内涵、特征及培育路径[J].济南大学学报(社会科学版),2023,33(6):153-159,178.

[198] 文辅相.中国高等教育目标论[M].武汉:华中理工大学出版社,1995.

[199] 文雯,吴玥.人文基础学科的知识属性和时代挑战[J].大学与学科,2023,4(4):48-60.

[200] 邬大光,叶美金.基础学科拔尖人才培养的"道"与"术"[J].中国高等教育,2022(8):18-20.

[201] 吴爱华,侯永峰,陈精锋,等.深入实施"拔尖计划"探索拔尖创新人才培

养机制[J].中国大学教学,2014(3):4-8.

[202]吴军.智能时代:大数据与智能革命重新定义未来[M].北京:中信出版社,2016.

[203]吴树青.为什么我们没有培养出文科大师[J].教学与教材研究,1997(1):14-15.

[204]吴岩.中国式现代化与高等教育改革创新发展[J].中国高教研究,2022(11):21-29.

[205]吴岩.积势蓄势谋势识变应变求变[J].中国高等教育,2021(1):4-7.

[206]吴岩.建设中国"金课"[J].中国大学教学,2018(12):4-9.

[207]吴岩.中国式现代化与高等教育改革创新发展[J].中国高教研究,2022(11):21-29.

[208]希拉·贾萨诺夫.发明的伦理:技术与人类未来[M].北京:中国人民大学出版社,2018.

[209]习近平.在文化传承发展座谈会上的讲话[M].北京:人民出版社,2023.

[210]习近平.在哲学社会科学工作座谈会上的讲话[M].北京:人民出版社,2016.

[211]习近平.之江新语[M].杭州:浙江人民出版社,2007:149.

[212]习近平.高举中国特色社会主义伟大旗帜为全面建设社会主义现代化国家而团结奋斗:在中国共产党第二十次全国代表大会上的报告[M].北京:人民出版社,2022.

[213]习近平.加强基础研究　实现高水平科技自立自强[J].求是,2023(15).

[214]习近平.深入实施新时代人才强国战略加快建设世界重要人才中心和创新高地[J].求是,2021(24).

[215]习近平.习近平谈治国理政:第2卷[M].北京:外文出版社,2017.

[216]习近平.在经济社会领域专家座谈会上的讲话[N].人民日报,2020-08-25(2).

[217]习近平.在中国共产党与世界政党领导人峰会上的主旨讲话[N].新华社,2021-07-06.

[218] 相博文,赵俊芳.加速转型与多元发展:法国"多元卓越计划"的行动路径与实践逻辑[J].大学教育科学,2024(4):76-87.

[219] 萧鸣政,唐秀锋.哲学社会科学人才如何评价:基于长江学者成长影响因素的实证研究[J].行政论坛,2018,25(5):106-116.

[220] 谢鑫,张红霞.一流大学本科教育的课程体系建设:优先属性与基本架构[J].江苏高教,2019(7):32-39.

[221] 辛向阳.更好担负起新时代新的文化使命[N].经济日报,2023-07-27(10).

[222] 邢克超.战后法国教育研究[M].南昌:江西教育出版社,1993.

[223] 熊榆,宋雄伟.英国高等教育的宽松培养模式[N].学习时报,2013-12-16(2).

[224] 徐飞,辛格.新文科的体系建设及"钻石模型"[J].新文科理论与实践,2022(1):48-60,125.

[225] 许丹东,吕林海,傅道麟.中国研究型大学本科生高影响力教育活动特征探析[J].高等教育研究,2020,41(2):58-65.

[226] 薛成龙,邬大光.论学分制的本质与功能:兼论学分制与教学资源配置的相关性[J].北京大学教育评论,2007(3):138-156,192.

[227] 薛其坤.基础研究突破与杰出人才培养[J].清华大学教育研究,2021,42(3):1-6.

[228] 鄢晓.创新人才培养研究综述及展望[J].现代教育管理,2013(2):78-82.

[229] 阎琨,吴菡,张雨颀.拔尖人才培养的要素、动态和系统视角:基于茨格勒理论[J].清华大学教育研究,2021,42(3):33-38.

[230] 阎琨,段江飞,黄潇剑.拔尖人才培养的国际范式和理论模型[J].清华大学教育研究,2019(40):32-39.

[231] 阎琨,吴菡,张雨颀.社会责任感:拔尖人才的核心素养[J].华东师范大学学报(教育科学版),2021,39(12):28-41.

[232] 阎琨,吴菡.拔尖人才培养的国际趋势及其对我国的启示[J].教育研究,2020,41(6):78-91.

[233] 阎琨,吴菡.美国大学荣誉教育培养模式及对我国拔尖人才培养的启

示[J].西北工业大学学报(社会科学版),2023(4):58-68.

[234] 阎琨.拔尖人才培养的国际论争及其启示[J].复旦教育论坛,2013,11(4):5-11.

[235] 阎志坚.振兴文科基础学科教育与科研的重大举措:"文科基地"建设经验交流会综述[J].中国高等教育,2000(19):18-20.

[236] 阎志坚.重视文科教育深化文科教育改革:高等学校文科教育改革座谈会综述[J].中国高等教育,1996(9):8-9.

[237] 颜媛媛.美国加州大学伯克利分校本科生研究能力培养的实践与启示[J].教育探索,2010(9):150-152.

[238] 杨德广,宋丽丽.我国应着力于"超常"学生的选拔和培养:兼论"钱学森之问"的破解[J].教育发展研究,2019,39(22):1-9.

[239] 杨柳春,赵军,刘天星.高福:释放创造力解决"卡脖子"与"卡脑子"问题[J].中国科学院院刊,2019,34(5):597-602.

[240] 杨天平.创新与崛起六国高等教育发展研究[M].上海:上海交通大学出版社,2018.

[241] 杨杏芳.论我国高等教育人才培养模式的多样化[J].高等教育研究,1998(6):72-75.

[242] 杨志坚.中国本科教育培养目标研究(之二):本科教育培养目标的基本理论问题[J].辽宁教育研究,2004(6):4-17,97.

[243] 姚梅林.从认知到情境:学习范式的变革[J].教育研究,2003(2):60-64.

[244] 叶隽.德国教养与世界理想:从歌德到马克思[M].北京:教育科学出版社,2023.

[245] 叶俊飞.从"少年班""基地班"到"拔尖计划"的实施:35年来我国基础学科拔尖人才培养的回溯与前瞻[J].中国高教研究,2014(4):13-19.

[246] 叶礼庭.伯林传[M].罗妍莉,译.南京:译林出版社,2019.

[247] 叶雨婷,樊未晨.基础学科拔尖人才缺口如何弥补[N].中国青年报.2021-04-12(5).

[248] 易然.从思想的沃土中汲取营养:法国启蒙哲学对法国高等教育发展的影响[J].外国教育研究,2020,47(1):45-56.

[249] 殷翔文,陈云棠. 创新人才培养的理念与实践高等学校的教学视角[M]. 北京:高等教育出版社,2004.

[250] 于海琴,李晨,石海梅. 学习环境对大学生学习方式、学业成就的影响:基于本科拔尖创新人才培养的实证研究[J]. 高等教育研究,2013,34(8):62－70.

[251] 于海琴,石海梅,孟艳华,等. 环境、人格对拔尖大学生学习的影响[J]. 高等教育研究,2014,35(7):62－70.

[252] 于天禾,张亮. 论美国研究型大学文科拔尖人才的培养方式及借鉴[J]. 中国大学教学,2024(Z1):121－127.

[253] 袁广林. 基础科学研究乃世界一流大学建设之要:罗兰《为纯科学呼吁》的解读与启示[J]. 学位与研究生教育,2021(5):80－86.

[254] 袁靖宇. 高校人才培养方案修订的若干问题[J]. 中国高教研究,2019(2):6－9.

[255] 臧峰宇. 新时代哲学人才培养理念创新与实践探索:以中国人民大学哲学教育实践为例[J]. 新文科理论与实践,2023(4):50－57,121.

[256] 张福贵. 技术主义道路与传统文科的发展路向[J]. 山东大学学报(哲学社会科学版),2021(5):149－156.

[257] 张红霞,高抒. 国际比较视野下中国研究型大学学科建设的全面反思[J]. 中国高教研究,2013(4):11－20.

[258] 张红霞,吕林海,孙志凤. 大学课程与教学:原理与问题[M]. 北京:教育科学出版社,2015.

[259] 张红霞,吕林海. 中国学生的知识结构脱节及其改造[J]. 教育发展研究,2014,34(21):13－17.

[260] 张红霞. "美德导向"的根源与前途:"中国学习者悖论"再考查[J]. 复旦教育论坛,2019,17(1):53－60,67.

[261] 张红霞. 从近现代大学组织特点看科教融合体系建设之逻辑[J]. 苏州大学学报(教育科学版),2020,8(4):21－29.

[262] 张红霞. 美国一流大学本科课程纵向结构特点初探[J]. 高等理科教育,2010(5):67－72.

[263] 张惠,刘宝存. 法国建设世界一流大学的战略及实践:以巴黎-萨克雷大

学为例[J].清华大学教育研究,2015,36(6):23-31.

[264] 张建林.模式优化:36年来本科拔尖创新人才培养工作改革与发展的轴心线[J].教育研究,2015,36(10):18-22.

[265] 张景斌.拔尖创新人才早期培养机制研究:以北京市为例[J].教育科学研究,2014(6):43-48.

[266] 张军,段白鸽.立足中国实践,打造中国学派:复旦大学经济学拔尖创新人才培养体系探索与实践[J].财经高教研究,2023,9(1):3-14.

[267] 张军.安理会首次就人工智能问题举行会议中方提治理五原则[EB/OL].(2023-07-18)[2024-11-21]. https://www.chinanews.com.cn/gj/2023/07-19/10045726.shtml.

[268] 张亮,廖昀喆.我国研究生课程思政建设的形势、问题与对策:基于南京大学的思考与实践[J].社会科学家,2021(4):150-154.

[269] 张亮,施佳欢.文科基础学科拔尖学生培养:理念认知与实践行动:基于全国文科拔尖基地的调查[J].中国高教研究,2023(11):70-78.

[270] 张亮,施佳欢,汪琳玥.文科拔尖人才培养的现实挑战与实践路径:基于改革开放以来南京大学文科拔尖人才培养历程的考察[J].新文科理论与实践,2024(3):90-97,127.

[271] 张亮,于天禾.新时代新文科新拔尖:基于南京大学的思考与实践[J].广西大学学报(哲学社会科学版),2021,43(1):152-156.

[272] 张亮.我国通识教育改革的成就、困境与出路[J].清华大学教育研究,2014,35(6):80-84,99.

[273] 张凌.中学生的人际关系及其对学业成绩的影响:基于中国教育追踪调查的实证研究[J].教育学报,2016,12(6):98-103.

[274] 张梦琦.法国智力早熟儿童教育研究及启示:理念、政策与实践路径[J].外国教育研究,2016,43(12):81-94.

[275] 张敏.哲学社会科学高端人才的素质结构与影响因素研究[J].华东师范大学学报(教育科学版),2023,41(5):41-52.

[276] 张睦楚.纯粹精神在普林斯顿高等研究院的坚守与价值[J].高教发展与评估,2021,37(2):81-91,119.

[277] 张弢,何雪冰,蔡志楠.洪堡神话的终结?:德国史学界对洪堡与德国现

代大学史之关系的解构以及相关思考[J].德国研究,2018(3):132-147.

[278] 张天舒."新文科"拔尖人才培养质量的实证研究[J].中国大学教学,2020(7):71-75.

[279] 张秀萍.拔尖创新人才的培养与大学教育创新[J].大连理工大学学报(社会科学版),2005(1):9-15.

[280] 张亚坤,陈龙安,张兴利,等.融合视角下的西方创造力系统观[J].心理科学进展,2018,26(5):810-830.

[281] 张应强,王平祥."双一流"建设背景下我国本科教育人才培养目标的思考[J].湖南科技大学学报(社会科学版),2019,22(6):148-154.

[282] 赵兰香,李培楠,万劲波.科技强国基础科学研究的主要矛盾与问题[J].科技导报,2018,36(21):76-80.

[283] 赵勇.国际拔尖创新人才培养的新理念与新趋势[J].华东师范大学学报(教育科学版).2023,41(5):1-15.

[284] 郑军,秦妍.法国本硕连读拔尖创新人才培养的经验及启示[J].河南工业大学学报(社会科学版),2020,36(3):86-91,99.

[285] 郑泉水."多维测评"招生:破解钱学森之问的最大挑战[J].中国教育学刊,2018(5):36-45.

[286] 郑若玲.世界一流大学多样化招生政策研究[M].武汉:华中师范大学出版社,2022:202-203.

[287] 郑永和,王晶莹,李西营,等.我国科技创新后备人才培养的理性审视[J].中国科学院院刊,2021,36(7):757-764.

[288] 郑永和,杨宣洋,谢涌,等.我国拔尖创新人才的选拔与培养:基于教育实践的多案例循证研究[J].中国科学院院刊,2022,37(9):1314.

[289] 郑昱,蔡颖蔚,徐骏.跨学科教育与拔尖创新人才培养[J].中国大学教学,2019(Z1):36-40.

[290] 中国社会科学网.提升文科拔尖人才自主培养质量:文史哲经基础学科拔尖学生培养计划2.0基地建设研讨会观点摘编[EB/OL].(2023-12-21)[2023-12-26].https://www.cssn.cn/skgz/bwyc/202312/t20231221_5720284.shtml.

[291] 中国之理,回答赶考路上的时代考题[N].人民日报,2022-07-25(5).

[292] 中华人民共和国教育部.2023年全国教育事业发展统计公报[EB/OL].(2024-10-24)[2025-1-25]. http://www.moe.gov.cn/jyb_sjzl/sjzl_fztjgb/202410/t20241024_1159002.html.

[293] 钟秉林,苏原正.基础学科对教育强国的战略支撑及其实现路径[J].重庆高教研究,2024,12(1):3-9.

[294] 钟秉林,陈枫,王新凤.我国拔尖创新人才培养体系的本土经验与理论构建[J].中国远程教育,2023,43(12):1-9.

[295] 钟秉林.提高拔尖创新人才自主培养质量[J].重庆高教研究,2023,11(1):3.

[296] 周光礼,姜嘉乐,王孙禺,等.高校科研的教育性:科教融合困境与公共政策调整[J].高等工程教育研究,2018(1):88-94.

[297] 周光礼,周详,秦惠民,等.科教融合学术育人:以高水平科研支撑高质量本科教学的行动框架[J].中国高教研究,2018(8):11-16.

[298] 周光召.历史的启迪和重大科学发现产生的条件[J].科技导报,2000(1):3-9.

[299] 周丽华.学校、学科、学生:200年德国古典大学模式的肇创与流变[J].清华大学教育研究,2013(6):59-66.

[300] 周雁翎,周志刚.学院传统与牛桥导师制[J].清华大学教育研究,2011,32(6):46-53.

[301] 周作宇,马佳妮.人类命运共同体:高等教育国际合作的价值坐标[J].教育研究,2017,38(12):42-50,67.

[302] 朱德全,王小涛.差异教育:撬动拔尖创新人才培养的"阿基米德点"[J].重庆高教研究,2024,12(1):10-16.

[303] 朱九思.高等教育词典[M].武汉:湖北教育出版社,2003:54.

[304] 朱科蓉,杨积堂.文科大学生创新特点及创新能力的培养路径[J].现代教育管理,2013(5):95-98.

[305] 朱清时.大学同质化与中国高等教育发展趋势[J].长江大学学报(社会科学版),2009,32(4):5-8.

[306] 朱文富,周敏娟.法国大学校早期发展及其影响[J].河北大学学报(哲

学社会科学版),2015,40(3):1-8.

国外文献

[1] 阿洛伊斯·普林茨.爱这个世界:汉娜·阿伦特传[M].焦洱,译.北京:社会科学文献出版社,2001.

[2] 弗里德里希·包尔生.德国大学与大学学习[M].张弛,郄海霞,耿益群,译,北京:人民教育出版社,2009.

[3] 卡尔·雅斯贝尔斯.什么是教育[M].童可依,译,北京:生活·读书·新知三联出版社,2021.

[4] 卡尔·雅斯贝尔斯.什么是教育[M].邹进,译.北京:生活·读书·新知三联书店,1991.

[5] 德尼·贝多莱.列维-斯特劳斯传[M].于秀英,译.北京:中国人民大学出版社,2007.

[6] 迪迪埃·埃里蓬.权力与反抗:米歇尔·福柯传[M].谢强,马月,译.北京:北京大学出版社,1997.

[7] 多米尼克·奥弗莱.亚历山大·科耶夫:哲学、国家与历史的终结[M].张尧均,译.北京:商务印书馆,2013.

[8] 克里斯托夫·夏尔勒,雅克·韦尔热.大学的历史:从12世纪到21世纪[M].成家桢,译,上海:华东师范大学出版社,2021.

[9] 米歇尔·福柯.词与物:人文科学考古学[M].莫伟民,译.上海:上海三联书店,2002.

[10] 黛博拉·库克.阿多诺:关键概念[M].唐文娟,译.重庆:重庆大学出版社,2017.

[11] R. K. 默顿.科学社会学[M].鲁旭东,林聚任,译.北京:商务印书馆,2003.

[12] 保罗·B.保罗斯,[荷]伯纳德·A.尼斯塔特.团体创造力[M].沈阳:辽宁人民出版社,2008:310-311.

[13] 伯纳德·巴伯.科学与社会秩序[M].顾昕,译.北京:生活·读书·新知三联书店,1991:113.

[14] 哈里特·朱克曼.科学界的精英:美国诺贝尔奖金获得者[M].北京:商

务印书馆,1979.

[15] 赫伯特·R.洛特曼.加缪传[M].肖云上,陈良明,钱培鑫,等译.南京:南京大学出版社,1999.

[16] 赫伯特·马尔库塞.单向度的人:发达工业社会意识形态研究[M].刘继,译.上海:上海译文出版社,2006.

[17] 霍华德·艾兰,迈克尔·詹宁斯.本雅明传[M].王璞,译.上海:上海文艺出版社,2022.

[18] 克拉克.高等教育系统:学术组织的跨国研究[M].王承旭,译.杭州:杭州大学出版社,1994.

[19] 克拉克·克尔.高等教育不能回避的历史:21世纪的问题[M].王承绪,译.杭州:浙江教育出版社,2001.

[20] 理查德·雷文.大学工作[M].王芳,等译.北京:外文出版社,2004.

[21] 鲁道夫·卡尔纳普.卡尔纳普思想自述[M].陈晓山,涂敏,译.上海:上海译文出版社,1985.

[22] 罗伯特·M.赫钦斯.美国高等教育[M].汪利兵,译.杭州:浙江教育出版社,2001.

[23] 马尔科姆·格拉德威尔.异类不一样的成功启示录[M].季礼娜,译.北京:中信出版社,2009.

[24] 乔·古尔迪,大卫·阿米蒂奇.历史学宣言[M].孙岳,译.上海:格致出版社,2017.

[25] 约翰·S.布鲁贝克.高等教育哲学[M].王承绪,等译.杭州:浙江教育出版社,2001.

[26] 吉见俊哉."废除文科学部"的冲击[M].王京,史歌,译.上海:上海译文出版社,2022.

[27] 金子元久.大学教育力[M].徐国兴,译.上海:华东师范大学出版社,2009.

[28] 卢卡奇.卢卡奇自传[M].杜章智,编.李渚青,莫立知,译.北京:社会科学文献出版社,1986.

[29] 迈克尔·吉本斯,卡米耶·利摩日,黑尔佳·诺沃茨.知识生产的新模式[M].陈洪捷,沈文钦,译.北京:北京大学出版社,2011.

［30］大卫·帕尔菲曼.高等教育何以为"高":牛津导师制教学反思［M］.冯青来,译.北京:北京大学出版社,2011.

［31］菲尔·帕尔文.卡尔.波普尔:理性与传统［M］.莫昕,译.武汉:华中科技大学出版社,2019.

［32］怀特海.教育的目的［M］.徐汝舟,译.北京:生活·读书·新知三联书店,2022:2.

［33］怀特海.教育的目的［M］.庄莲平,王立中,译.上海:文汇出版社,2012:123.

［34］凯特·柯克帕特里克.成为波伏瓦［M］.刘海平,译.北京:中信出版社,2021.

［35］蒙克.维特根斯坦传:天才之为责任［M］.王宇光,译.杭州:浙江大学出版社,2011.

［36］托尼·比彻,保罗·特罗勒尔.学术部落及其领地:知识探索与学科文化［M］.北京:北京大学出版社,2008.

［37］约翰·亨利·纽曼.大学的理想［M］.徐辉等,译.杭州:浙江教育出版社,2001:66.

［38］约翰·齐曼.真科学:它是什么,它指什么［M］.曾国屏,等译.上海:上海科技教育出版社,2002.40(3):1－8.

［39］Agence nationale de la recherche. INITIATIVES D'EXCELLENCE IDEX［EB/OL］.（2011－01－07）［2024－09－10］. https://anr. fr/fileadmin/aap/2010/ANR－AAP－IDEX－2010. pdf.

［40］ASTIN A W. Achieving Educational Excellence：A Critical Assessment of Priorities and Practices in Higher Education［M］. San Francisco：Jossey-Bass Publishers，1985.

［41］ANDERSON R D. Universities and Elites in Britain since 1800［M］. The Economic History Society，1992：20－21.

［42］Andreas Lischewski，Johann Amos Comenius und Deutschland. Grundzüge einer Rezeptionsgeschichte bis 1945［J］. Historia Scholastica，2020(1)：307－324.

［43］ASTIN A W. Student Involvement：A Development Theory for Higher

Education[J]. Journal of College Student Personnel，1984（25）：297 - 308.

[44] AXELSON R D，FLICK A. Defining Student Engagement[J]. Change the Magazine of Higher Learning，2010，43(1)：38 - 43.

[45] Bernd Zymed. Ausleseverfahren und Institutionen der nationalen Elite-bildung und ihre internationalen Herausforderungen[J]. Zeitschrift für Erziehungswissenschaft，2014(17)：59 - 78.

[46] Berthold Michael，Heinz-Hermann Schepp. Die Schule in Staat und Gesellschaft. Dokumente zur deutschen Schulgeschichte im 19. und 20. Jahrhundert［M］. Göttinge & Zürich. ：Muster-Schmidt，1993：233.

[47] Berthold Michael，Heinz-Hermann Schepp. Die Schule in Staat und Gesellschaft. Dokumente zur deutschen Schulgeschichte im 19. und 20. Jahrhundert［M］. Göttinge & Zürich. ：Muster-Schmidt，1993：161.

[48] Bianca Preuß. Hochbegabung，Begabung und Inklusion：Schulische Entwicklung im Mehrebenensystem［M］. Wiesbaden：Springer VS，2012：31.

[49] BIGGS J B. Student approaches to learning andstudying［M］. Melbourne：Australian Council for Educational Research，1987.

[50] CAMPUS FRANCE. Science Po[EB/OL]. [2024 - 09 - 10]. https：//www. chine. campusfrance. org/zh-hans/study-France-Sciences-Po

[51] Csikszentmihalyi，M. The systems model of creativity and its applications. In D. K. Simonton（Ed.)，The Wiley handbook of genius（pp. 533 - 545). Wiley Blackwell，2014. https：//doi. org/10. 1002/9781118367377. ch25.

[52] DAI D Y，CHEN F. Three Paradigms of Gifted Education[J]. Gifted Child Quarterly，2013，57(3)：151 - 168.

[53] DISETH A，PALLESEN S，BRUNBORG G S，et al. Academic Achievement among First Semester Undergraduate Psychology

Students: The Role of Course Experience, Effort, Motives and Learning Strategies[J]. Higher Education, 2010, 59(3), 335 – 352.

[54] Ecolenormale supérieure Paris-Saclay. Diplôme ENS Paris-Saclay [EB/OL]. [2024 – 10 – 07]. https://ens-paris-saclay. fr/formations/diplome-ens-paris-saclay.

[55] GAGNE F. Differentiating Giftedness from Talent: The DMGT Perspective on Talent Development (1st ed.)[M]. New York: Routledge. 2020.

[56] GAGNE F. From genes to talent: the DMGT/CMTD perspective [J]. Revista de Educacion, 2015(368): 12 – 37.

[57] GOUVERNEMENT de France. France 2030 COMMUNIQUÉ DE PRESSE. [EB/OL]. (2022 – 03 – 10)[2024 – 10 – 08]. https://anr. fr/fileadmin/documents/2022/CP_IdEx_Isite-20220310_France-2030. pdf♯:~:text = Confi％C3％A9es％20％C3％A0％201％E2％80％99Agence％20nationale％20de％20la.

[58] HANSON J M, PAULSEN M B, PASCARELLA E T. Understanding graduate school aspirations: The effect of good teaching practices [J]. Higher Education, 2016, 71(5): 735 – 752.

[59] Heiner Ullrich, SusanneStrunck. Zwischen Kontinuität und Innovation: Aktuelle Entwicklungen im deutschen Privatschulwesen[J]. Zeitschrift für Pädagogik, 2009(2): 228 – 243.

[60] Heiner Ullrich. Exzellenz und Elitenbildung in Gymnasien. Traditionen und Innovationen[J]. Zeitschrift für Erziehungswissenschaft, 2014 (17): 181 – 201.

[61] HELLER K A, PERLETH C, LIM T K. The Munich model of giftedness designed to identify and promote gifted students[A]. // STERNBERG R J, DAVIDSON J E. Conceptions of Giftedness[C]. New York: Cambridge University Press, 2005: 147 – 170.

[62] HELLER K A. Identification of gifted and talented students[J]. Psychology Science, 2004, 46(3): 302 – 323.

［63］HELLER K A. High Ability and Creativity：Conceptual and Developmental Perspectives［M］//Ed. TAN A G. Creativity：A Handbook for Teachers. Singapore：World Scientific Publishing Co. Ptc. Ltd，2007：47－64.

［64］Igor Jasinski. Giorgio Agamben：Education Without Ends［M］. Montclair：Montclair State University Press，2018：12.

［65］FICHTE J G. Nachgelassene Werke III［M］. Stuttgart：Frommann-Holzboog，1998：277.

［66］MEYER-DRAWE K. Zum metaphorischen Gehalt von "Bildung" und "Erziehung"［J］. Zeitschrift für Pädagogik，1999(45)：161－175.

［67］KAUFMAN J C，BEGHETTO R A. Beyond big and little：The four C model of creativity［J］. Review of General Psychology，2009，13(1)：1－12.

［68］KELSO J A S. Principles of Dynamic Pattern Formation and Change for a Science of Human Behavior［J］. Developmental Science and the Holistic Approach，2000(1).

［69］HELLER K A. Begabtenförderung im Lichte der aktuellen Hochbegabungs-und Expertiseforschung［C］// HELLER K A. Von der Aktivierung der Begabungsreserven zur Hochbegabtenförderung. Forschungsergebnisse aus vier Dekaden. Berlin：LIT，2008：65－87.

［70］L'Ecole Normale Supérieure. L'ENS-PSL aujourd'hui［EB/OL］. (2024－04－26)［2024－09－10］. https：//www. ens. psl. eu/l-ecole-normale-superieure-psl/l-ens-psl-aujourd-hui.

［71］HUBER L，REINMANN G. Vom forschungsnahen zum forschenden Lernen an Hochschulen. Wege der Bildung durch Wissenschaft［M］. Wiesbaden：Springer VS，2019，S. 16.

［72］Manfred Heinemann, Vom Studium generale zur Hochschulreform. Die „Oberaudorfer Gespräche" als Forum gewerkschaftlicher Hochschulpolitik 1950—1968［M］. Berlin: Akademie Verlag,1996: 9.

［73］WOLFENSBERGER M. Talent Development in European Higher

Education. Honors Programs in the Benelux, Nordic and German-Speaking Countries[M]. Cham: Springer, 2015: 191f.

[74] Marcel Helbig, Lena Ulbricht. Perfekte Passung: Finden die besten Hochschulen die besten Studenten? [C]//Sabine Trepte, Markus Verbeet (ed.). Allgemeinbildung in Deutschland, Wiesbaden: VS, 2010: 107 – 118.

[75] Marijk van der Wende. The Emergence of Liberal Arts and Sciences Education in Europe: A Comparative Perspective[J]. Higher Education Policy, 2011(24): 233 – 253.

[76] MARSH H W, KONG C K, HAU K T. Longitudinal multilevel modeling of the big fish little pond effect on academic self-concept: Counterbalancing social comparison and reflected glory effects in Hong Kong high schools [J]. Journal of Personality and Social Psychology, 2000, 78: 337 – 349.

[77] Ministère de l'enseignement supérieur, de la recherche et de l'innovation. France 2030: Accélérer la recherche et la formation en France et à l'international[EB/OL]. (2022 – 03 – 10)[2024 – 09 – 10]. https://www. enseignementsup-recherche. gouv. fr/fr/france-2030-accelerer-la-recherche-et-la-formation-en-france-et-l-international-84104.

[78] National Center for Education Statistics. Introduction to the classification of instructional programs: 2020 edition[EB/OL]. [2024 – 04 – 03]. https://nces. ed. gov/ipeds/cipcode/Files/2020_CIP_Introduction. pdf.

[79] BLOOM N, JONES C I, Van Reenen J, WEBB M. Are Ideas Getting Harder to Find? [J]. American Economic Review, 2020, 110(4): 41.

[80] PACE C R. Measuring the Quality of Student Effort[J]. Current Issues in Higher Education, 1980(2): 10 – 16.

[81] PANG W G. The actiotope model of giftedness: a useful model for examining gifted education in Chinese universities [J]. High Ability Studies, 2012, 23(1): 89 – 91.

[82] PASCARELLA E T. College Environmental Influences on Learning

and Cognitive Development: A Critical Review and Synthesis[M]// SMART J C. Higher Education: Handbook of Theory and Research. New York: Agathon Press, 1985: 1 - 62.

[83] Pierre Verschueren. Le Bot (Florent), Albe (Virginie), Bodé (Gérard), Brucy (Guy), Chatel (Élisabeth). L'ENS Cachan: le siècle d'une grande école pour les sciences, les techniques, la société [J]. Histoire de l'éducation, 2013(137):156 - 159.

[84] RAMSDEN P. Student learning and perception of the academic environment[J]. Higher Education, 1979(8): 411 - 428.

[85] René König, Vom Wesen der deutschen Universität [M]. Wiesbaden: Springer VR, 2021: 75.

[86] RENZULLI J S. Expanding the Conception of Giftedness to Include Co-Cognitive Traits and to Promote Social Capital[J]. Phi Delta Kappan, 2002(1).

[87] RENZULLI R S. The three-ring conception of giftedness: A developmental model for promoting creative productivity. // STERNBERG R J, DAVIDSON J E. Conceptions of giftedness. Cambridge: Cambridge University Press, 2005: 98 - 119.

[88] STERNBERG R J. WICS as a model of giftedness[J]. High Ability Studies, 2003, 14(2): 109 - 137.

[89] Rüdiger vom Bruch, Langsamer Abschied von Humboldt? Etappen deutscher Universitätsgeschichte 1810—1945 [C]//Mitchell G. Ash (ed.). Mythos Humboldt: Vergangenheit und Zukunft der deutschen Universitäten, Wien: Böhlau, 1999:29 - 57.

[90] MARLAND S P. Education of the Gifted and Talented-Volume I: Report to the Congress of the United States by the U. S. Commissioner of Education[R]. Washington, D. C. : Office of Education, 1972: 8.

[91] Samuel Schuman, Beginning in Honors: A Handbook (Lincoln: National Collegiate Honors Council, 2006), 3.

[92] SCHIPPLING A. Institutional habitus of French Elite Colleges in the

Context of Internationalisation: An In-depth Look at the Ecoles Nor-
males supérieures", in Maxwell Claire et al. (dir.), Elite Education
and Internationalisation [C]. Palgrave Macmillan, Basingsthoke,
2018: 279 - 296.

[93] SEYMOUR E, HUNTER A B, LAURSEN S L, et al. Establishing
the benefits of research experiences for undergraduates in the
sciences: First findings from a three-year study[J]. Science Education,
2010, 88(4):493 - 534.

[94] ROTHBLATT S. The Living Arts: Comparative and Historical
Reflections on Liberal Education[M]. Wahingtong DC: Association of
American Colleges and Universities, 2003.

[95] Silke Marchand, Lea Rump. Klafkis Grundfähigkeiten der Allgemein-
bildung im Kontext des Strukturwandels von Öffentlichkeiten durch
soziale Medien[J]. Medien + Erziehung, 2019(63): 76 - 85.

[96] Sorbonne Université. Université[EB/OL]. (2024 - 04 - 17)[2024 -
09 - 10]. https://www. sorbonne-universite. fr/universite # : ~ : text
= Universit％C3％A9％20Sorbonne％20Universit％C3％A9％20est％
20une％20universit％C3％A9％20pluridisciplinaire％20en, Ing％C3％
A9nierie％2C％20de％20recherche％20intensive％20et％20de％
20rang％20mondial.

[97] Sorbonne Universités. ldex Sorbonne Université[EB/OL]. (2015 - 11 -
23)[2024 - 09 - 10]. http://wwwsorbonne-universites. fi/fileadmin/
user upload/SUPER. fiche-b DEFINITIF. pdf2015 - 11 - 23.

[98] STEMBERG R J. WICS: A Model of Positive Educational Leadership
Comprising Wisdom, Intelligence, and Creativity Synthesized[J]. Ed-
ucational Psychology Review, 2005(3).

[99] STERNBERG R J, DAVIDSON J E. The three-ring conception of gifted-
ness: A developmental model for promoting creative productivity. Concep-
tions of Giftedness, 2005(14): 247 - 278.

[100] STERNBERG R J, ZHANG L F. What do we Mean by Giftedness?

A Pentagonal Implicit Theory. Gifted Child Quarterly, 1995, 39: 88.

[101] Studienausschuss für Hochschulreform. Gutachten zur Hochschulreform[R]. Hamburg, 1948.

[102] SVENSSON L. On Qualitative Differences in Learning: Ⅲ-Study Skills in Learning[J]. British Journal of Educational Psychology, 1977, 47(3): 233 - 243.

[103] TAPPER T, PALFREYMAND. Oxford, the Collegiate University[M]. London: Springer, 2011: 43.

[104] The Boyer Commission on Educating Undergraduates in the Research university. Reinventing Undergraduate Education: A Blueprint for America's Research Universities[R]. New York: The Boyer Commission of EducatingUndergraduates in the Research University, 1998.

[105] The Yale Daily News. The Insider's Guide to the Colleges[N]. 1981 - 82: 299.

[106] UNESCO. SDG 4 ensure inclusive and equitable quality education and promote lifelong learning opportunities for all, 2022. UNESCO Website. https://tcg. uis. unesco. org/wp-content/uploads/sites/4/2021/08/Metadata-4. 4. 2. pdf

[107] UNESCO. Reimagining Our Futures Together: A New Social Contract for Education Executive Summary [R]. Paris: UNESCO, 2021.

[108] UNESCO. 人工智能伦理问题建议书[EB/OL]. (2022)[2024 - 11 - 21]. https://unesdoc. unesco. org/ark:/48223/pf0000381137_chi.

[109] Université ParisCité. Arts, History and Humanities in Global Perspectives[EB/OL]. [2024 - 09 - 10]. https://u-paris. fr/arts-history-and-humanities-in-global-perspectives/

[110] Université ParisSaclay. Université Paris Saclay IDEX scholarship [EB/OL]. (2019 - 05 - 13)[2024 - 09 - 10]. https://www. inde. campusfrance. org/universite-paris-saclay-idex-scholarship.

[111] Wilhelm Humboldt, Schriften zur Bildung [M]. Stuttgart: Reclam, 2019, S. 7.

[112] LEPENIES W. The Seduction of Culture in German History[M]. Princeton: Princeton University Press, 2006.

[113] Wolfgang Klafki. Konturen eines neuen Allgemeinbildungskonzepts[C]// Wolfgang Klafki. Neue Studien zur Bildungstheorie und Didaktik. Beiträge zur kritisch-konstruktiven Didaktik. Weinheim, Basel, 1985: 12 – 30.

[114] ZIEGLER A, PHILLIPSON S N. Towards a Systemic Theory of Gifted Education-1-Towards a Systemic Theory of Gifted Education[J]. High Ability Studies, 2012, 23(1): 3 – 30.

[115] ZIEGLER A, STOEGER H, HARDER B, PARK K, PORTESOVA S, PORATH M. Gender differences in mathematics and science: the role of the actiotope in determining individuals' achievements and confidence in their own abilities[J]. High Ability Studies. 2014, 25 (1): 35 – 51.

[116] ZIEGLER A. The Actiotope Model of Giftedness. Conceptions of Giftedness: Second Edition [M]. Cambridge: Cambridge University Press, 2005.

附　　录

附录 1：南京大学"拔尖计划 2.0"总体实施框架

一、目标定位

遵循教育教学规律和基础学科拔尖人才成长规律，以交叉融通、教研相长的学科体系为依托，汇聚优质育人资源，构建开放融合、互联互通、机制灵活的基础学科拔尖人才培养体系，打造师生成长与创新共同体，培养肩负时代使命、具备全球视野、推动科技创新、引领社会发展的基础学科拔尖创新人才，激励优秀学生投身基础科学研究，不断开拓知识前沿、探索未知世界、解决重大全球性问题，未来成长为引领世界科技发展、推动人类文明进步的领军人物，为建设创新型国家和世界科技强国、构建全球创新治理新格局和人类命运共同体提供有力支撑。

二、工作基础

基础学科人才培养是南京大学的传统优势，学校坚持以学生发展为中心，积极创新基础学科拔尖人才培养模式，深化教育教学体制改革，构筑拔尖人才脱颖而出的绿色通道。

（一）人才培养模式改革持续深化，基本形成拔尖人才培养的"四梁八柱"

"三三制"改革赋予学生充分的选择权，为学生自主构建课程模块和知识体系搭建平台,充分激发学生的学习能动性。在此基础上,学校推进实施从招生到本科、硕士、博士培养的系统性、整体性、协同性改革,创新以多样化、个性化发展为导向的"二三三"硕士研究生培养模式和以全过程质量管理为核心的"四三三"博士研究生培养模式,构建风格一致、有机融合、模式咬合的本硕博一体化育人系统,形成了拔尖人才培养的主体框架。

学校启动本科人才培养方案国际化比较项目,总结凝练国外一流大学相关专业本科人才培养方案的共性特点与先进经验,给予学生更多的自主选择权、更大的自我发展空间以及更强的竞争力。大力推动本硕贯通培养。对高年级"拔尖计划"学生全面开放低年级研究生课程,畅通本硕贯通培养渠道,如物理学院建立了"力学—理论力学—量子力学—固体物理学"等课程群。着力推进学科交叉培养,培养跨学科思维。开设"计算机与金融工程交叉实验班",制定体现"互联网＋"金融特色的人才培养方案,打造"数据结构与金融算法""金融数据处理及智能系统"等一系列交叉融合类课程,并与互联网金融企业合作开发实训方案。实施"本科生学科交叉研修计划",推行"导师＋小组"的模式,聘请以诺贝尔文学奖获得者勒·克莱齐奥先生为首的高水平教师担任导师,指导不同专业背景的学生,开展"0 学分"的跨学科研究。

(二)"拔尖计划 1.0" 理科基础人才培养的探索,积累了丰富的实践经验

作为本科教学改革的"试验田",匡亚明学院、数学系、物理学院、化学化工学院、生命科学学院、计算机科学与技术系、天文与空间科学学院等 7 个单位参与"拔尖计划 1.0"阶段的试点探索,积累了丰富的经验。以培养具有宽广扎实知识基础、开拓进取创新精神、求真求实科学态度、开阔前瞻国际视野的拔尖人才为目标,强调培养学生三个层次的能力,即掌握知识的能力、应用知识并解决问题的能力、创造新知识并应用于推动科技和社会进步的能力。在人才培养方式和教学计划安排方面,以强化学生掌握知识的能力为基础,重在培养学生以问题为导向的思维能力,即培养其从实验现象或实践中发现问题的能力,从现在的研究成果中提炼问题的能力,在社会实际需求中寻找问题的能力。注重促进学生全面发展,培养学生成为物质领域和精神领域的创造者、物质财富和精神财富的享用者、优秀文化的鉴赏者和传播者,以及基于道德基

础的社会活动者和价值建设者。

经过不断努力和尝试，目前学校已初步形成一个"动态进出"与"柔性评估"相结合的学生选拔机制、一个注重激发学生个性与拓展学科视野的"2＋2"培养模式、一套强化批判性思维训练的课程体系、一支有针对性的高水平导师队伍、一条扩展性的国际化合作培养路径、一个活跃的第二课堂学术阵地以及一套较为完整有序的管理体系。

1. 以匡亚明学院"大理科"模式为引领，打造精英书院，全面推行研究性教学

自 1985 年率先成立少年班以来，匡亚明学院摸索出"以重点学科为依托，按学科群打基础，以一级学科方向分流，贯通本科和研究生教育"的高层次理科基础人才培养模式，构建了一整套注重宽厚基础、强调学科交叉的以数、理、化、生、计算机、天文等为核心的大理科基础平台课程体系和专业课程体系。在此基础上，为培养基础学科精英人才，匡亚明学院集中学校优质资源，打造精英型书院，为学生设计个性化、专门化的人才培养方案。

同时，全面推行研究性教学，实施以研究、探索为基础的教学，推动深度学习、学科交叉，让学生在认知、思维、表达和运用等方面融会贯通。专业课采用小班形式授课，以研讨问题为主，重点发展学生的批判性思维，特别培养学生发现问题、解决问题的能力。在科研训练上，推动学生早期进入科研课题组，通过导师的带领和直接参与科研的过程，了解科学研究的思维和方法，逐步学习、积累经验。

此外，推动一、二课堂的贯通衔接，以"立德树人行动计划"为依托，实施理想信念教育行动计划，强化青年思想引领；实施创新创业人才培养行动计划，引导学生自觉地把个人命运和国家命运、创新创业梦和中国梦紧密联系在一起；实施学生综合能力提升行动计划，强化学生跨文化交流能力培养，以第二课堂精品项目矩阵为载体提升学生社会适应力和领导力。

2. 配备一流师资，不断丰富优质育人资源

（1）注重大师引领。由学术造诣深厚、国际视野广阔、教学经验丰富的院士负责引领本学科方向拔尖学生的培养和发展。授课教师须有学术成果和学术魅力。每位教师根据授课需要配备 3—5 名优秀研究生助教，在确保教学质

量的同时构建科学合理的教学团队。如物理学院整合本学科及相关学科优势资源,由院士"杰青"(含双聘)等高水平教师负责前沿讲座、导学课程、研讨课程教学,高标准保障10门物理学核心课程。

(2)全球延揽一流师资。邀约海内外高水平学者和业界专家开设高水平通识课,为拔尖人才培养打下科学素养、科学思维的基础。如邀请东京大学教养学部7名教授开设通识核心课,邀约中国科学院南京地质古生物研究所由院士、杰青组成的顶尖团队开设"生物进化与环境"通识课。邀约世界知名学者开设国际化课程、暑期学校等,帮助学生接触学科前沿。同时,配备教师助教团队,推动课程本土化的建设,培育青年教师队伍。

(3)实行双导师制。学术导师按照师生不低于1∶5比例进行配套,主要由校内各相关领域学术造诣深厚、学术品德高尚的院士、"杰青"及资深教授担任,作为"学术引路人",学术导师对学生的课程体系、学术入门与规范及学术研究与发展担负指导责任,定期与学生见面,了解学生的学术发展状态,针对学生特点及时做出指引,充分挖掘学生的潜力。生涯导师由具有丰富管理经验的资深辅导员担任,按照师生1∶30比例进行配套,专门负责培养学生独立生活、社会交往和口头表达等方面的能力,引导学生学会学习、学会做事、学会共处、学会做人。同时针对"拔尖班"学生学习、生活压力的不同情况,建立长期个性化心理档案,主动开展心理辅导,促使学生正确面对压力、合理化解压力,实现综合素质的全面提升。

3.强化科研训练,打造沉浸式学术体验

(1)构建立体化、多层次、开放创新的科研训练体系。推进实验教学课程体系完善、实验教学规划教材建设,为拔尖计划科研训练提供多样的实验环境。如化学化工学院将学生科创能力提升作为人才培养的重要内涵,融入教学科研全过程,国家重点实验室、教育部重点实验室等均对本科生开放,开展科创实验等。计算机科学与技术系以"问题求解导向"的课程为依托,开展问题驱动下的主题型学习、教师指导下的研讨式学习,强调学生自己发现知识、自主构建知识体系、自主融合相关知识。

(2)开展本科生海外研修。鼓励学生赴世界一流大学参加以科研训练为主的研修项目,参与具体的科研课题,直面国际一流学术大师,接触一流的科研平台和先进设施,开展前沿科学研究。如天文学选拔优秀学生赴美国哈佛大学、加州理工学院、德国马普射电天文研究所、欧洲南方天文台、西班牙巴塞罗那空间科学研究所等国外高校、科研院所开展暑期实习和早期科研训练项目。

（3）实施本科生国际科考与科研训练项目。让不同学科背景的本科生在中外高水平教师的联合指导下，以多学科交叉点为主题开展综合性、跨学科、研究性学习实践活动，引导学生结合自身专业在多学科背景下开展研究性学习和早期科研训练，激发学生学术研究志趣，促进学生获得学术"顶峰体验"。

（4）孕育拔尖学生学术共同体。依托"基础学科论坛"打造本科生学术高峰论坛，学生组建"自主学习联盟"，以"读书会"等形式，共同探讨、研究感兴趣的科研话题；每年由 3—4 名学生负责学生学术刊物《域》的编审工作，发表学生的学术论文 15—20 篇/期。此外，以学生为主体创办了学术刊物《大学生自然科学》。

（三）校内自主试点项目的探索，进一步丰富了拔尖人才培养的形式与路径

哲学系以教育部人文社会科学重点研究基地—马克思主义社会理论研究中心等国家重要科研基地和重大科研项目为依托，按照研究生培养模式引导本科生的学术研究，通过设立本科生科研基金项目等方式，强化学生科研能力培养。此外，探索并实践了以核心价值观引导、经典文化阐释、批判性思维为特征的哲学通识教育体系，建设形成一大批"金课"及优秀教材。

三、培养理念和思路

（一）培养理念

以习近平新时代中国特色社会主义思想为指导，全面贯彻落实党的十九大精神和党的教育方针，全面落实立德树人根本任务，牢固树立"以学生发展为中心"的理念，构建和完善拔尖人才培养体系。秉持新时代"四个融通"人才培养理念，即价值塑造与能力提升融通、科学研究与本科教学融通、通识教育与专业教育融通、全面发展与个性发展融通；实施全面教育，既要传授科学知识和技术，更要训练科学方法和思维，还要培养科学精神和品德，涵养学生的家

国情怀,服务国家战略需求,推动探索未知世界,推动文明交流互鉴。

（二） 培养思路

深化基础学科拔尖学生培养特区建设,以立德树人为根本,探索建设特色书院,发挥南京大学学科群优势、汇聚一流师资团队,促进理论与实践融合、课内与课外融合、国内与国际融合,构建"宽广精深"的自主学习框架,推动学生在大师引领下聚焦国家重大需求、人类未来重大挑战、重大科学问题等关键领域,通过探究、发现和创造性活动,强化使命意识,提升综合素质,追求高深学问。坚持以追求卓越为目标,以体系创新为先导,以优质资源建设为抓手,以机制完善为保障,以评价改革为动力。

四、主要举措

（一） 完善拔尖学生遴选机制，构建基于学习成果的动态进出机制

充分尊重学生自主选择权,科学制定学生选拔办法和标准,综合采用笔试、面试、心理测评等手段,实施全面、多元评价,选拔具有强烈使命意识、坚定学术志趣和高度创新潜质的优秀学生。建立学习成果认证、积累和转换制度,实施基础学科拔尖预备生"零年级计划",完善预录取机制,构建基于学习成果的动态进出机制。

1. 实施基础学科拔尖预备生"零年级计划"

强化与重点中学的协同育人,搭建拔尖基地与重点中学的合作纽带与沟通平台,推动优质资源共建共享,发现并提前锁定有特殊学术专长和突出培养潜质的学生。

一是深入实施"中学生英才计划",举办"拔尖创新汇"。组建由院士、资深教授、学科带头人等组成的导师团队,举办训练营、知名教授进中学、学生成果展等,让优秀高中生近距离感受学科魅力、感知大师风采,培养学术志趣、科研方法和创新思维,部分学生可推荐参加自主招生,入校可直接录取至"拔尖计划"。

二是实施优质课程建设"伙伴计划"。与重点中学合作打造优质先修课程,帮助学生高质量完成基础教育向高等教育的衔接过渡,完善选修课程成绩

采认制度。

三是实施国际科考与科研训练"飞越计划"。招收优秀中学生营员参与跨学科研究性学习,激发科研兴趣,成长为拔尖人才的后备力量。

2. 完善基础学科拔尖学生培养预录取机制和基于学习成果的动态进出分流机制

一是进一步拓展选拔渠道,创新遴选方式。加强对学生评价机制和选拔手段的研究,让志向远大、学术潜力大、综合能力强、心理素质好的优秀学生脱颖而出。在自主招生阶段,进一步明确选拔标准,挑选合适的学生直接进入拔尖计划。继续开展"二次选拔",由各拔尖基地根据学科特点,综合采用笔试、面试等形式,对学生的综合能力、学术兴趣、发展潜质等素养进行综合考查、择优录取。探索实施"试读制度",学生在体验学习氛围、学习强度、学习内容之后,决定是否加入拔尖计划。

二是基于学习成果认证、积累和转换制度,完善科学化、多阶段的动态进出分流机制。每学年末实施"柔性"考核,强调学生在学习、研究过程中体现出来的创新性和发展潜力,重视学生发现问题和解决问题的能力,让偏才、怪才也有机会进入拔尖群体。同时,着力完善课程体系的梯度结构,畅通难以胜任学业或兴趣转移的学生的分流通道。对于未进入拔尖计划的学生,探索实施拔尖计划"申请—考核"机制,综合考虑学生代表性学习成果、学业成绩、学术志趣、基本素养等,经专家组考察后进入拔尖计划。

(二) 构建"宽广精深"的自主学习框架,打造本科生的顶峰体验

1. "每生一方案",对标全球顶尖大学及学科,优化人才培养方案,灵活定制模块化课程,为学生拓展自由思考、自主探究的时空

对标一流,积极应对现实和未来世界变化及需要,持续推动人才培养方案的转型升级。根植学生创新创意萌发与实践的土壤,重视学生个体差异、满足个性发展需求,让教师成为学生学习的规划者和引导者,帮助学生构建自定节奏、定制化的学习方案,实施精准化教学。

一是以德为先,强化使命意识。打造"谈天、说地、看人、看社会"系列课程思政融合课程群,注重价值引领与理想信念教育,厚植爱国主义情怀,强化学

生对个人、社会、全球的责任意识,激发学生的理想抱负和社会责任,实现个人价值与社会价值的和谐统一。

二是通专融合,培养深度学术思维与创新思维。以"悦读经典计划"等为依托,打造通识教育核心课程,训练学生阅读写作、沟通合作、批判性思维、量化分析、美学与审美等方面基本能力以及融会贯通的思维方式,拓展学生多学科知识和实践技能,激发学生的学术志趣。打造少而精的整合型课程,着力提升课程的思想性、学术性、交叉性、实践性,强化课程之间的内在一致性与衔接性。着力提升专业课程的挑战度。鼓励学生根据学术兴趣形成学生学术共同体,邀约学术领域有专长的教师开设"定制化课程",师生共同设计教学大纲和教学内容。

三是交叉融通,培养学生批判性思维与跨学科思维。实施"基础学科拔尖计划-X"计划,推动学科交叉融合,在前沿交叉领域,通过建设新课程、本科生跨学科研修、交叉专业方向,促进不同学科方向的教师和学生团队合作研究与学习,将知识、研究和技能运用于问题的解决,尤其是要探索解决综合性问题。

四是推动本研衔接,为具有优秀创新成果、科研潜质的学生开辟绿色通道。加强大四阶段顶峰课程建设,落实培养理念融通、培养路径衔接、培养学制贯通、教学资源共享、教学管理对接机制。

2."每生一项目",以项目为载体,构建高水平科研训练体系

开放校内外各层次高水平研究基地,将"基础研究—创造技术—成果转化"和"文化传承—学术创新—智库服务"的科研模式与学生创新思维训练、科学方法和创新能力培养、创新创业教育体系建设深度融合。

一是实施"科研导引计划"。以真实研究问题为导向,通过课堂讲授、经验分享、成果展示等形式,在科研训练中开展情景性学习,通过完成有一定挑战性的科研任务,培养专业精神和专业能力,逐步形成自主发现与开展课题研究的能力。

二是完善本科生高水平科研训练体系。实施"科研学徒制项目",由教师设置项目,学生自主选择加入教师为主的研究小组,担任科研助理,掌握运用合理的方法解决问题的能力。实施"原创性科研实践项目",面向本科生开展的竞争性科研资助项目,专门支持具有科研创新设想、学业表现突出的学生。实施"南京大学暑期学生科研奖励计划",从全球各地选拔优秀本科生合作开

展原创性研究。实施"本科生国际科考与科研训练项目",以多学科交叉点为主题开展综合性、跨学科、研究性学习实践活动,引导学生结合自身专业在多学科背景下开展科研训练。此外,将科研训练纳入"拔尖计划"人才培养方案。设置必修学分,探索实施学生科研成果认证转换制度,并将指导拔尖计划学生开展的高水平科研作为教师职称晋升评估的重要参考指标和学校高层次奖教金的基础条件。

3. "每生一导师",构建以导师为核心的学生发展决策咨询机制

构建涵盖"学业—学术—生涯"的多维本科生导师体系。学业导师由各学科选择学术品德高尚、熟悉本学科的人才培养方案、发展进程的教师担任,引导学生树立学术理想和认真务实的学习风气,根据学生的学习基础、学科偏好和性格特点,指导学生制定个性化的学业规划和使用科学有效的方法学习专业知识;学术导师由各学科配备学术造诣高、熟悉相关领域前沿发展的资深教授担任,作为"学术引路人"对学生的学术入门与规范及学术研究与发展担负指导责任,让学生有计划地接受大师言传身教和环境熏陶,接触科学技术和文化研究前沿,拓展学生的学术视野,激发学生的创新精神;生涯导师由具有丰富学生管理经验的资深辅导员或青年教师担任,关注学生身心发展,提升学生社会交往、团队协作、口头表达等方面的能力,培养社会责任感和公民意识。

探索建立学生发展决策咨询机制。发挥高水平师资在学生成长成才中的作用,引导一批问题意识强、科研能力强、综合素质高的优秀学生提前介入前沿探索领域,帮助学生选准选优方向。

4. "每生一游学",瞄准世界科技前沿,搭建国际交流合作平台

一是充分利用世界一流高校与科研机构的资源,进一步开拓联合培养渠道。通过顶尖实验室访问、短期交流、参加国际学术会议等形式,激发学生的学术兴趣和学术理想,开拓国际学术视野,培养跨文化交流能力;着力拓展境外长期研修项目,建立长期稳定的合作关系,为学生接触科研领域前沿、参与科研实践创造条件;以科研方向和科研项目为牵引,组建科教融合的项目团队,联合设立"青年种子基金",遴选优秀学生进入实验室开展创新研究,探索实施研究生培养双导师制。二是实施"百位名师邀约计划",全球延揽享有较高声望、师生群众公认的高水平学者、行业精英来校开展本科教学工作,引进

国际优质教学资源。

（三）探索建设特色书院，构建师生成长与创新共同体

着力探索和实践新时代书院模式，植根本土，强化教书与育人的统一，融核心价值养成、学术研究、文化传承、日常生活为一体，注重传承学科文化，发扬中国传统书院教育的亲师取友的情谊教育以及研究论辩的研习方式。书院以"成长与创新"为共同价值目标，以"问题导向、兴趣驱动、能力提升、价值塑造、人格养成"为出发点，在知识传递、知识生产、知识应用、知识创新过程中营造师生深度交互、协作探究的生态。师生基于共同的学术旨趣和价值理念追求真理，教学相长。

在前期大地学和文科试验班的探索基础上，由各学科专业按照各自学科文化、人才培养理念，打造各具特色的书院或具有现代书院内涵的拔尖试验班。由一流学者作为首席教授领衔主持特色书院或试验班建设，邀请校内外名师大家担任责任导师，构建完善的运行组织构架和课程体系，形成各自独特的育人文化和价值理念。着力推动建立新型师生关系，通过茶会、参观、考察、讨论等活动方式，达到潜移默化、浸润熏陶的效果，培养学生的专业兴趣、人文修养和科学精神。

在学生宿舍区打造具有南大特色的全新的学习社区——南青格庐（GLUE-Guiding、Linking、Uniting、Enhancing）。依托"南青格庐"，学校组织开展各类文化活动、建立学业导师"进庐指导"机制、举办校友青沙龙及校友大讲堂等活动，让"格庐"成为学生交流思想、展示自我、团队合作、良性竞争、示范引领的场所，成为将学生紧密凝聚在一起的学习社区。

五、机制建设

1. 探索实施拔尖计划三大荣誉体系

一是构建教师荣誉体系。不断完善以课程和科研训练为主导的高水平师资聘请制度，以一流师资培养一流学生。以教学领军人才支持计划为抓手，设立包含首席教授、责任教授等在内的荣誉教师体系，延邀院士、文科资深教授、国家级教学名师等高水平学者，发挥大师引领作用，实行拔尖计划首席教授负责制，负责学科基地建设运行发展的全面工作，组建教学团队开展拔尖人才培

养。同时,以"名师＋团队"的方式建设科教融合型基层教学组织,开展优质课程教学"传、帮、带",实施研究性教学能力发展与提升项目。此外,推动教师评价改革,完善推进"同学欢迎、同行认可、校友满意"的教学工作评价和考核方法,设立专项奖教金。

二是构建荣誉课程体系。由课程思政融合课程、通识核心课程、整合性大学分基础课程、高挑战度专业课程、跨学科交叉课程、以项目为载体的本科生科研训练、体验式学习(跨文化交流、国际会议等)、顶峰课程(capstone course)等部分组成。在教学方式上,实施小班化、研究性、研讨式教学;在学习方式上,强调深度学习、研究性学习、体验式学习;在学业评价上,注重多元学习成果的采认及过程性评价,除了学分绩点、课程选修情况之外,特别关注可以体现学习成果的论文或其他科研成果;在课程管理上,实行开放动态管理,建立持续的评价和评估机制,建立学分互认等配套机制;在资源保障上,汇聚各类育人资源,为学生提供多元化、跨学科交叉研究指导与支持。

三是实施荣誉学位制度。对于拔尖计划的部分本科生,如在完成荣誉课程修读要求的基础上,符合道德品质优良、学习成绩优异、具有一定的科研成果等方面的条件,最终可获得本科荣誉学位。

2. 构建以多样性与创造性学习成果为导向的学业评价体系

改革以固定时间、固定内容的考试作为主要依据的评价方式,根据学科特点设计考核内容与方式,综合考查学生参与特定学习经历后在知识、技能、态度与价值观等方面发生的变化。推动学生参与课程考核计划、成绩构成及比例等内容的制订,探索实施学生自定节奏的考核,学生根据学习进展,自由选择测试时间与地点。

3. 建立质量跟踪评价反馈

依托南京大学高等教育研究与评价中心,持续开展拔尖学生成长与发展状况动态调查,了解拔尖人才培养机制与发展目标的达成度、优质教育资源对人才培养的保障度、学生的满意度、成长生态的适宜度、质量保障与可持续改进的适宜度,建立持续改进机制。同时,建立拔尖学生成长数字档案,跟踪学生学习进程,评估、测量和记录学生的学业准备、学习进度、技能获取和学业成就,收集代表性成果;与研究生院、校友会等部门对接,持续跟踪了解本科生毕业之后的发展状况,建立生涯发展历程长期追踪机制。

南京大学高水平创新人才培养体系建设方案

(一) 更新人才培养目标与理念

1. 人才培养目标

培养肩负时代使命、具备全球视野、推动科技创新、引领社会发展的未来各行各业拔尖领军人才和优秀创新创业人才。培育学生强烈的家国情怀与社会责任感,培养学生广博的知识技能与卓越的专业素养,发展学生批判性思维与问题解决能力、探究精神与创新创造能力、合作精神与领导能力、有效沟通的能力以及全球素养。

2. 人才培养理念

坚持"四个融通"的人才培养理念,即价值塑造与能力提升融通、科学研究与本科教学融通、通识教育与专业教育融通、全面发展与个性发展融通。始终面向学生、尊重学生、提升学生、发展学生,尊重并引导学生意愿、激发并培养学生兴趣。实施全面科学教育,既要传授科学知识和技术,更要训练科学方法和思维,还要培养科学精神和品德。

——价值塑造与能力提升融通。坚持以德为先,把思想政治工作贯穿教育教学全过程,综合提升学生思想道德、科学与人文素养以及实践能力,强化学习内容及学习过程的意义,同时基于学科专业的特点设计教育内容,发展学生的认知、技能及态度,促进课程、课程学习与现实生活的整合,促进学生深层学习,提升主动学习能力,支撑学生可持续发展。

——科学研究与本科教学融通。寓科学精神、科学思想、科学方法和科学知识于教育教学,把科研资源和优势转换为人才培养的资源和优势,激励教师深入开展教育教学研究,创新本科教学的组织形式与方法,寓教于研、研中有教、学研相长,创设探索未知的环境,构建学生创新实践能力培养体系,提升学习挑战度。

——通识教育与专业教育融通。强化通识教育的基础性和整合性,建立跨学科、跨文化、跨时代的通识教育体系,融汇不同的知识领域,培养学生广博的视野,提升综合素养,推动通识教育理念融入专业教育,为学生自主构建知识体系搭建平台,能够在特定学科领域内开展有深度的探究,同时拓展多元的学科知识和实践技能,以适应不断变化的环境和未来的挑战。

——全面发展与个性发展融通。在德智体美劳互相促进、有机融合中推进思想政治素质、科学文化素质和身体素质的全面发展,强化学生的主体性和主动性,尊重并适应学生特点和个性选择,营造鼓励独立思考、自由探索、勇于创新的育人氛围,提供多样化的学习资源,因材施教,最大限度地开发学生优势潜能。

3. 构建师生成长与创新共同体

从学科体系、教学体系、教材体系、管理体系出发,将思想政治工作体系贯穿其中,构建"师生成长与创新共同体",以"成长与创新"为共同价值目标,以"问题导向、兴趣驱动、能力提升、价值塑造、人格养成"为出发点,在知识传递、知识生产、知识应用、知识创新的过程中营造师生深度交互、协作探究的生态。

(二) 构建交叉融通、教研相长的学科体系

学科体系是高水平人才培养体系的根本支撑。依托基础学科优势,凝练学科发展方向,通过目标引导和学科交叉,特别是基础学科和应用学科的交叉融合、创造知识和知识传播与应用的并行互通、校内校外优质资源的合作共享,不断产生新的学科生长点,形成一批高水平的师资队伍、科研成果、科研平台。同时,通过改革评价内涵与方式,持续激发学科动力,打通教师与学生、教学与科研、校内与校外的关系。全面拓展学科宽度,交叉融合构建高水平学科群,支撑一批高水平的专业体系,支撑通识教育,培养交叉复合型人才;着力提升学科高度,打造一批前沿引领性学科和高端专业来支撑拔尖人才培养。

1. 潜心育人的高水平师资体系

坚持师德为先,全面提升教师业务能力,改革教师评价机制,建设结构多元、德厚学高的教师队伍,引导教师坚持教书与育人相统一、言传与身教相统一、潜心问道与关注社会相统一、学术自由与学术规范相统一,做"四有"好教师、做学生"引路人",营造"名师出高徒、高徒成名师"的师承效应。建立健全由高水平责任教授、课程首席教授队伍、优质课程主讲教师、"我最喜爱的老

师"等构成的本科教学教师荣誉体系。实施青年教学名师培育计划。着力构建涵盖"思想—学业—学术—生涯"的本科生导师体系。试点建设科教融合型基层教学组织。

2. 科教融合的强活力研究体系

坚持创新引领，注重知识创业，促进交叉融合，不断提升专业品质，推动形成师生学术共同体，弘扬科学精神、培养跨学科思维和创新能力。深化专业体系与科研创新体系、学科交叉群的融合，以"文理工医"协调与特色发展的学科体系与科研创新体系来支撑相互关联、相互通达的高水平专业体系，以学科前沿引领专业教育。推进专业整合与改造，实施"拔尖计划 2.0"，建设一流本科专业。优化布局一批国家急需专业，以基础学科的优势和特色支撑现代新工科、新文科、新医科的发展。打造一批以项目为载体的新型课程。深入推进问题导向、分层递进的本科生研修计划。拓展注重能力提升、开放多元的创新创业项目。举办弘扬科学精神、拓展学科思维的学术论坛。试点组建跨学科师生团队。

3. 开放共享的多层次科研平台

搭建跨学科交叉平台，开放校内外各层次高水平研究基地，不断拓展本科生创新创业能力培养平台。将"基础研究—创造技术—成果转化"和"文化传承—学术创新—智库服务"的科研模式与学生创新思维训练、科学方法和创新能力培养、创新创业教育体系建设深度融合。建立和完善科研项目及设备资源对本科生的开放共享机制。基于不同层次的科研平台，以问题为导向，以项目为载体，广泛开展设计性、综合性、创新性教学和自主探究实验。完善本科生高水平科研训练体系。

（三）构建模式贯通、全面培养的教学体系

教学体系是高水平人才培养体系的核心。以思想性、学术性、交叉性、实践性为出发点，构建科学合理的全面教育体系，着力提升课程的高阶性、创新性和挑战度。五育并举，多部门协同联动，培养学生全面发展的综合能力。推进本硕博贯通式培养，形成内涵凸显、风格一致、衔接有序的一体化人才培养体系。

1. 通专融合的优质课程体系

建设融合创新的育人课程、追求卓越的专业学术课程、拓宽视域的跨学科课程。挖掘和充实各类课程的德育内涵,持续推进思想政治理论课程建设,重点打造课程思政融合课程。着力提升新生研讨课、通识教育课程、悦读经典计划课程群的品质内涵。系统优化大类与专业导学课、大类平台课程、专业核心课程、学科前沿课程,培养学生深度的学术思维与创新思维。不断加强交叉领域新课程、本科生跨学科研修、交叉专业方向建设,推进辅修、双学位制度改革,培养学生批判性思维与跨学科思维。推进人才培养的纵向贯通与横向衔接,实施基础学科拔尖预备生"零年级计划",推进本硕博衔接培养,落实培养理念融通、培养路径衔接、培养学制贯通、教学资源共享、教学管理对接机制,助力学生未来发展,为学生终身学习和发展提供系统支持。构建多层次、宽领域的国际化培养项目,建设一系列体现南大水平的国际化课程。在课程内涵建设上,加大投入力度,建设"十百千"优质课程,强化典型引领。

2. 知行合一的实践体系

构建理实融合的实践教学体系、内涵提质的实践育人体系、构建精准支撑的实践教育平台,着力打造国际科考与科研训练项目、国际组织实习等特色品牌。完善课程实践、实习实训、科研训练、学科竞赛"四位一体"实践教学体系建设,着力提升学生基本的创新实践能力、扎实的专业实践能力、灵活的跨界实践能力、全面的综合实践能力。推进社会实践、志愿服务、学术科创、校园文化"四位一体"实践育人体系建设,培养学生勇于实践的精神和乐于实干的作风。加快形成教学实验室、实验教学中心、实践教学基地、双创示范基地、多层次研究平台和科技创新体系等开放共享的实践教育平台,为学生创设一流的实践条件。

3. 全面发展的能力提升体系

实施主动学习能力培养计划、领导力培育计划、责任感和担当精神培养计划。大力推广基于问题、基于项目、探究式、体验式的学习,加强批判性思维、问题解决、协作和自主学习等深度学习方法的训练,提高学生学习参与、提升学习效能。围绕洞察、辨别、鉴赏、行动、意志等特质,实施"南雍雄风"、"菁英训练营"、"青马工程"等领导力与社会适应力提升项目。创新国际组织人才培养路径,拓展联合培养、海外访学、国际组织实习等渠道,提升学生国际竞争力。积极推进体育教学改革创新,构建"享受乐趣、增强体质、健全人格、锤炼意志"四位一体的体育综合育人体系,建设"三段式"体育课程体系和多样化课外锻炼体系,切实提高学生体质健康水平,提升学生运动体验、提高身体素质、锤炼意志品质。构建实践活动、校园文化、艺术展演"四位一体"美育机制,推进高雅艺术校园常态展演,建设书香校园,提升学生内在审美智识,传承中华美学精神,建构全球审美视野,涵育南大气质。推进服务育人,创办劳动学校,广泛开展劳动教育实践活动,培养学生劳动意识、劳动技能和崇尚劳动的价值观,推动学生树立正确的择业观,在劳动实践中创造性解决问题。优化"五四三"创新创业教育体系,促进产教融合,不断拓展学生实践环境及项目资源,完善学生实习实践制度。

（四）构建育人为核、融合前沿的教材体系

教材体系是高水平人才培养体系的关键载体。以全面育人为中心,突出方向性,注重教材建设的价值引领;突出创新性,注重教材内容对学科发展新成果、新趋势的反映;突出科学性,注重教材建设的传承创新;突出适应性,注重教材建设与教育技术发展新形态的融合,构建具有南大特色、蕴含思想性、科学性和前沿性的教材体系。

1. 规范质优的思政教材

加强教材管理,将立德树人元素落实在教材建设各环节。着力规范马克思主义理论研究和建设工程教材、境外教材的使用,加强教材建设对立德树人的有力支持。推动将研究性教学理念融入教材编写、学术成果转化为教材内容、师生教学实践成果转化为教材内容。健全教材立项、编写、审查、修订、选用机制,建立教材评价跟踪机制。

2. 经典原创的通识读本

依托"悦读经典计划"60部基本经典书目、拓展书目及《南大读本》,实施"悦读经典计划"文本建设工程。系统梳理通识课程教学实践成果,同时注重继承和弘扬中华民族优秀传统文化,吸收和借鉴世界各国文明成果,不断扩大通识教育优质学习资源,打造南大通识教育系列读本。

3. 科学先进的专业教材

通过优势学科支撑、优质师资领衔、优质课程培育，围绕学科平台课、专业核心课，集中优势力量建设学界公认、具有世界影响力的经典教材；依托省部级精品教材及优质课程配套自编教材，建设一批充分反映最新科研成果及学科专业特色的核心教材；建设与课程内容有相关梯度性或交叉性，拓展课程深度及边界，线上线下结合、课程教学融合的数字化扩展教材。

（五）构建规范有序、充满活力的管理体系

管理体系是高水平人才培养体系的重要保障。通过机制建设，评价改革和多元化评估，充分调动院系的积极性，充分激发教师和学生教与学的内在动力，促进教学质量的提升和高水平创新人才培养，构建教育新秩序，形成支撑、服务师生共同发展的育人管理生态。

1. 协调高效的师生发展支持服务体系

健全教师教学荣誉体系，改进教学业绩奖励制度。构建学习与发展综合评价及支持服务体系，支撑全面发展与个性发展。注重协同育人的管理体系建设。形成以育人为本的院系及教师评价体系。进一步建设激励与约束并行的教学动力机制。构建能力导向、多元选择的学业评价体系及个性发展机制。建立学生学业预警、帮扶和柔性退出机制。不断完善精准指导的生涯教育和就业支持体系。

2. 持续改进的质量保障机制

不断加强院（系）、校两级质量保障体系建设。改进课程评估指标与学生评教体系、毕业生跟踪评价机制。落实院系质量保障的主体责任。做好院系教学水平评估和专业认证工作，持续推进课程质量评估。完善从教学评估、信息反馈到教学改进的闭环系统，强化课程教学过程基础环节管理，规范课程教学基本要素。重视学生学习过程，推进实施学生学习成效评估，完善毕业生跟踪评价机制。建设结构多元的教学督导队伍，开展定期评估、专项督导以及动态监测。健全教师教学预警机制和退出机制。

3. 智慧优化的育人生态环境

优化资源配置机制，加强对本科教育的投入。打造开放、灵活、互动的教

学新时空,为师生共同体创造良好的环境和氛围。完善以开课数量、硬件需求、教学质量、改革进展、育人成效等要素为核心的资源分配机制和以绩效为导向的动态调整机制。建设以学生为主体的智能型教学综合体,推动互联网、大数据、人工智能、虚拟现实等现代技术在教育教学中的应用,全面衔接物理学习空间和网络虚拟学习空间,建设适应自主学习、自主管理、自主服务需求的智慧教室,打造基于大数据与新媒体的教学服务平台,为学生主动参与、独立思考、自主探究、合作交流提供环境支撑,实现教与学的过程性记录,支持学习行为数据采集与分析。

附录 2：改革开放以来南京大学文科拔尖人才培养实践经验

　　文科基础学科拔尖人才培养在高等教育强国建设中具有重要意义，南京大学顺应时代发展，经历了文科恢复重建、文科强化部、荣誉学院"大文科"模式、"拔尖计划"多样化发展等阶段，积极探索拔尖人才培养体系。改革开放初期，南京大学着力恢复重建文科，重新调整学科布局，增设和恢复了部分文科院系，在此期间探索文科人才培养新方式，重视人才培养模式、教学方法等方面的改革创新；抓教材建设，更新教学内容，以更好适应经济形态、社会发展与制度环境等变化；重视文科领军人才培养和教师队伍建设，以多种形式拓展文科学术梯队建设资源。二十世纪九十年代，南京大学成立文科强化部，积极探索基础性人才与应用性人才培养的分类培养，提出了"强化基础，拓宽口径，分流培养"的理念，中文、历史、经济等学科入选国家文科基地。① 1998 年，在强化部的基础上，成立基础学科教育学院，进一步强调面向基础、学科交叉、全面培养，探索"以重点学科为依托，充分发挥学科综合优势，按学科群打基础，按一级学科方向分流，贯通本科和研究生教育"的培养方式。② 二十一世纪初，南京大学将基础学科教育学院更名为"匡亚明学院"，成为践行匡亚明"打通文史哲，开办大文科"和"培养具有广博学识和多方面能力的通才"教育思想的荣誉学院，形成了包含中文、历史、哲学、经济以及部分应用文科在内的大文科人才培养模式。新时代以来，南京大学文科拔尖人才培养基于"拔尖计划"开展多样性探索，哲学、经济学、汉语言文学、历史学等专业入选首批国家级一流本科专业建设点与"拔尖计划"2.0 基地。2020 年，哲学、汉语言文学（古文字学方向）、历史学等入选基础学科招生改革试点工作（强基计划）。同年，南京大学成立新生学院，以组织模式创新探索创新人才培养新路径，成为综合型、枢

---

① 阎志坚. 重视文科教育深化文科教育改革：高等学校文科教育改革座谈会综述[J]. 中国高等教育，1996(9)：8.
② 教育部高等教育评估中心组织编写. 高等学校教学工作评估与教学成果评审实用手册：第 4 卷[M]. 北京：中国教育出版社，2005：1418.

纽性的育人共同体。①

一、南京大学文科拔尖人才培养的历史回溯

高校文科教育随着时代的变化因时、因需、因地调整发展。在 1977 年召开的科学和教育工作座谈会上，邓小平同志指出，文科是科学的一部分，文科也要进行理论研究。② 十一届三中全会以后，文科在社会主义现代化建设和高等教育中的地位和作用逐渐被重新认识，③在国家政策引领下，文科基础学科得到了快速发展。1978 年，教育部在武汉召开高等学校文科教学工作座谈会，会议指出，社会上存在的"轻文"思想是一种偏见，应该通过宣传教育工作予以转变，高等学校文科是培养马克思主义理论、文化建设和经济管理人才的重要基地，是理论、学术战线的一个重要方面军……就教育事业本身来讲，如果没有文科，那也是不堪设想的……办好文科是关系到提高整个中华民族的科学文化水平，促进社会主义四个现代化胜利实现的大问题。④ 进入二十一世纪，中共中央颁布《关于进一步繁荣发展哲学社会科学的意见》，指出哲学社会科学与自然科学"四个同样重要"，即"在改革开放和社会主义现代化建设进程中，哲学社会科学与自然科学同样重要，培养高水平的哲学社会科学家与培养高水平的自然科学家同样重要，提高全民族的哲学社会科学素质与提高全民族的自然科学素质同样重要，任用好哲学社会科学人才并充分发挥他们的作用与任用好自然科学人才并充分发挥他们的作用同样重要"。党的十八大以来，文科基础学科发展进入新时代，习近平总书记在哲学社会科学工作座谈会上强调，"坚持和发展中国特色社会主义，必须高度重视哲学社会科学"，"着力构建中国特色哲学社会科学，在指导思想、学科体系、学术体系、话语体系等方面充分体现中国特色、中国风格、中国气派"。同时指出，"哲学社会科学训练培养教育体系不健全"等问题"亟待解决"，"要实施以育人育才为中心的哲

---

① 何楷,施佳欢.一流大学本科教育组织模式的变革路向[J].江苏高教,2023(12):79.
② 邓小平.邓小平文选:第二卷[M].北京:人民出版社,1994:53.
③ 邱坤荣.面向 21 世纪大力推进高校文科教育改革与发展[J].无锡教育学院学报,1999(2):1.
④ 《中国教育年鉴》编辑部.中国教育年鉴(1949—1981)[M].北京:中国大百科全书出版社,1984:807.

学社会科学整体发展战略,构筑学生、学术、学科一体的综合发展体系"。①

南京大学始终面向国家需要、顺应时代发展要求,敢于突破,先行先试,着力培养高层次、厚基础、少而精的基础性人才,从重建文科恢复发展到成立文科强化部改革探索、基于荣誉学院开展"大文科"模式变革,再到基于"拔尖计划"多样化探索的高质量发展,围绕学生选拔、个性化培养、一体化管理等探索实践经验,深化培养机制和培养模式改革,探索具有南大特色的文科拔尖人才培养之路。②

1. 恢复重建文科(改革开放初期到二十世纪八十年代后期)

1978 年以后,南京大学将工作重心重新转移到教学和科研,③文科发展进入恢复重建阶段。在文科教育方面,采取的措施包括:一是重新调整学科布局,增设和恢复了部分文科院系,到二十世纪八十年代初文科已有 7 个系 14 个专业,在校生规模迅速增加。1987 年,文科招生已占全校招生总数的 33%。④ 二是探索文科人才培养新方式,重视人才培养模式、教学方法等方面的改革创新。学校提出"全面培养,强化基础,因材施教,增强活力"的教学工作指导方针,专门出台《南京大学关于加强文科管理提高教学质量的若干规定》,要求学生"掌握比较扎实、宽厚的基础理论知识,具有综合运用基础理论知识进行科学观察、分析、思维的能力,以及表达能力、自学能力和进取精神等",在教学中抓好"读、写、议"环节,优化课内、强化课外,任课教师指导学生进行大量课外阅读、写作和课堂讨论,提升学生综合运用所学知识、自觉探索新知识的能力,扭转"重知识传授,轻能力培养"的状况。三是抓教材建设,更新教学内容,以更好适应经济形态、社会发展与制度环境等变化,例如孙叔平编著的《中国哲学史稿》对中国哲学史教学起到了重大作用,孙伯鍨编著的《马克思主义哲学史》、茅家琦编著的《太平天国兴亡史》、张宪文主编的《中华民国

① 习近平. 在哲学社会科学工作座谈会上的讲话[M]. 北京:人民出版社,2016.
② 张亮,施佳欢. 文科基础学科拔尖学生培养:理念认知与实践行动——基于全国文科拔尖基地的调查[J]. 中国高教研究,2023(11):71.
③ 洪银兴. 重要文件与文献 改革开放以来南京大学文科发展的主要成就、经验与今后几年的任务:在真理标准讨论与改革开放30周年论坛上的讲话[M]. 王靖华主编. 南京大学年鉴. 南京:南京大学出版社,2009:37-38.
④ 邱坤荣. 面向21世纪大力推进高校文科教育改革与发展[J]. 无锡教育学院学报,1999(2):2.

史纲》等普遍受到好评。① 四是重视文科领军人才培养和教师队伍建设,以多种形式拓展文科学术梯队建设资源,在部分基础课程中实行"首席教授负责制",打破传统聘任方式,尝试校内外教师联聘,为文科教育建设注入新鲜血液。

2. 成立文科强化部(二十世纪九十年代初到二十世纪末)

在经济发展对人才的需求持续扩大的背景下,基础文科的招生规模迅速扩张,但由于培养定位模糊,加之培养口径窄、模式单一、内容陈旧等问题,文科基础学科人才培养质量不高,不能真正适应社会需要,逐步出现了招生难、分配难等现象,文科基础学科发展受到一定影响。② 1994 年底,针对文科基础学科专业所面临的困境与挑战,原国家教委决定建立国家级"文科基础学科人才培养和科学研究基地",在全国 31 所高校建立 51 个"文科基地",其中中文 23 个、历史 21 个、哲学 7 个,为国家培养从事文科基础学科教学和科学研究的高层次人才。③ 针对现实状况,南京大学积极探索基础性人才与应用性人才培养的分类培养,提出了"强化基础,拓宽口径,分流培养"的理念,中文、历史、经济等学科入选国家文科基地。

1995 年,为进一步创新高层次基础学科人才的培养模式,南京大学成立文科强化班,试行文史哲贯通的教学计划,旨在造就科学道德高尚、基础知识坚实、学术眼光开阔、专业技能熟练的文史哲教学与研究的高素质创新人才。前两届学生采用在新入学的文史哲学生中选拔,之后,面向全省重点中学采取"学校单独命题、提前招生、提前录取"的方式选拔。文科强化班的任课教师由教学经验丰富、文史哲知识贯通的教授、博导组成。将传统的课堂讲授和导师制结合起来,教学讲究融会贯通,注重强化拓宽学生基础。在统一开设文史哲三系主干课程的基础上,鼓励学生在全校自由选课,力求多元与精专结合。④

① 施佳欢,秦安平,阎燕. 新时代高校教材建设高质量发展的历史逻辑和实践指向:基于南京大学教材建设经验的考察[J]. 中国大学教学,2023(6):83-89.
② 国家教委高等教育司编. 高等教育教学改革[M]. 北京:高等教育出版社,1997:23.
③ 阎志坚. 重视文科教育深化文科教育改革:高等学校文科教育改革座谈会综述[J]. 中国高等教育,1996(9):8-9.
④ 王革,申纪云主编. 经济全球化与高等教育 2001 年高等教育国际论坛文集[M]. 长沙:湖南师范大学出版社,2002.

1998 年，在强化部的基础上，成立基础学科教育学院，进一步强调面向基础、学科交叉、全面培养，探索"以重点学科为依托，充分发挥学科综合优势，按学科群打基础，按一级学科方向分流，贯通本科和研究生教育"①的培养方式。

3. 基于荣誉学院的"大文科"模式（二十一世纪初）

二十一世纪初，南京大学形成了"没有一流的理科，办不成一流的大学；没有一流的文科，也办不成一流的大学。人文社会科学与自然科学犹如车之两轮、鸟之双翼，同等重要，缺一不可"的共识，明确了"夯实基础，壮大实力"的工作思路，提出要"加大文科教学改革的力度，探索拔尖人才培养的规律"，强调文科院系应该积极研究与实践如何大胆改革创新，在人文社科领域培养拔尖人才。

2006 年，南京大学通过第四次教育教学思想大讨论明确了"四个融通"人才培养理念，强调学科建设与本科教学融通、通识教育与个性化培养融通、拓宽基础与强化实践融通、学会学习与学会做人融通，将"以学生发展为中心"作为突破口，面向全校所有学生开展教学改革，改革给予学生充分的选择权、为学生自主构建课程模块和知识体系搭建平台、拓宽学生成才途径，从而充分激发学生的学习能动性，促使其变被动学习为主动学习。② 基于上述理念，南京大学启动"三三制"人才培养模式改革，推进课程体系改革，建设通识通修课程模块，开设通识课、新生研讨课；重构学科专业课程模块，重点改造提升学科平台课、专业核心课；设置开放选修课程模块，开设专业前沿课、创新创业课等。

同年，南京大学把基础学科教育学院更名为"匡亚明学院"，成为践行匡亚明"打通文史哲，开办大文科"和"培养具有广博学识和多方面能力的通才"教育思想的荣誉学院，形成了包含中文、历史、哲学、经济以及部分应用文科在内的大文科人才培养模式。这一举措"力图将中国高等教育的传统优点与当代世界高等教育改革和发展的趋势相结合，探索和全面试点适合南京大学学科特点的通识教育模式"③。匡亚明学院以培养富有创新精神与创造能力的文

---

①　教育部高等教育评估中心组织编写，高等学校教学工作评估与教学成果评审实用手册第 4 卷，中国教育出版社，2005：1418.

②　陈骏.创新人才培养模式　全面提升教学质量[J].中国大学教学，2015(1)：4－6.

③　庞海芍.通识教育困境与希望[M].北京：北京理工大学出版社，2009：257.

科基础性人才、保护和加强基础学科为建设目标,实行"一、二年级打共同基础,三、四年级分流培养"的培养模式,旨在出思想、出成果、出经验、出人才。[①]

如表1所示,第一年设置大平台通识课程,第二年按模块(学部或学科群)设置核心课程,第三年为专业核心课程,第四年为选修课程、科研训练课程、毕业论文。各个模块(学部或学科群)之间的部分核心课程可以替代或覆盖,鼓励学生选修多种学科的课程,以从事边缘学科和交叉学科的研究。在一、二年级,由学院统一组织教学和学籍管理,从三年级开始学生全部分流到各个院系。此外,在学生选拔上,探索了单独提前考试、自主录取、在优秀高考学生中录取等多种形式;在教学内容和课程体系改革上,注重课程内容结构综合化,促进学科融通,构建有机联系的课程体系,同时,优化课内、强化课外,注重反映学科最新前沿动态和成就。

表1　"大文科"模式课程框架

专业课程	中文	历史	哲学	商学	法学	新闻传播
	↑	↑	↑	↑	↑	↑
模块课程	中国历史,中国文学,中国哲学,世界历史,外国文学,欧洲哲学,古代汉语,现代汉语,综合英语,国际汉学			国际经济学,国际金融,宪法学,国际法学,新闻学概论,传播学,英语(综合,写作,口语,听力),汉英/英汉翻译		
	基础文科			国际化应用文科模块		
	↑	↑		↑		
大文平台课程	国学导论,逻辑学,语言学,人文社会科学研究方法,社会学概论,微观与宏观经济学,现代科技概论,大学数学					
		↑				
通识课程	"两课",文化素质课,大学英语,信息技术基础,基础写作,大学语文名师导学,心理学					

4. 基于"拔尖计划"的多样化探索(2012年以来)

面向国家重大战略需求和经济社会发展新形势新要求,南京大学在"三三

---

① 张大良,王运来.从平衡到融通:南大本科教育的传统与创新[J].江南大学学报(人文社会科学版),2009(1):70.

制"基础上构建"三元四维"人才培养新体系,将德、知、行作为优化人才培养体系的切入点,制定《南京大学新文科本科人才培养改革实施方案》,开展新文科研究与综合改革项目建设,持续深化文科基础学科人才培养改革,着力培养中华文化的传承者、中国声音的传播者、中国理论的创新者、中国未来的开创者。同时,强化学科支撑,出台《南京大学新时代哲学社会科学行动计划》,将中国特色、世界一流、南大风格的哲学社会科学学科体系建设与文科拔尖人才培养紧密结合起来,推动学科优势转化为人才培养优势。哲学、经济学、汉语言文学、历史学等专业入选首批国家级一流本科专业建设点与"拔尖计划 2.0"基地。2020 年,哲学、汉语言文学(古文字学方向)、历史学等入选基础学科招生改革试点工作(强基计划)。

2020 年,南京大学成立新生学院,以组织模式创新探索创新人才培养新路径,本科新生进入大学后,全部进入新生学院学习。新生学院实行书院制管理,与专业院系协同开展培养工作,在一年级阶段主要强化通识教育并打牢课程基础,各书院基于自身学科特点搭建各类育人平台。新生学院的设置让不同专业背景、不同个性特点的学生聚合在书院这一管理实体中,支持学生更自由、更广泛地主动探索与交流研讨;专业院系则通过开设课程、选派导师、开设讲座、组织实践等方式去影响学生。同时,通过一系列更具针对性的支持机制和育人载体,帮助新生更好地实现从高中到大学的转换,引导学生深化对学科专业的认知和对自我的认知,探索自我潜能与兴趣,并且奠定创新成长的基础。同时,还专门建立了新生导师制度和朋辈导师制度,选聘熟悉相关学科培养方案、了解学科发展动态的优秀中青年学术骨干,指导新生制定个性化的学业规划、生涯规划,拓宽学生的学术视野;通过高年级本科生的现身说法来帮助新生解决心理状态、专业思想、生涯规划、人际交往等方面的问题。新生学院不是一个职能部门,更不是一个单纯的学生管理机构,而是一个综合型、枢纽性的育人共同体。①

---

① 何樨,施佳欢.一流大学本科教育组织模式的变革路向[J].江苏高教,2023(12):76-80.

二、文科拔尖人才培养探索的现实挑战

1. 学生选拔的科学性有待提升

关于"何为拔尖人才"是拔尖人才培养理论研究与实践探索共同关注的焦点和难点,"拔尖人才"的概念界定在很大程度上决定了拔尖人才的选拔标准与策略。1978 年以后,南京大学文科发展进入恢复重建阶段,[①]到二十世纪八十年代初文科已有 7 个系 14 个专业,在校生规模迅速增加。1987 年,文科招生已占全校招生总数的 33%。[②] 在经济发展对人才的需求持续扩大的背景下,基础文科的招生规模迅速扩张,但由于培养定位模糊,加之培养口径窄、模式单一、内容陈旧等问题,文科基础学科人才培养质量不高,不能真正适应社会需要,逐步出现了招生难、分配难等现象,文科基础学科发展受到一定影响。[③] 1995 年,为进一步创新高层次基础学科人才的培养模式,南京大学成立文科强化班,试行文史哲贯通的教学计划,旨在造就科学道德高尚、基础知识坚实、学术眼光开阔、专业技能熟练的文史哲教学与研究的高素质创新人才。前两届学生在新入学的文史哲学生中选拔,之后,面向全省重点中学采取"学校单独命题、提前招生、提前录取"的方式选拔,每年 4 月左右开启提前招生工作,主要从江苏省内各市重点中学推荐的优质生源中选拔专业基础扎实、具有发展潜力的"尖子生",通过综合考试确定预录取人选。[④] 进入"拔尖计划"探索阶段,在基于"强基计划"实行高考招生改革试点的基础上,继续探索校内"二次选拔"。但总的来看,对文科拔尖人才的综合能力和学术潜质的要求还没有形成稳定的考核标准。事实上,还有部分学生在尚未了解强化班培养目标、培养要求、培养方式等情况下就盲目参与选拔,把招生选拔作为高考升学的补偿机制。

---

① 洪银兴. 重要文件与文献　改革开放以来南京大学文科发展的主要成就、经验与今后几年的任务:在真理标准讨论与改革开放 30 周年论坛上的讲话[M]. 王靖华主编. 南京大学年鉴. 南京:南京大学出版社,2009:37 - 38.

② 邱坤荣. 面向 21 世纪大力推进高校文科教育改革与发展[J]. 无锡教育学院学报,1999(2):2.

③ 国家教委高等教育司编. 高等教育教学改革. 1997[M]. 北京:高等教育出版社,1997:23.

④ 庞海芍. 通识教育困境与希望[M]. 北京:北京理工大学出版社,2009:256.

2. 课程内涵整合与教学管理支持难度高

南京大学文科强化班将传统的课堂讲授和导师制结合起来，教学讲究融会贯通，注重强化拓宽学生基础，任课教师由教学经验丰富、文史哲知识贯通的教授、博导组成，在统一开设文史哲三系主干课程的基础上，鼓励学生在全校自由选课，力求多元与精专结合。[①] 匡亚明学院以培养富有创新精神与创造能力的文科基础性人才、保护和加强基础学科为建设目标，实行"一、二年级打共同基础，三、四年级分流培养"的培养模式，旨在出思想、出成果、出经验、出人才。[②] "大文科"模式下第一年设置大平台通识课程，第二年按模块（学部或学科群）设置核心课程，第三年为专业核心课程，第四年为选修课程、科研训练课程、毕业论文。各模块（学部或学科群）之间的部分核心课程可以替代或覆盖，鼓励学生选修多种学科的课程，以从事边缘学科和交叉学科的研究。从成立文科强化部到"大文科"模式以及当前的分专业"拔尖计划"的实施，学科交叉和渗透是南京大学文科拔尖人才培养的一个重要的特色，从而形成了强调宽厚基础、注重学科交叉的课程体系，学生通过低年级共通内容的学习积累掌握基础研究方法，再经由导师指导，在高年级开展跨学科研究训练。但这种培养方式依然面临一些现实问题，较为典型的观点有"文、史、哲贯通固然很好，但如何构建一个更科学更合理的课程设置体系，还需要进一步探索；而且，文科强化班需要文史哲专业互相协调，这方面的教学管理如何完善，还有不短的路要走"。[③] 由于课程设计注重知识广度，相较于单一专业教学计划的学生，经由这种课程体系培养出来的学生在初期阶段的知识积累上往往略显薄弱，在后期专业发展的关键期，知识的体系性、结构性相对偏弱。如何平衡宽广和精深的关系，还需要进一步探索。

3. 学生课程负担重，综合素质提升不足

在"大文科"培养模式的一二年级，由学院统一组织教学和学籍管理，从三

---

① 王革，申纪云主编. 经济全球化与高等教育 2001 年高等教育国际论坛文集[M]. 长沙：湖南师范大学出版社，2002：113.

② 张大良，王运来. 从平衡到融通：南大本科教育的传统与创新[J]. 江南大学学报（人文社会科学版），2009（1）：70.

③ 方延明主编. 与世纪同行南京大学百年老新闻 1902—2001[M]. 南京：南京大学出版社，2002：668.

年级开始学生全部分流到各个院系。在教学内容和课程体系改革上,注重课程内容结构综合化,促进学科融通,构建有机联系的课程体系,同时,优化课内、强化课外,注重反映学科最新前沿动态和成就。虽然在改革探索中对人文素养、创造能力、发展潜力等方面都提出了明确要求,以更好适应"面向现代化、面向世界、面向未来"的要求,强调文科院系应该积极研究与实践如何大胆改革创新、在人文社科领域培养拔尖人才。但在具体实施过程中,培养方案和教学计划主要围绕学术素养设计,除了通识通修模块中设置的必修课程,学生的选修课范围基本集中在各专业学科高层次研讨课程,或者参加与硕士研究生贯通的训练课题、进入专业导师课题组进行专业培养。此外,由于采用"动态进出"的淘汰机制,若学生未通过考核,则有可能转入某个专业普通班进行学习,退出拔尖人才培养的班级,在文科强化班学生规模较小的情况下,这种淘汰压力容易集中在小部分学生当中,使得这些学生几乎将全部学习精力放置在既有课程的学习和巩固上,没有余力参与学术科研以外的活动。特别是初期淘汰机制主要以平均学分绩作为主要衡量标准,在评价导向之下,学生主要关注自己的课程成绩和学分绩。"使得学生们过于重视学分绩(GPA),从而产生'学习异化'问题——学生们学习都非常刻苦,但是这种刻苦不是为了培养创造性,而是为了获取更高的学分绩点。"①

三、文科拔尖人才培养的实践路径

适应时代要求,坚持问题导向,南京大学从文科拔尖人才的具体特性出发,在长期实践探索的基础上,逐渐形成了一系列的创新方法与特色举措,积累了文科拔尖人才培养的本土实践经验,也为进一步深化文科拔尖人才培养改革、提升自主培养能力提供了启示与借鉴。

1. 创新学生选拔组织机制

在学生选拔方面,南京大学进行了多方探索,包括单独提前考试、自主录取、在优秀高考学生中录取等多种形式;文科强化班初期的生源主要来自校内中文、历史、哲学三个基础文科专业的一年级学生,这部分学生进入强化班后

---

① 叶俊飞.南京大学"大理科人才培养模式"研究[D].南京:南京大学,2014:93.

挂靠在中文系,同时进行本专业的基础知识与文科通修内容的学习。进入拔尖人才培养阶段后,相应的选拔机制也需要及时得以革新。总的来看,可界定为"拔尖"的学生,不仅是学术潜力大,更要具备坚定的理想信念、远大的志向和多方面综合素质。特别是对于文科基础学科而言,在选拔过程中要更加注重挑选德才兼备的拔尖人才,而不是过分关注以成绩为表征的智力超常或成长速度明显高于同龄人的人群。南京大学新生学院实行书院制管理,与专业院系协同开展培养工作,在一年级阶段主要强化通识教育并打牢课程,各书院基于自身学科特点搭建各类育人平台。支持学生更自由、更广泛地主动探索与交流研讨;专业院系则通过开设课程、选派导师、开设讲座、组织实践等方式去影响学生。引导学生深化对学科专业的认知和对自我的认知,探索自我潜能与兴趣,并且奠定创新成长的基础。同时,还专门建立了新生导师制度和朋辈导师制度,选聘熟悉相关学科培养方案、了解学科发展动态的优秀中青年学术骨干,指导新生制定个性化的学业规划、生涯规划,拓宽学生的学术视野;通过高年级本科生的现身说法来帮助新生解决心理状态、专业思想、生涯规划、人际交往等方面的问题。

在既有经验基础上和现有高考制度的框架下,提出如下建议:第一,要深化"强基计划"、综合评价录取等招生制度的改革探索,进一步发挥高校在学生选拔中的作用,特别是基于"高中—高校"拔尖人才早期培养协同改革给予高校人才选拔上更大的自主权。第二,要进一步探索拔尖学生的评价标准与甄别工具,加强对文科基础学科特点及拔尖人才成长规律的研究,加强对标准化测试质量及人才选拔效度的追踪研究,注重对学生学术志趣的考察,探索综合素质评价的有效路径。①

2. 改革探索培养方式

早在恢复发展阶段,学校就提出"全面培养,强化基础,因材施教,增强活力"的教学工作指导方针,专门出台《南京大学关于加强文科管理提高教学质量的若干规定》,要求学生"掌握比较扎实、宽厚的基础理论知识,具有综合运用基础理论知识进行科学观察、分析、思维的能力,以及表达能力、自学能力和

---

① 王新凤.我国高校拔尖创新人才选拔政策变迁与机制优化[J].北京师范大学学报(社会科学版),2023(4):34.

进取精神等",在教学中抓好"读、写、议"环节,优化课内、强化课外,任课教师指导学生进行大量课外阅读、写作和课堂讨论,提升学生综合运用所学知识、自觉探索新知识的能力,扭转"重知识传授,轻能力培养"的状况。作为综合性高校,南京大学充分发挥多学科优势,探索试行了"集中培养"、分专业设置"拔尖班"等多种培养方式。实践表明,集中培养往往需要学校的政策倾斜以及大量的资源支撑,需要高效率的管理运行制度与协调机制来形成可持续的支持体系;与此同时,基于相同标准选拔出来的学生群体、培养环境的"同质化"以及高度的竞争性在一定程度上也会阻碍学生的个性化发展,"力图将中国高等教育的传统优点与当代世界高等教育改革和发展的趋势相结合,探索和全面试点适合南京大学学科特点的通识教育模式"①。

分专业设置的"拔尖班"更加贴合学科特点,但也存在着过早、过度专业化的风险,如何避免学生局限于狭窄的专业视野是需要重点解决的问题,其背后反映的依然是对通专关系的认识。每个学校都有自身的育人传统与学科生态,拔尖人才培养离不开学科支撑与条件保障,因此,学校要真正从实际出发,凝聚学科的育人共识,基于文科基础学科特点和学生发展规律,探索实施适切的拔尖学生培养方式,而不是简单地以机构设置替代管理运行体系的变革、以形式替代内涵。总的来看,我国尚未形成真正意义上的文科拔尖人才的自主培养体系,"管理条块分割、教学工作系统不协调、系统集成度差"②等问题依然存在,需要进一步深化改革创新,尤其是不能停留在传统专业教育框架下修修补补或"叠床架屋",而是要回归知识生产方式、拥抱现实情境、积极地面向充满变化和未知的未来,推动人才培养模式与培养方式的创新;同时,还要回归学生个体,激发学生的主体性和创造性。基于此,对文科拔尖人才培养的理念、资源、管理体系、制度环境等进行全面优化。③

3. 加强基础育人要素建设

在实践中,南京大学积极探索创新课程、教材、教师、实践项目等基础育人要素的建设机制,通过主干课程、教材建设,不断为教学注入了新的内涵;通过

① 庞海芍. 通识教育:困境与希望[M]. 北京:北京理工大学出版社,2009:257.
② 钟秉林,董奇,葛岳静,等. 创新型人才培养体系的构建与实践[J]. 中国大学教学,2009(11):22.
③ 何榴,施佳欢. 一流大学本科教育组织模式的变革路向[J]. 江苏高教,2023(12):80.

将科研训练的内容真正融入教学计划当中,大力推行"读写议"教学方法,强调"读书治学、心手合一、专题讨论"①,培养学生的创新意识和科学研究能力;在部分基础课程中实行"首席教授负责制",打破传统聘任方式,尝试校内外教师联聘,为文科教育建设注入新鲜血液。通过实施"首席教授"负责制,由学校选聘经验丰富的高水平教师为学生授课,并将课堂讲授与导师个别指导相结合,建立学术指导老师制度,提升教材质量和育人效果,如孙叔平编著的《中国哲学史稿》对中国哲学史教学起到了重大作用,孙伯鍨编著的《马克思主义哲学史》、茅家琦编著的《太平天国兴亡史》、张宪文主编的《中华民国史纲》等普遍受到好评;②通过文科国际科考与科研训练、本科生驻院研修项目等实践项目拓展学生的体验及跨学科经历,提升创新实践能力。但与拔尖人才培养的战略定位相比,当前育人要素的支撑力还不够,需要聚焦内涵建设,围绕知识体系更新进一步推动育人要素的扩优提质,特别是要充分发挥重大科研项目、重点平台的作用,以重大实践和基础理论问题为牵引,为学生提供具有挑战性的学习机会和学习资源,注重学生对知识生产过程的理解与体验,发展创新思维以及发现问题、分析问题、解决问题的能力。因此,如何建立合适的梯度以适应学生认知发展规律,构建相互衔接的课程教材体系;如何从相对固定的知识传授过渡到更加灵活、更具个性化的学习体验;如何引导学生适应学术共同体氛围及互动模式等,还有待持续的探索。

4. 凸显学科专业特色优势

南京大学文科基础学科各拔尖基地基于自身特点开展了深入的探索,哲学专业以"培养方向正、培养模式优、培养效果强"为目标,③从科研项目制、本研贯通制、小班研讨制、本科书院制等四个方面,构建了一套立体化、多层次的学生创新能力培养机制,鼓励低年级本科生尽早介入导师课题组研究,"采取'3+1+X'培养模式,将本科阶段第四学年与研究生阶段第一学年相衔接,让

① 南京市地方志编纂委员会编纂.南京年鉴(1997)[M].南京:南京出版社,1997:264.

② 施佳欢,秦安平,阎燕.新时代高校教材建设高质量发展的历史逻辑和实践指向:基于南京大学教材建设经验的考察[J].中国大学教学,2023(6):86.

③ 张亮,于天禾.新时代新文科新拔尖:基于南京大学的思考与实践[J].广西大学学报(哲学社会科学版),2021,43(1):155.

学生在大四真正'忙'起来,持续激发内生动力"。① 汉语言文学专业从中华优秀传统文化中汲取智慧与资源,促进"师友会"和书院制、导师制、学分制的历史学专业构建"一四四"的实践教学体系,通过参与口述历史的采集与整理,开展实践教学,并开设四门核心课程,组织学生参与"茅家琦史学论坛"等。经济学专业对本科教学平台、系列国家高端智库、国家级研究基地、省级实践示范基地等资源进行综合集成,将智库平台建设和经济学研究性教学深度融合,实施"引导—发现式教学"新型教学模式,强调从现实经济问题出发,以解决实践问题为中心。

同时,积极打造文科拔尖人才培养的优质教育教学资源。一是建设三层次文科"金课"群,结合"十百千"优质课程建设计划,以高阶性、创新性、挑战度为课程建设标准,大力提升课堂教学质量。建设通专融合的优质学科平台课、科教融合的优质文科专业核心课、交叉复合的优质小班研讨课,培养学生的问题意识和创新精神,引导学生自主发现问题、分析问题和解决问题。二是打造适应时代要求、具有南大风格的一流文科教材,启动新时代文科"传世经典"教材计划,打造一批体现中国立场、中国智慧、中国价值的哲学社会科学教材。三是拓展文科实践教育资源。探索设置全新的实践课程模块,建设"以项目为载体的课程",如哲学系"科研创新能力培养与提升",历史学院"史学实践""考古实践与遗产调研"等,系统培养学生综合运用所学知识和技能和实践创新能力;开展文科国际科考与科研训练,如"沿着马克思的足迹继续前进""拉贝和平日记和和平城市""中俄历史记忆与红色精神的当代传承"等,鼓励文科学生"走出去",拓展学生的视野和格局。四是探索实施本科生驻院研修项目,依托人文社会科学高级研究院,推行"导师＋青年研修小组"的模式,倡导以学生为主体的跨学科学术体验,让兴趣相投、背景多元的青年学子组成学习小组,由导师带领开展人文社科跨学科学习。②

改革开放以来,南京大学积极响应党和国家对文科拔尖人才的需求,深化教育教学改革,探索文科拔尖人才培养的模式、路径、载体,积累了许多有益经

---

① 刘鹏.论哲学拔尖人才的培养:以南京大学为例[J].新文科理论与实践,2023(3):25,124.
② 全国新文科教育研究中心编.新文科建设年度发展报告（2022）[M].济南:山东大学出版社,2022:319.

验。南京大学始终顺应时代发展要求,敢于突破,先行先试,着力培养高层次、厚基础、少而精的基础性人才,从重建文科恢复发展到成立文科强化部的改革探索、基于荣誉学院开展"大文科"模式变革,再到基于"拔尖计划"多样性探索的高质量发展,围绕学生选拔、个性化培养、一体化管理等探索实践经验,深化培养机制和培养模式改革,探索具有南大特色的文科拔尖人才培养之路。①南京大学不仅积累了丰富的本土实践经验,更在应对挑战中不断反思提升,形成了一系列具有创新性和特色的方法与举措。展望未来,南京大学将继续秉持新时期的培养目标和持续创新理念,不断深化文科拔尖人才培养改革,着力应对在学生选拔、课程设置、教学组织等方面面临的问题,提升自主培养能力,从培养方式、育人要素、专业特色等方面出发继续深化培养路径,为构建更加完善、更加高效的文科拔尖人才培养体系贡献更多的"南大方案"。

---

① 张亮,施佳欢. 文科基础学科拔尖学生培养:理念认知与实践行动:基于全国文科拔尖基地的调查[J]. 中国高教研究,2023(11):71.

附录 3: 新时代新文科新拔尖: 基于南京大学的思考与实践

习近平总书记在哲学社会科学工作座谈会上强调,"一个国家的发展水平,既取决于自然科学发展水平,也取决于哲学社会科学发展水平。一个没有发达的自然科学的国家不可能走在世界前列,一个没有繁荣的哲学社会科学的国家也不可能走在世界前列"①。在即将实现"两个一百年"奋斗目标的关键时期,南京大学认清百年未有之大变局的新形势,把握科技和产业革命的新机遇,主动应变、积极求变。自 2018 年春夏之交,南京大学就开始关注、思考新文科议题,遵循高等文科教育规律和人才成长规律,面对新时代新要求,结合"熔炉工程"与"三元四维"人才培养新体系建设,推动文科教育改革向新时代新文科全面改革创新发展转变,并在拔尖 2.0 哲学人才培养基地等的规划与前期建设上取得系列初步成果。

一、新时代召唤新文科

新文科究竟是一个口号,还是一种具有必然性的发展趋势? 通过研讨思考,南京大学认识到,应以习近平新时代中国特色社会主义思想为指导,落实全国教育大会和新时代全国高等学校本科教育工作会议要求,不断加强顶层设计,全力谋划,推动文科教育的全方位升级转型和结构性改革,实施新时代新文科改革创新发展战略,扎根中国大地培养新文科拔尖领军人才。

首先,全方位推动新文科改革创新发展战略,是顺应世界潮流和时代发展大势的必然抉择。世界在发展,时代在进步,当今世界正处在百年未有之大变局。人工智能、大数据、量子信息、生物技术等新一轮科技革命和产业革命正在积蓄力量,催生了大量新产业、新业态、新模式。新科技革命和产业变革是一次全方位变革,将对人类生产模式、生活方式、价值理念产生深刻影响②。面对风起云涌的新工业革命和世界大变革,过去工业化时代定型和发展起来

---

① 习近平. 在哲学社会科学工作座谈会上的讲话[N]. 人民日报,2016 - 05 - 19(1).
② 习近平. 在亚太经合组织工商领导人峰会上的主旨演讲[N]. 人民日报,2018 - 11 - 19(1).

的传统文科教育模式已难以适应时代发展的战略需要,改革传统文科教育、全方位推动新文科改革创新发展战略,势在必行!

其次,全方位推动新文科改革创新发展战略,是服务中华民族伟大复兴、建成社会主义现代化强国这一新时代目标的必然抉择。中华民族要复兴、国家要富强,离不开发达的自然科学、物质力量和硬实力,也离不开强大的哲学社会科学、精神力量和软实力。站在新的历史方位,我们必须要有强烈的责任感、使命感和紧迫感,以更大的勇气、更大的魄力、更大的智慧探索我国高等教育的新理念、新标准、新模式、新问题、新体系,全方位地推动文科教育的升级转型,为中华民族伟大复兴和"强起来"的宏伟目标提供强大精神支撑。

再次,全方位推动新文科改革创新发展战略,是顺应我国综合国力和国际地位提升、推动我国高等教育"变轨超车"、实现从教育大国到教育强国转变的必然抉择。新时代全国高等学校本科教育工作会议出台"新时代高教40条",提出新时代"四新"建设——新工科、新医科、新农科、新文科。文科教育关系到一个人的人格修养、审美情操、社会责任感等,是观照理工农医发展的一盏"灯塔"。[①] 新工科、新医科、新农科为新文科提出新命题新方法,新文科为新工科、新医科、新农科注入新思想、新元素。通过大力推进"四新"建设,引领高等教育未来。当前,我国文科教育改革发展已经进入了深水区,某些领域也开始进入无人区,没有现成的经验可以模仿复制。我国高等教育必须抓住伟大实践和伟大时代提供的重大机遇,总结实践经验,提炼出有学理性的新理论,概括出有规律性的新实践,讲清楚历史性成就背后的中国特色社会主义道路、理论、制度、文化优势,用中国理论阐释中国实践,在中国实践中升华中国理论,更加鲜明地展现中国思想、中国方案、中国智慧;同时,要立足中国,放眼世界,从世界舞台、全球格局、国际坐标中来谋求中国新文科的创新发展,不断提升我国文科教育的话语权、影响力、感召力和塑造力,打造世界新文科教育和人才培养新高地,积极推动我国高等教育的变轨超车。

二、新文科必须要有新特色

新时代呼唤新文科,新文科要有新特色。根据我们的理解,新文科应当具

---

① 吴岩. 新使命大格局新文科大外语[J]. 外语教育研究前沿,2019(2):3-7,90.

有以下特征：

首先，新文科必须培养具有中国灵魂、世界眼光，堪当民族复兴大任的创新拔尖人才。新文科教育应当面向三个维度，即面向现代社会的全面发展要求，面向全球化、新工业革命、信息时代的挑战，面向新时代中国特色社会主义现代化建设需要，培养堪当民族复兴大任的社会主义建设者和接班人，培养具有中国灵魂、世界眼光的拔尖人才，即能够正确认识现代中国、现代世界，完全符合新时代和现代社会发展要求，具有全面卓越的综合素质（认知、情感、意志、品质等）、创新能力、思想引领力和国际领导力、又红又专的拔尖人才。

其次，新文科必须能够全面反映当今世界发展趋势和新时代中国特色社会主义伟大实践发展规律，具有前瞻性、综合性、先进性、引领性，体现鲜明的中国特色、中国风格、中国气派。传统文科教育是过去现代化和工业化时代的产物，它在新中国文科人才培养方面起到了不可替代的重要作用。然而，面对风起云涌的新工业革命和世界大变革，传统文科教育在教学模式、教学内容、教学理念等方面已显示出一定的滞后性，跟不上时代发展的步伐。新文科必须与时俱进，准确反映当前人类社会生产生活、价值观念、行为方式等的演变和发展趋势，更为重要的是，必须扎根中国大地，充分反映中国特色社会主义道路、理论、制度、文化优势。

最后，新文科必须坚持问题导向，研究新问题、解决新问题。新文科必须基于世界发展潮流、时代发展大势和新时代中国特色社会主义发展过程中遇到的重大理论和现实问题，全方位地谋划新理念、新标准、新方案、新体系、新模式，培养拔尖创新的时代新人，全面服务于中华民族伟大复兴和新时代中国特色社会主义现代化建设。

三、新文科建设的南京大学探索

南京大学全面推进新文科改革创新发展坚持顶层设计、统筹安排，在"三元四维"人才培养新体系中，推动以学生、学术、学科为一体的文科教育综合发展落实习近平总书记在全国教育大会上强调的"坚持中国特色社会主义教育发展道路,培养德智体美劳全面发展的社会主义建设者和接班人"①。

(一)新文科建设理念

南京大学坚持传承、发展、守正、创新,扎根中国大地培养新文科拔尖领军人才。传承,即充分继承弘扬中华优秀传统文化,同时不断汲取各国文明的长处和精华,培养学生的中国灵魂和世界眼光;发展,即充分把握时代的要求和科技进步的深刻影响,推动人文社会科学交叉融合发展;守正,即坚持马克思主义指导,扎根中国大地,结合新时代中国特色社会主义的伟大实践,提炼有学理性的新理论,概括出有规律性的新实践,形成中国学派和学术体系;创新,即坚持问题导向,研究新问题、解决新问题,培养堪当民族复兴大任的全面发展的拔尖人才。

(二)新文科建设的五大重点内容

第一,21世纪马克思主义和当代中国马克思主义教育体系。以习近平新时代中国特色社会主义思想为指导,结合世界发展大势和中国实际,讲清楚共产党执政规律、社会主义建设规律、人类社会发展规律。第二,当代中国特色社会主义重大理论和现实问题研究。教育部部长陈宝生强调,要繁荣发展哲学社会科学,解决"想点子"问题;要深入开展习近平新时代中国特色社会主义思想研究阐释,打造一批有分量的原创性成果。② 系统总结实践经验,提炼出有学理性的新理论,概括出有规律性的新实践,建构中国特色的哲学社会科学学术体系、教材体系、课程体系和话语体系。第三,科学技术新发展带来文理交叉融合发展契机研究。系统研究新一轮科技革命和产业革命带来的文理交叉融合发展契机,主动应用新技术,研究新文科教育与新理科、新工科教育的深度融合。第四,当代科技前沿的人文反思与治理研究。深刻反思科技快速发展可能带来的人类有效应对和现代化治理可能带来的风险挑战,讲清楚科技发展对人类生产模式、生活方式和价值理念的深刻影响。第五,世界文明与

---

① 习近平. 在全国教育大会上强调坚持中国特色社会主义教育发展道路培养德智体美劳全面发展的社会主义建设者和接班人[N]. 人民日报,2018-09-11(1).

② 陈宝生. 写好"奋进之笔"新篇章迈出高教强国建设新步伐:在教育部直属高校工作咨询委员会第二十八次全体会议暨全国高等教育工作会议上的讲话[J]. 中国高等教育,2019(8):4-8.

中国传统文化的创新发展。全面理解世界文明的发展历程及趋势,扎根中国大地了解国情民情,传承弘扬中华优秀传统文化、革命文化、社会主义先进文化,萃取优秀的中华传统文化作为教育内容。①

(三) 确立并不断完善新文科建设的推进举措

南京大学新文科改革创新发展从研究性、人文性、交叉性、实践性全面推进,通过深化文科专业建设,建设基于新文科思维的多元育人平台,探索多层次新文科交叉复合型人才培养模式,推动校、企、地和科研平台的深度合作实践育人。

第一,深化文科专业建设。一是推进以研究型教学为核心的文科专业升级,大力推广"问题导向、主动探究"的研究型教学,结合"拔尖计划""强基计划"、国家级省级"双万计划"一流专业建设等,适时启动校级新文科专业综合改革教改项目申报,鼓励文科专业全面提质升级。二是启动实施文科专业课程升级,聚焦文科专业核心课,凝练专业核心课程建设标准,努力打造专业课"金课",组织名师大家带领骨干教师,重点投入本科教学,对专业核心课程教学方案整体改进提升,并充分利用教育信息技术,推进混合式教学方式改革,推进"学习革命",加强学生批判性思维、团队协作、自主学习等深度学习方法的训练,实施以创造性与多样性学习成果为导向的学业评价,推动课程教学方式的变革和学生学习范式的转变。三是深入推进文科专业教材建设,构建具有南大特色并蕴含思想性、科学性和前沿性的文科教材体系,建设与课程内容有相关梯度性或交叉性、拓展课程深度及边界、线上线下结合的数字化扩展教材。四是启动实施文科青年教学名师培育计划,设置文科教学青年拔尖人才项目,改革教师评价机制,建设结构多元、德厚学高的教师队伍。

第二,建设基于新文科思维的多元育人平台。一是实施依托经典开展"悦读经典计划",将经典阅读能力和习惯培养作为基本文科素养能力培养的一项重要内容,通过开展多样化的经典书籍师生研读与交流,推动广大学生接触经典、研读经典、读好经典,从而培养学生健全的人格、高尚的道德情操、广博的

---

① 郭明姬,张亮. 新时代高校发展中华优秀传统文化教育研究[J]. 湖南科技大学学报(社会科学版),2018(6):149 - 153.

文化修养、全球化的视野和敏锐的社会洞察力。二是推进以人文精神培养为目标的通识教育改革,启动通识教育十年经验总结和通识教育改革,构建系统化、整合性、跨学科的通识教育课程体系,以历史性、发展性、世界性的学术眼光,探寻古今中外人类文明中最根本、最重要、最不可或缺的知识领域。三是全面加强课程思政建设,将文科专业教育与思政教育紧密结合,深入挖掘文科各类课程中蕴含的思政教育元素,寓价值观引导于知识传授和能力培养中,发挥文科教育天然的价值引领、品格培养、道德修炼作用,围绕人、自然、社会的基本关系,建立真善美的价值尺度,实现价值塑造、知识传授与能力培养的一体化推进,帮助学生树立正确的人生观、世界观,引导学生爱党、爱国、爱社会主义、爱人民、爱集体,围绕政治认同、爱国情怀、文化素养、宪法法治意识、道德修养等,系统进行中国特色社会主义教育、社会主义核心价值观教育、中国优秀传统文化教育等。

第三,探索多层次新文科交叉复合型人才培养模式。一是探索专业交叉复合型人才培养,促进文理工融合,将互联网思维、大数据、信息技术融入文学、历史学、哲学等传统人文学科中,试点多个文科交叉复合"微专业",探索实施"文科+"交叉复合型拔尖人才培养,通过不断加强文科与科技发展成果的融合,深度探索文科与理工科的融合发展规律。二是探索本研衔接拔尖人才培养,推动本研衔接,通过课程、培养路径的衔接,建立师资、科研训练、实习实训等教学资源共享机制和教学管理对接机制,实现人才培养全链条的系统联动和互动衔接。三是探索科教融合交叉复合人才培养,依托人文社会科学高级研究院等文科科研交流平台,探索"本科生驻院研修项目"、辅修学位、第二专业学位等多样化交叉复合人才培养模式,制订专门的教学计划,倡导以学生为主体的跨学科学术体验,推行"导师+青年研修小组"的模式,让兴趣相投、背景多元的青年学子组成学习小组,由导师带领开展跨学科研究。

第四,推进校、企、地深度合作实践育人。一是建设文科校外实践教学示范基地,通过加强实践教学的内涵、条件、队伍和制度四个方面的建设,构建和完善具有特色的文科实践教学体系,着力培养学生"四个实践能力",即以创新能力为导向的基本的创新实践能力、扎实的专业实践能力、灵活的跨界实践能力、全面的综合实践能力。二是建设文科创新实践平台,围绕文化产业创新、国家文化软实力提升和中国文化走出去战略,校企协同共建"文化创意产业平台",开展实践教学和科研,积极探索实践,为社会和行业培养、输送文创产业精英,培育孵化文创成果。三是建设文科实验室,推动智能化、数字化等科学技术融入文科教育,全面提升南京大学人文社会学科的科学研究和人才培养水平。四是建设文科国际科考与科研训练项目,鼓励文科学生"走出去",实施国际交流、国际科考、国际组织实习等国际化实践实习项目,拓展学生的视野和格局,以更加直观的方式让学生切身感受,为理解中国特色社会主义的理论与实践提供直接的经验材料。

四、拔尖 2.0 人才培养模式的"南哲"方案

教育部在总结拔尖计划 10 年工作基础上,发布基础学科拔尖学生培养基地建设工作的通知,[①]新增哲学、经济学、中国语言文学、历史学等文科基础学科基地建设范围。南京大学哲学系在 20 多年拔尖人才培养模式探索的基础上,面向基础学科拔尖人才培养基地 2.0 的申报,结合新时代新文科教育改革创新发展的特点,构建了一套培养方向正、培养模式优、培养效果强的拔尖学生培养模式。拔尖 2.0 人才培养模式的"南哲"方案包括以下内容:

第一,按照新文科特点创建爱智书院,书院自上而下施行院长、学术委员会、导师三级管理体制,其中学术委员会聘请四位书院首席教授担任校内委员、三位校外知名专家担任校外委员,导师按照学术导师、学业导师、思政导师进行配置。

第二,创新科学选才、鉴才机制,面向全校本科新生按照初选、笔试、面试三个环节,以学生的政治素养、综合能力和创新潜力三个维度为考察重点,进行二次选拔,创建拔尖班。

第三,按照"两性一度"要求设定学生培养流程,注重对拔尖班学生的创新能力的考察,实行动态分流机制,同时,通过开设荣誉课程群打造金课体系,通过此课程遴选的学生授予哲学荣誉学位。

第四,实行首席教授引领、头衔教授主讲、青年骨干教师助教三级教学体

---

① 教育部办公厅.教育部办公厅关于 2019 年度基础学科拔尖学生培养基地建设工作的通知[EB/OL].(2019 - 08 - 23)[2020 - 09 - 21]. http://www. moe. gov. cn/srcsite/A08/s7056/201908/t20190829_396469.html.

制,同时,设立"刘伯明讲座教授"席位,聘请国内外一流专家开设课程。

第五,革新现有课程体系,在哲学专业传统核心课程的基础上,按照培养新时代马克思主义工作者、新时代人类命运共同体的构建者与引领者、新时代中华优秀传统文化的创新与发展者、新时代科技前沿问题的哲学反思者四个方向,设立21世纪马克思主义、人类命运共同体与世界文明、中华优秀传统文化的创新发展、当代科技前沿问题的哲学反思四个高级选修课程模块,创新新时代新文科课程体系。①

第六,强调拔尖学生培养的科研能力和创新潜力导向,针对学生培养的不同阶段,设立"书院培育基金""基地开放基金",实行书院方向引领、三个省部级以上基地培养主导、导师具体负责的三级学生科研能力培养机制,以科研项目制全面提升学生创新潜力。

第七,通过"刘伯明讲座教授"制度和国际化教学实习项目,全面提升学生的国际视野和国际适应能力。

第八,在质量监控方面,实行导师和学术委员会教学评价、第三方评估和毕业生长期追踪相结合的学业评级两级机制,以评促教、以评促学,持续提升拔尖学生培养效果。

基础学科拔尖创新人才培养模式2.0的"南哲"方案具有目标定位"高"、课程结构"新"、国际化程度"强"、育人机制"优"等鲜明特点,经初步实践,取得了突出成效。2020年是南京大学哲学系成立百年之际,百年来,南京大学哲学系对我国哲学人才培养和学术进步作出了卓越贡献,逐步建成既注重基础研究,又关注社会现实的哲学人才培养与研究基地。入选"拔尖计划2.0"基地,是南京大学哲学系在拔尖人才培养方面的新起点、再出发,我们力争为繁荣中国特色哲学社会科学培养更多能够肩负民族复兴伟大重任的时代新人。

---

① 张亮.国际比较视野下哲学专业人才培养模式的新探索[J].中国大学教学,2015(11):35-38.

附录 4：南京大学哲学拔尖人才培养的实践探索

　　哲学拔尖人才的培养既有其作为一般人才培养的共性特征，又有其哲学学科的特质。从一般意义上来说，"培养什么人、怎样培养人、为谁培养人"是教育的根本问题，因此任何拔尖人才培养模式都必须在这三个方面给出明确回答；从哲学学科的特殊性来说，"任何真正的哲学都是自己时代的精神上的精华"①，在此意义上，培养能够应时代之变、发时代之声、引时代之潮的拔尖人才，便是哲学以教育实现其自身目标的应有之义。因此，中国式哲学拔尖人才培养模式需具备三个共性维度和一个特性维度，前者是指这一培养模式必须具备中国底色、哲学本色、时代亮色，后者是指哲学拔尖人才培养必须立足各校学科特色，后一维度为这一培养模式加入了一个有限变量，使得不同高校能够在哲学拔尖人才培养共性特征的基础上，形成各具特色的哲学拔尖人才培养模式。

　　南京大学前期探索了两种哲学拔尖人才培养模式，即文史哲贯通强化培养和哲学专业特色培养。在基础学科拔尖学生培养计划 2.0 基地的建设过程中，南京大学基于上述思考和前期探索，确立了哲学拔尖人才的培养目标：以"立德树人"为根本导向，坚持大师培养，秉承文理融通、古今贯通、中西汇通的教育理念，深化国际交流与合作，面向国家战略需求、思想文化创新和哲学学科前沿，培养具有"中国灵魂、国际视野、未来眼光"的思想引领者、时代担当者和未来掌舵人。同时，创新培养目标落地机制，一方面，强化体制创新，坚持育教融合思路，将培养目标分解为毕业生核心能力要素，根据具体要素表反向设计教育教学体系和教育教学环节，从培养模式上构建拔尖人才培养的必要条件；另一方面，深化机制创新，确定了以能力培养为核心、以教学创新为突破、以质量建设为保障的推进思路，从培养机制上构筑拔尖人才培养的充分条件。

---

①　中共中央马克思恩格斯列宁斯大林著作编译局编. 马克思恩格斯全集：第 1 卷[M]. 北京：人民出版社，1995：220.

一、以激发学生内生动力为核心，构建"四位一体"科研创新能力培养体系

教育部等六部门发布的《关于实施基础学科拔尖学生培养计划 2.0 的意见》中强调了落实基础学科拔尖学生培养计划 2.0 的总体思路，其中要求"建设一批国家青年英才培养基地……选拔培养一批基础学科拔尖人才，为新时代自然科学和哲学社会科学发展播种火种，为把我国建设成为世界主要科学中心和思想高地奠定人才基础"。这一建设思路的核心是培养具有高度创新潜力和能力的新时代大学生，这对学生而言更多是一种综合素质的要求，对学校而言则是构建支撑高素质人才培养的体制机制。对哲学学科来说，其长远目标是培养具有中国灵魂、家国情怀和全球眼光的时代担当者，具有文化自觉、理论自信和未来意识的思想引领者，具有人文情怀、科技素养和世界胸怀的未来掌舵人，推动学生最终成长为中国特色哲学学科体系、学术体系、话语体系的构建者。这一长远目标落实到本科阶段则是学生学术思维、学术悟性的培养以及创新意识和创新能力的奠基。从学生学术成长的历程来看，在这双重目标的实现过程中，学生的内生动力机制尤为关键，这一内生动力包括学生对学术的热情、问题意识、创新能力等多个方面。因此，哲学拔尖学生的培养必须聚焦这种内生动力及其持续自我强化机制的培育。基于前期探索和对新时代大学生认知特点的充分把握，以激发学生内生动力为核心，南京大学哲学系从科研项目制、本研贯通制、小班研讨制、本科书院制等四个方面，构建了一套立体化、多层次的学生创新能力培养机制。

（一）分类实施，深化本科生科研项目制

哲学源于惊奇，这种非功利的求知欲和兴趣正是学生内生动力的起点。为了让学生能够在学习中不断尝试、寻找自己的科研兴趣并培养科研意识，哲学系自 2012 年开始，就面向本科生实施了科研项目制；在获批教育部基础学科学生培养计划 2.0 基地后，哲学系根据最新文件要求和招生方式、培养模式的新变化，以"全面拔尖培养、分类分层次推进"为原则，更新了本科生科研项目制的实施方式。其中，"分类"主要体现在依据不同的学生类型实施不同类型的科研项目，以适应不同类型学生在培养进度上的差异性要求，"分层次"主

要体现在针对不同年级推出不同层级的科研项目,深化不同项目类型之间的逻辑衔接。

面向低年级实施的两类项目是所有学生的必修项目,按照"一生一项目"的标准使科研能力的初步训练成为哲学系学生的标配;面向高年级实施的两类项目为竞争性项目,推动学生形成你追我赶的科研竞争良性态势。科研项目按照选题自由、流程规范、质量优先的原则,允许学生在导师的指导下自主选题,保证学生学术研究的开放度,又以公开答辩和专家评审相结合的方式,确保学生科研项目的质量。同时,建立以项目制为载体的导师制实施机制,学生在申请科研项目时需以师生互选的方式选定导师。将项目的逻辑优先级置于导师之前,一方面充分尊重了学生的研究兴趣,另一方面也避免了传统导师制实施过程中因导师更换给师生带来的不必要的心理压力。在获批拔尖计划2.0 基地之后,为进一步推进学生科研项目制的制度化,哲学系率先在学生培养方案中设立以项目为载体的课程"科研创新能力培养与提升",该课程以学生科研项目完成质量为评价依据,实现了科研项目的学分化转化,这一做法成为南京大学 2021 版培养方案修订时的标准动作(见表 1)。此外,"爱智慧优秀新人基金项目"除面向哲学系大类分流班级学生开放外,也向其他院系低年级学生开放部分名额,这一措施是南京大学"三三制"人才培养模式的体现,一方面从学理层面体现哲学的开放性,帮助外专业学生在对哲学理论的理解中深化其专业学习能力;另一方面也可以吸收部分优秀学生理解哲学、学习哲学。

表 1　南京大学哲学系本科生科研项目制分类分层次实施体系

年级层次	学生类别	
	拔尖计划、强基计划	大类分流班级
高年低	伯明书院—卓越人才培养计划基金项目	拔尖人才培养计划基金项目
低年级	伯明书院—唯真学术创新基金项目	爱智慧优秀新人基金项目

科研项目制的实施,极大提升了同学们的问题意识和创新能力。近 10 年来,参与项目的学生在 CSSCI 来源期刊论文发表、学科竞赛获奖、毕业升学层次等方面都得到了非常大的提升,毕业论文甚至能够在 A & HCI 期刊发表。以学生科研项目结项论文为主体,哲学系汇编出版《登音回响》(2018 年)、《思

之初芒》(2019 年)两本学生学术论文集,集中展现了新时代南京大学哲学专业本科生的学术科研能力;以其他院系学生的结项论文为重要组成部分,汇编出版《星丛曜煜》(南京大学出版社,2020 年),展现了南京大学非哲学专业学生的哲学思维能力,其中部分参与项目学生已经在国内外知名高校如巴黎第一大学等攻读哲学博士学位。

(二) 多维贯通,打通本研培养体制分割

在传统培养模式下,本科教育和研究生教育被硬性分割为两个阶段,而且在培养目标、培养方式、课程设置、教学方法等方面都有很大不同。要打破这种分割,本科阶段的拔尖人才培养就应该将通识教育、专业教育和科研训练结合起来,既要充分体现本科阶段学生培养的全面性,锻造学生扎实的理论功底,又要做好与研究生阶段科研创新能力训练的循序衔接,激发学生的科研创新潜力。因此,哲学系采取"3+1+X"学生培养模式,这里的 1 是指本科阶段第四学年与研究生阶段第一学年之间的衔接甚至合一,这种衔接与合一使得学生在大四真正"忙"起来,使得其内生动力的持续性有了制度保障。本研衔接主要体现在课程、学分、导师、项目等四个方面。在课程贯通方面,硕博阶段重要核心课程均向本科生开放,且拔尖计划和强基计划学生按照培养方案规定必须修读一定学分的本研贯通课程。在学分衔接方面,本研贯通课的学分既可用于本科阶段,也可用于研究生阶段,让基础扎实、能力突出的学生尽可能有更多的时间用于学术研究。在导师衔接方面,除科研项目导师、学科竞赛导师、实践项目导师之外,学生大四阶段原则上应选定研究生导师,开始研究生阶段的培养,让学生在大四学年真正"忙"起来。在科研项目衔接方面,前文所述 4 个项目是哲学系本硕博纵向科研项目一体化体系的一部分,本科生的科研训练既能够为本科阶段提升科研能力创造机会,同时又为研究生阶段开展更高层次的科研项目打下基础。本研贯通培养,打通了本科阶段和研究生阶段的制度性时间分割,真正做到了两个阶段之间的无缝衔接,实现了人才培养的"连续性"和"高效性",深化了学科和专业的"一体化建设"[①],为拔尖人才

---

① 闫广芬,尚宇菲.本研贯通人才培养模式的核心要义及发展向向[J].研究生教育研究,2020(2):34-39,73.

的脱颖而出提供了制度保障。

（三）小班研讨，熔铸思想交汇的学术环境

哲学学科的特质和培养目标决定了其教育只能采取小班教学方式，这一教学方式的目的就在于强化课堂互动和研讨，使哲学课堂真正成为一场"思想的旅程"，这为学生内生学习动力的塑造熔铸了一个浸润式的思想环境。因此，南京大学哲学系严格控制学生规模和班级规模，所有专业课程均采取小班授课模式，以真正的思想交流促进学生思想的成长。为进一步强化研究性授课效果，在学校统一配置助教的专业核心课程和教改课程之外，哲学系自设专项经费，推动各类型专业课程实现助教制度全覆盖。同时，在博士生培养方案中明确规定，博士研究生需要有担任助教经历，需协助导师从事本科教学工作不少于1学期，这实际上是以制度化的方式推动了助教制度的真正落地。为切实提升助教制度教学效果，哲学系参考学校助教遴选与考核办法，严格助教选聘与考核，并积极推动教师和助教在课堂教学之外，以读书报告会、专题研讨会、实践研学活动等形式，强化专业课程的研讨性、研究性，通过扩展课堂时空边界，为本科生营造充分的浸润式研学氛围，切实提升学生科研问题意识和创新能力。

（四）依托书院，构建紧密型师生共同体

为了推进书院制的落地并使书院成为学生培养的"最大增量"，哲学系深刻研判了既往研究生和本科生培养在空间载体上的差别以及由此所带来的师生关系的差异。国内哲学专业研究生的培养往往依托各二级学科展开，因此，二级学科所拥有的专业活动室便为研究生培养提供了充分的物理空间保障，进而，这一空间便成了凝结教学、科研、学生指导等活动的物理纽带，由此，以这一纽带为基础建立起来的师生关系就为研究生的浸润式培养提供了基础。相较而言，传统本科生培养模式侧重于课堂教学，且课堂教学往往依托学校提供的公共空间资源展开，学生在课外则多流动于教室、图书馆或寝室开展学习活动。在此意义上，本科生科研能力的培养需要一个具体的、相对固定的物理空间，而以此空间为依托所开展的各类育教活动，则又能够为这一空间附加相应的文化内涵，进而为一种紧密型师生共同体的建设确立根基。为此，哲学系

建成本科生专属"伯明书院",聘请南京大学人文社科资深教授张异宾担任院长,并从物理空间建设和书院文化建设两方面,为打造紧密型师生共同体提供了充分保障。一方面,哲学系在"伯明书院"下建成本科生专用的学习室、研讨室、活动室、报告厅、翻转课堂实验室等丰富的育教空间载体,为学术讲座、研讨课、读书报告会、学生团队科研、导师学生指导等活动的开展,进而为紧密型师生关系的塑造提供了一个物理凝聚点。另一方面,切实强化书院文化建设,聚焦教师端,推出"伯明讲坛"和"伯明青年学堂"系列学术活动,分别邀请国内外知名学者为学生开展高端学术报告、中青年骨干学者为学生开设方向导引性学术讲座,以丰富的学术资源涵养书院文化氛围;聚焦学生端,开设"伯明学生讲堂",遴选校内优秀本科并适度引入校外优秀学生,开展学术展示活动,在学生间形成互促互进的科研氛围,同时,将本科生自主运营的学术刊物《林间路》纳入书院管理范围,从政策、资源等方面助推其成为国内高端学生学术刊物。"伯明书院"的建成,为学生内生动力机制的强化和科研创新能力的培养,为打造以"浸润、熏陶、养成、感染、培育"为核心的新型师生共同体,提供了充分的物理空间基础和文化空间保障。

二、以教学创新为突破口,打造优质教育教学资源体系

"高等教育体制改革以人才培养体系改革为核心,而人才培养体系的改革依赖于教育教学资源的优化配置"[①]。南京大学哲学系秉承"守正与创新相统一、经典与前沿相结合、内容与形式相促进"的原则,瞄准课程、教材、教师三类核心资源,构建了一套切合时代发展需求、符合学生认知规律、契合学科特质要求的优质教育教学资源。

(一)新形态特色课程体系

"课程是人才培养的核心要素,课程质量直接决定人才培养质量"[②]。哲学系充分重视课程建设在本科生培养中的基础性地位,在原有专业核心课程、

---

① 樊丽明. 论新文科建设的机制保障[J]. 中国高教研究,2023(5):5.
② 教育部. 关于一流本科课程建设的实施意见[EB/OL]. (2019 - 10 - 24)[2023 - 05 - 23]. http://www.moe.gov.cn/srcsite/A08/s7056/201910/t20191031_406269.html.

专业选修课程的基础上,全力打造新型课程体系。这一课程体系主要包括新文科特色课程群、优质在线教育课程群、DIY 特色课程群和刘伯明讲座教授课程群。新文科建设必须"面向传统、面向当下、面向未来""在新科技发展与文科融合中培育文科的新增长点"[①],秉持这一原则,新文科特色课程群主要按照"21 世纪马克思主义""中华优秀传统文化""全球视野中的西方文明""逻辑认知与当代科技前沿的哲学反思"四个模块,分类建设,有序推进,构建全新的高端研讨课程群。优质在线教育课程群,则充分利用现代信息技术资源,强化技术赋能,建成在线课程(MOOC)11 门,其中 5 门获评国家级一流本科课程,这些课程不仅面向系内、校内开放,也同时面向全国开放,目前全国累计选修人数已超 80 万,不仅为南京大学也为全国高校提供了优质的课程资源;在MOOC 之外,哲学系面向校内学生以 SPOC 班线上线下混合形式,建成悦读经典系列课程 9 门,引领学生在经典研读中感悟哲学思想魅力、体悟哲学研究方法、提升哲学思考能力。刘伯明讲座教授课程群,主要以柔性引进方式聘请国外知名高校知名学者担任刘伯明讲座教授,并开设线下学分认定课程,此类课程自 2016 年实施以来,共计邀请了来自剑桥大学等知名高校的 10 名学者,累计完成 10 门课程的开设,这些课程不仅为在校生提供了优质的国际教育教学资源,也为毕业生的国际发展提供了更加丰富、更加便捷的机会。DIY 特色课程群共包含两类课程,分别是南京大学 DIY 研读课程和哲学系 DIY 研讨课程,两类课程的共同点是由本科生自主选择课程主题、自主邀请任课教师,前一类课程面向全校开放,后一类课程面向系内开放,课程可以单次开设,也可以连续开设,目前两类课程共计开设 30 余门;这一课程群将学生从课程建设的对象变成了课程构建的主体,强化了课程教与学的个性化模式,对于激发学生学习热情和学术想象力具有重要意义。

(二) 多层次优质教材体系

"教材是人才培养的主要剧本、育人育才的重要依托"[②]。哲学系有着重视教材建设的历史传统,近些年来,秉承价值引领为先导的建设原则,按照知

---

① 樊丽明. 关于育人的新文科观[J]. 新文科理论与实践,2022(1):6 - 10,123.
② 吴岩. 中国式现代化与高等教育改革创新发展[J]. 中国高教研究,2022(11):27.

识性与研究性、经典性与理论性、建设性与批判性相统一的建设思路,积极承担了各级各类教材的建设任务,形成了多层次的优质教材体系。以马工程重点教材建设为切入点,积极服务国家级规划教材的建设。哲学系共有中央马克思主义理论研究和建设工程首席专家 5 人,为马工程重点教材的编写,进而为推进国内哲学教育的发展发挥了重要作用。以江苏省高等学校重点教材建设为骨干,构建高端研究型教材体系。2015 年以来,哲学系按照优质科研资源向教材资源转化的原则,共建设省重点教材 10 部,内容涵盖马克思主义哲学、中国哲学、外国哲学、科学技术哲学、宗教学等多个学科,初步构建了相对完整的研究型教材体系。以校级、系级重点教材为主体,建成主题丰富、形式多样的基础教材体系。这一体系包括马克思主义经典著作导读系列 4 部,高水平哲学素质教育读本系列 8 部,研究型教材 4 部,合计 16 部。此类教材的建设部分采取融合出版手段,强化现代信息技术的深度融入,其中建成音频教材 4 部、慕课配套教材 4 部、内嵌微课视频资源教材 3 部,极大地提高了教材的使用度和影响力。

(三) 高水平卓越师资队伍

教师"是教育发展的第一资源,是国家富强、民族振兴、人民幸福的重要基石"[1]。哲学系从高端师资建设、教学团队培育、教师教学能力发展三个方面入手,聚焦培养"道术、学术、技术、艺术、仁术"[2]兼具的"金师"团队,着力打造哲学拔尖人才培养的"第一资源"。以高端师资建设为引领,培养卓越教师队伍"领头羊"。近年来,哲学系入选南京大学人文社科资深教授 2 人,入选两类重要国家级人才称号 14 人次,这些教师以其坚定的育人格局、扎实的学术功底、高超的育才本领,成为哲学系乃至国内哲学界育才育人的典型。以优秀教学团队培育为突破,打造卓越教师队伍"集团军"。在国内外重要高校中,哲学课程主要以单个教师授课的形式进行,但这与教学团队的建设并不矛盾,教学团队多采取老中青结合的组织架构,实行传帮带赓续的建设方式,因此,教学

---

① 中共中央国务院.关于全面深化新时代教师队伍建设改革的意见[EB/OL].(2018-01-31)[2023-05-25]. https://www.gov.cn/zhengce/2018-01/31/content_5262659.htm.

② 吴岩.中国式现代化与高等教育改革创新发展[J].中国高教研究,2022,38(11):21-29.

团队的"集团作战"不仅更加有利于教学资源的整体规划和教学成果的共同建设,同样也可以借助集体备课、教学研讨、经验交流等形式推动教师个体教学能力的提升;哲学系教学团队建设成效显著,近5年建成教育部课程思政教学名师和团队1支,省级优秀教学团队1支,省级优秀基层教学组织(虚拟教研室)1个,上述团队成员在教学成果奖评定、一流课程认定、教育科学研究优秀成果奖评选、教学名师评定等方面均取得突出成绩。以教师教学能力发展为抓手,建设优秀师资"蓄水池"。哲学系高度重视教师特别是青年教师教学能力的发展,从校、系两个层面构建了新入职教师教学能力培训、在岗教师教学能力研修、全员教师教学竞赛能力提升的师资培育新格局;近年来,哲学系尤其重视教学竞赛对教师教学能力的提升作用,连续开展三届哲学系教师教学竞赛,所推荐的校赛、省赛选手均取得优异成绩,在南京大学目前获评全国青年教师教学竞赛一等奖的4位教师中间,哲学系占2人,其中1人获评全国青教赛一等奖第1名;在微课教学比赛中,哲学系共获评全国微课教学比赛一等奖和二等奖各1项,省微课教学比赛一等奖6项。

三、以质量建设为纽带,构建拔尖人才培养保障机制

哲学拔尖人才的培养是一项复杂的系统性工程,并无先例可循,这就决定了一方面我们的拔尖人才培养只能在改革中求发展、在创新中谋进步,另一方面必须从价值引领机制创新、育人体系模式创新、育人质量评价机制完善等方面构建一套瞄准高质量发展的保障体系。

(一) 价值引领与专业教学相结合,构筑拔尖人才培养的"指挥线"

习近平总书记强调,"社会主义建设者和接班人,定语就是'社会主义',这是我们对培养什么人的本质规定"[①]。因此,哲学拔尖人才培养必须立足价值引领这个根本,时刻不能动摇。这就要求我们必须构建一套育人导向强、育人机制优、育人效果显的价值引领落地机制,基于这一要求,哲学系从党建引领、资源建设、"五育"融合等方面入手,部分采取师生共建、共讲的方式,构建了一套切实可行的价值引领机制。强化党建引领实效,夯实师生理想信念。哲学

---

① 习近平.习近平著作选读:第2卷[M].北京:人民出版社,2023:196.

系党委入选全国党建工作标杆院系,教师第一支部入选全国高校"双带头人"教师党支部书记工作室、江苏高校先进基层党组织,充分发挥了党建工作的价值引领作用。创新育人资源建设,构建线上线下融合育人载体。哲学系建成马克思主义经典文献多语种多媒体数据库、马克思主义经典文献原始档案展列馆,收藏马克思、恩格斯、列宁和国内外重要马克思主义学者的原始手稿、档案资料、书信等,展列馆近年来接待来访人员逾 4 万人;策划"风云激荡 200年——纪念马克思诞辰 200 周年历史文献展""伟大的事业真理的力量——纪念恩格斯诞辰 200 周年历史文献展",组织教师参与央视理论普及节目《马克思是对的》方案研讨和脚本创作,并担任其中 1 集的主讲人,多种形式的育人资源不仅为哲学系学生提供了丰富的理论营养,同时也为服务全国育人工作大局贡献了南哲力量。师生共建微党课,创新育人资源建设形式。哲学系与南京大学团委等单位合作,采取师生共建、师生同讲的方式建设《新青年·习党史》在线"四史"教育课程共计 3 季 45 集,课程上线"学习强国"平台,累计播放超 1 600 万次,学生从思政教育的对象变成了价值引领的主体,极大调动了同学们理论学习的主动性和理论宣讲的参与度,取得突出育人效果。强化育教融合机制,"五育"实践与培养方案有机衔接。自 2021 版本科人才培养方案实施以来,南京大学创新学生评价方式,实施综合评价成绩单,这一做法将学生成绩单分为三类,即"励学成绩单"(学业成绩单)、"敦行成绩单"("五育"成绩单)和"诚朴成绩单"(诚信成绩单)。哲学系根据自身学科特点,在"敦行成绩单"的落地上推出系列举措,瞄准红色文化、中华优秀传统文化、乡村振兴与农业文明、科技前沿与社会发展等维度,强化科教融合、产教合作,推出系列研学实践以及科教联合科研项目基金,为同学们构建了丰富的"五育"资源;项目实施过程中,通过专业教师指导、行业专家讲座、研学报告撰写、实地考察调研等方式,一方面将"五育"素养内化于学生的精神世界之中,另一方面通过"敦行成绩单"将"五育"转化为学生培养方案的一部分,使其成为哲学系每一位毕业生所应具有的基本素养,真正从内容上和制度上实现了育才与育人的统一。

(二) 教研教改与教育实践相统一,搭建拔尖人才培养的"生命线"

"高等教育是兴国强国的'战略重器',服务国家经济社会高质量发展,根本上要求高等教育率先实现创新发展"①。高等教育要实现创新发展,要实现培养拔尖人才的目标,就必须合理认识教研、教改与实践之间的关系。深化教学改革是构建拔尖人才培养体系的必由之路,教学研究是教学改革的先行反思和实践指引,教育实践则是教学研究和教学改革的试金石,并为后两者不断提供着丰富的现实素材。哲学系在系统理顺教学研究、教学改革、教育实践三者关系的基础上,强化营造教学研究导向,引导教师深刻认识到教学研究也是学术研究的一部分,强力推动教学改革,将改革摆到了拔尖人才培养新常态的高位,全力优化教学实践质量,塑造边实践边反思边改革的教育教学氛围,最终形成了研究、改革、实践三者有机循环的螺旋式上升态势。在教学研究方面,基于对国内外主要哲学专业人才培养模式的比较研究,从拔尖人才培养体制机制创新、课程教材教法长效提升机制建设、育人保障机制完善、素质教育教学体系建设等方面进行了先行思考。近 10 年来,哲学系教师共主持省部级教研课题 7 项,完成教学研究专著 1 部,并获全国教育科学研究优秀成果奖三等奖、省级教育科学优秀成果奖特等奖,哲学系独立完成的教学成果获评国家教学成果奖二等奖、省级教学成果奖一等奖。在教学改革方面,哲学系以南京大学"三三制"本科教学改革为契机,立足教学研究成果,着力从课程、教材、教师、学生四个方面落实"三元四维"育教体系改革,多项改革举措走在了南京大学前列,例如率先实行本科毕业论文全员查重、推进优秀论文遴选匿名外审和全系一答辩制度、开设以项目为载体的课程、开展慕课建设并在国内外知名平台上线等。所有这些改革举措得到教育主管部门和校内外学界同仁的一致认可,南京大学哲学专业入选教育部首批基础学科拔尖学生培养计划 2.0 基地,是南京大学首批入选的 6 个基地中唯一的文科基地,也是国内首批入选的4 个哲学基地之一。在教育教学实践方面,先进扎实的理论研究和系统有效的教学改革,最终汇聚为目标定位"高"、课程结构"新"、国际化程度"强"、育人机制"优"的哲学拔尖人才培养新模式。这一育人模式得到了学生们的充分认可,从招生入口来说,哲学系拔尖计划、强基计划连续收获优质生源,特别是大类分流班级生源质量持续提升,哲学专业的一志愿报名人数连续两年超过计划招生人数,2022 年大类录取的学生成绩均位居所在大类前 25%;从毕业出

①　吴岩.积势蓄势谋势识变应变求变[J].中国高等教育,2021(1):4.

口来说,哲学系近 6 年来共获评省级本科优秀毕业论文 5 篇,学生升学比例和升学质量也持续提升。

(三) 教学创新与质量保障相汇通,筑牢拔尖人才培养的"保障线"

高质量的拔尖人才培养体系,必须配套建设高水平的质量保障机制。哲学系探索建构了一套科学化选才鉴才、制度化育才成才、闭环式评教评学的质量保障长效机制。构建科学合理的选才鉴才机制,为哲学拔尖人才培养选拔最合适的学生。例如,在拔尖计划学生的选拔中,坚持能力优先、潜力导向、综合考查的原则,面向全校本科生按照初选、笔试、面试三个环节进行二次选拔,重点考查学生的政治素养、专业素质和创新潜力,尽最大可能将思想品德优秀、专业基础扎实、专业兴趣浓厚且具备优异发展潜质的学生纳入培养计划当中,重视对偏才、怪才等学生的考察,且不对文理科进行限制,充分发挥跨学科培养特色,保证文理渗透,交叉融合;强化动态进出机制,根据学生的思想品德表现、课程成绩、科研情况、学业发展规划等,开展动态进出考核,最大限度激活学生学习动力,持续选拔最为优秀、最为合适的学生进入拔尖计划和强基计划培养序列。构建全面有效的育才成才制度,为哲学拔尖人才培养打造最规范的保障。哲学系历来重视人才培养政策、举措的制度化建设,除了严格执行上级教育主管部门和南京大学的相关制度规定之外,针对科研项目,制定了《爱智慧优秀新人基金管理办法》《拔尖人才培养计划基金管理办法》《强基计划、拔尖计划学生科研项目制实施办法》;针对优秀论文培育与遴选,制定了《学年论文管理办法》《关于本科毕业论文工作的若干规定》《优秀学士学位论文评选条例》;针对哲学系自设助教课程,制定了《本科非教学改革课程助教管理办法》。建设完全闭环的质量监督机制,为哲学拔尖人才培养构造全方位的支撑。部分依托学校相应的监督评价机制,哲学系构建了包括学校督导评课、院系领导听课、教学委员会监督、院系督导评价、学生评测反馈在内的五级教学监控机制,通过公开测评、定期听课、随机抽查等方式,重点从师德师风、教学态度、教学内容、教学方法、教学效果等方面,对教学质量进行全方位、多层次的监控,并通过适当引入外部评价、毕业生跟踪反馈、用人单位评价,形成"评价—反馈—改进"闭环,构建了持续改进的教育教学质量保障体系,有效实现了以评促教、以评促改、以改增效。

四、结语

中国式拔尖人才培养模式的构建,必须立足中国特色、时代特征、学校特点、学科特质。符合中国特色,就是要深刻认识中国高等教育的阶段性特征,从中国国情出发构建充分服务于"为党育人、为国育才"的拔尖人才培养模式;切合时代特征,就是要深入研判时代发展对高等教育的要求,积极应对信息技术发展给教育教学带来的新挑战与新机遇,深刻关注科技发展及其社会影响给哲学研究与教学带来的新方向与新内容,从形式上和内容上构建与时代共呼吸的拔尖人才培养模式;符合学校特点,就是要紧扣南京大学的学校定位与育教机制,从南大校情和南哲系情出发,培养具有"诚朴"品质、"雄伟"格局与"励学"才智、"敦行"实干的新时代拔尖人才;契合学科特质,就是要扎根哲学学科的历史发展与当代进展,实现师生两端之间的思想流通、德知行三元之间的融通、古今中外四维之间的汇通,培育有自信自立之姿态、守正创新之能力、继往开来之才干的时代英才。

后　记

　　本书作者是奋斗在高校本科人才培养第一线的教育工作者,长期以来,一直重视高等教育理论的学习与研究,努力用科学的教育教学理论指导实践,在解决重点难点工作的过程中,探索总结问题背后的规律性认识。"拔尖计划2.0"启动伊始,我们就开始思考和探寻适合文科基础学科的拔尖人才培养机制,围绕谁来学、谁来教、学什么、怎么学、学得如何等一系列问题进行了持续思考、研究,进而将研究的成果付诸实践,本书就是这一探索与实践过程的理论结晶。

　　"时代是思想之母,实践是理论之源。"拔尖人才培养的实践者,是我们开展本研究的最大优势和最强底气:书中的问题与探讨,"原汁原味"来自拔尖人才培养改革的实践场景。"拔尖计划2.0"基地建设启动后,我们紧锣密鼓地组织了研讨工作,并形成了写作本书的想法,计划通过理论探索来深化对文科基础学科拔尖人才培养的规律性认识;基于事实和证据,调查了解当前人才培养的实践特征,更好地理解学生学习需求,优化教学内容与培养方式;在挖掘我们自身传统和经验的基础上,吸纳国际前沿进展和优秀成果,进而探寻创新思路和举措。我们希望在提升培养能力、革新教育实践的同时,也能够给同行提供一些的实践案例和参考。2022年初,我们正式成立课题组,基于前期实践集中力量开展项目研究与书稿撰写,历时3年得以完成。张亮是本研究的牵头人,负责整体的理论指导并形成提纲。初稿撰写的分工如下:施佳欢,第一章、第二章、第三章、附录1;秦安平,第十章、第十一章、第十二章;于天禾,第五章、第六章、附录3;汪琳玥,第四章、附录2;刘健,第七章;王曦曦,第八章;许梦溪,第九章;刘鹏,附录4。张亮、施佳欢、秦安平负责全书的统改工作,定稿由张亮、施佳欢完成。

　　本书的研究和创作得到教育部文科拔尖基地负责人及相关教务管理部门

负责人的大力支持与帮助,特此表示衷心感谢! 在我国,关于文科基础学科拔尖人才培养的研究刚刚开始,我们不揣浅陋出版本书,意在抛砖引玉,推动更多专家学者关注这一新课题,共同探讨、系统总结文科基础学科拔尖人才培养的中国经验,为中国自主教育学知识体系的构建贡献力量。

图书在版编目(CIP)数据

文科基础学科拔尖人才培养的中国思考 / 张亮等著.
南京：南京大学出版社，2025.5. -- ISBN 978-7-305
-29265-1

Ⅰ. G649.2

中国国家版本馆 CIP 数据核字第 2025Y296R6 号

出版发行　南京大学出版社
社　　址　南京市汉口路 22 号　　　　邮　编　210093
书　　名　**文科基础学科拔尖人才培养的中国思考**
　　　　　 WENKE JICHU XUEKE BAJIAN RENCAI PEIYANG DE ZHONGGUO SIKAO
著　　者　张　亮　施佳欢　等
责任编辑　赵丽媛

照　　排　南京南琳图文制作有限公司
印　　刷　江苏苏中印刷有限公司
开　　本　718 mm×1000 mm　1/16　印张 22.5　字数 381 千
版　　次　2025 年 5 月第 1 版　2025 年 5 月第 1 次印刷
ISBN 978-7-305-29265-1
定　　价　98.00 元

网址：http://www.njupco.com
官方微博：http://weibo.com/njupco
官方微信号：njupress
销售咨询热线：(025) 83594756